core product
核心推广

隐患排查治理体系解决方案

- ✔ 以企业分级分类管理系统为基础
- ✔ 以企业安全隐患自查自报系统为核心
- ✔ 以完善安全监管责任机制和考核机制为抓手
- ✔ 以制定安全标准体系为支撑
- ✔ 以广泛开展安全教育培训为保障
- ✔ 落实政府监管责任
- ✔ 落实企业安全主体责任

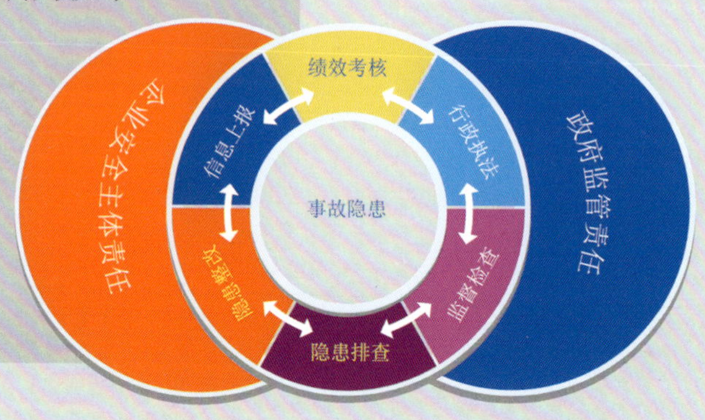

安全标准化解决方案

通过建立安全生产责任制，制定安全管理制度和操作规程，排查治理隐患和监控重大危险源，建立预防机制，规范生产行为，使各生产环节符合有关安全生产法律法规和标准规范的要求，人、机、物、环处于良好的生产状态，并持续改进，不断加强企业安全生产规范化建设

法律法规体系
专家
评审组
行业部门
对标审核
发证
企业
自评
咨询公司
人 机 物 环
持续改进
企业
标准规范体系

Software Product
软件产品

- 安全生产门户网站
- 安全生产协同办公管理系统
- 安全生产分类分级管理系统
- 安全生产标准化管理系统
- 事故隐患自查自报管理系统
- 安全生产行政执法管理系统
- 安全生产行政许可管理系统
- 安全生产教育培训管理系统
- 安全生产绩效考核管理系统
- 安全生产应急资源管理系统
- 安全生产地理信息系统
- 安全生产辅助决策系统

安监物联网解决方案

围绕安监局直接监管的重大危险源及其他行业部门监管的高风险场所，利用传感器、采集器、视频设备等终端数据采集装置及传输网络，将其关键参量数据实时传输至安全监测中心，建立的各类型企业的安全监测平台。

针对企业关键风险点，在企业端实现报警和本地储存等功能，加强企业安全生产监控水平；在监测中心实现实时监测数据查看、危险报警提示、图像数据调取、事故数据分析等功能，实现危险预测预警及应急调度。

安全生产手持终端解决方案

安全生产手持终端以软件为基础，以智能手机或专用PDA等移动终端为载体，针对生产经营单位、安监执法人员、安监领导的实际需求，设计研发的专用移动终端，实现了安全隐患排查、移动执法检查、远程数据传输等功能，提高安全监管效率，提升安监人员专业能力。

Typical case
典型案例

- ✔ 承建北京市顺义区安全生产综合监管动态管理系统【二期建设】
- ✔ 承建广东省珠海市安全生产一体系、三平台【一期建设】
- ✔ 承建北京市怀柔区安全生产智慧监察平台
- ✔ 承建北京市安全生产标准化管理系统【子平台】
- ✔ 承建山东省东营市安全生产等级评定及自查自报管理系统
- ✔ 承建江苏省江阴市安全生产综合监管智能一体化信息平台
- ✔ 承建湖南省长沙市安全生产事故隐患排查治理信息系统
- ✔ 承建山西省运城市安全生产隐患排查治理信息系统
- ✔ 参与“安全生产事故隐患排查治理体系建设实施指南”编制
- ✔ 参与“安全生产监督管理信息隐患排查治理数据标准”编制

大同煤矿集团公司

煤矿通风瓦斯面域化全方位信息网络系统

大同煤矿集团公司，前身为大同矿务局，成立于1949年8月30日，2000年7月改制为大同煤矿集团有限责任公司。企业成立60余年，累计生产煤炭21亿多吨，为共和国工业建设贡献了巨大的力量。经过多年发展，同煤集团已形成一个跨地区、跨行业、跨所有制、跨国经营的，以煤炭、电力为主，煤化工、冶金、机械制造、建筑建材、物流贸易、文化旅游等多业并举的特大型综合能源集团。目前，同煤集团深入贯彻落实科学发展观，加快转型跨越，确立了“建设新同煤，打造新生活”的战略愿景，努力将集团公司打造成为国际一流的现代化综合能源企业。

近年来，我国所有煤矿都装备了安全生产监测监控系统，但瓦斯灾害甚至重大瓦斯事故仍然频发，造成了巨大损失，除了管理方面的原因外，目前监测监控技术本身的缺陷仍然是未能及时避免事故的主要原因之一。目前使用的安全生产监测监控系统，距离治理煤矿瓦斯“通风可靠、抽采达标、监控有效、管理到位”十六字工作体系要求尚存在很大差距。

同煤集团建设的《煤矿通风瓦斯面域化全方位信息网络系统》项目在深入调研煤矿瓦斯防治现状的基础上，针对目前我国煤矿瓦斯防治存在的关键问题，从通风、抽采防止瓦斯积聚源头、断电控制和控制防止电气火花引爆瓦斯的引源入手，提出采用面域化综合自动化全方位集成测控与实时评价预警技术手段的新技术途径，切断引起煤矿瓦斯事故的源头，从而有效地减少了煤矿瓦斯事故的发生，为集团公司安全低控目标的实现做出了贡献，2011年公司百万吨死亡率为0.017，达到国际先进水平，为集团公司煤炭产销量突破1.94亿吨奠定了坚定的安全基础。该项目被工信部确定为两化融合促进安全生产重点推进项目。

露天矿智能卡车调度系统

Pingshuo Coal

中煤平朔露天矿采剥工艺主要采用电铲装载、卡车运输配合完成，对电铲、卡车、钻机、辅助设备的状态监测、设备管理、工作能力考核是露天矿作业对信息化的基本需求，为此平朔公司于2011年在安太堡、安家岭两个露天矿实施了GPS卡车调度系统，GPS车辆智能调度系统实现对主要采矿设备（卡车、电铲、洒水车、平路机、推土机、加油车等）的位置及工作状态的跟踪，实时监测卡车及电铲的运行情况，系统以GPS定位技术为依托，线性规划算法模型为优化基础，无线通讯为数据传输手段，计算机技术为工具，实现对卡车、电铲等采矿设备的实时优化调度，自动、及时、高效地安排矿山设备的生产作业，达到优化管理矿山生产过程、提高产量、节省费用的效果，取得较高经济效益。系统具有设备定位、智能调度、车辆状态监测、产量统计、运距计算、燃料管理、维护保养管理、人员绩效管理、自动绘制矿山地图以及生成各类统计报表的功能，做到了露天矿作业机械设备全程监测跟踪。此外，基于保护设备和操作人员的安全需要，在设备上安装了防碰撞系统，实现对面有车、转弯、进入盲区时自动报警，有效预防了安全事故的发生。

▲ 露天生产作业画面

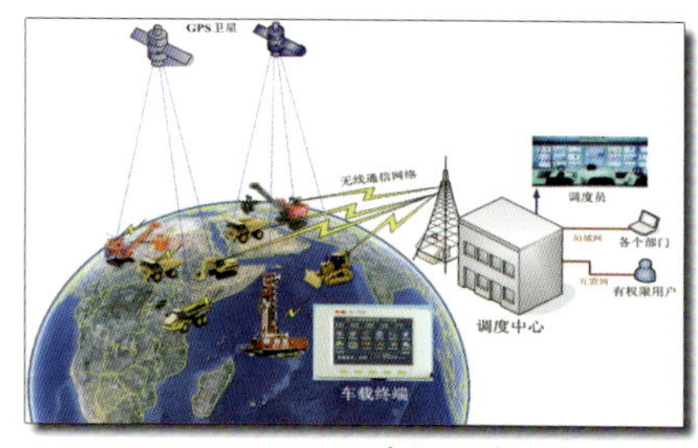

▲ 卡调系统工作原理

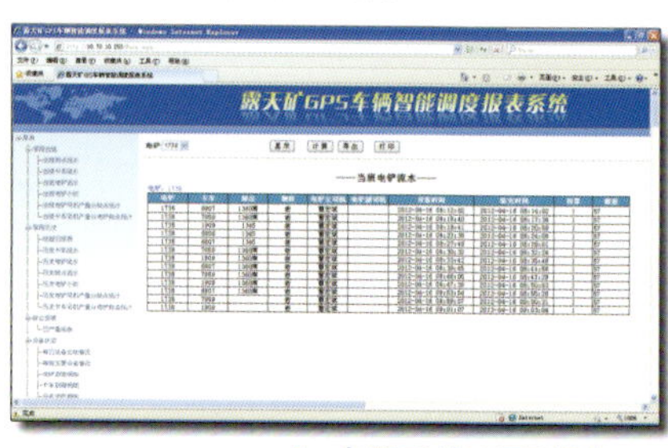

▲ 卡调系统WEB报表

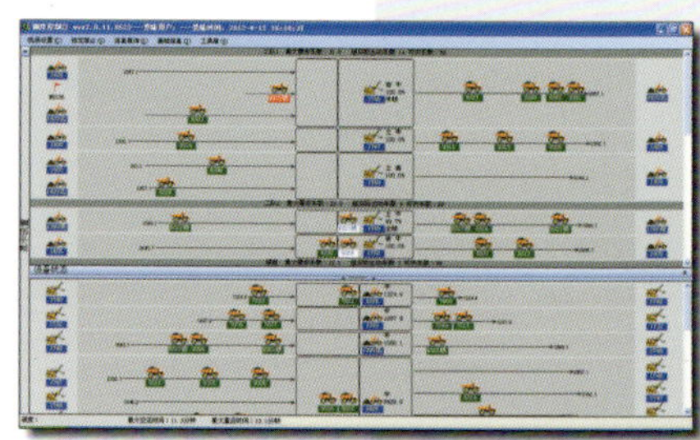

▲ 智能调度控制台

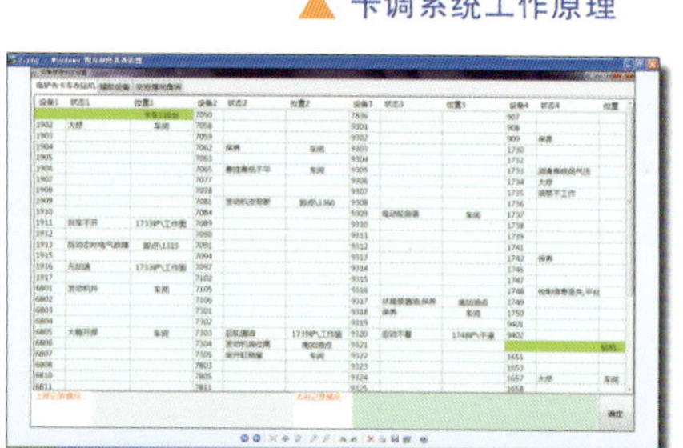

▲ 作业设备故障报告及维修跟踪管理

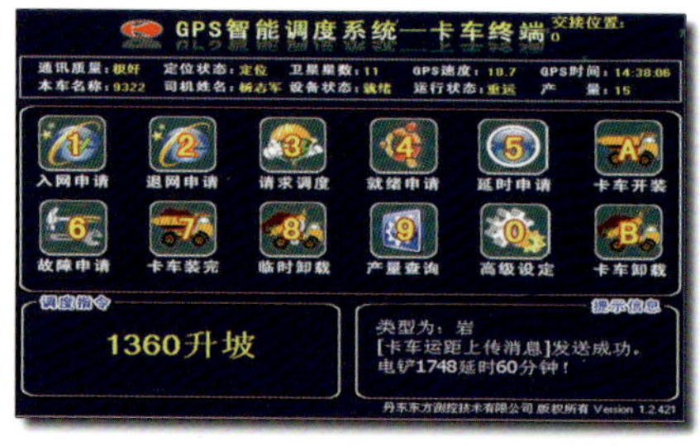

▲ 卡车GPS终端图

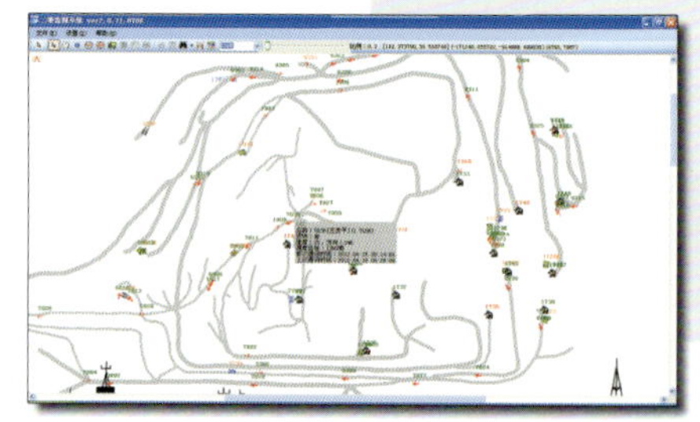

▲ 二维画面设备位置及状态监控

井工一矿数字化矿山建设

井工一矿的数字化矿山，包括了生产执行系统、安全监测监控系统、人员定位系统、无线通讯系统、语音广播系统、矿井综合调度系统、矿压监测系统、风险预控管理系统、工业电视系统等，这些系统从不同的专业角度服务于矿井生产和管理，主运输、主排水、主供电、主通风、主压风全部实现了自动化远程控制，能远程调节配置设备参数、自动报警、远程诊断，固定系统实现无人值守。采煤工作面采用先进的电液支架控制，乳化液自动配比，工作面摄像头自动跟踪采煤机，综采面各种信息在地面能实时监测，向无人或少人工作面方向发展。在2011年建成了生产执行MES系统，从矿井采掘计划、生产过程、物资消耗、安全管理、绩效考核等全方位进行了管控，各系统实现了有机集成，大幅度提高生产自动化、决策智能化，使矿山生产经营更具效率，企业实现了“安全、高效、低耗、可持续”发展目标。

▲ 多功能的生产指挥管理中心

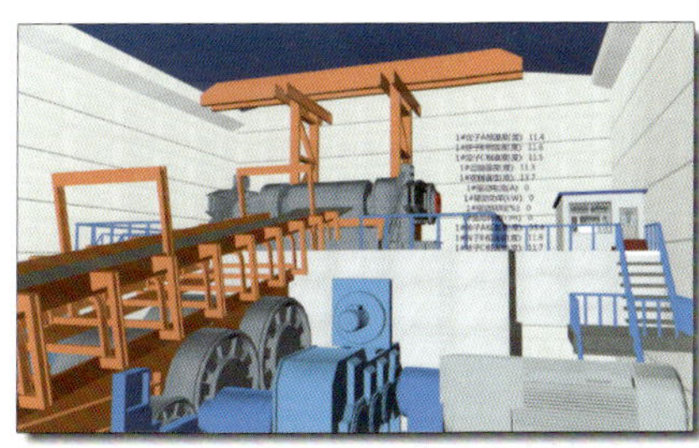

▲ 三维可视化系统

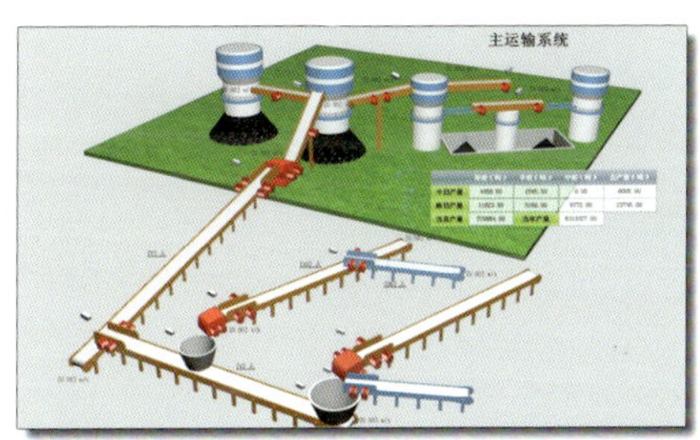

▲ 主运输监控系统

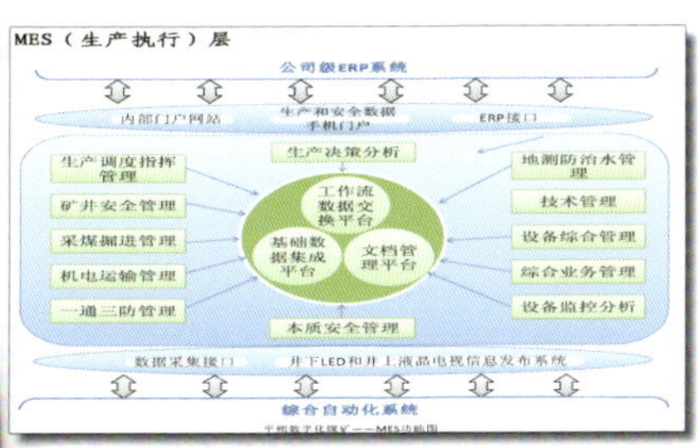

▲ 井工一矿MES系统

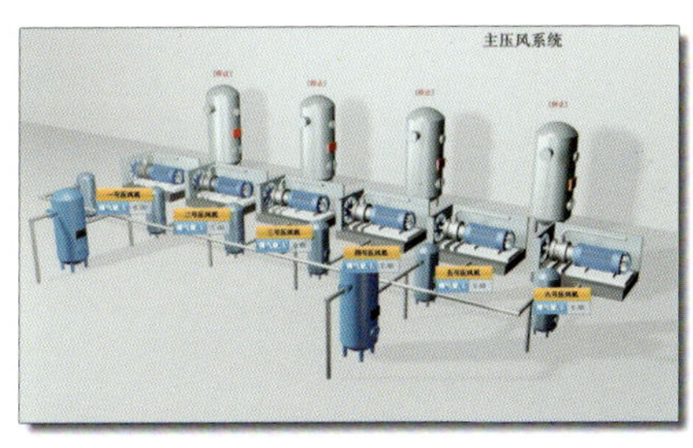

▲ 主压风监控系统

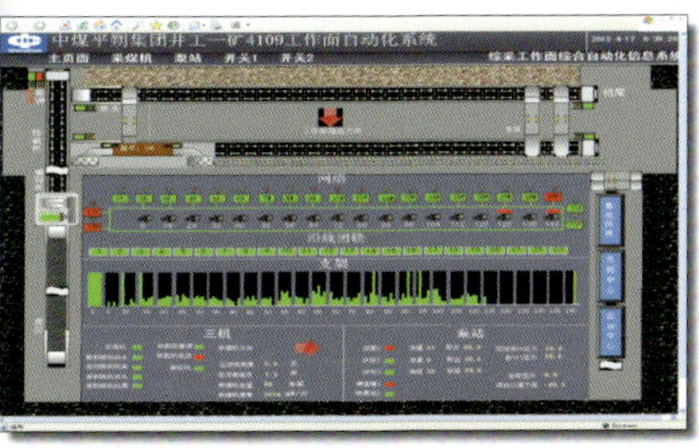

▲ 综采面支架压力监控系统

▲ 综采面煤机监控系统

洗选中心信息系统建设

Pingshuo Coal

平朔洗选中心信息系统涵盖了5个洗煤厂现场生产流程控制、生产计划执行、设备管理、煤质分析、消耗统计、绩效考核、工业视频、风险预控、门户网站、铁路调监等内容，实现了各厂设备监控，全面掌握原煤、洗选、装车的实时状态信息，并对各煤种水分、灰分、硫分、发热量等煤质在线检测，以便决策者合理安排生产需求的煤种，及时根据煤炭市场调整生产计划，使经济效益最大化。

▲ 洗选中心调度中心

▲ 装车状态监测

▲ 中煤平朔安太堡露天矿区

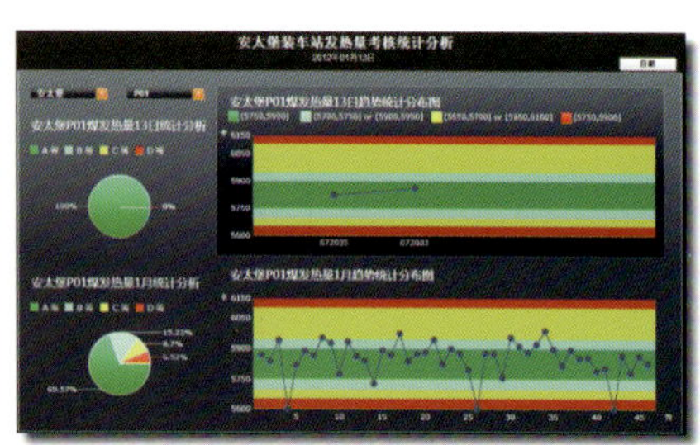

▲ 选煤MES画面

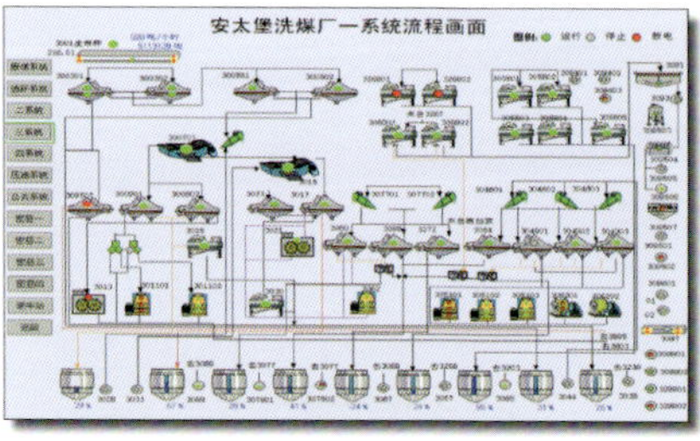

▲ 工艺流程设备集中控制

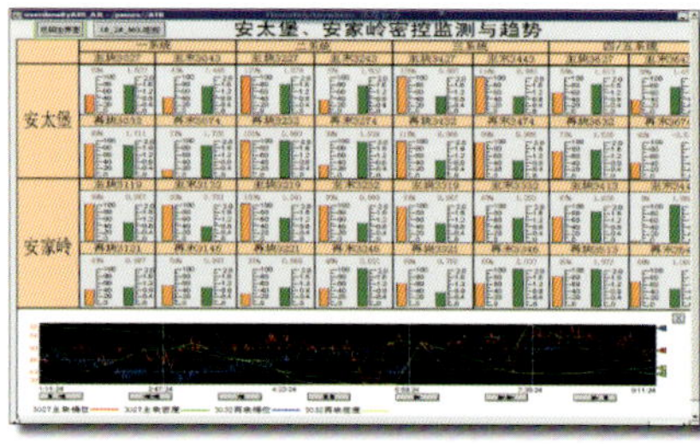

▲ 选煤密度控制系统

按“无人则安”理念实施的皮带输送无人值守系统，实现了远程集中控制、在线监测、皮带煤量统计、自动纠偏、自动张紧、视频语音通讯、自动除尘与灭火、故障及报警功能等，减少现场岗位操作人员。

平朔公司已投入使用的还有ARIS流程管理系统、档案管理系统、LINKONE设备资料管理系统、煤矿作业规程管理系统、科技创新管理平台、全公司的视频监控系统等，这些系统从不同层面服务于公司的经营和管理。

高效自动化立体仓库的应用使公司的仓储物流形成完整、有序、高效的供应体系， 有效提高物流效率，节约用地，减轻劳动强度，消除差错，提升公司现代化企业管理水平，并与ERP管理信息系统联网实现自动补库，自动成本分析等,为实现公司高层次品牌竞争奠定良好的硬件基础,同时会进一步提升企业形象、文化品位。

管理平台建设

1、企业内部门户

企业内网新闻展现的统一平台，一目了然的展现了企业的重要新闻、企业文化、风貌风采等，也是个人事务和自助服务的快捷入口。

2、个人工作台

提供个人工作的统一入口，包括待办、待阅、催办等待处理入口，以及个人借款、报销、请假的统一查询，常用链接和常用配置接口以及个人便签等。

企业内部门户
个人工作台
个人邮件平台 | 个人事务平台 | 公文管理平台 | 办公信息平台 | 公司信息平台 | 业务审批平台
系统管理平台
工作流引擎 | 管理引擎 | 消息引擎 | 集成平台
Indi.Platform

3、个人邮件平台

一个完全基于Web，支持标准协议的、功能完善的、高性能的、及时的电子邮件系统，适应集团企业跨地域的特点，支持分布式部署，和Domino平台OA系统无缝集成，减少平台投资。

4、个人事务平台

以用户个人为中心，帮助用户快速处理需要办理的事务，合理安排和管理个人日程和事务，像一位商务秘书。

5、公文管理平台

强大的工作流引擎，内置的标准化模版，适应大中型集团化企业的公文业务特点，轻松应对上下级/平级企业之间的公文交换、跟踪监控，提高公文处理的绩效，增强上级的管控能力。

6、办公信息平台

贴合企业的实际需求，通用化的常用行政办公相关模块设计，充分体现企业规范管理，提高办公效率的核心思想，帮助企业迅速建立快捷、规范的办公环境。

7、公司信息平台

利用公司新闻、公告、规章制度、通讯录、电子期刊、讨论区、即时通讯等工具，加强公司信息的共享，促进人员的沟通，创造无障碍的团队协作环境。快速构建，更新和管理企业内部的信息门户，也是企业文化的构建平台。

8、业务审批平台

灵活的流程处理能力，支持各种流转模式，和各种业务方便的结合，高度的灵活性和可定制性，适应企业管理流程不断优化、调整的要求。基于浏览器的可视化流程定义及修改工具让流程管理更加便捷。

9、系统管理平台

基于分布式架构的用户管理、组织机构迁移工具、灵活的导航管理，独有的消息引擎机制，可以充分满足企业组织机构不断调整变化的要求，大大提升了OA系统的适应能力。

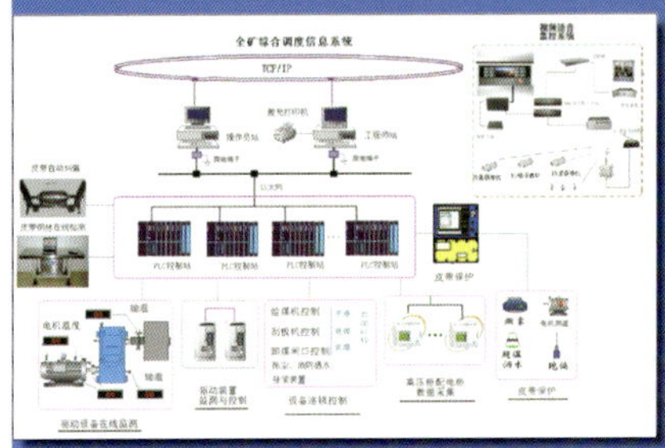

▲ 无人值守拓扑图

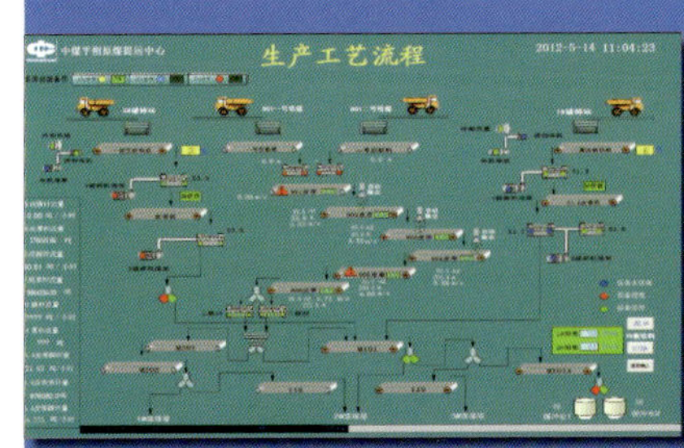

▲ 无人值守控制图

▲ 立体仓库现场图

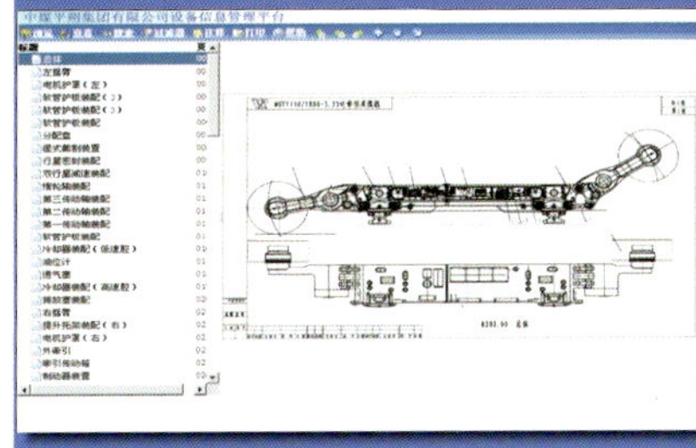

▲ LinkOne 设备管理系统

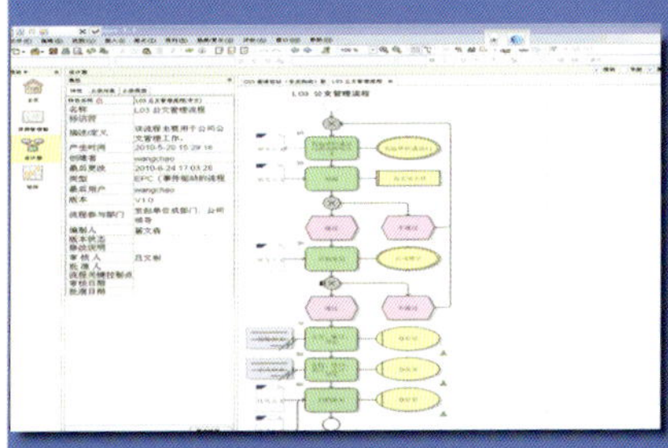

▲ ARIS 流程管理系统

神华准格尔能源有限责任公司

神华准格尔能源有限责任公司，是集煤炭、电力、铁路一体化的大型能源企业，公司下属的黑岱沟露天矿、哈尔乌素露天矿、选煤厂、发电厂、矸石电厂、大准铁路、炸药厂、氧化铝中试厂等重要生产单位横跨多个专业领域。

准能公司十分重视信息化基础设施建设，现有运行的服务器共计52台、网络交换机264台，全公司建成光纤主通道局域网、双万兆主干网络、分支千兆、千/百兆到桌面计算机终端、百兆专线与神华集团连接。公司计算机数量为3000台。全公司形成高带宽、高可靠、高可扩容、高安全的骨干环形、分支星形交换式高速以太网。

“准格尔露天煤矿剥、采、排与土地复垦综合预控技术研究”项目2011年完成，包括了三维地质建模、生产计划编制、生产过程优化设计、成本分析控制、验收测量、土地复垦规划、排土场边坡稳定分析评价、虚拟露天矿等子系统，实现了剥、采、排与土地复垦综合预控优化设计和优化管理，虚拟现实生产过程和土地复垦效果，最大限度地降低剥、采、排与土地复垦成本，提高露天煤矿生产效率，提高土地复垦质量和效益。

“准能公司生产监视与控制数据采集系统”将两矿、两选煤厂的重点生产视频图像通过数据采集网络回传到调度中心并在大屏幕上进行显示以供监视；将两选煤厂、矸电、大准铁路生产系统的重点集控参数、生产设备运行数据等数据通过数据接口机上安装的数据采集软件采集出来，通过工业隔离网关单向上传传输到调度中心服务器的实时数据库中，并通过生产监视及生产控制数据采集系统将数据以直观的图像方式显示在大屏幕上进行监看。实现准能公司生产调度指挥信息化。

矿区位置

准能黑岱沟露天煤矿全景位置

吊斗铲

黑岱沟露天矿调度中心

轮斗

开采分层

联合作业

单斗挖掘机

中国神华准能哈尔乌素露天矿开工庆典

神华采煤技能大赛开幕式

神华准能露天煤矿生产场景

荣誉展厅

自主设计研发的“露天本质安全管理信息系统”成功推广应用到露天板块各个单位。作为神华集团露天矿本质安全体系科研项目的成员，设计开发的应用系统填补了神华集团露天矿的本质安全管理信息系统的空白。2009年本系统获得“神华杯”青年创新奖铜奖。

准能矸电信息化建设起步于2004年，2007年采用电力信息化管控一体化整体解决方案，建设了《准能矸电生产管理系统》。系统有主营业务管理和辅助应用管理，内容涵盖设备管理、检修管理、两票管理、点巡检管理、缺陷管理、工单管理、计划管理、运行管理、实时信息管理、安全管理、技术管理、统计分析、物资管理、合同管理、档案管理、人力资源管理、全面预算管理等，解决了电厂管理信息化建设中的统一规划、信息集成等重大问题。

“大准铁路运营管理信息系统”（TMIS&TDCS）2006年4月组织项目整体设计。在结合大准铁路公司的特点、已建设的信息系统、业务管理模式、未来的发展方向等基础上，借鉴国铁信息化工程建设的经验，形成大准铁路运营管理信息系统总体方案。系统以生产运输指挥为主、以经营管理为辅、以决策支持为补充，采用先建立总体系统结构，然后按需求划分子系统的方式实施。主要子系统包括：综合调度系统（含行调、机调、货调、计划调）、运行图编制系统、车号自动识别系统、车站综合管理系统、货运制票系统等。项目于2009年投入运行，实现了大准铁路全线信息化管理。

神华集团为解决我国铝土矿资源短缺问题，通过8年自主研发，获得粉煤灰提取氧化铝、镓和氧化硅等多项先进工艺技术成果。其中，运用自主研发的“一步酸溶法”工艺建成了循环流化床粉煤灰生产4000吨/年氧化铝工业化中试厂，已实现了连续稳定运行。依托“高铝、富镓”煤炭资源、煤电路一体化优势及综合利用工艺技术，遵循“减量化、资源化、再利用”的循环经济原则，规划从2012年至2020年，分三期建设神华准格尔矿区煤炭伴生资源循环经济产业项目，项目包括“低热质煤及矸石发电—氧化铝—原铝—铝材加工、镓产品、硅产品”一体化6条产业链，以及自营铁路、供排水等辅助设施。

抛掷爆破

破碎站

调度指挥中心

电厂

矸电

矸电调度中心

单SS4牵引空万吨列车

黄河大桥

铁路

山西焦煤集团有限责任公司(简称山西焦煤)组建于2001年10月，是我国煤炭行业第一家以资产为纽带、实行紧密型母子公司体制的煤炭大集团，是中国目前规模最大、世界知名的优质炼焦煤生产企业和炼焦煤市场主供应商，是全国第二家煤炭产量过亿吨、销售收入超千亿的"双亿"级煤炭企业。公司总部设在山西省会太原市，拥有西山煤电、汾西矿业、霍州煤电、华晋焦煤、山西焦化、销售总公司、国际发展、国际贸易、投资公司、财务公司、公共事业公司、公路物流公司、日照公司、爱钢机械装备再制造公司、交通能源投资公司15个主要子分公司，拥有山西西山煤电股份公司和山西焦化股份公司两个A股上市公司。

山西焦煤以煤炭、煤化工、坑口发电、物流贸易为主业，兼营新型材料、机械修造、民爆化工、建筑产业、煤气层开发利用、节能环保产业、投资金融业、文化旅游业、房地产、公共服务业十个配套辅助业务，是主业突出、综合发展的多元化大型企业集团。主要矿厂集中分布在山西省三大煤炭基地之一的晋中基地，有六大主力生产和建设矿区，地跨太原、晋中、临汾、运城、吕梁、长治、忻州7个地市的24个县。现有99座煤矿、28座洗煤厂、5座焦化厂、7座坑口综合利用电厂、8座煤层气及余热余气电厂。主要产品有焦煤、肥煤、1/3焦煤、瘦煤、气肥煤、贫煤等多个煤种，其中强粘焦煤和肥煤均为世界稀缺资源，具有低灰、低硫、低磷、粘结性强、结焦性好、焦炭热强度高等特性。公司炼焦煤供应量占到国内炼焦煤需求量的10%以上，占到十八大钢厂的20%以上，是大钢厂大高炉不可或缺的骨架炉料。目前公司与宝钢、首钢、鞍钢等全国30多个大集团大公司结成了紧密型战略合作伙伴关系。

2009年，公司入围"世界著名品牌500强"，2011年荣获"中华环境友好企业（单位）"荣誉称号，位居"中国企业500强"第76位、"全国煤炭企业100强"第6位和"全国煤炭企业产量50强"第3位。

展望"十二五"，山西焦煤将以转型发展为主线，以跨越发展为目标，以实现集约、高效、低碳、多元、循环发展为导向，坚持"以煤为基、以煤兴业"，全力打造山西省品牌支柱企业、中国一流能源企业、全球五百强企业，建设亿吨级现代型国际化能源化工大集团。到"十二五"末，公司将实现原煤产量2亿吨，控参股电力装机1000万千瓦以上，控参股焦炭产能2000万吨以上，销售收入2000亿元以上，资产总额达到2500亿元以上，实现利税总额达到350亿元，其中利润100亿元以上。

企业信息化是企业利用现代信息技术，通过信息资源的深入开发和广泛利用，不断提高生产、经营、管理、决策的效率和水平，进而提高企业经济效益和企业竞争力的过程。企业信息化形成的独特优势已经成为企业的优先级竞争优势，企业信息化已经成为不可阻挡的必然趋势。山西焦煤集团领导班子十分重视企业信息化建设，集团公司结合转型跨越发展的要求，2011年底完成了《山西焦煤集团公司"十二五"发展规划》信息化篇，即：以信息化组织保障体系建设和信息化人才保障体系建设为基础、以信息化项目的业绩考核和项目风险控制为核心、以现代信息技术和信息化建设资金为保障；以信息流为主线，全面建设覆盖集团公司人、财、物、产、销各个环节的管理信息系统。各子分公司也根据自身情况制定信息化五年规划，明确了信息化建设的基本思路及信息化建设的工作目标。

山西焦煤集团有限责任公司

目前，山西焦煤已经建成了集团本部与各子分公司之间互联互通、资源共享的局域网，并整合和新建各个信息化系统，提高了集团整体的信息化水平。

一是整合资源，共享信息，建成以山西焦煤集团数据中心机房为主配套的信息化系统。2009年底至2011年底，集团本部信息化建设项目完成。其建设内容共分五大部分：网络基础平台及安全设备、应急指挥系统、共享容灾系统、集团信息集成平台设备及软件、后勤保障系统。同时对集团公司和子分公司现有的应用系统进行整合、改造，将集团本部和子分公司的所有应用系统和数据集成到一个信息管理平台上，并提供统一的界面，实现资源共享。建成集团公司统一的数字化数据中心，实现下属子分公司的安全生产经营数据的大集中；建成集团公司到各子分公司的广域网，为业务流程的生产数据的集中提供现代化的信息高速公路，搭建集团公司与各子分公司之间安全、可靠、高性能的信息化桥梁，保证数据和信息的上传下达；建成应急指挥系统，加强了对下属各级单位生产作业流程的监测监控，提高了安全生产保障能力和应急指挥的效能；建成集中数据存储和容灾备份系统，为集团公司和各子分公司的生产业务数据提供高可靠高性能的存储支撑和抗风险能力；建成企业信息化系统集成平台，以OA协同办公、内网门户和报表系统作为先导，培养集团内部信息化工作氛围，为信息共享、方便办公和管理以及集成各专业子系统做好准备；建成覆盖全集团的调度生产经营信息系统，全面掌握生产经营信息，为集团的科学经营、智能决策奠定基础；建成在互联网平台上的一个垂直型行业网站——中国焦煤网站，实现集中对外提供专业煤炭信息服务和企业电子商务。

二是规范管理，统一标准，建设集团信息化标准体系和物流网信息平台。2011年10月，山西焦煤与太原理工大学合作山西焦煤集团信息化标准体系编制及物流网信息平台项目建设。山西焦煤集团信息化标准体系编制规范了山西焦煤信息化建设标准，统一了数据传输接口，避免了重复建设和无效建设，大幅降低了企业信息化建设、运营和安全成本，提高企业整体效益。山西焦煤集团物流网信息平台是一个信息集成度非常高的一个管理信息系统，它以信息交换和共享为支撑，汇集了煤炭生产企业、煤炭物流企业、政府相关管理部门和职能部门的各种信息查询、统计分析及决策支持信息，方便用户信息搜索、煤炭物流预测、信息管理、单证管理、询价、订舱、查询车与货物状态和位置、交易统计、资信评估、提单查询、报表生成等等，为平台的用户提供在线煤炭物流信息“一站式”服务平台，实现煤炭行业内外信息资源共享和煤炭物流信息高效传递。

三是服务主业，转型发展，建设信息化“三大基地”。山西焦煤规划通过信息化“三大基地”建设，引领集团公司信息化建设向前发展，为山西焦煤转型跨越发展开创新思路、新实践。其一是山西焦煤信息化产品研发基地建设。与太原理工大合作，开展“智慧焦煤”百题研究，建立以集团、子公司、矿井（厂）三级调度和信息部门牵头负责的、矿井（厂）为单元的现场研发基地群，职工全员参与研究解决山西焦煤信息化发展过程中遇到的挡手问题，校企长期紧密合作，持续不断的研发，使产品具有持续创新和升级的天赋，能够满足企业不断提出的更高的要求，生命力极强。其二是山西焦煤信息化产品生产基地建设。有研发基地的支持，确定走联合国内外技术先进、实力强大的厂家合作生产的路子，能迅速制造出质优价廉符合山西焦煤标准的信息化产品，并实现规模化生产，依托山西焦煤内部市场，凭借信息化标准优势，可拓展省内、国内、甚至国外市场。其三是山西焦煤信息化产品示范基地建设。沙曲矿和正利煤业分别是山西焦煤存量矿井和整合矿井的数字化示范矿井，示范基地作用是：率先使用，率先受益，树立领先标杆，示范引导其他矿井快速走上信息化发展道路。

★山西焦煤办公大楼

★综合机械化采煤工作面

★智能化大采高工作面

★山西焦煤调度信息指挥大厅

★古交工业园区

铁能集团煤矿安全管理平台

SAFETY.TFCOAL.COM

- 系统具有全面、高效、及时、准确的特点
- 实现闭环管理，实时催办、动态反馈、全程跟踪
- 安全隐患管理具有智能识别、预警和控制功能
- 具有综合的提示、报警功能
- 规范走动管理，实现定时定点，安全检查无遗漏
- 按照管理责任体系图实现自动追究
- 实现信息整合，人、机、物相关信息动态关联
- 建立数据字典管理
- 系统采用分组管理、流程驱动

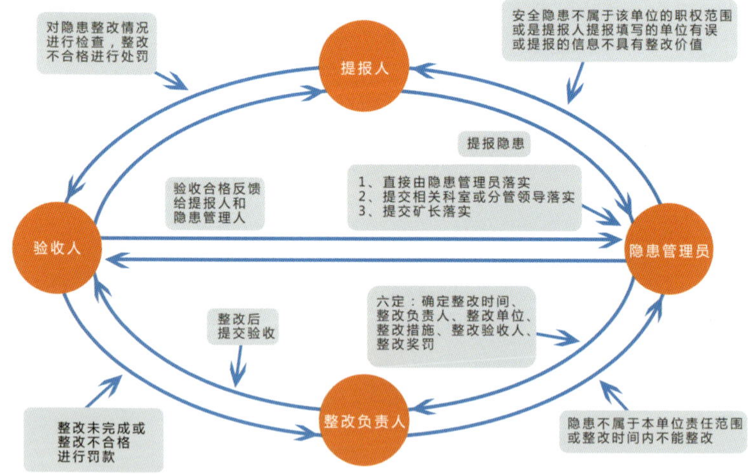

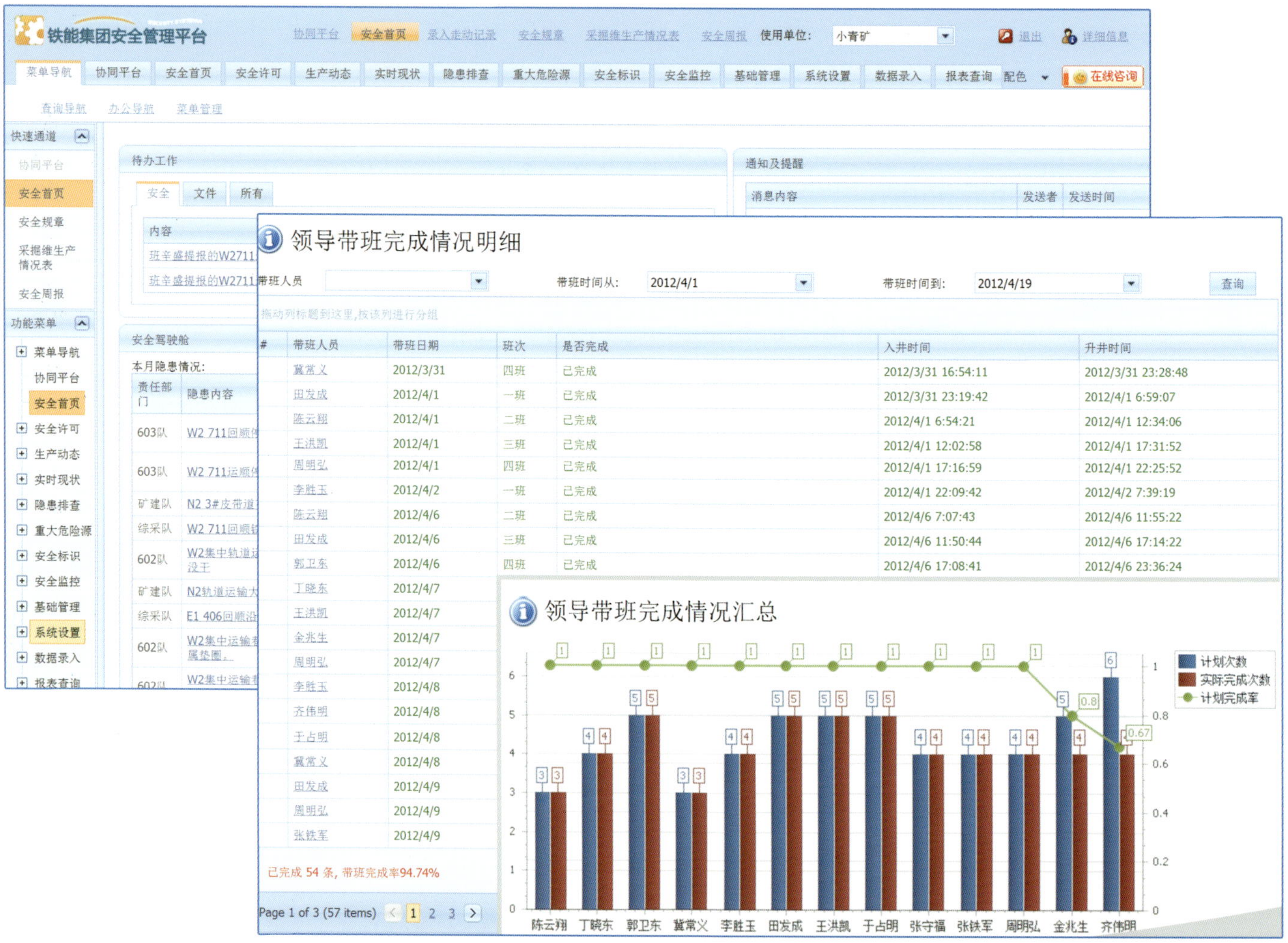

铁能集团安全管理平台

协同平台 安全首页 录入走动记录 安全规章 采掘维生产情况表 安全周报 使用单位: 小青矿 退出 详细信息

菜单导航 协同平台 安全首页 安全许可 生产动态 实时现状 隐患排查 重大危险源 安全标识 安全监控 基础管理 系统设置 数据录入 报表查询 配色 在线咨询

领导带班完成情况明细

带班人员 带班时间从: 2012/4/1 带班时间到: 2012/4/19 查询

#	带班人员	带班日期	班次	是否完成	入井时间	升井时间
	冀常义	2012/3/31	四班	已完成	2012/3/31 16:54:11	2012/3/31 23:28:48
	田发成	2012/4/1	一班	已完成	2012/3/31 23:19:42	2012/4/1 6:59:07
	陈云翔	2012/4/1	二班	已完成	2012/4/1 6:54:21	2012/4/1 12:34:06
	王洪凯	2012/4/1	三班	已完成	2012/4/1 12:02:58	2012/4/1 17:31:52
	周明弘	2012/4/1	四班	已完成	2012/4/1 17:16:59	2012/4/1 22:25:52
	李胜玉	2012/4/2	一班	已完成	2012/4/1 22:09:42	2012/4/2 7:39:19
	陈云翔	2012/4/6	二班	已完成	2012/4/6 7:07:43	2012/4/6 11:55:22
	田发成	2012/4/6	三班	已完成	2012/4/6 11:50:44	2012/4/6 17:14:22
	郭卫东	2012/4/6	四班	已完成	2012/4/6 17:08:41	2012/4/6 23:36:24
	丁晓东	2012/4/7				
	王洪凯	2012/4/7				
	金兆生	2012/4/7				
	周明弘	2012/4/7				
	李胜玉	2012/4/8				
	齐伟明	2012/4/8				
	于占明	2012/4/8				
	冀常义	2012/4/8				
	田发成	2012/4/9				
	周明弘	2012/4/9				
	张铁军	2012/4/9				

已完成 54 条，带班完成率94.74%

Page 1 of 3 (57 items) 1 2 3

领导带班完成情况汇总

计划次数 实际完成次数 计划完成率

陈云翔 丁晓东 郭卫东 冀常义 李胜玉 田发成 王洪凯 于占明 张守福 张铁军 周明弘 金兆生 齐伟明

多网合一

支持分层显示 | 支持下钻式查询 | 支持层叠级联显示

导航定位 | 系统开发、维护工具化 | 支持轨迹回放

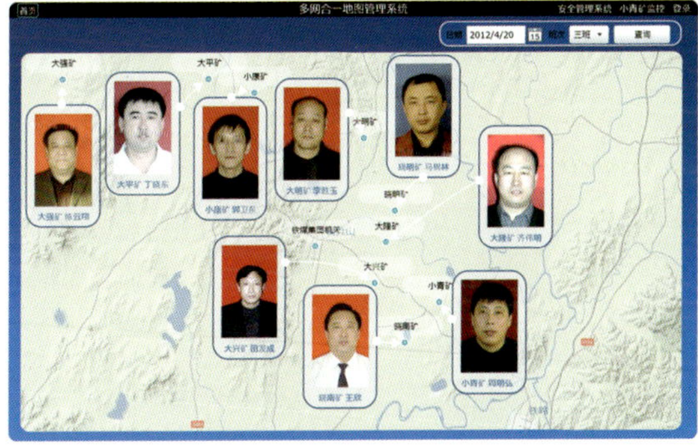

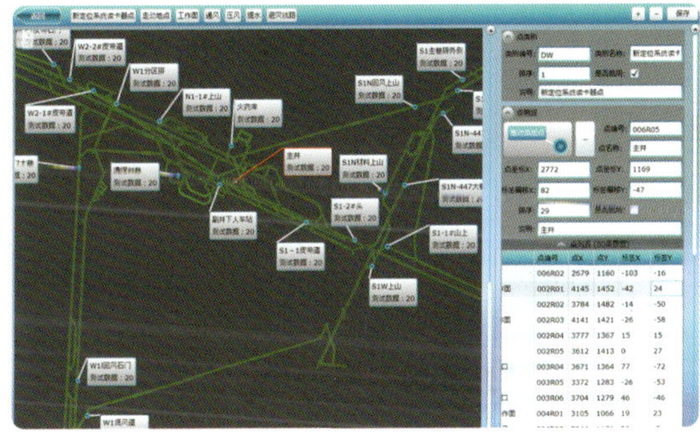

井口触摸屏

可即时查询、打印与自己相关的任务，体现了闭环管理的理念。“带着问题入井”使工作更有针对性。升井后将任务处理情况录入安全系统，形成新的任务或闭合现有任务，如此迭代循环提高管理工作质量。另外提供全家福照片和亲人安全祝语，触动员工心灵深处，更加珍爱生命，强化安全意识。

阳煤集团三级管控隐患排查助力安全发展

阳煤集团董事长、党委书记 赵石平

阳煤集团简介

阳泉煤业（集团）有限责任公司前身为阳泉矿务局，成立于1950年1月，为山西省五大煤炭集团之一，是全国最大的无烟煤生产基地。阳煤集团具有得天独厚的巨量资源赋存，交通畅达便利，人文环境优越，管理扎实严细，装备设施精良，科技实力雄厚。经过六十余年的发展，现已发展成为一个以煤炭和煤化工为主导产业，铝电、建筑建材地产、装备制造、贸易服务等辅助产业强势发展的煤基多元化企业集团。目前，阳煤集团拥有阳泉煤业、山西三维和太化股份三个上市公司在内的502个分子公司，地跨晋冀鲁京渝港6省市16个地、市、区，总资产1001亿元，职工17.6万人，位列中国企业500强第93位，中国煤炭企业100强第10位。2011年，阳煤集团销售收入实现1187亿元，完成利润45亿元，商品煤产量5851万吨，品种煤产量1253万吨。

一、概 述

THDPS（Three-level Hidden Danger Process System）是基于集团三级管控的隐患排查系统，建立在“集团管理公司矿（厂、处）”三级层次管理架构之上，覆盖集团公司煤炭、化工、铝电等八大产业，实现隐患收集、登记、处置、跟踪落实、大屏公示、汇总上报、销号的全过程闭合管理，并具备完善的数据分析功能，能够为各级管理者提供精准的数据信息，有效辅助领导决策，促进企业安全生产及和谐健康发展。这一系统是阳煤集团董事长、党委书记赵石平提出，并指导构建而成。

二、功 能

（一）三级联动，分级管理

灵活的三级权限控制体系，是实现集团化企业三级隐患排查的核心模块，也是普通权限控制体系的升级，是系统建立的主要亮点和创新。该体系分集团公司、管理公司、矿（厂、处）三级管理层次分别建立相应角色，并按照管理分工为不同角色设置不同的操作权限，保障了系统能够在各级管理层次各单位独立运行、互不影响，成功实现了“矿（厂、处）——管理公司——集团公司”三级管理层次对隐患的分级管理。

矿（厂、处）各单位属于底层执行单位，即三级单位，负责B、C类隐患的安排处置，将自身无法解决的隐患上报管理公司。管理公司属于中间层次管理单位，即二级单位，负责对下级上报的A类隐患安排处置和跟踪落实，将无法处置的隐患上报至集团公司。集团公司作为顶层决策单位，一方面负责对下级单位上报的A类隐患安排处置并跟踪落实，另一方面负责对下级单位的隐患治理情况进行监督、检查和考核。

（二）逐级流转，闭环管理

按照“隐患收集、隐患登记、隐患处置、情况反馈、跟踪核查、汇总上报、大屏公示”的流程实现隐患闭环管理。

1、隐患收集

由安监部门收集排查隐患转变为全员参与共查隐患。一是结合“领导干部井下三汇报”制度，充分调动并发挥参与指挥安全生产的各级调度的隐患收集能力。二是结合“干部走动管理”，提高队干以上领导干部收集走动管理过程中发现隐患的能力。三是发挥安监部门监督检查的职能作

用，收集检查过程中发现的各类隐患。四是积极调动广大群众参与隐患排查的能动性和积极性，形成上下联动，全员参与、齐抓共管的良好局面。

2、隐患登记

建立了多种隐患登记渠道，包括调度部门登记、安监部门登记、个人登记、群众性隐患信息反馈等多种登记方式。其中，群众性隐患信息反馈，无需登录系统即可登记隐患，为普通员工提供隐患反馈渠道，是群众性隐患排查活动的重要体现。

3、隐患处置

矿一级由调度和安监负责安排处置隐患，管理公司和集团公司由专业管理部室负责处置隐患。矿安监部门负责对群众性反馈的隐患进行审核后安排处置。隐患处置要制定整改措施，限定整改期限。

4、情况反馈

隐患承办人及时反馈隐患治理情况和完成时间。

5、跟踪核查

隐患承办人确认隐患整改完成后，由安监部门对其整改情况进行跟踪核查、销号。一旦跟踪核实后，该条隐患将不能再做任何修改。

6、汇总上报

矿安监部门将A、B类隐患进行筛选，上报至管理公司，管理公司的专业部室再次筛选，上报至集团公司。

7、大屏公示

大屏公示内容是经过相关专业部门的筛选后由系统自动生成，并由各级安监部门或总调负责在井口和调度大屏上滚动公示。各矿由安监部门负责对本单位隐患进行筛选，管理公司和集团公司由专业部室进行隐患筛选。超期未整改的隐患以红色加粗方式突出显示。

（三）严密分析，辅助管理

按照安全管理工作的实际需要，结合各部门的需求，完成24类统计分析报表或图表。如：干部隐患排查情况统计、分专业隐患排查情况统计、分单位隐患排查情况图表等，充分满足各级管理者的管理需求。

（四）灵活覆盖，个性定制

阳煤集团经营产业多、分子公司多，各产业、各部门间在管理职能方面或多或少存在一定差异，但总的隐患治理流程是一致的，隐患治理的各个环节是一致的，关键是能够灵活地将同一环节的操作权限赋予不同的职能部门，使得不同单位、不同职能部门可以拥有同样的操作权限。例如：甲单位由安监部门负责隐患的大屏公示，而乙单位则由总调度负责，这样就可以建立一个“角色A”（负责隐患的大屏公示），然后将此角色分别赋予甲单位安监部门和乙单位总调度的用户即可。

这种权限分配模式，使得系统能够通用于煤炭、化工、铝电、装备制造、建筑建材地产、物流贸易、服务和中小企业等产业，涵盖采煤、掘开、机电、运输、通风、抽采、地测防治水、基建、地面以及其他专业。同时，系统可按照产业、管理层次、单位或用户IP，为不同产业、不同管理层次、不同单位甚至不同用户提供专属的个性化定制功能，很好地消除了因行业不同所导致的各种差异性。

（五）集中解决，高效低耗

采取集中式解决方案，集团总部设立一台服务器，统一部署程序，通过合理的三级权限划分，给各级各单位用户分配相应的使用权限，即可实现一套系统在众多单位的全面应用。这种解决方案有三大好处：

1、只需开发一套系统，系统使用率高，投入少，可有效避免各单位重复建设造成的资源浪费。

2、后期只需维护一套系统、一台服务器，人、财、物消耗少。

3、数据高度共享，杜绝“信息孤岛”。

（六）完善制度，平稳运行

一是制定详细实用的事故隐患认定标准，使隐患排查有据可依，确保隐患排查工作的全面及时。二是制定严密的隐患治理程序，确保隐患及时消除。三是建立隐患排查责任追究和奖惩体系，激发和调动各级员工参与隐患排查的积极性和主动性。

晋城煤业集团信息化建设情况

通信分公司班子成员

晋城煤业集团是由山西省国资委控股的有限责任公司，是我国优质无烟煤重要的生产企业、全国最大的煤层气抽采利用企业、全国最大的煤化工企业集团、全国最大的瓦斯发电企业集团。截至2011年底，企业总资产1444.87亿元，实现营业收入1123.45亿元。

信息化例会

近年来，晋城煤业集团坚持“以煤为基、多元发展”，构建起了“煤炭、煤化工、煤层气、电力、煤机制造、新兴产业”六大产业相互支撑、竞相发展的产业格局，推动企业经济规模和效益实现跨越式增长。“十二五”期间，企业将沿着“固煤、稳肥、增气、扩化、强机、兴电、育新”发展路径，突出强化“煤—气—化、煤—焦—化、煤—气—电”三条产业链建设，做强做优“六大产业”，力争到“十二五”末，实现营业收入2000亿元以上，利润200亿元以上，努力建设成为极具核心竞争力的现代化新型能源集团。

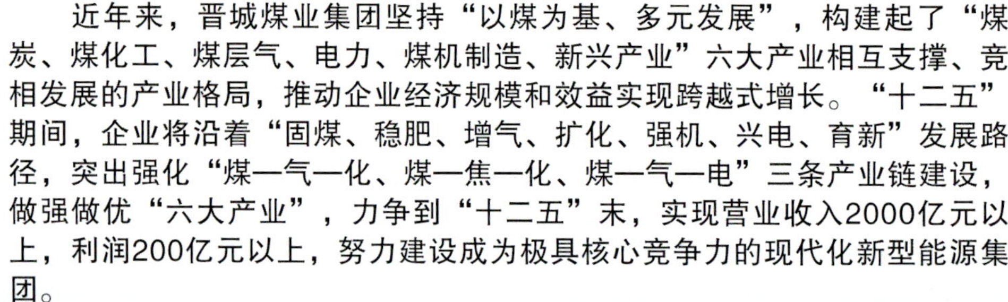

晋城煤业集团信息化建设紧紧围绕 “统一标准、统一规划、统一设计、统一投资、统一建设、统一管理”的六统一原则。进一步整合企业信息资源，建成了覆盖整个集团的高速、安全网络基础体系，先后建设的办公、人力、财务、设备、生产、安全、物资等专业信息管理系统覆盖了集团公司各相关职能部门和本部各子分公司。驻外单位可以通过VPN或互联网接入到核心业务系统。

通信公司主楼

自动化方面，集团公司各煤炭生产矿井，均建成了包括监测监控、人员定位、产量联网和视频会议系统等自动化监测控制系统。

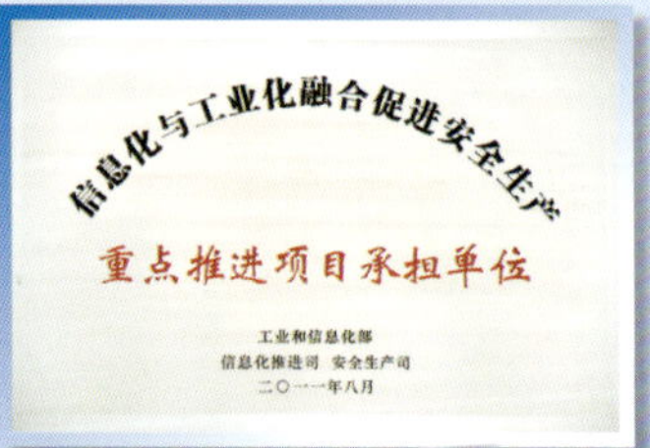

晋煤荣誉

晋煤集团寺河矿调度指挥中心

通信主站楼，中心机房一角

晋煤集团数据中心

信息化专题讲座

山西晋城煤业集团寺河矿

SHANXI JINCHENGMEIYEJITUAN SIHEKUANG

山西晋城煤业集团寺河矿是我国煤炭行业首个高瓦斯条件下的千万吨级矿井，位于美丽的太行山麓、沁河之滨。寺河矿“两化融合”工作已经逐步渗透至矿山安全、生产、生活的各个角落。实现网络授权管理、数据共享，为矿山经营管理和职工生活提供了便捷的信息平台。

自动化环网实现了井下和井上工业网络的连接，对矿井16个工业子系统（井下辅助运输监控系统、主扇在线监测子系统等）进行数据集成，实现数据统一存储、发布功能。通过现代化的调度指挥中心，能够实时了解全矿各生产环节的实时数据，对生产各子系统运行数据进行实时监测，并能够对相关生产环节进行远程集中控制。

寺河矿在集团公司局域网基础上，投入运行了一卡通、110安防监控、计算机仿真网络培训、生活用水监控、党建信息网及数字工会网站等系统。其中计算机仿真网络培训系统，拥有煤炭系统知识题库和所有设备工作原理、操作、保养、维护的三维仿真动画教材，全矿员工可以在网络教室、各区队办公地点进行网上学习，能够集中或异地在线进行培训和考试。

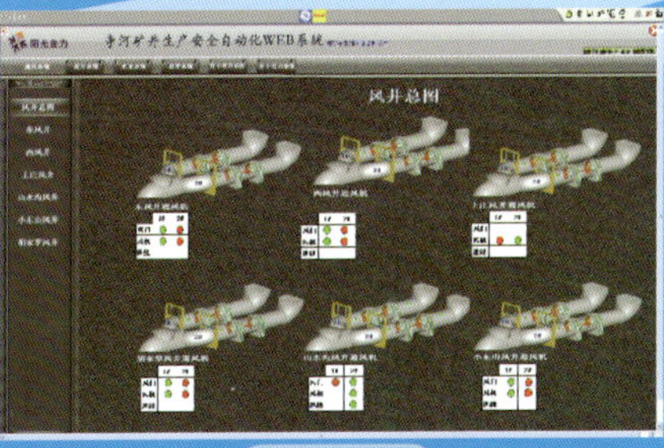

风机监测

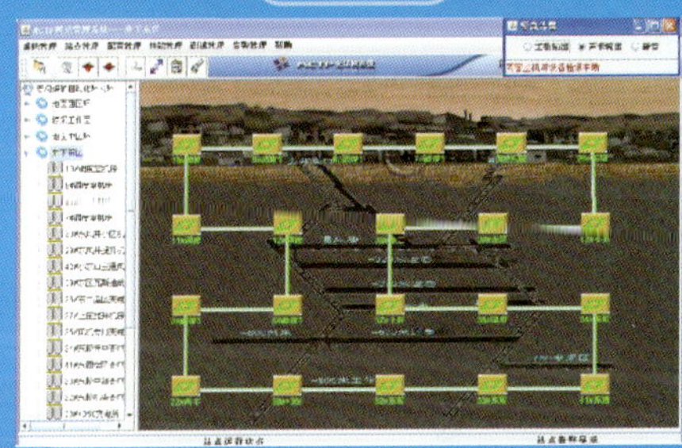
井下环网

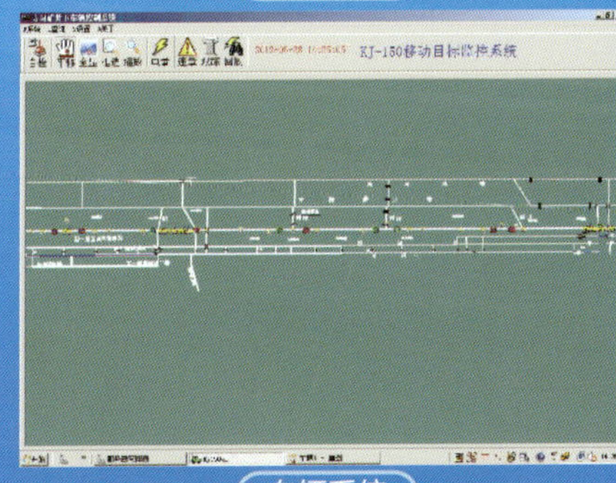
车辆系统

监控机房

调度指挥中心

刷卡机系统

网络教室

内网网站

济三煤矿

打造一流数字化矿山

兖矿集团济三煤矿是国家“八五”重点建设项目，国内第一座集煤、电、港于一体的大型现代化矿井。矿井始终瞄准国内外煤炭行业发展的前沿方向，大力实施“科技兴矿”战略，积极引进吸收先进的管理理念和信息技术，扎实推进信息化建设，倾力打造“数字化”矿山，促进了矿井管理质量、管理水平、管理成效大幅提升。

一、集成创新，扎实实施，初步建成了先进实用的信息化系统

济三煤矿本着“安全可靠、先进实用”的原则，建成了安全生产调度、生产集中控制、综合信息管理三个中心。以千兆工业以太环网为基础平台，运用物联网等先进技术手段，通过安全监测监控、生产调度视频监视、生产自动化平台、无线移动视频、无线智能通讯、自动化办公、“六园”党建信息化、E矿山系统等子系统，实现了数字、视频、语音的三网合一。

主要有以下几个特点：

○ 一是安全监测监控系统齐全可靠。主要由井下环境监测、人机定位、微震监测、井下水文监测、气象信息预警预报、及雨量观测等子系统组成。

○ 二是通讯手段方便快捷。主要由WIFI无线通信、泄漏通信、调度电话、Ip扩播系统组成。无线和有线通讯覆盖到井下任一地点，实现了固定地点和流动作业人员与地面的双向通话，紧急情况调度室可通过语音广播系统瞬时将指示传达到每个采区和工作地点。

○ 三是生产及辅助生产系统全面覆盖、实时监视。主要由工作面设备工况监视、无线移动视频、皮带集控、储装运、通风、排水、供电系统工况监视、洗选发运系统组成。

○ 四是经营管理系统准确有效。主要由ERP财务管理、全面预算管理、物料仓储、公车GPS定位系统组成。

○ 五是自动化办公系统集约高效。主要由网上办公系统、视频会议系统、“六园”党建信息化系统等组成。

○ 六是E矿山系统。利用物联网技术，可实现井上下安全生产数据、视频等信息在手机终端的查询。便于管理人员异地出差的信息查询及管理，实现了管理远程化。

二、完善制度，落实责任，构建了信息化系统稳定运行的保障机制

建立系统不是目的，管好用好、发挥其应有作用才是关键。为避免“穿新鞋、走老路”，我们坚持建系统与强管理并重，建立形成了一套有效的运行机制。

○ 一是建立责任落实机制。把信息化建设作为“一把手”工程，成立了由矿长、党委书记任组长，总工程师、各分管副矿长、副总工程师为成员的领导小组，将信息化建设项目分头分项落实到人。成立了信息化管理科，明确了管理职责，实现了“三统一”：工作统一规划，接口标准统一制定，信息安全、发布、共享、考核统一管理。

○ 二是完善基础管理制度。制定了《加强信息化工作的意见》、《信息化管理考核办法》等10余项管理制度，对信息化系统的使用、管理、维护等进行细化明确。

○ 三是建立资金投入保障机制。每年对信息化项目资金单独列支，只要确立的项目，无论成本再紧张，保质保量完成。

○ 四是建立评比考核机制。建立了信息化工作检查评比制度，一季度一检查一考核一表彰，与个人绩效、单位年度评先相挂钩。

⊙矿长吴向前

⊙副总理张德江检查指导工作

⊙吴矿长讲解1

⊙吴矿长讲解2

⊙安全生产调度中心

⊙生产集中控制中心

為建設獨具特色全新模式現代化礦井而努力

為濟三煤礦題

吳邦國

⊙副总理吴邦国题词

三、转化成果，注重实效，促进了矿井整体成效显著提升

通过数字化矿山的建设与应用，促进了矿井安全生产以及各项工作发展。

- **保障了安全。**迄今为止，矿井实现连续安全生产 2400 天，安全产煤 3900 万吨。
- **促进了生产。**通过对设备工况的跟踪监控，实现了对设备故障的超前判断、超前处理，降低了设备故障率，保证了生产的连续性。
- **提升了综合管理水平。**通过信息化手段的应用，过程管理更加精确、快捷、高效，管理质量和管理效率效益大幅提升。

信息化建设是一个不断投入、不断完善的过程。济宁三号煤矿十年磨一剑，在矿井信息化建设上探索出一条自己的道路。2012 年 4 月济三煤矿代表兖矿集团参加第六届中国（济南）国际信息技术博览会，向社会各界展示信息化建设成果。成绩令人振奋，科技促进发展！在今后的工作中，济三煤矿将以打造世界一流数字化矿山为目标努力前进。

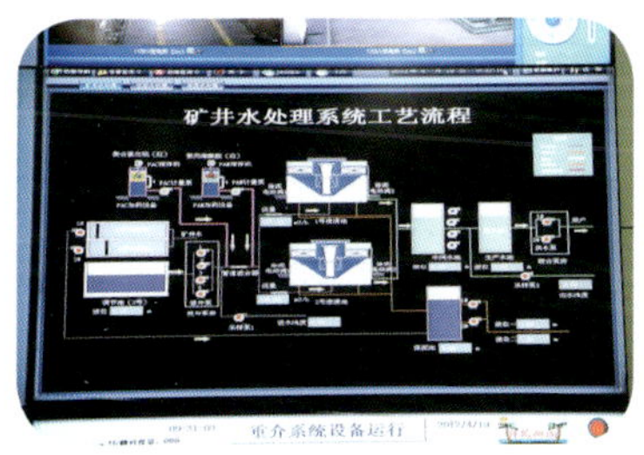

⊙矿井水处理系统

⊙全国科普教育基地

⊙鲁班奖

⊙太阳杯

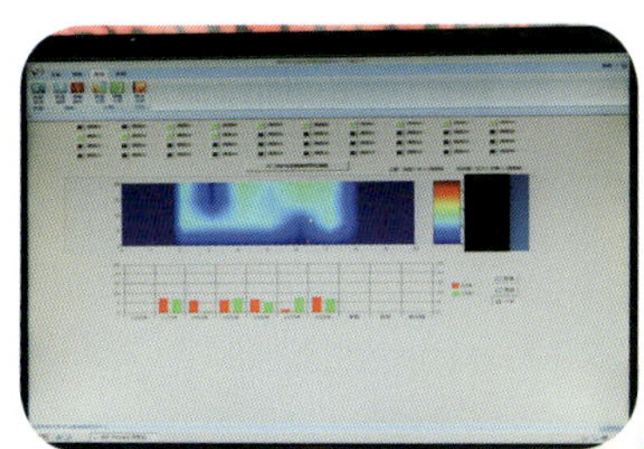
⊙微震系统

⊙中央机房

⊙物联网技术推进会

⊙综合信息管理中心

⊙E 矿山系统 1　⊙E 矿山系统 2

物联网(感知矿山)研究中心

 中心简介

中国矿业大学物联网（感知矿山）研究中心是徐州市政府、中国矿业大学依据国家重大发展战略和应用需求，结合江苏省传感网产业的发展布局，依托中国矿业大学的科研优势而组建的。研究中心自成立以来，各项工作受到国家和省部委领导的高度重视，中央政治局常委、中央政法委书记周永康，科技部部部长万钢，国家煤矿安监局局长赵铁锤，江苏省省委书记罗志军、省长李学勇等先后到中心进行考察，并对中心工作给予充分肯定。

 整体解决方案

感知矿山以高效、安全和绿色开采为目标，保证矿山经济的可持续增长和自然环境的生态稳定，在实现综合自动化的基础上，实现三个感知。即：

（1）感知矿山灾害风险，实现各种灾害事故的预警预报；

（2）感知矿工周围安全环境，实现主动式安全保障；

（3）感知矿山设备工作健康，实现预知维修。

感知矿山以＂三个感知＂为重点，开展煤矿安全感知采集技术、信息融合、识别与协同、传感网络安全生产、预警、灾后重构再生技术等关键技术研究，形成具有自主技术的矿山物联网体系。

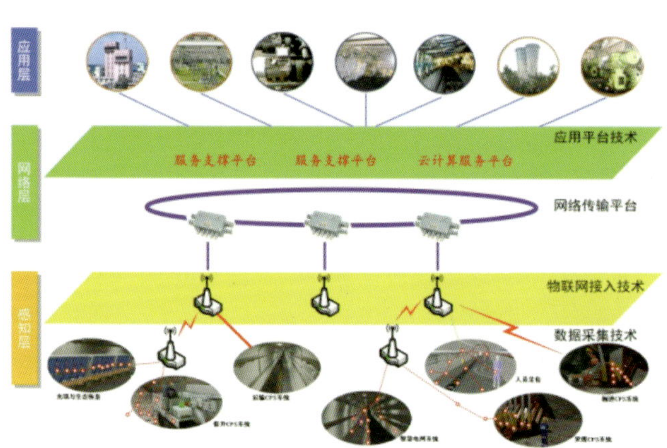

 煤矿物联网感知设备

智能矿灯

智能矿灯除具备照明基本功能外，可实现对矿工环境及位置感知，和地面通过 WiFi 网络进行数据通信等。对井下人员精确定位，定位精度可达到 5m；显示整个矿井及盘区、煤层的人员数量和分布情况；实时监测井下人员所处环境参数（瓦斯、温度等），实现井下人员与中央调度室的实时通信，从而实现矿工主动式安全监测。

 无线基站

无线基站支持 802.11a/b/g 协议，数据传输速率最大可达 54Mbps，使用 5dbi 的全向天线，煤矿井下通信距离不少于 150 米。基站与基站之间可用无线 mesh 方式互通，也可以用双绞线 / 光纤互联。

标识卡

标识卡支持 WiFi 网络，通过无线网络周期性向服务器发送定位标示信息，周期可自由设定。功耗小，单节锂聚合物电池，发送频率 3 秒 / 次，可工作 6 个月以上。该标识卡可由矿工随身携带，也可固定在设备上，实现对人员或设备的精确定位。

4 研究内容

研究中心提出的“感知矿山物联网总体规划方案”于 2010 年 11 月通过了国家安全生产监督管理总局组织的专家论证，根据该方案在徐州矿务集团夹河煤矿建设了“感知矿山物联网示范工程”，已通过技术鉴定项目总体技术达到国际先进水平，该示范工程项目被评为 2010—2011 中国物联网示范工程项目优秀奖。目前，该示范工程已经推广到四川、山西等煤矿企业。

感知矿山物联网系统

在示范工程实践和三个感知理念下，构建了煤矿人员环境感知系统、设备健康状况感知系统、煤矿灾害预警系统。人员环境感知系统可感知矿工周围温度、瓦斯等井下环境参数，对井下人员进行定位、动作感知，同时还可以实现矿工和调度人员的双向通信；设备健康状况感知系统根据在线监测数据、设备的历史运行状况、同类设备统计数据等综合信息，通过远程专家诊断平台和专家会诊平台，实现了重点关键设备的智能诊断和状态预测；煤矿灾害预警系统利用物联网分布式感知技术，采用新型传感器在井下布设底层感知网络，建立矿山重大灾害预警模型与计算平台，为矿山灾害预警与灾后救援提供远程诊断支持。在整个系统的时空信息集成与交换平台上，实现各系统之间的信息联动，构建一套预警联动系统。

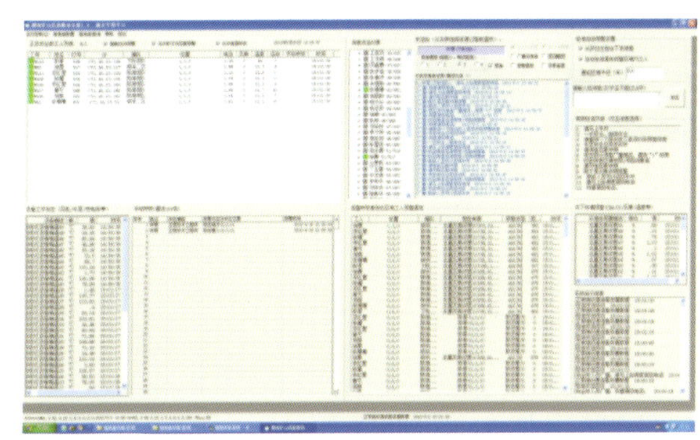

感知矿山与3DVR平台

借助地理信息系统技术、虚拟现实技术、网络通信技术等将与煤矿有关的安全和生产信息集成到统一应用平台上，实现了煤矿可视化的安全生产调度；基于 GIS 的井下移动目标连续定位及管理系统可以实时监控井下矿工、机车等移动目标的活动状态及周围环境状况，为煤矿安监、调度部门提供 GIS 矿图下的人员、车辆实时位置与环境状况、绘制目标历史轨迹等。基于虚拟现实的感知矿山三维展示平台将各类矿井数据信息资源进行全面、高效、和有序的管理和整合，并进行可视化三维表达，给使用者提供一种具有真实感、沉浸感、实时化漫游环境。

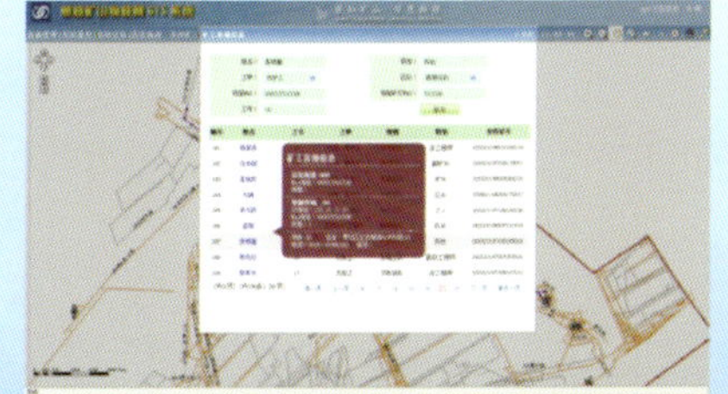

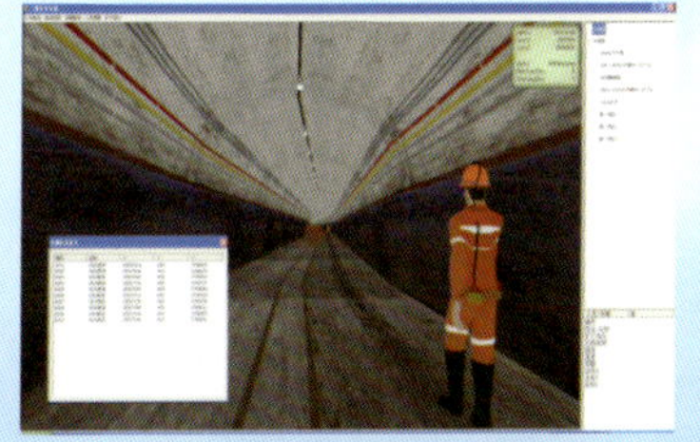

全国能源行业安全生产信息化建设案例汇编

（2012）

国家安全生产监督管理总局通信信息中心

图书在版编目

2012 全国能源行业安全生产信息化建设案例汇编 / 国家安全生产监督管理总局通信信息中心 .—北京：中国科学文化出版社，2013.1

ISBN 978-988-16486-6-2

《全国能源行业安全生产信息化建设案例汇编》

编　者：国家安全生产监督管理总局通信信息中心
出 版 社：中国科学文化出版社
设　计：北京天雨盛世文化传媒有限公司
版　次：2013 年 1 月 第 1 版
印　次：2013 年 1 月 第 1 次印刷
ISBN 978-988-16486-6-2
定　价：398 元

编委会组成人员

PREFACE 前言

全国能源行业安全生产信息化建设案例汇编

当前，随着经济建设步伐的进一步加快，使得能源行业安全生产日常监管工作任务越来越繁重，以往的能源行业安全生产监管手段已经无法与新形势下能源行业安全生产监管工作的实际需求相适应。我们应根据时代的发展，在安全生产日常监管工作中融入先进的网络技术、数据管理技术和物联网、计算机软件等技术手段，以探索新的安全生产管理方式与手段，进一步提高安全生产信息化管理水平，为推动日常监管工作效率、提升和促进决策监管水平具有重要的现实意义。

能源行业作为国民经济的支柱性产业，承担着保障社会、节能环保、科技创新等方面的社会责任。信息化时代网络信息技术的高速发展，对能源行业科技创新、风险管控以及向综合化和集约化方向发展给予了极大推动，也提出了新的要求。因此，研究实现能源企业安全生产信息化管理势必成为重要手段。

本书作为目前国内首部全面研究、分析、介绍能源行业安全生产信息化发展现状的综合工具书，旨在使读者全面、客观、准确地把握国家信息发展战略方针，把握能源行业安全生产信息化现状及发展走向和把握信息技术在产业应用的方式和前景。全书深入研究和分析了当前我国能源行业安全生产信息化发展情况、存在问题及前进方向，汇集了近年来国家及有关部门出台的相关政策、战略法规、指导意见，集中展现了国内最先进的安全生产信息化发展成功经验，以及部分适用于能源行业的信息技术、信息产品及解决方案等。

本书适合于各级能源行业主管部门、能源行业企事业单位各级领导，各级信息化管理人员，信息化实施和研究人员，服务于能源行业安全生产信息化的IT研发人员等作为工作手册使用。

本书在编辑过程中，得到了各级政府部门领导、能源企业领导、信息化服务企业领导的大力支持，谨此一并表示衷心的感谢。由于之前没有相关书籍可供参考，加之时间仓促，难免出现一些纰漏甚至谬误，敬请广大读者赐教指正，提出宝贵意见。

编辑部
2012年12月

CONTENTS 目录

全国能源行业安全生产信息化建设案例汇编

发展综述篇

管理创新篇

政策法规篇

经验交流篇

技术推广篇

附录

彩色专版索引

风采展示 A 部分

风采展示 B 部分

风采展示C部分

发展综述篇

中国安全生产信息化发展与趋势

一、中国安全生产信息化概述

安全生产作为保护和发展社会生产力、促进社会和经济持续健康发展的基本条件，是社会文明与进步的重要标志和全面建设小康社会的本质内涵，也是提高国家综合国力和国际声誉的具体体现。实施科教兴国、科技兴安战略，建立安全生产信息化平台，是我国安全生产工作的必由之路。

安全生产信息化是实现全国安全发展、构建安全生产情况稳定好转的重要基础，也是创新安全生产监管模式、提升监管与自查水平、提高预警预防能力和应急救援能力的重要途径和有效手段。安全生产信息化是伴随着传感技术、通讯技术、计算机技术的不断进步，将上述技术运用在安全生产事故预防、处理、救援以及安全生产日常管理中，改变传统安全生产过程和结构，提高安全生产管理效率，减少安全生产事故发生概率的过程。

二、安全生产信息化现状与面临的形势、机遇

（一）“十一五”时期工作成效。

“十一五”期间，各级安全监管监察机构切实加强政务信息化建设，国家安全监管总局在进一步完善基于互联网的外网平台和涉密网平台的基础上，通过实施国家安全生产信息系统（“金安”工程）一期、国家安全生产应急平台等一批重大政务信息化工程，初步形成了基于政务外网的专网平台及其数据库（简称“三网”），为安全监管监察、应急管理和社会公共服务提供了有效的信息技术保障。

同时，引导和推动了煤矿、非煤矿山、危险化学品等重点行业企业实施了安全监测监控、人员定位管理、应急避险和隐患排查治理等一批安全生产信息化工程，不同程度地提升了企业防范事故和安全管理的能力和水平。国家安全监管总局及部分地方安全监管监察机构成立了信息化工作领导机构，进一步加强了信息化工作的组织领导和统筹协调能力。安全生产信息化建设、应用和服务等工作开始步入了规范发展的轨道，信息化为政府实施安全监管监察以及企业加强安全管理的保障能力不断提高。主要成效表现为如下几个方面：

1. 实施了“金安”工程一期项目，初步形成了支撑各级安全监管监察机构开展安全生产基础业务的资源专网及其应用系统。

2. 依托互联网推进安全生产政务公开和网上为民服务，进一步提高了面向社会公众和企业的服务水平。

3. 加强了信息安全和保密工作，涉密信息系统建设和应用得到进一步提升。

4. 安全生产应急平台体系框架基本建立。

5. 高危行业（领域）企业安全生产信息化水平明显提高。

6. 安全生产信息系统运维保障体系初步形成。各级安全监管监察机构通过加强信息基础设施设备建设，完善了信息系统运行环境和安全保障系统，初步建立了运维保障制度。

（二）存在的主要问题。

目前，我国安全生产信息化建设和应用还不能满足安全生产工作的现实需要，主要存在以下几个方面的问题。

1. 信息基础设施仍不完善。依托电子政务外网建设的全国安全生产专网还没有完全覆盖各级安全监管监察机构。信息网络、信息安全、

运行环境等信息基础设施和设备尚不能全面保障日益增加的应用需求。

2．安全生产信息化发展不平衡，难以发挥整体效用。安全生产信息化状况在各地区安全监管监察机构、各类型企业之间差异较大，中西部地区、基层安全监管监察机构和中小型企业信息化基础薄弱，安全生产行政执法和企业基础信息难以有效采集。安全生产信息资源尚未进行全面规划，更难以得到有效开发和利用。企业与各级安全监管监察机构之间尚未建立信息互联互通的传输通道，无法实现安全生产信息的交换与共享。信息化在加强政府安全监管监察、应急管理和企业事故预防等方面的整体保障作用不明显。

3．信息化尚未深度融入安全生产的核心业务。信息化驱动安全生产制度创新、管理创新的力度不够，信息化和工业化融合促进安全生产的工作进展缓慢。信息技术尚未全方位融入安全生产的核心业务，安全生产的业务流与信息流尚未达到深度融合与有机关联，在一定程度上影响了安全生产信息化工作的成效。

4．安全生产信息化标准体系仍未建立。安全生产信息技术标准严重滞后，难以实现信息共享和业务协同。安全生产信息化建设项目由各地区、各有关部门和单位自行组织实施，缺少统筹规划和顶层设计，缺少系统之间的互联互通。应用系统和数据库分类不同、库表结构和编码规范不一，严重影响了信息系统的应用推广和功效发挥。

5．安全生产信息技术支撑体系落后。尚未完全建立从规划设计、系统研发、工程实施到运维管理的信息技术支撑体系，没有形成面向安全生产领域的信息产业。基层安全监管监察机构、高危行业企业信息化人才紧缺矛盾突出，专业化、复合型人才不足，安全管理人员的信息化知识和操作技能滞后，影响了信息化的应用推进。

（三）“十二五”时期面临的形势。

“十二五”时期是推动信息化和工业化深度融合、加快经济社会各领域信息化的重要时期，是确保实现国务院确定的“到2020年全国安全生产状况实现根本性好转”目标的关键时期。

1．安全生产工作日趋复杂，提高安全监管监察水平需要信息化手段保障。“十二五”时期，我国安全生产形势依然严峻，基础依然薄弱，高危行业（领域）产业布局和结构不合理，经济增长方式粗放，制约安全生产的深层次问题尚未根本解决，安全生产保障难度加大，城市运行安全风险加大，安全生产工作进入攻坚阶段。加强安全生产信息化建设已成为政府履行安全监管监察职责、提高公共服务和社会管理能力的重要保障。

2．信息产业快速发展为安全生产信息化提供了机遇。以物联网和云计算为重点的新一轮信息技术革命已成为我国重点发展的战略性新兴产业。推进物联网研发应用，以信息共享、互联互通为重点的国家电子政务建设已列入我国“十二五”时期信息化发展的重要内容。信息产业持续发展，信息网络广泛普及，为安全生产信息化建设和应用提供了难得的机遇。

3．信息化建设对提高企业安全生产水平的支撑作用进一步增强。随着信息化与工业化的深度融合，信息化将不断渗透到生产经营活动的全过程，融入到安全生产管理的各环节。通过物联网等信息化手段对人的不安全行为、物的不安全状态、环境的不安全条件进行有效监测和预警，实现企业安全生产信息的采集、处理和分析，是提高企业安全生产水平的有效途径。通过企业与行业管理部门和安全监管监察机构之间的互联互通和信息共享，是监督企业落实安全生产主体责任的重要手段。

4．创新安全监管监察方式方法对信息化手段的需求更加迫切。安全监管监察对象点多面广、过程连续、动态变化，仅仅依靠传统的人工方式难以实现对安全监管监察对象全员、全过程、全方位的安全管理，迫切需要利用信息化手段创新安全监管监察方式方法，加强安全监管监察能力，提高行政执法效能。

（四）“十二五”时期面临的机遇。

根据“国家安全生产信息化十二五专项规划”的目标：到“十二五”末，基本形成覆盖各级安全监管监察、应急救援机构（基地）和有关单位的基础信息网络和安全保障系统，满足各级安全监管监察机构业务应用的需要；初步建成共用共享的安全生产基础信息资源目录体系，有效支撑安全监管监察和应急管理业务，为安全生产形势分析和决策管理提供服务；通过重点工程建设，基本建成覆盖安全监管监察核心业务的信息系统、数据库和标准规范体系，提高行政执法和公共服务能力；通过煤矿、非煤矿山、危险化学品、烟花爆竹以及冶金等工贸行业信息化示范工程建设，形成各级安全监管监察机构与企业信息共享的标准、互联互通机制以及典型业务系统；通过物联网、云计算等先进技术的应用，创新安全监管监察方式，进一步强化对企业落实安全生产主体责任情况的监督管理，为有效防范和坚决遏制重特大事故、促进全国安全生产状况持续稳定好转提供信息化保障。

为此，势必要推动各级安监系统、企业（集团）级应急平台建设，推进生产作业环境的监测监控、安全管理和应急信息系统的应用。推动企业利用物联网技术对生产作业环境实现超前感知，提高对生产安全事故的预控能力。

三、安全生产信息化建设情况

（一）政府安全生产信息化建设情况

依托国家电子政务外网和多种网络资源建成了覆盖全国各级煤矿安全监察机构、全部省级安全监管机构和大部分市（地）、县级安全监管机构的互联互通的广域网络，实现了各级安全监管监察机构间数据、语音和视频信息的传输和处理。初步建成了面向安全监管监察及行政执法、调度与统计和矿山应急救援等业务信息系统，建立了企业安全生产基本情况、事故和执法统计等基础业务数据库，建成了国家安全监管总局非涉密业务办公、网络舆情分析和电子公文传输等系统，为日常行政办公、安全监管监察和事故应急管理等工作提供了基本的数据支撑，不同程度地提高了信息化对安全监管监察和行政执法的保障能力。

全国省级以上安全监管监察机构、80% 的市（地）级和 50% 的县级机构基于互联网络建成了政府网站门户系统，及时发布安全生产政务、政策法规、事故调查处理、为民服务等信息，开展了安全生产信息查询、政府信息公开、安全生产建言献策等公共服务，一些地方安全监管机构开通了“12350”安全生产举报投诉特服系统，进一步加强了面向社会公众和企业的信息服务。国家安全监管总局建设了安全生产网络舆情分析系统，为政府部门及时掌握安全生产舆情民意，正确引导安全生产舆论和科学决策提供了信息支撑。

国家安全生产应急平台作为“十一五”期间安全生产信息化的重点工程得到立项并实施。各地区积极开展了安全生产应急平台建设，北京、河北、辽宁、福建、江西、山东、湖北、广东、广西、云南等省级安全生产应急平台已建成并投入使用。各市（地）及部分县级安全生产应急平台建设工作也取得了进展，大连、青岛、南京、沈阳、南昌、南宁、威海、秦皇岛以及北京市房山区等城市安全生产应急平台建成并投入使用。安全生产应急资源数据库逐步扩充完善。全国安全生产应急平台体系框架初步形成，为安全生产应急管理和救援工作提供了有力的信息技术保障。

各级安全监管监察机构通过加强信息基础设施设备建设，完善了信息系统运行环境和安全保障系统，初步建立了运维保障制度。通过“金安”工程一期项目的实施，建成了国家安全监管总局网控中心、数据中心、培训中心和远程数据备份中心，以及供各级安全监管监察机构使用的综合运维管理平台，提高了信息系统的整体运维保障能力。

（二）煤炭企业安全生产信息化建设情况

进入本世纪以来，煤炭企业对安全生产信息化建设的投入在逐步增加，安全生产信息化意识也逐渐增强，企业安全管理水平也逐步提高。安全生产信息化程度是伴随着企业生产的需求而逐步提高的。但目前我国煤炭行业安全生产信息化整体水平不高，煤矿安全事故不断发生，其中的一个重要原因是煤矿企业安全生产信息手段落后，安全生产信息化体系不健全。前几年我国煤矿的建设重点是煤矿数字化瓦斯远程监控系统、井下人员考勤定位远程管理系统及煤矿安全生产管理信息化系统零散子系统；而近几年则以煤矿综合自动化系统为主体的系统集成工程，主要涉及工业以太网搭建的工业控制网络、企业信息化网络，以工业组态软件为基础的综合自动化信息集成平台，将各分散的生产过程控制系统、安全监控系统集中一个平台管理，初步实现安全、生产远程监测。虽然取得了可喜进步，但我国煤矿安全生产信息化与世界先进水平还有较大的差距，且仍然存在着不少困难和问题。

煤矿安全生产信息化发展目前处于一种不平衡状态，主要是在国有重点扶持企业和一些大的煤炭企业，安全生产信息化技术应用较好。而一般地方小煤矿因缺乏技术认识和投入上的匮乏，信息化技术普遍较差甚至没有，用人多、机械化程度较低、效率低下、安全隐患多，从而反映了这些煤炭企业的生产经营缺乏先进的自动化、信息化控制系统，缺乏先进的管理理念与系统。

我国很多煤矿把过多的精力集中在提高煤炭产量上，对安全生产信息化建设的投入不够，很多煤矿进行安全生产信息化建设是为了面子工程，是为了提高本矿的科技含量。即使是对安全生产信息化建设有一定重视和投入的煤矿而言，也明显存在投入不合理现象，信息化过程所触及的问题技术层面较多，主要涉及组织、流程、权限等深层次问题的较少，导致安全生产信息技术与管理进步互动不够好。尽管在财务、采购、管理、销售等部分环节采用信息技术带来了一定的经济效益，但从企业整体管理水平和效益提升层次上来讲，安全生产信息化技术的投入作用远没有达到预期目标，需要进一步完善和修正。

（三）石油石化企业安全生产信息化建设情况

石油石化行业的信息化建设已经有了较好的基础，涉及到了石油勘探、开发、生产、炼油、化工、储运、销售、数据管理等诸多研究领域，安全生产信息化应用也已经深入到了各个生产环节和管理层面，目前的安全生产信息化建设已经初步提升了应用层次，重视企业管理层的指挥、协调和监控能力，提高上传下达的实时性、完整性和一致性，提高总部对重大事件的处理、监督、控制的水平和能力。

当前，石油石化企业应注意信息安全问题，信息化安全问题是一个严峻的问题，特别是随着广域网和互联网应用的发展，安全问题变得更加突出。安全问题是融入到信息化建设的整个过程中的，它是一项系统工程，因此，仅仅提供一个安全问题解决方案是不能满足信息化安全需求的。对石化企业而言，针对行业特点，通过“建设高可用性网络，部署安全防护系统，建立安全保障体系”，信息化安全才能得到最好保证。

（四）电力企业安全生产信息化建设情况

电力企业是技术密集和设备密集型企业，资产设备数量大、品种多、自动化程度高、对设备的完好率及连续运转可利用率要求高。电力生产过程中的故障和事故会危及设备和人身安全，甚至会波及社会用电安全，波及国计民生。安全生产一直成为电力企业的最大的问题。涉及电力安全的信息化建设，是各个电力企业历年来关注的主要方向。综观现有的电力安全生产方面的信息化建设，存在诸多问题。

首先，信息孤岛现象依然严重。电力生产过程内部就涉及多个专业，每个专业都多少建立了自己的专业应用，但各个应用之间互相基本没有联系。而电力生产的首要特点就是其生产的整体性，任何环节，都会影响电力系统的安全，稳定，可靠的经济运行。

安全生产系统与外部系统基本没有联系，由于产品特性决定，电力企业各部门存在着强耦合的严密的并行协同关系，现有状况与实现电力企业“集团化运作、集约化发展、精细化管理和一强三优的发展目标。”相去甚远。

安全生产信息化系统的本身的安全就存在相当的安全隐患。电力生产的随机性非常强。负荷变化，设备异常情况，电能质量的变化以及事故的发生，随时都在变化着，一旦某个环节的问题发生，不能及时形成整体和全局性的判断和措施，可能使问题升级，“小问题成为大问题”。

重复投资现象不可避免。由于缺乏整体性的系统规划和架构，造成系统的“不断完善”，对人力物力造成一定的浪费。

如何开展新一代安全生产管理系统的建设是电力系统面临的一个重要和迫切的任务。

四、安全生产信息化发展趋势

未来，全国安全生产信息化将朝着标准化、规模化、协同化、智能化方向发展，同时以推进安全生产信息化稳定全国安全生产好转为主要手段和发展方向。

2012年9月18日，国家安全监管总局召开全国安全生产信息系统试点和应用推进工作视频会，会议目的是贯彻落实《国家安全监管总局办公厅关于开展安全生产业务信息系统试点应用工作的通知》（安监总厅规划〔2012〕126号）精神，切实做好安全生产信息系统试点和应用推进工作，进一步提升安全生产信息化的应用水平和支撑保障能力。

新形势下，我国将试点安全生产信息化应用企业和政府主管部门，加大力度推广安全生产信息化在安全生产领域的应用。要充分认识“十二五”时期加快推进安全生产信息化的重要性和紧迫性。信息技术作为当今世界创新最活跃、通用性最广、渗透性最强的高技术之一，是科技生产力中最活跃的核心驱动力，也是贯彻落实科学发展观、促进经济社会可持续发展的重要力量。必须从科学发展、安全发展的战略高度，充分认识安全生产信息化建设和应用试点工作的重要意义，把思想认识统一到总局对安全生产信息化发展战略的要求上来，把行动统一到总局党组对安全生产信息系统试点应用的部署上来。要坚持“以用促建、以建保用”的原则，明确工作目标，落实工作责任，创新工作思路和方法，全面落实“十二五”时期安全生产信息化建设应用的各项目标任务，切实推进安全生产信息化建设与应用再上新台阶。

五、安全生产改革发展的重要历史时期

安全生产是国民经济平稳较快发展的重要保障，是建设社会主义和谐社会的重要基础。党的十六大以来，我国安全生产工作在党中央、国务院的正确领导下，以邓小平理论和“三个代表”重要思想为指导，深入贯彻落实科学发展观，坚持安全发展科学理念，以保障人民群众生命财产安全为根本出发点，以减少人员伤亡、遏制重特大事故为目标，倡导安全文化，健全安全法制，落实安全责任，依靠科技进步，加大安全投入，基本形成了具有中国特色的安全生产监管监察体系、法规标准政策体系、技术支撑体系、宣教培训体系和应急救援体系，安全生产规划确定的指标全面完成，国务院确定的到2010年底安全生产状况明显好转目标如期实现，全国安全生产状况呈现出总体稳定、持续好转的发展态势。

——事故总量大幅下降。各类事故起数由2002年的107.34万起下降到2011年的34.77万

起，减少了72.57万起，下降了67.6%；事故死亡人数由2002年的13.94万人下降到2011年的7.56万人，减少了6.38万人，下降了45.8%。

——重特大事故明显减少。一次死亡10人以上重特大事故由2002年的128起、2341人，下降到2011年的72起、1113人，减少了56起、1228人，分别下降了43.8%和52.5%;其中，特别重大事故由12起、623人，下降到4起、159人，分别下降了66.7%、74.5%。

——主要相对指标大幅下降。亿元GDP死亡率由2002年的1.33下降到2011年的0.173，下降了87%；工矿商贸十万人死亡率由2002年的4.05下降到2011年的1.88，下降了53.6%；道路交通万车死亡率由2002年的13.7下降到2011年的2.8，下降了79.6%；煤矿百万吨死亡率由2002年的4.94下降到2011年的0.564，下降了88.6%。

——重点行业领域安全状况较大改善。2011年与2002年相比，农业机械、铁路交通、煤矿、危化品、火灾事故死亡人数降幅较大，超过50%，分别为94.4%、81.5%、71.8%、55.9%和53.8%;非煤矿山、道路交通、水上交通等行业（领域）事故死亡人数分别下降了48.3%、43%、37.1%。

2012年以来的安全生产各项指标继续向好。1月至9月份全国事故起数和死亡人数为20.9万起、45091人，同比分别下降21.2%和14.8%；煤矿事故628起、1110人，同比分别下降32.6%和24%。

十年来的安全生产工作有以下几个鲜明的特点：

（一）以人为本、安全发展理念逐步确立。

党中央、国务院对安全生产工作高度重视。胡锦涛总书记、温家宝总理多次对安全生产工作做出重要指示和批示。国务院领导同志多次组织召开安全生产会议，听取安全生产工作汇报，深入基层和企业调研，解决安全生产实际问题。国务院先后下发了《关于进一步加强安全生产工作的决定》《关于进一步加强企业安全生产工作的通知》和《关于坚持科学发展安全发展促进安全生产形势持续稳定好转的意见》等重要文件，进一步确立了安全生产工作的重要地位、指导思想和基本原则，指明了安全生产工作的努力方向，对于在全国牢固树立以人为本、安全发展理念，推动安全生产工作向更高层次和更高水平迈进具有重大战略意义。特别是安全发展战略的提出和实施，把安全生产工作重要地位提到了一个新的高度，使以人为本、安全发展的科学理念进一步融入我国经济社会发展的各个方面和各个环节，成为推动安全生产工作的强大动力。

（二）安全生产法制建设进一步完善。

经过多年来的持续努力，基本建立了以《安全生产法》为主体，由国家相关法律法规和标准规程、部门规章、地方法规等所构成的安全生产法律法规体系，基本形成了包括安全监管、煤矿安全监察、安全许可、行政处罚、行政复议，以及执法检查、执法监督、责任追究等在内的一整套安全生产工作规范，各方面工作都有比较严格的制度和相对严谨的程序。通过近年来持续加强安全监管监察执法、开展“打非治违”专项行动、开展各部门联合执法检查等，在打击震慑各种不法行为的同时，也不断增强了人们的安全法制意识，安全生产监管监察等各项工作正在逐步走向法治化的轨道。

（三）安全监管监察体制机制基本建立。

基本形成了“政府统一领导、部门依法监管、企业全面负责、群众参与监督、全社会广泛支持”安全生产工作格局和“国家监察、地方监管、企业负责”的煤矿安全工作格局，并建立了一支能够适应这一工作格局、依法履行职责使命的安全监管监察队伍。目前全国已有省、市、县三级安全生产监管和执法机构7万余人，乡镇（街道）安全生产监管和受委托执法人员3万余人，驻地两级煤矿安全监察机构3000余人，共计10万余人的安全监管监察队伍，是党和国家安全生产方针政策、法律法规贯彻实施的重要保障。随着政府及部门安全监管责任、企业主体责任、政府行政首长负责制和领导干部“一岗双责”、领导干部带班下井等一系列制度的建立，进一步明晰了安全生产责任体系。安全生产费用提取、风险抵押金、安全生产责任保险、安全生产政绩业绩考核奖惩激励、事故查处和责任追究等制度的制定和实施,为做好安全生产工作建立了良好的机制，增添了新的活力。

（四）安全生产科技支撑能力进一步增强。

十年来，国家安全监管总局组织实施了国家科技支撑计划13个项目72个课题，重点推动了煤矿、危险化学品、交通运输等行业领域安全生产的共性、关键技术的研发，取得了100多项先进技术成果,一大批安全科技成果得到推广应用。实施“金安”工程，建成了覆盖全国各省市和部分市县的骨干信息网络系统、视频会议系统、IP电话和远程培训系统，初步构建起安全生产监督管理、煤矿安全监察、安全生产应急救援指挥机构的安全生产信息化的应用平台。同时积极推进煤矿六大系统建设、小煤矿机械化改造、非煤矿山中深孔爆破、运输车辆GPS定位、尾矿库在线监测等一批先进适用的关键技术，进一步提高了各类企业的安全生产保障能力。

（五）安全生产基础工作进一步强化。

在全国各类企业中开展安全生产标准化建设，总结推广了北京顺义建立隐患排查治理体系和神华集团建立风险预控管理体系的经验，督促指导企业建立和完善安全管理制度，加大安全投入，加强安全管理，排查治理安全隐患，从源头上防范和遏制重特大事故的发生。针对重点行业领域的不同特点和存在的薄弱环节，持续开展安全专项整治。煤矿瓦斯治理和小煤矿整顿关闭工作取得重要进展，煤矿瓦斯事故进一步下降，小煤矿数量减少到1万处以内。非煤矿山整顿关闭攻坚战已经启动。危险化学品道路运输安全监管联控机制及监控体系初步建立。已有53%的化工企业完成了搬迁任务。严厉打击和淘汰了一批不具备安全生产条件的烟花爆竹生产厂点。民爆器材企业加快了重组和技术升级，提高了生产自动化水平和安全技术防范水平。实行特种设备分类监管、重点监控和重大隐患挂牌督办。所有这些，都有力强化了安全生产基础，对提升安全生产水平必将产生重要作用。

（六）安全生产应急处置能力有了较大提升。

7个国家级、14个区域级的矿山安全应急救援基地和救援队伍正在加快建设。依托中央企业及区域大型企业的救援资源优势，各专业救援队伍及基地也正在积极建设之中。国家、省、市三级安全生产应急管理机构体系初步建立，部分省市的安全应急管理机构已经延伸到县乡政府，形成了比较完整的应急救援体系。应急预案工作进一步加强，应急预案体系逐步健全，各类预案之间的衔接愈加紧密，进一步增强了预案的针对性和可操作性。国家安全监管总局与其他相关部门建立了应急联动机制，实现资源共享，信息互通，进一步提升了应急处置的快速响应能力。我国安全生产应急救援队伍及其指挥系统越来越能够承担起各种重特大、复杂事故的应急救援任务。

（七）安全文化建设取得了重要进展。

通过宣传教育等多种形式，加强对各种先进安全文化的宣传和渗透。连续11年组织开展全国“安全生产月”活动，以及“安全生产万里行”集中采访报道、安全发展高层论坛、“安康杯”竞赛、“全国青年安全示范岗”、“安全伴我行”巡回演讲等系列宣传教育活动，推动安全理念、安全方针、安全法律和安全知识进企业、进乡村、进社区、进校园。编制出版了大量安全科普读物和音像制品。持续推进以企业“三项岗位”人员、农民工和班组长为重点的安全生产全员培训工作。举办企业高管和政府领导干部的安全生产专题研讨班。制定发布了安全文化建设规划和安全文化建设示范企业标准，深入开展安全文化示范企业和安全社区创建活动，命名了一批“安全文化建设示范企业”。通过持续推进安全文化建设，全民安全意识和安全素质有了较大提高。

十年来，我国安全生产工作取得了重要进展,但由于我国正处在工业化进程中事故易发期，安全生产基础薄弱，事故总量仍然很大，重特大事故还没有得到根本遏制，有时还会出现反复，安全生产形势依然严峻。今后一个时期，是经济结构调整和经济发展方式转变的重要时期，也是进一步减少事故总量、有效遏制重特大事故，实现安全生产状况根本好转的关键时期，我们任重而道远。国家确定了以科学发展为主题、以加快经济发展方式转变为主线、以经济结构调整为主攻方向的战略构想，采取了一系列推动科学发展安全发展的重大举措，这对安全生产工作既是机遇，更是挑战。我们应当准确把握机遇，积极应对挑战，扎实开展工作，为我国经济社会的又好又快发展做出新的更大的贡献。

国家安全生产信息系统

一、“金安”工程总体介绍

1、“金安”背景介绍

全称为“国家安全生产信息系统”，是国务院信息化领导小组办公室（简称国信办）列为的国家信息化“金”字号工程。是国家安全生产“十一五”规划中的重大建设项目之一，也是国家电子政务重点工程项目。

2、金安项目概述

通过国家安全生产信息系统（“金安”工程）一期项目建设将建立一个可靠的服务于国家安全生产监管、监察体系的信息网络和业务基础平台。

覆盖国家安全监管总局（国家煤矿安全监察局）到省级机构、以及煤矿监察分局，以后逐步延伸到部分地（市）机构和区（县）机构四级安全生产监管和监察部门，实现数据、语音、视频的互联互通。

3、建设宗旨

提高我国安全生产监管和监察体系的信息采集、处理、加工的能力，实现安全监察、监督和行政执法工作的信息化，推动安全生产监督管理工作的科学发展，有效进行事故预测、隐患排查、安全生产形势分析和决策支持，为本体系内的各级安全生产监管、监察机构之间的信息传输提供快速、可靠、安全的网络服务。

二、“金安”工程建设目标

充分利用国家和各部门现有的信息技术及应用基础,通过对国家安全生产信息系统的建设，加快安全监管、监察信息的处理速度；增强信息采集、处理、深加工能力；提高分析安全生产形势水平，为国务院和国家安全监管总局领导决策服务；实现安全生产监督管理、煤矿安全监察行政执法工作的信息化，推动安全生产监管工作的科学发展，为从根本上促进安全生产形势的稳定好转提供现代信息化的支持手段。因此，国家安全生产信息系统建成并投入全部应用后，在国家安全生产信息系统网络覆盖的范围内可产生的直接效益指标包括如下几个方面：

（1）对专网覆盖范围的煤矿重大生产事故隐患纳入安全生产信息系统管理监察可达到

100%，对煤矿执法文书的数字化处理可达到100%，入库率可达到 100%，对高瓦斯矿井监管覆盖可达 98% 以上。

（2）通过对安全生产调度与统计系统的优化设计，利用协同工作技术以及工作流管理技术，通过对调度指令执行状况，以及各级上报数据日志的跟踪，从技术手段上确保全国安全生产统计月报上报时间可以提前 10 天以上，由每月 25 日提前到 15 日。安全生产调度快报可以提前 13 天以上，由每月 15 日提前到 2 日。另外，软件设计上采用松耦合的 SOA 架构，确保软件组件灵活化修改，例如通过“规则引擎”设置调度规则，确保调度时间的灵活调整，随着安全生产监管政策的调整，可以随时调整安全生产调度快报的上报时间。

（3）各类伤亡事故的报送准确率可以达到100%，事故信息完整率 100%；有关特别重大事故、重大事故信息上报在专网覆盖范围的系统内实现随时报送；明显地提高对事故应急响应、救援指挥决策的效率，缩短响应时间。

（4）依托所建成的系统，可以进一步发挥安全生产信息的分析和指导作用，提高安全生产监管和监察的辅助决策水平，提高安全生产政策策略研究、科技规划制定和提出重大安全生产项目研究与技术示范工作的水平。

（5）实现对安全生产形势作出综合分析、预测、评估，为国家及各级政府的宏观管理和科学决策提供服务。

三、“金安”工程一期应用系统及数据库介绍

国家安全生产信息系统（以下简称“金安”工程）一期项目包括煤矿安全监察执法系统、非煤矿山监管系统等十四个应用系统，以及重点监管企业基本情况数据库、调度与统计数据库等十大数据库。应用系统和数据库的核心业务是安全生产监督管理及行政执法、安全生产调度与统计及矿山应急救援信息管理。应用系统和数据库系统服务于上至国家安全监管总局，下至全国各地各级安全生产监督管理部门和煤矿安全监察机构。系统建设可使各部门获得最新、最完整和稳定可靠的信息，既满足国家安全监管总局工作的需要，又满足各地各级安全生产监督管理和煤矿安全监察工作的需要，为提高安全生产监管监察系统的信息采集、处理和加工能力，实现安全生产监管、监察和行政执法工作的信息化提供支撑服务。

1. 总体架构

“金安”工程一期应用系统采用多层应用体系架构，核心技术标准采用 J2EE 标准。系统总体架构主要由应用支撑平台、数据库、应用系统、安全管理平台、运行管理体系等部分组成，应用总体架构如下图 1 所示。

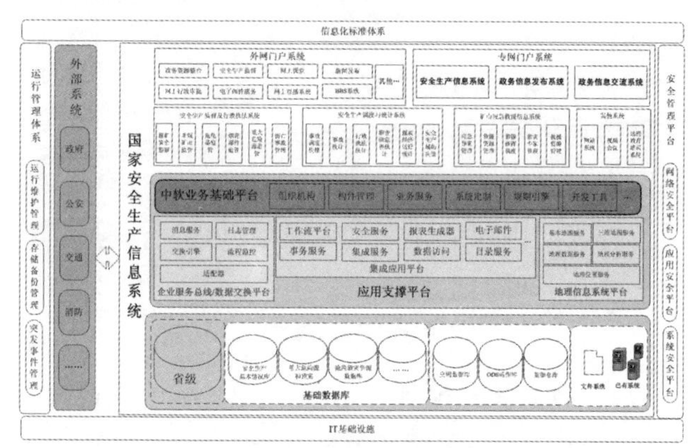

图 1 应用系统总体架构图

应用总体架构的设计思想遵循平台化、组件化设计理念，通过在底层软硬件环境上搭建构件化软件平台的开发管理体系架构，系统平台向应用系统提供组件集成、开发和运行环境，提供应用系统的开发框架，在此基础上向应用系统提供基础服务和通用的应用服务功能，实现系统管理与业务应用的无缝集成，通过平台化设计可提高基础设施的标准化，为整个应用系统的高可用性、灵活性、可扩展性、安全性、稳定性以及其他性能指标等提供基础保障。

基于这种平台化的设计构建的应用支撑平台、数据库系统、应用系统、安全管理平台、运行管理体系，可实现在统一的标准平台上构建应用服务框架，将现有的安监部门的信息系统联系起来，把不同部门、不同业务、不同操作平台的信息系统，将横向业务系统功能和数据信息融合起来，消除信息沟通的空间障碍，以统一的门户平台为用户提供服务，实现安全生产信息化服务的集中式协调调度和分布式管理运作的目的。

2. 应用系统

"金安"一期工程应用系统主要建设覆盖安全生产领域的安全生产监管、煤矿安全监察、以及矿山应急救援指挥的业务系统。系统组成结构如下图 2 所示。

图 2 应用系统组成结构图

其中监督管理及行政执法包含煤矿安全监察执法系统、非煤矿山监管系统、危险化学品监管系统、烟花爆竹监管系统、安全评价管理系统、安全生产隐患系统、重大危险源监管系统、生产安全事故管理系统、安全生产行政执法系统、法律法规系统等十个应用系统，主要完成安全生产煤矿、非煤矿山、危险化学品、烟花爆竹等行业的安全生产监督管理与行政执法功能。

安全生产调度与统计系统包含煤炭经济运行系统、行政执法统计系统、事故调度快报系统、安全生产事故统计系统、职业卫生统计系统、辅助决策支持系统六个应用系统，主要完成安全生产领域的调度与统计功能。

矿山应急救援信息管理系统，主要完成国家矿山应急救援中心日常救援业务的管理。

3. 数据库

"金安"一期工程数据库系统主要包括重点监控企业安全生产基本情况数据库、重大危险源和预案数据库、重大安全生产隐患数据库、危险化学品监管数据库、政策法规数据库、重特大事故档案数据库、安全生产专家及安全评价中介机构数据库、抢险救灾资源数据库、调度与统计数据库、行政执法数据库十大数据库。

十大数据库存储了国家安全生产信息系统生成、存储、利用、共享的行业相关业务信息，又包括相应的不同时期的历史数据。十大数据库作为当前库数据采集的涵盖面广，涉及各行业的企业数据、各省、地市、县监察监管数据，可为安全生产监管监察、应急救援、动态监测、分析风险隐患、政策法规和事故案例的智能检索分析、预测预警和决策支持等功能提供基础数据支持。

（1）重点监控企业安全生产基本情况数据库。重点监控企业安全生产基本情况数据库包括矿山（煤矿、非煤）、危险化学品、烟花爆竹、工商贸、消防、铁路、民航、核工业、交通、农用机械、渔业船舶、旅游等行业或领域企业的基本情况信息。

（2）重大危险源和预案数据库。重大危险源和预案数据库主要包括重大危险源信息、安全监督管理部门对重大危险源的监察记录、与重大危险源有关的法律法规和标准代码以及企业应急救援预案等信息。

（3）重大安全生产隐患数据库。重大安全生产隐患数据库主要包含辩识重大安全生产隐患的类型、等级和内容，隐患的影响范围、整改结果、落实情况信息等。

（4）危险化学品监管数据库。危险化学品

监管数据库主要包括全国危险化学品从业单位生产、储存、使用、经营等过程资料，对危险化学品生产、储存、使用登记过程信息，危化品的基本理化性质及处置方式信息，危化品企业证照情况等。

（5）政策法规数据库。政策法规数据库主要包含安全生产领域相关国家、行业、地方法律、法规、政策、文件等信息。

（6）重特大事故档案数据库。重特大事故档案数据库主要包括重特大事故基本情况、事故人员伤亡情况、事故调查与处理情况、事故调查组人员情况、事故处罚人员情况等信息。

（7）安全生产专家及安全评价中介机构数据库。安全生产专家及安全评价中介机构数据库主要包括安全生产领域专家基本信息、联系方式、专业特长等救援相关信息，以及安全生产安全评价机构的基本信息、资质资格信息。

（8）抢险救灾资源数据库。抢险救灾资源数据库主要包括国家矿山救援指挥中心使用的矿山抢险救灾设备、救援装备和救援队伍等救援资源信息。

（9）调度与统计数据库。调度与统计数据库主要包括全国各级安全生产监管监察机构及相关企业的煤炭经济运行、行政执法统计、事故调度快报、生产安全事故统计、煤炭行业职业卫生统计的基础报表数据及统计汇总数据。

（10）行政执法数据库。行政执法数据库存储各级安全生产监察、监管机构，对重点行业安全生产进行监察、监管行政执法的过程信息，主要包括现场检查记录、整改指令、强制措施决定、整改情况复查、行政当场处罚决定等的执法文书、投诉和行政复议等信息。

4. 应用支撑平台

应用支撑平台主要由公共服务管理系统、数据共享交换服务系统、业务协作服务系统、地理信息系统、安全管理系统、应用集成系统等部分组成，为应用系统和数据库的基础业务应用提供支撑功能。

（1）公共服务管理系统

公共服务管理系统可提供公共业务资源管理，采用统一身份管理，单一入口访问的方式，建立高度集中的统一用户身份管理及认证体系，建立统一授权机制实现用户的统一认证。建立安全生产内容管理与信息搜索引擎，给各级领导和业务人员提供丰富的辅助决策信息，同时也给各级业务应用系统提供信息查询接口。采用门户技术，将平台整合的信息以统一的界面提供给用户，建立安全生产信息系统面向决策与业务的个性化应用。

（2）数据共享交换服务系统

数据交换共享系统实现应用系统之间业务和数据的交换、路由、转储、发布、订阅、连接等功能，使用统一的数据交换标准，实现跨平台、支持异构数据库、实时快速的数据共享和交换功能，为整合不同部门的基于不同操作平台和数据库类型的应用系统提供重要保证。

（3）业务协作服务系统

在分析安全生产监管监察业务应用，对各个业务应用系统流程进行详细的规划设计，开展业务整合和调优的基础上，采用工作流技术，实现业务应用系统集成到安全生产应用支撑平台的接口。将安全生产各种业务管理系统，与应用支撑系统相互连接，形成一个紧密联系的整体，帮助用户建立个性化工作空间，提供业务应用的整合界面，以友好、快捷的方式提供给访问者最感兴趣和最相关的信息。

（4） 地理信息系统

地理信息系统是整个安全生产信息化应用的底层技术支撑平台，向安全生产信息化应用系统提供地理数据集成与业务集成技术，统一管理安全生产地理数据库，提供地理信息资源和基础地理服务。主要应用于基础数据采集、业务信息查询与展示等方面。

（5）安全管理系统

安全管理系统是以公钥基础设施（PKI）为核心、建立在一系列相关国际安全标准之上的一个开放式应用开发平台，提供系统安全服务接口、应用安全服务接口、储存安全服务接口和通信安全服务接口。

（6）应用集成系统

应用集成系统提供系统的整体开发框架以及应用集成开发环境（workshop）和运行管理监管环境，同时提供应用开发的基础服务和专业服务接口。

5. 使用范围

“金安”工程一期是安全生产领域国家重点电子政务工程建设项目，一期工程应用系统服务对象和覆盖范围包括：

（1）国家安全生产监管总局、省级安全监管局、市级安全监管局、县级安全监管局；

（2）国家煤矿安全监察局、省级煤矿安全监察局、煤矿安全监察分局；

（3）国家矿山应急救援指挥中心。

四、煤矿安全监察执法系统介绍

1. 系统开发依据：根据《中华人民共和国安全生产法》、《中华人民共和国矿山安全法》、《中华人民共和国行政处罚法》、《中华人民共和国行政复议法》、《中华人民共和国矿山安全法实施条例》、《煤矿建设项目安全设施监察规定》（原国家安监局6号令）、《安全生产违法行为处罚办法》（国家安监总局15号令）、《煤矿安全监察行政处罚办法》（原国家安监局4号令）、《安全生产行政复议规定》（安监总局14号令）。

2. 目的：煤矿安全监察执法系统是煤矿安全监察领域信息化工作中的重要业务应用系统，承担着煤矿及矿井基础信息、安全许可管理、建设项目“三同时”管理等重要功能。配合各级煤矿安全监察机构，综合监督管理煤矿矿井安全生产工作、建设项目的设立及其改建和扩建的安全审查、试生产的备案管理、执法文书的自动生成、执法情况的综合统计分析；煤矿安全生产许可证的发放、许可证发布统计分析，使得各级煤矿安全监察和相关煤矿企业单位可以通过本系统进行信息交互，为领导决策提供依据。

3. 任务：完成功能模块开发，完成在各级节点的系统部署、调试、运行，完成各级系统使用培训，完成系统验收及维护工作。

4. 使用的范围：面向国家煤矿安全监察局、省局煤矿安全监察机构及煤矿安全监察分局及相关企业。

5. 功能介绍：

煤矿企业基本信息管理：主要是采集企业（集团）基本信息和煤矿矿井的基本信息，对煤矿安全监察过程中比较关系的相关企业和矿井的基本信息，以及矿井安全生产相关的设备信息、企业持证信息、开采煤层信息等信息进行录入、查询和综合统计，同时为其他功能模块提供相关的基本信息，达到信息共享的作用。

安全许可管理：实现煤矿（企业）安全生产许可证的初次领证、延期、变更等申请、审批功能。提供安全生产许可证信息相关的统计分析和报表。

建设项目管理：依据《煤矿建设项目安全设施监察规定》的相关条例，结合实际的业务需求调研以及计算机系统的处理逻辑，对煤矿建设项目管理的内容分为以下几个主要方面来管理，项目建设单位的相关基本信息、煤矿建设项目的基本信息管理、煤矿建设项目监察过程中的安全评价、设计审查、施工和联合试运转、竣工验收的相关环节的备案和审批情况。同时对煤矿建设项目建设过程中的监察情况进行跟踪和管理，同时实现“三同时”完工情况统计、“三同时”工作计划调查统计、煤矿建设项目安全设计审查和竣工验收工作完成情况统计、以及其他统计指标的自定义统计查询。

监察执法计划管理：为了强化国家煤矿安全监察职能，规范煤矿安全监察执法行为，严格依法行政，提高监察执法效能，促进煤矿安全生产,根据建立健全煤矿安全监察行政执法责任制，进一步完善煤矿安全监察机构计划监察工作进行设计开发，通过一套规范，高效的计算机流程来实现监察执法计划的编制上报、审批、考核。

监察执法管理：煤矿安全监察执法模块依据实际工作中行政执法的流程,对文书进行出具、归档和管理。

执法依据管理：针对实际工作中发现的违法行为，建立和执法依据的关联，对于一种违法行为，应该采取什么样的执法依据，做出什么样的行政处罚,以及给出这种行政处罚的法律依据，都可以在执法依据库中进行参照、比对，这样可以规范执法，使执法工作标准化，可以最大限度的减小执法人员自由裁量权的运用，便于上级监督管理部门的监管，达到执法工作的公平化、标准化、严格化。

违法行为类别管理：对行政执法中使用的违法行为的类别及其对应的处罚行为进行管理。

单机版执法功能：针对无上网条件的煤矿执法，使用单机版系统，依据实际工作中行政执法流程，实现文书出具、归档等煤矿安全监管执法行为。

五、安全生产行政执法系统简介

1．系统开发依据：根据《中华人民共和国安全生产法》、《中华人民共和国矿山安全法》、《中华人民共和国行政处罚法》、《中华人民共和国行政复议法》、《中华人民共和国矿山安全法实施条例》、《安全生产违法行为处罚办法》(国家安监总局 15 号令)、《安全生产行政复议规定》（安监总局 14 号令）。

2．目的：安全生产行政执法系统是安全生产监管领域信息化工作中的重要业务应用系统，通过信息系统辅助各级安全监管机构实现非煤矿山、危险化学品、烟花爆竹等行业安全生产执法文书的自动生成、执法情况的综合统计分析，实现安全生产执法的标准化、规范化、高效化，为各级安全生产监管部门提供及时、定量、真实可靠的执法数据和标准的法律法规依据。

3．任务：完成功能模块开发，完成在各级节点的系统部署、调试、运行，完成各级系统使用培训，完成系统验收及维护工作。

4．使用的范围：面向国家安全监管总局、省安全监管局、市安全监管局、县安全监管局。

5．功能介绍：

监察执法管理：安全监察执法模块依据实际工作中行政执法的流程，对文书进行出具、归档和管理。

执法依据管理：针对实际工作中发现的违法行为，建立和执法依据的关联，对于一种违法行为，应该采取什么样的执法依据，做出什么样的行政处罚,以及给出这种行政处罚的法律依据，都可以在执法依据库中进行参照、比对，这样可以规范执法，使执法工作标准化，可以最大限度的减小执法人员自由裁量权的运用，便于各级监督管理部门的监管，达到执法工作的公平化、标准化、严格化。

违法行为类别管理：对行政执法中使用的违法行为的类别及其对应的处罚行为进行管理。

六、危险化学品监管系统简介

1．系统开发依据：根据《中华人民共和国安全生产法》、《危险化学品安全管理条例》《危险化学品经营许可证管理办法》《危险化学品生产企业安全生产许可证实施办法》《危险化学品建设项目安全许可实施办法》《国家安全监管总局关于印发危险化学品建设项目安全许可文书(试行)的通知》《国家安全监管总局关于危险化学品建设项目安全许可和试生产(使用)方案备案工作的意见》编制而成。

2．目的：建设一个符合当前危化品安全监

管模式，并适应未来信息化发展和体现先进管理方法的信息管理平台。系统以信息共享为核心，实现信息通信、知识共享、协同工作、办公管理等功能，覆盖中央、省、市、县等各级安监部门。

3. 任务：完成功能模块开发，完成在各级节点的系统部署、调试、运行，完成各级系统使用培训，完成系统验收及维护工作。实现危险化学品安全生产监管、危险化学品生产和储存单位设立及其改扩建的安全审查、危险化学品包装物和容器专业生产单位安全审查、定点危险化学品经营许可证发放以及国内危险化学品登记等功能，使得各级安监部门可以通过本系统进行网上办公、综合查询，为领导决策提供依据。

4. 使用的范围：国家安全生产监管总局、省级安全监管局、市级安全监管局、县级安全监管局。

5. 功能介绍：系统由如下业务模块所组成：

危险化学品管理：实现基于网络的危险化学品单位基本情况、危险化学品指标情况等危险化学品登记的管理，使得各级政府主管部门和相关企业可以通过本系统进行信息交互，实现网上异地办公。

危险化学品企业信息管理：对危险化学品企业信息以及相关危险化学品信息的管理，使得各级安监部门和相关企业可以通过本系统进行信息交互，让各级安监部门能够更准确的掌握企业情况，更好地实施监管，同时也为证照管理、建设项目管理以及其他系统提供数据基础。

危险化学品企业证照管理：实现基于网络的危险化学品安全生产许可证，经营许可证的申请、审核以及发证等的管理，包括申请表递交、附列资料登记、安监部门审查、发证打证等主要流程功能。

危险化学品企业建设项目管理：根据国家安全生产监督管理局关于《危险化学品建设项目安全许可实施办法》的有关规定，危险化学品安全工程设计审查与竣工验收系统实现基于网络的危险化学品安全工程的申请、审批以及验收等业务的管理。

七、重大危险源监管系统

1. 系统开发依据：根据《中华人民共和国安全生产法》、《关于开展重大危险源监督管理工作的指导意见》(安监管协调字 [2004]56 号)、《重大危险源辨识（GB18218–2000）》、《重大危险源申报登记与管理》以及有关法律、行政法规进行研发编制。

2. 目的：实现对重大危险源信息及其预案信息的建档、查询；根据各级监管部门的权限对重大危险源进行分级监管；结合 GIS 对于重大危险源的分布状况及预案信息进行查看，建立重大危险分级专题图。从而使得相关监管部门能够依托该信息管理平台，建立健全的重大危险源监督管理机制，实现重大危险源监督管理工作的科学化、制度化和规范化

3. 任务：完成功能模块开发，完成在各级节点的系统部署、调试、运行，完成各级系统使用培训，完成系统验收及维护工作。

4. 使用的范围：国家安全生产监管总局、省级安全监管局、市级安全监管局、县级安全监管局及相关企业。

5. 功能介绍：实现对企业危险源信息管理，重大危险源监督管理模块和 GIS 功能应用三大模块。

八、非煤矿山监管系统

1. 系统开发依据：根据《中华人民共和国安全生产法》、《中华人民共和国矿山安全法》、《中华人民共和国矿山安全法实施条例》、《尾矿库安全监督管理规定》、《非煤矿矿山企业安全生产许可证实施办法》、《非煤矿矿山建设项目安全设施设计审查与竣工验收办法》、《海洋石油安全生产规定》、《非煤矿山安全评价导则》

编制而成。

2．目的：利用“金安”工程应用系统开展非煤安全监管监察和调度统计等业务工作，建立系统、规范的非煤安全监管监察基础数据库和业务数据库，提高安全监管监察工作的信息化和科学化水平。引导企业通过企业端系统，及时报送和更新企业相关信息；通过网上审批业务系统开展安全生产许可证审批管理工作，实施建设项目安全核准、建设项目设计审查和竣工验收有关内容，提高安全监管监察业务处理的质量和效率，实现阳光审批。

3．任务：完成功能模块开发，完成在各级节点的系统部署、调试、运行，完成各级系统使用培训，完成系统验收及维护工作。实现基于网络的数据交换平台，配合非煤矿山各级安全监督管理部门，对安全生产法律、法规执行情况、非煤矿山安全生产条件、设备设施安全和作业场所职业卫生情况、非煤矿山大型建设项目安全设施设计审查和竣工验收相关的安全评估工作以及重大事故及事故应急救援工作进行信息管理。

4．使用的范围：国家安全生产监管总局、省级安全监管局、市级安全监管局、县级安全监管局及相关企业。

5．功能介绍：系统由如下业务模块所组成：

非煤矿山企业管理：非煤矿山企业管理是非煤企业进行管理的首要环节，是指各地安监部门按照相关规定对本地区的非煤矿山企业，金属非金属地下矿山矿井信息进行信息登记，查询和修改的过程，也可以作为企业进行信息维护的功能，用来更新本企业的信息。同时根据条件对非煤企业进行 ODS 配置查询，在查询者所在功能权限和数据权限范围内，查询出符合条件的所有非煤企业的统计信息和基本信息，方便监管局对所有非煤企业进行综合管理。

尾矿库信息管理：尾矿库信息管理是非煤企业或者安监部门进行尾矿库信息登记的首要环节，是指各地安监部门按照相关规定对本地区的尾矿库企业进行信息登记，查询和更新的过程。也可以由企业进行尾矿库自行登记。同时各省安监部门按照相关规定对本地区的尾矿库企业进行汇总统计上报总局，然后总局再进行全国的尾矿库汇总。

非煤矿山企业证照管理：非煤矿山企业证照管理模块实现了基于网络的非煤安全生产许可证的申请、审核以及发证流程，其中包括申请表递交、附列资料登记、政府部门审查、发证打证等主要流程功能，同时也包括流程过程中的其他相关功能，使得各级政府主管部门和相关企业可以通过本系统进行信息交互，实现网上异地办公。

非煤矿山企业建设项目管理：根据国家安全生产监督管理局关于《非煤矿矿山建设项目安全设施设计审查与竣工验收办法》的有关规定，依托建设项目安全预评价备案，安全设施设计审查和竣工验收申请系统实现基于网络的非煤建设项目的申请、审批和验收业务和流程的管理，使得各级政府主管部门和相关企业可以通过本系统进行信息交互，实现网上异地办公。

外网非煤矿山企业证照管理：外网非煤矿山企业证照管理模块实现了基于互联网的非煤安全生产许可证的外网申请流程，企业用户可以通过互联网足不出户在任何地点发起申请，提交申请相关的表单和文件等材料，解决纸质文档提交存在的送达不够及时、政府柜台受理压力大等问题，使得各级政府主管部门和相关企业可以通过本系统进行信息交互，实现网上异地办公，提高工作效率，节省工作成本。

外网非煤矿山企业建设项目管理：外网非煤矿山企业建设项目管理模块实现了基于互联网的非煤企业建设项目外网申请流程，企业用户可以通过互联网足不出户在任何地点发起申请，提交申请相关的表单和文件等材料，解决纸质文档提交存在的送达不够及时、政府柜台受理压力大等问题，使得各级政府主管部门和相关企业可以通过本系统进行信息交互，实现网上异地办公，提高工作效率，节省工作成本。

九、生产安全事故管理系统

1. 系统开发依据：根据《中华人民共和国安全生产法》、《生产安全事故报告和调查处理条例》（国务院493号令）、《〈生产安全事故报告和调查处理条例〉罚款处罚暂行规定》（安监总局13号令）、《生产安全事故信息报告和处置办法》（安监总局21号令）、《煤矿安全监察行政处罚暂行办法》，以及《2008年生产安全事故调度统计报表制度》和有关法律、行政法规编制而成。

2. 目的：使用信息化手段，辅助安全生产监管及煤矿安全监察人员完成事故的信息采集、调查、批复、落实，完成对事故处理过程信息的记录工作，并辅助生成事故调查报告，进行事故发布信息等工作。

3. 任务：完成安全生产事故功能模块开发，完成在各级节点的系统部署、调试、运行，完成各级系统使用培训，完成系统验收及维护工作。

4. 使用的范围：国家安全生产监管总局、省级安全监管局、市级安全监管局、县级安全监管局；国家煤矿安全监察局、省级煤矿安全监察局、煤矿安全监察分局。

5. 功能介绍：系统包含事故信息采集、事故调查、事故调查报告、事故批复、事故落实情况、事故信息发布、事故管理状态查询、综合查询及事故分布图展现等功能，安全生产监管监察人员可以对事故信息进行采集、查询，完成对事故调查信息的记录工作，并辅助生成事故调查报告，还可记录事故批复信息，事故落实信息，事故发布信息以实现对事故调查相关信息、文书的查询统计工作。

十、安全生产隐患系统

1. 系统开发依据：根据《中华人民共和国安全生产法》、《安全生产事故隐患排查治理暂行规定》（安监总局16号令），以及有关法律、行政法规进行研发编制。

2. 目的：使用信息化手段，辅助安全生产监管人员完成隐患信息的采集、跟踪、管理，完成对隐患整改过程信息的记录工作等工作。

3. 任务：完成安全生产隐患系统功能模块开发，完成在各级节点的系统部署、调试、运行，完成各级系统使用培训，完成系统的验收及维护工作。

4. 使用的范围：国家安全生产监管总局、省级安全监管局、市级安全监管局、县级安全监管局。

5. 功能介绍：实现对企业隐患基本信息登记、隐患整改意见信息登记、隐患整改措施信息登记、隐患销号信息登记、企业恢复生产申请登记，并对于隐患整治情况进行动态追踪管理，能够加强对重大事故隐患的管理，预防重大事故的发生，建立健全隐患排查治理的长效机制。

十一、安全评价管理系统

1. 系统开发依据：根据《中华人民共和国安全生产法》、《安全评价机构管理规定》（国家安全生产监督管理总局令第22号）、《国家安全监管总局办公厅关于印发安全评价机构资质审核审批工作有关表格的通知》（安监总厅规划【2009】182号）编制而成。

2. 目的：规范、加强甲、乙级评价资质分级管理、规范安全评价机构的资质审批程序等工作，建立安全评价机构资质申办平台，目的是服务于社会上的安全评价机构，使安全评价机构资质申办实现信息化，缩短资料报送时间，减轻资料运送负担，同时能够确保各级资质审批机关及其工作人员坚持公开、公平、公正原则，严格依法依规进行审核、审批和颁发资质证书。

3. 任务：完成功能模块开发，完成在各级节点的系统部署、调试、运行，完成各级系统使用培训，完成系统验收及维护工作。建立以安全评价机构资质申办平台网站为信息公开平台的资质申办系统,能包括用户注册、用户审核、资质申请、资质审核以及公示公告功能。在实现安全评价机构资质申请、审核、审批信息化流程时，能够缩短资料报送时间，减轻资料运送负担的同时，达到政务公开化的要求，接受社会监督。

4. 使用的范围：国家安全生产监管总局、省级安全监管局、市级安全监管局、县级安全监管局及相关安评中介机构。

5. 功能介绍：系统由如下业务模块所组成：

用户注册：安评机构用户通过提供的外网用户注册功能，可以在国家安全生产信息系统的企业端注册一个用户。填入企业基本信息后，经过管理员的审核，可以登录系统填报数据。

用户审核：对安评机构用户的注册申请进行审核。通过审核的安评机构用户，可以登录企业端系统进行信息报送。未通过审核的用户，在尝试登录系统的时候会给予提示。

资质申请：具备使用资格（通过用户审核）的安评机构用户，可以通过该功能进行安全评价机构资质的申请工作。除了可以填写机构基本信息外，还可以上传资质申请时所需要的各种附带资料（以压缩包形式上传）

资质审核：总局资质审批机关用户，通过国家安全生产信息系统（专网），可以对安评机构用户通过企业端报送的数据进行审核审批。并对审核、审批的流程、意见进行记录。同时也可下载机构用户上传的各种附带资料。

公告、公文发布：总局资质审批机关用户，可以通过该功能，向安全评价机构资质申办平台发布公示或者公告信息。以便于安评机构用户随时掌握自己的申请处理进度。

申办平台：安全评价机构资质申办平台是一个宣传性网站，上面集中了安全评价机构资质申请的流程、规章介绍；各种规章制度的下载；公示、公告信息；国家安全生产信息系统的访问链接。便于安评机构通过该网站，对安全评价机构工作有一个全面的了解。也便于他们通过该网站，直接访问相应的系统。

十二、安全生产事故统计系统

1. 系统开发依据：根据《中华人民共和国安全生产法》，《生产安全事故报告和调查处理条例》以及《2008 年生产安全事故调度统计报表制度》和有关法律、行政法规编制而成。

2. 目的：使用信息化手段，辅助生产安全事故统计人员完成事故信息的采集、上报、统计工作。

3. 任务：完成生产安全事故统计系统功能模块开发，完成在各级节点的系统部署、调试、运行，完成各级系统使用培训，完成系统验收及维护工作。

4. 使用的范围：国家安全生产监管总局、省级安全监管局、市级安全监管局、县级安全监管局；国家煤矿安全监察局、省级煤矿安全监察局、煤矿安全监察分局。

5. 功能介绍：完成对生产安全事故的统计及相关报表的生成。操作人员可以在线对事故登记卡片进行录入，查询，修改，上报等操作，在事故信息明细查询中可以定制对事故信息明细的查询，获得特定条件下的事故信息，通过子系统中的报表管理模块可以进行需要的报表生成与导出，打印等操作，同时可以通过调度数据批量导入的功能对调度系统下面的数据进行批量的导入到统计系统下面，减少工作量。

十三、行政执法统计系统

1. 系统开发依据：根据《中华人民共和国安全生产法》，国家统计局国统字 2009 年 20 号文件以及有关法律、行政法规编制。

2. 目的：使用信息化手段，辅助安全监管部门和各级煤矿安全监察机构完成安全生产行政执法报表信息的采集、审核、上报、汇总，完成对报表信息的分析等工作。

3．任务：完成安全生产行政执法统计各相关功能模块开发，完成在各级节点的系统部署、调试、运行，完成各级系统使用培训，完成系统验收及维护工作。

4．使用的范围：国家安全生产监管总局、省级安全监管局、市级安全监管局、县级安全监管局；国家煤矿安全监察局、省级煤矿安全监察局、煤矿安全监察分局。

5．功能介绍：系统包含安全生产行政执法报表信息的采集、审核、上报、汇总，完成对报表信息的查询、分析等功能。

十四、职业卫生统计系统

1．系统开发依据：按照国家安全生产监督管理总局编制的《安全生产调度统计业务规范》要求，为促进安全生产工作以控制伤亡事故逐步向职业安全健康工作拓展，做好职业安全与健康的监督管理工作，按照“以点带面，分步实施，稳步推进”的原则，先以矿山企业尘肺病的统计为突破口，开展职业危害的统计工作。

2．目的：使用信息化手段，辅助职业卫生统计人员完成职业健康信息采集、上报、统计工作，并辅助生成煤炭行业作业场所职业卫生统计分析报告。

3．任务：完成职业卫生分析统计模块开发，完成在各级节点的系统部署、调试、运行，完成各级系统使用培训，完成系统的验收及维护工作。

4．使用的范围：国家煤矿安全监察局、省级煤矿安全监察局、煤矿安全监察分局及相关煤矿企业。

5．功能介绍：实现基于网络的数据交换平台，配合各级煤监机构职业病危害统计，使得职业卫生统计分析各级煤监机构和相关单位可以通过本系统进行信息交互，及时掌握煤炭行业职业病的情况，全面、科学地分析、预测职业安全与健康的形势，为职业安全与健康的监管提供决策依据。主要功能包括基础表采集管理、职业卫生统计分析报表管理、职业卫生统计分析报告管理、职业卫生查询统计四个模块。

十五、煤炭经济运行统计系统

1．系统开发依据：根据《2006年煤炭工业统计报表制度》和有关法律、行政法规编制而成。

2．目的：煤炭经济运行统计系统的建立为提高煤炭行业统计工作质量和效率提供了信息化工具，使煤炭行业统计报表全面、准确、及时地反映煤炭工业经济运行态势，为国家宏观管理决策、国家煤矿安全监察提供可靠依据，保持煤炭行业统计工作和统计资料的连续性。

3．任务：完成煤炭经济运行统计系统功能模块开发，完成在各级节点的系统部署、调试、运行，完成各级系统使用培训，完成系统验收及维护工作。

4．使用的范围：国家安全生产监管总局、省煤矿安全监察局、矿务局（地区）、矿（县）。

5．功能介绍：该系统包括综合统计、生产统计、运销统计、经营调度统计、劳资统计、建筑业统计共六个专业。该系统主要完成数据的采集、数据校验、处理、查询、汇总、上报等功能；并实现系统的组织、管理、权限的控制，通过系统中的报表管理模块可以进行需要的报表生成与导出，打印等操作，提高工作效率。该系统的特点是：强化了人机界面的设计，使系统更加容易掌握和使用；结合调度统计司的最新业务管理思想和业务规范，设计了通用的管理功能和信息共享、数据安全功能，更加符合现在多数操作人员的运行习惯，可以更好的直接解决相关的业务问题。

十六、辅助决策支持系统

1. 系统开发依据：根据《中华人民共和国安全生产法》、《中华人民共和国矿山安全法》。

2. 目的：通过对安全生产监管监察基础信息及统计信息的分析、对比，抽取数据库中安全生产发展现状、趋势数据，为各级安全生产监管监察机构掌握现状、制定政策、进行决策提供辅助支持，保障安全生产的科学化决策。

3. 任务：完成功能模块开发，完成在各级节点的系统部署、调试、运行，完成各级系统使用培训，完成系统验收及维护工作。

4. 使用范围：面向国家安全生产监管总局、省级安全监管局、市级安全监管局、县级安全监管局；国家煤矿安全监察局、省局煤矿安全监察机构及煤矿安全监察分局；国家矿山应急救援指挥中心。

5. 功能介绍：

ODS 信息查询：通过使用分析中间件、科学分析工具及分析服务功能，实现对安全生产相关行业基础数据的即席查询、自定义报表查询等功能。从数据分析层次为业务人员提供快速、直观的查询结果表现方式。辅助业务人员掌握业务基础信息及统计信息。

数据挖掘：实现事故调度快报、伤亡事故统计、行政执法统计、职业病危害、煤炭经济运行专业统计数据进行 OLAP、专题分析处理过程，实现对安全生产行业数据的深加入，为安全生产辅助决策提供支持。

辅助决策支持：通过数据挖掘与专题分析功能，在管理流程的不同阶段，通过数据描述与直观展现、静态报表、查询与动态统计、多维分析、模型分析、主动分析与预测等信息化方法和模型，结合 GIS 技术，实现安全生产辅助决策支持功能。

十七、远程教育培训平台

1. 系统开发依据：根据《中华人民共和国安全生产法》、《国家安全生产信息系统可行性研究报告》、《国家安全生产信息系统详细设计》和有关法律、行政法规编制而成。

2. 目的：通过网络远程教育培训软件系统实现教育培训资源的共享和整合，实现安全教育培训规范化，培训过程的数字化，通过远程教育培训平台实现在全系统范围内进行远程教学和远程考核，包括信息数据传输、文本和音视频课件传输以及异地教学互动，提供高水平的优质高效培训服务，推动国家安全监管总局安全教育培训工作的开展。

3. 任务：完成网络远程教育培训平台的功能模块开发，完成在数据中心节点的系统部署、调试、运行，完成各级系统使用培训，完成系统验收及维护工作。

4. 使用的范围：国家安全生产监管总局、省级安全监管局、市级安全监管局、县级安全监管局；国家煤矿安全监察局、省级煤矿安全监察局、煤矿安全监察分局；国家安全生产应急救援指挥中心、省级安全生产应急救援指挥中心、市级安全生产应急救援指挥中心。

5. 功能介绍：包括非实时培训系统、实时培训系统及培训资源管理系统。其中，网梯远程培训平台主要是提供远程教育培训子门户，进行培训信息的发布和管理、课件资源管理等。网梯实时多媒体交互系统，主要是搭建基于浏览器的网络实时音视频交互系统。将授课教师的语音、视频、白板操作通过网络实时传输到学生端，达到同步教学、实时答疑的培训效果。网梯多媒体课件制作系统主要是提供快速生成标准网络课件的工具。

电力企业安全生产信息化系统的发展趋势

一、背景

电力企业是技术密集和设备密集型企业，资产设备数量大、品种多、自动化程度高、对设备的完好率及连续运转可利用率要求高。电力生产过程中的故障和事故会危及设备和人身安全，甚至会波及社会用电安全，波及国计民生。安全生产一直成为电力企业的最大的问题和难点。涉及电力安全的信息化建设，是各个电力企业历年来关注的主要方向。综观现有的电力安全生产方面的信息化建设，存在诸多问题。

首先，信息孤岛现象依然严重。电力生产过程内部就涉及多个专业，每个专业都多少建立了自己的专业应用，但各个应用之间互相基本没有联系。而电力生产的首要特点就是其生产的整体性，任何环节，都会影响电力系统的安全，稳定，可靠的经济运行。

安全生产系统与外部系统基本没有联系，由于产品特性决定，电力企业各部门存在着强耦合的严密的并行协同关系，现有状况与实现电力企业“集团化运作、集约化发展、精细化管理和一强三优的发展目标。”相去甚远。

安全生产信息化系统的本身的安全就存在相当的安全隐患。电力生产的随机性非常强。负荷变化，设备异常情况，电能质量的变化以及事故的发生，随时都在变化着，一旦某个环节的问题发生，不能及时形成整体和全局性的判断和措施，可能使问题升级，“小问题成为大问题”。

重复投资现象不可避免。由于缺乏整体性的系统规划和架构，造成系统的“不断完善”，对人力物力造成一定的浪费。

如何开展新一代安全生产管理系统的建设是电力系统面临的一个重要和迫切的任务。

根据国家电力发展的十二五规划，尤其是信息化发展十二五规划；结合国外电力企业的发展经验；我们不难看出电力安全生产管理信息系统的发展方向。

安全生产的系统的建设必须纳入企业整体发展目标和信息化整体规划的框架之下。“电力企业运营模式从生产主导型向客户主导性变化，走向主动竞争、管理变革、改变生产方式、强化生存与核心竞争力。国家电网公司2011年提出了国家电网公司“十二五”的发展目标，即实现公司发展和电网发展的两个转变，使公司安全保障能力、资源配置能力、金融运作能力、资产盈利能力、科技创新能力和风险防范能力显著提高，在促进电力工业可持续发展，实施国家能源发展战略，推动全面建设小康社会进程中的作用显著提高”。安全生产作为电力企业的首要工作任务不会改变，但其对于企业的价值定位更加具体化和企业化，实现方式必然改变。

二、浙江电力和上海电力为此作出了有益的探索和实践。

首先不再就某个具体应用来看问题，根据企业的发展战略，首先确定信息化的整体发展框架。以ERP为核心，利用ERP系统(财务管理、物料管理、工厂维护、项目系统、人力资源)作为一个全面的、开放型的信息平台，它的实时性、高度集成性、共享性带来了极大的方便与快捷，打破专业化管理和企业管理活动的脱节，电力安全生产管理和营销系统与ERP实现集成，构成电力信息化的整体发展框架和支柱，为企业全局实现了信息流、物流、资金流的集成。

同时在生产环节本身，消除专业工种的限制，以输配变一体化的思想开发安全生产系统。同时实现和ERP的数据和流程整合的一体化解决方案。

目前这种发展模式在国外先进的电力企业已获得巨大成功。国内多家网省公司，也陆续展开ERP的建设工作。

与ERP结合，开发新一代安全生产管理系统，先行一步，就可能占据未来电力行业安全生产的主导地位。

充分发挥ERP在企业管理中的核心作用，实现安全生产专业化管理和企业管理的有效集成将是电力信息化跨越式发展的先进模式，孕育着巨大的商机。

电力是涉及到国计民生的关键行业。2002年电力体制改革以来打破垄断，引入竞争，提高效率，降低成本，健全电价机制，优化资源配置，促进电力发展，推进全国联网，构建政府监管下的政企分开、公平竞争、开放有序、健康发展的电力市场体系不断深化。电力体制改革引发了行业重组、政策调整、规范更新。电力企业运营模式从生产主导型向客户主导性变化，走向主动竞争、管理变革、改变生产方式、强化生存与核心竞争力。国家电网公司2011年提出了国家电网公司"十二五"的发展目标，即实现公司发展和电网发展的两个转变，使公司安全保障能力、资源配置能力、金融运作能力、资产盈利能力、科技创新能力和风险防范能力显著提高，在促进电力工业可持续发展，实施国家能源发展战略，推动全面建设小康社会进程中的作用显著提高，初步建成电网坚强、资产优良、服务优质、业绩优秀的现代公司。实现企业集团化运作、集约化发展、精细化管理和"一强三优"的发展目标。

电力企业是典型的技术密集型、资产密集性企业，仅国家电网公司和南方电网公司资产超万亿。电力安全生产管理围绕电力企业的核心生产业务，通过加强资产设备管理、安全生产过程管理、降低维护成本、减少和杜绝资产损失。电力安全生产具有资产、资金、人才密集型的特点和专业要求。

ERP是一个集中化管理模式的系统，它适应了当今企业从多层塔型管理到扁平化管理的发展趋势，加强了公司各方面的集中管理和控制，ERP也是市场竞争发展的产物，不仅仅是个系统，代表了先进的企业管理思想和模式，ERP系统实施是企业管理变革、文化再造、迅速提高企业管理水平的有效途径。

三、挑战和对策

电力企业是技术密集和设备密集型企业，资产设备数量大、品种多、自动化程度高、对设备的完好率及连续运转可利用率要求高。电力生产过程中的故障和事故会危及设备和人身安全，甚至会波及社会用电安全，波及国计民生。企业生产活动主要围绕工程建设、设备维护、电网调度。电力安全生产管理是电力企业"购电、输变电、配电、营销、服务"核心价值链的主要组成部分。输、变、配主要环节的完整的设备资产生命周期管理，计划平衡、运行、检修、调度一体化作业流程，从管理决策层次支持设备资产投资、维修项目、物料、人力等资源统筹和控制；从作业层次支持不同专业技术、各级生产运营的管理。电力安全生产管理是电力企业"安全、效率、效益"的具体体现，不仅涉及到地理信息技术、计算机图形处理技术、电网拓扑模型、实时控制多种复杂技术，而且要考虑到可靠性、安全监督、"两票"等不同专业管理和作业特点。

ERP系统（财务管理、物料管理、工厂维护、项目系统、人力资源）作为一个全面的、开放型的信息平台，它的实时性、高度集成性、共享性带来了极大的方便与快捷，为企业全局实现了信息流、物流、资金流的集成。。必然要求电力安全生产管理和ERP实现集成，更好地管理供电企业的生产业务活动。不能实现生产活动与企业人、财务、物的信息和流程整合，就容易造成专业化管理和企业管理活动的脱节。

电力企业的各类业务尤其是电力生产技术的管理有其复杂性和专业性，以及偏重于电网模型管理的特性，使得仅靠以资财模型为特征的ERP系统，无法满足和覆盖电力生产技术管理的所有，必然要求有一些专业系统和ERP进行集成应用，以更好地为电力企业的各项业务活动提供支持，不断提高电力的核心竞争能力，确保电力可持续发展的目的。以ERP为核心构建电力企业安全管理，遵循“松耦合集成”、“优势互补”原则，符合信息化发展，涵盖输电、变电、配电业务管理，满足地区和省级应用需求，实现和ERP的数据和流程整合的一体化解决方案。是一种新模式。浙江电力2005展开的SAP PM集成模式的安全生产管理项目是个典型的实践。

四、市场趋势

1、电网企业管理体制决定了信息系统的高度统一性

在电网行业，垂直管理的体制决定了集团用户使用的管理软件必须具有高度的统一性，集团内统一、集中的信息系统成为必然的趋势，集团公司及所属企业的管理软件基本上由集团公司统一选型,电网企业更换软件也必须是整体更换，由于件投资、商业秘密、管理人员熟悉和掌握程度等原因,更换软件造成的风险和投资是巨大的，这也使得电网行业信息化市场进入壁垒较高。电网行业在生产、销售和管理诸多环节上存在的行业特殊性也对新进入者构成相当的障碍。

2、信息系统已经渗透到电网企业运营的各个环节

经过近几年的发展，电网公司的信息化程度大幅度提高，在统一的信息化规划和原则指导下，初步建成了对规划、建设、运行、检修、营销等各业务环节进行管理的信息系统，协助公司对业务流程进行规范，对生产运行和经营管理提供支持，既提升了工作效率，又改进了工作质量，为加强相关领域的管理水平提供了有力的支撑，信息系统已经成为电网企业生产和管理不可缺少的工具。

3、信息集成和一体化平台建设成为重点

在电网行业，很多重要的信息化应用系统，如电网分析决策系统、企业级ERP系统、供电企业营销和商务系统、电力工程项目管理系统、企业资产管理系统等都在发挥着巨大作用。然而，各种信息化应用之初，企业是为了实现一个单独的目标而去购买与之相关的系统与软件，这就造成了“有多少个功能就有多少个系统”的问题，其结果是企业内的IT系统变得愈加复杂。针对这种情况，电网企业在对基础系统环境进行了大规模的整改之后，在系统之上引入了应用的概念，这 变革使得IT架构的整体价值和效率得到了极大的提升，并应运而生了诸如ERP（企业资源计划）、CRM（客户关系管理）、HR（人力资源）、SCM（供应链管理）、财务、企业语音VoIP等部署在企业网络之上的IT应用。但是随着这些应用的不断发展，电网企业逐渐意识到这些应用虽然都整合入系统，但并没有真正融合在统一的网络基础上，无法在真正意义上形成一个可以互联互通的层，企业各部门之间的信息孤岛现象依然严重。

在电网企业生产经营管理信息化方面，国家电网公司实施了“SG186”信息化工程，目的是构筑横向集成、纵向贯通的一体化企业级信息集成平台，建成适应现代化管理需求的八大业务应用与六个保障体系，力争使公司信息化水平达到国内领先、国际先进，全面推进信息化。南方电网公司通过构建由数据中心、应用集成、企业门户、IT基础设施与信息安全、技术架构体系及IT管理和服务等组成的信息一体化体系，统

一了从总部到各分子公司的业务标准和信息标准，最终实现了电网支撑数字化、业务管理信息化、分析决策智能化的目标。

4、应急管理成为电网企业信息化建设热点

随着各种自然灾害、人为破坏的增多，对电网企业处理突发事件的能力提出了更高的要求，各级电网企业正在逐步建设具备监测监控、信息报告、辅助决策、应急指挥和总结评估等功能的应急平台，保证各级应急机构的信息通畅和信息共享，最终形成监管机构、地方各级政府、各电网企业能够上下贯通、左右衔接、互通互联、信息共享、互有侧重、互为支撑、统一高效的应急平台体系，尽可能减少电网突发事件造成的损失和影响。

5、对数据安全性及合法性的监管日趋严格

开展信息安全保护工作是保护信息化发展、维护电力安防、国家信息安全的根本保障。电网行业是关乎国计民生的重要环节，涉及国家运行安全，其信息化过程中所必需的基础数据的获取、经营信息的移交、数据信息的使用等，对安全性及合法性的要求也日趋严格。公安部等部门陆续出台了信息安全管理规定，国家电监会也结合相关规定加快对行业内信息使用的规范。同时，我国对数据的采集、加工及运用设置了诸多行业资质约束，对软件企业的行业经验、专业技术水平、质量管理水平和综合实力进行严格审核，确保电网运行安全。

6、移动信息处理系统开始在电网行业应用

近几年，各种信息技术快速发展，极大地促进了相关产业的发展，3G 技术和 RFID 技术的不断成熟，为电网企业信息化建设提供了新的思路，逐渐成为电网企业信息化建设的新方向，成为推动智能电网建设的新举措。针对电网企业覆盖面广、作业分散的特点，电网企业将移动技术运用到了数据采集、移动营销等多个业务领域，可以大大提高工作效率。

理念不断突破 体制不断完善
措施不断健全十年
从安全生产到安全发展

十年，从安全生产到安全发展，再到安全发展战略，安全在社会经济发展目标中的位置越来越高、分量越来越重。

这十年，从工厂、矿山突发事故的治理，到职业病的日常防治，再到普通居民周边安全生活环境的营造，安全监督管理的领域不断延伸扩展，覆盖了人们生产生活的方方面面。

这十年，从事故总量，到亿元 GDP 事故死亡人数，我国的安全生产主要指标均出现大幅下降，为社会和谐稳定提供了有力保障。

安全发展上升为国家战略

从来新挑战都是新机遇。

党和政府历来高度重视安全生产工作，为促进安全生产、保障人民群众生命财产安全和健康进行了长期努力，做了大量工作。但进入21世纪以后，伴随着经济的发展、社会结构的巨变，我国安全生产形势及社会心态都出现了新特征，传统的安全生产管理模式面临重大挑战。

2002年前后，经过改革开放20多年的发展，我国经济社会发展取得辉煌成就，也开始面临工业化、城镇化中不可避免的世界性难题安全生产事故高发。国际相关研究表明，当一个国家或地区年人均GDP在1000至3000美元时，该国家或地区处于安全生产事故的上升期，年人均GDP在3000至5000美元时是高发期，只有当年人均GDP达到5000至8000美元时，才进入稳定期，当年人均GDP超过1万美元后，安全生产事故总体呈现下降趋势。按照这一理论，我国当时正处于安全生产事故的上升期，局部省份甚至处于高发期。现实也正如此，数据显示，1999年至2002年的4年间，全国事故死亡总人数年均上升约万人，2002年我国安全生产事故总量高达107万起。

在社会心态方面，人们对生命、对安全的关注也空前提高。在计划经济时代，工矿领域长期提倡“先生产、后生活”，“生产第一”。在有的国有大型煤矿，工亡矿工可以申报为烈士，家属虽然悲痛，但仍觉得光荣。而进入新世纪，保护生命的呼声越来越强，发生矿难的煤矿被人们称为“黑心矿”、“黑煤窑”。

痛定思痛，党中央、国务院不断要求全国各地政府、各部门深刻吸取教训，将安全生产作为“极端重要的任务”，切实加大工作力度，坚决遏制重特大安全事故频发势头。

2005年8月，胡锦涛总书记首次提出安全发展的理念；同年，安全发展被写入党的十六届五中全会文件；

2006年3月，安全发展被写入了国民经济发展“十一五”规划纲要；

2007年10月，党的十七大报告明确提出，要坚持安全发展；

2008年10月，党的十七届三中全会强调，能不能实现安全发展，是对我们党执政能力的一个重大考验。

2011年，国务院40号文件将安全发展上升到国家战略的高度，首次提出要大力实施安全发展战略；

2012年3月，温家宝总理在政府工作报告中强调，要实施安全发展战略，加强安全生产监管，防止重特大事故发生。

从“安全生产”到“安全发展”，从“安全发展理念”进而明确为“安全发展战略”，充分体现了党中央、国务院以人为本、保障民生的执政理念，体现了党和政府对科学发展观认识的不断深化和对经济社会发展客观规律的科学总结，体现了安全与经济社会发展一体化运行的现实要求。

党的十六大以来，安全发展、安全发展战略已经成为党和国家践行科学发展观和构建社会主义和谐社会的重要内容。在党中央、国务院的坚强正确领导下，通过全社会各方面的共同努力，近年来，全国安全生产状况呈现总体稳定、持续好转的发展态势，全国各类生产安全事故起数和死亡人数已连续9年实现“双下降”。尤其是“十一五”时期，安全生产基本实现了国务院提出的到2010年全国安全生产状况明显好转的目标。

与2002年比较，2011年全国安全生产事故总量显著下降，从一年发生100多万起事故减少到35万起；事故死亡人数由近14万人减少到7万多人，下降了将近一半；亿元GDP事故死亡率从1.33下降到0.173。尤其令人欣慰的是，9年间，在全国机动车保有量增加约10倍的情况下，而道路交通万车死亡率由最高的13.7下降到2.8；全国煤炭年产量从14亿吨升至年产35.2亿吨，翻了一倍多，而煤炭百万吨死亡率却由4.9

降到了0.56。

2011年，安全生产事故总量、较大事故、重大事故、特别重大事故、反映安全生产水平的主要相对指标再次出现“五个明显下降”，总体上实现了“十二五”安全生产工作的良好开局。

安全发展大如天

十年来安全生产形势的可喜变化，得益于理论创新，更离不开将理论创新落实到安全生产工作实践中。

党的十六大以来，我国在安全生产监督管理领域不断创新机制、出台措施、加大投入，安全生产工作取得长足进步。

安全发展，投入是保障。

十年间，我国创新安全生产监管体制，投入人力、物力，建立了国家、省、市、县四级安全监管机构，有些省还覆盖到乡镇这一级。而今，安监部门已经从过去经贸委的下属部门，升格为正部级国务院直属机构，全国专门从事安全监管监察的人员将近15万人。

针对安全事故多发的煤炭生产领域，“十一五”期间国家每年投入国债资金30亿元，用于扶持原国有重点煤矿进行安全技术改造。从2004年开始，我国在煤炭企业实施安全费用提取政策，依据煤炭产量按月列支，强制用于完善和改进企业安全生产条件。至2011年底，我国26个产煤省份的国有及国有控股煤矿累计提取安全费用2474.76亿元，累计使用安全费用2120.07亿元，国有煤企长期积累的安全生产欠账得到基本解决。

利用各种安全资金，大批煤矿对瓦斯、水、火、煤尘等主要事故隐患进行安全治理，我国煤矿“一通三防”水平明显提升；煤矿还对矿井生产设备进行提升改造，一大批老化、超期服役设备得到更新、更换。

科技投入为安全发展注入了新能量。十年来，国家安全监管总局组织实施了国家科技支撑计划13个项目72个课题，重点推动了煤矿、危险化学品、交通运输等行业领域安全生产的共性、关键技术的研发，取得了100多项先进技术成果，一大批安全科技成果得到推广应用。通过实施“金安”工程，全国建成了覆盖各省市和部分市县的骨干信息网络系统、视频会议系统、IP电话和远程培训系统，初步构建起安全生产信息化应用平台。煤矿信息化建设、小煤矿机械化改造、非煤矿山中深孔爆破、运输车辆GPS定位、尾矿库在线监测等一批关键技术被投入到生产经营中，企业的安全生产保障能力显著提高。

安全发展，责任制是灵魂。

十年来，我国制定一系列法律法规，逐渐建立了地方政府领导责任、综合监管和行业监管责任、企业主体责任、社会监督责任“四位一体”的安全生产四级责任体系。为了落实责任，安全生产事故行政问责制、安全生产控制考核指标、煤矿领导带班下井、大幅提高安全事故死亡人员赔偿标准、重大安全事故挂牌督办等一系列政策措施陆续出台。自2010年国务院确立了对重大事故由国务院安委会挂牌督办的制度以来，国务院安委会已经对146起重大事故实行了挂牌督办，目前结案96起，结案率达到66%。

责任到人、到部门、到企业，过去那种“说起来重要，做起来次要，忙起来不要”的局面得以扭转。

2012年6月16日，包括中国石油化工集团公司和国家电网公司在内的多家能源企业联合发起安全发展北京宣言，承诺将安全生产放在企业发展首要位置，依靠科技进步改善作业环境，同时积极推动安全生产标准化体系建设。

在山西大同煤矿集团，为杜绝因井下通风不畅而导致的瓦斯事故，煤矿号召所有职工不论工种、岗位，“人人都是通风员”，全员保安全。

如今，安全生产“一票否决”制已经在许多地方的政务考评、人事任免中出现，全民“看安全、说安全、为安全”的社会氛围日渐浓厚。

安全发展，法治是根基。

2002年我国第一部《安全生产法》颁布实施之后，安全生产的立法工作明显加快，现在为止，我国已经出台实施14部涉及安全生产的法律、19部涉及安全生产的行政法规、100多部涉及安全生产的部门规章，此外各省、市、自治区也都出台了大量相关地方性的法规。

依据这些法律法规，安全生产的监督管理制度、企业安全保障制度、安全生产行政许可制度、安全设施“三同时”制度，以及从业人员安全生产权利义务保障制度、安全管理人员的资质认证制度和中介机构的资质认证制度、事故报告和调查处理制度等纷纷建立，安全生产逐渐走入有法可依、有章可循的法制化管理轨道。

安全生产无小事，安全发展大如天。国家安监总局局长杨栋梁说，虽然十年来我国安全生产形势取得明显好转，但仍应清醒看到，安全生产领域的问题和隐患还很多，形势依然严峻，开展安全生产工作，要始终保持清醒头脑，牢固树立忧患意识。

目前，事故总量仍然过大，有效防范和遏制重特大事故的基础仍然薄弱，安全生产保障能力仍然不足，职业病危害在一些领域还较为严重，这都是大力实施安全发展战略中需要着力解决的突出问题。“未来很长一段时间，我们既要遏制重特大事故，又要从源头治理，解决制约安全生产的一些深层次矛盾和问题，同时还要积极应对新形势、新情况所提出的一些新挑战。”杨栋梁说。

安全发展，不该有遗忘的角落

构建和谐社会涉及方方面面，推进安全发展，也不能漏掉一个角落。

保安全，重点行业领域是关键。

据统计分析，非法、违法生产经营行为是导致事故尤其是重特大事故的重要原因。对此，我国已经连续4年在全国所有行业集中开展打击非法违法生产经营建设、治理纠正违规违章行为（简称“打非治违”）专项行动，精心组织，重拳出击。在各地区、各部门、各单位的共同努力下，全国因非法违法行为造成的较大以上事故比例逐年下降，已由最高时的70%，下降到目前的42%。

瓦斯，是威胁我国煤矿安全的“头号杀手”。2005年2月，国务院专门成立由财政部、科技部、国土资源部等10多个部门和单位组成的煤矿瓦斯防治部际协调领导小组，每年召开一次小组会议，统筹协调解决煤矿瓦斯防治的重大问题。

小煤矿众多、矿权分散曾是制约我国煤矿安全水平提高的重要因素。2008年我国开始实施小煤矿整顿关闭计划，目前已经关闭小煤矿·万多家，我国煤矿总数已经由两万多个下降到一万以内。通过资源整合和兼并重组，全国涌现出一批现代化亿吨煤炭生产基地，不仅安全赶超发达国家，而且全员工效也比肩世界先进水平。

从2005年开始的煤矿瓦斯治理和小煤矿整顿关闭攻坚战，初步改变了煤矿安全生产落后的面貌。

道路交通事故一直占我们国家事故总量的82.5%，加强对道路交通的安全监管，是降低事故总量、维护人民群众出行安全的重要举措。今年7月国务院专门下发《关于加强道路交通安全工作的意见》，对客运车市场管理、规范客车驾驶员行为、车辆和驾驶员准入条件等各个方面作出了明确规定。其中，明确规定要实行长途客运司机强制性休息的制度，对行驶超过1000公里以上的且跨省的长途客车要限制线路，尤其限制夜间行驶的线路。

其他重点行业领域的安全监管也在加强。“十一五”期间，通过开展安全专项整治，金属、非金属矿产，包括铁矿、金矿、磷矿、石膏矿等非煤矿山事故起数、事故死亡人数分别下降了45%、47%；我国危险化学品道路运输安全监管联控机制及监控体系初步建立；53%的化工企业完成了搬迁任务；一批不具备安全生产条件的烟花爆竹生产厂点被依法关闭和淘汰；民爆器材企业技术改造升级步伐加快，生产自动化水平和安全技术防范水平显著提高；特种设备分类监管、重点监控和重大隐患挂牌督办已经实行。

今年，国家又启动了非煤矿山整顿关闭攻坚计划，将借鉴煤矿安全治理经验对非法、违法和不符合产业政策的非煤小矿山进行整顿关闭。

事前预防、事后救援。十年间，我国安全生产应急处置能力有了较大提升。7个国家级、14个区域级的矿山安全应急救援基地和救援队伍正在加快建设。依托中央企业及区域大型企业的救援资源优势，各专业救援队伍及基地也正在积极建设之中。国家、省、市三级安全生产应急管理机构体系初步建立，部分省市的安全应急管理机构已经延伸到县乡政府，形成了比较完整的应急救援体系。国家安全监管总局与其他相关部门建立的应急联动机制，实现了资源共享，信息互通，进一步提升了应急处置的快速响应能力。

在地震中，在特大冰雪灾害中，在各类突发事件现场，矿山救援队员的身影越来越多。十年来，我国安全生产应急救援队伍及其指挥系统越来越多地承担起各种重特大、复杂事故的应急救援任务。

对导致人员伤亡的突发事件重点治理，对危害职工健康的“慢性杀手”也不留情。职业防治已被正式纳入安全监管范畴，针对新时期出现的新变化、新问题，十年间，我国修订了《职业病防治法》、制定了职业病危害项目申报条例等多项配套法规政策，出台了新的《防暑降温措施管理办法》。

如果说“安全生产”还只局限于生产领域，那“安全发展”的范畴就延伸到了人民群众生产生活的方方面面。

从2004年山东省济南市槐荫区青年公园社区向世界卫生组织申报“国际安全社区”开始，这种以“人人都享受安全，人人都享受健康”、“预防所有类别的伤害”为目标的“安全社区”就开始在中国落地发芽。如今全国已有700多个区、街道、农村乡镇、大型企业等开展了“安全社区”创建活动，覆盖人口5000多万。全国安全社区建设正以北京、上海等9城市为重点，逐步向周边地区辐射，呈现出由沿海地区和省会重点城市，向内地、中西部地区发展的趋势。目前，全国已建成“全国安全社区”124个、“国际安全社区”23个。安全社区已经逐渐成为小康社会、和谐社会和平安社会的重要组织细胞。

“本质安全型城市”的概念也开始在全国流行。在山西省长治市，这种脱胎于煤矿企业的管理标准，被推广到城市生产生活的各个方面，力求杜绝可能造成伤害的安全隐患。

党中央、国务院多次明确强调，安全发展是坚持立党为公、执政为民的必然要求，是贯彻落实科学发展观的必然要求，是实现好、维护好、发展好最广大人民的根本利益的必然要求，也是构建社会主义和谐社会的必然要求。

我们看到，一张保障人民群众生命财产安全、护卫和谐社会的“安全天网”正在逐渐形成。

以科学发展观实现煤矿安全生产信息化

信息化是当今我国工业化发展最鲜明的时代特征，全面认识工业化、信息化深入发展的新形势，坚持走中国特色新型工业化道路，大力推进信息化，是党中央根据世界经济发展趋势和我国现代化发展实际做出的一项重大战略决策，是全面建设小康社会的必然选择。

进入20世纪下半叶之后，世界信息技术的快速发展和广泛应用，引发了一场新的全球性的产业革命，对世界经济、政治、文化、军事和社会的发展都产生了重大影响。信息化水平已成为衡量国家现代化水平的重要标志。要实现煤炭工业的安全生产和快速发展，必须转变传统经济增长方式，密切结合国家的政策导向和措施，对企业经济结构和管理模式进行战略性调整。信息化是实现煤炭工业现代化的重要手段，是提高煤炭企业经济效益的重要途径。

从党的十五届五中全会提出要“大力推进国民经济和社会信息化”，到十六大提出“信息化带动工业化，工业化促进信息化”，再到十七大明确提出“推进信息化与工业化融合”的准确定位，“五化并举”(即工业化、信息化、城镇化、市场化、国际化)、“两化融合”(即信息化与工业化)的新战略、新思维，反映出对信息化与工业化相互关系在认识上的不断发展和深化，抓住了信息化与工业化相互发展、紧密依存的逻辑本质。

以科学发展观，实现煤矿安全生产信息化的指导思想应该是以邓小平理论和“三个代表”重要思想为指导，按照科学发展和构建和谐社会的要求，以建设形成节约能源资源和保护生态环境的产业结构、发展方式为目标，坚持统筹规划、分类指导、面向需求、深化应用、广泛覆盖的原则，以技术、体制和管理创新为动力，以信息技术与煤炭工业安全生产及相关产业现代化加速融合为重点，整合、利用好各方面的资源，推进信息化和煤炭工业现代化又好又快地发展。

1. 开展企业信息化，必须做好的基础工作

加强煤炭工业现代化改造，促进信息技术的普及应用，有效降低企业资源、能源消耗和污染排放。通过推广应用制造资源计划(M砚)、企业资源计划(ERP)等技术，实现企业运营管理的网络化、智能化和集成化，减少了“跑冒滴漏”的发生；大力推广电子商务、网络营销及社会化物流配送，有效降低销售成本；推广应用计算机辅助设计(CAD)和数字化嵌入软件控制技术，从产品设计阶段开始，围绕实现节能减排、发展循环经济，优化工艺流程，减少生产成本，使资源得到充分利用，提高资源的综合利用水平。

加快推进企业信息化。一是要积极引导，抓好企业信息化基础设施投入、平台架构、应用内容开发以及企业接入方案等规划和建设。引导广大IT厂商针对行业、企业的特点，提供个性化的解决方案，降低企业管理成本，提高企业的市场竞争力；二是要充分发挥行业组织的作用，共同推动企业信息化建设；三是要实施企业内部经营管理信息化，集成企业的安全生产、监测监控、材料采购、产品销售、客户信息、管理信息等为一体，使企业信息化工作达到一个新的水平；四是要开展企业信息化培训和组织建设工作，为企业信息化工作提供有效的保证。

1.1 转变对经济增长方式的认识

早在1995年中央就提出“转变经济增长方式”的要求。据官方统计，2010年我国GDP占世界的5．5%，消耗的能源却占世界总量的15%。十多年来我国煤炭企业发展模式转型虽然取得了一定进展，但总体而言效果还不理想。企业经济增长主要依赖资本投入和煤价上涨的特点仍十分明显。

煤炭属于不可再生资源，如果把环境成本计算在内，煤炭企业近年来的经济增长所创造的社会财富并不象相关数据显示的那么多。实践证明，以大量的资本、土地、能源、矿产资源、劳动力和环境为代价实现的低效经济扩张已经到了极限。经济结构失衡的矛盾已经十分突出，转变经济增长方式已十分紧迫。

煤炭企业要改变多年来形成的粗放管理模式，转向主要以提高效率，实现经济的可持续发展，当然也需要政府的导向和政策支持，包括税收、技术标准、法规和经济激励等。

1.2 企业经济结构和管理模式的战略性调整

企业的现代化，有效地提高了安全生产效率，信息化将进一步提高安全、生产、经营和管理、决策水平。当前提倡的“两化融合”，更确切地说明了现代化工业的基础性，信息化发展的必然性。也势必会对企业传统的生产管理方式造成一定冲击。这种融合还应逐步从技术融合发展到业务融合、产业融合以及部门的融合。

相比较而言，技术融合比较容易实现。业务融合，类似保险、金融、电信这样的行业，其行业特性决定了其主营业务与信息技术的业务水乳交融，我国在某些方面的信息技术基本达到或接近发达国家水平。而在工业部门特别是传统工业部门，目前还远远达不到融合的程度，应用水平也参差不齐。再就是产业融合，我国装备制造业为提高自己的技术水平和国际竞争力，在生产的产品与装备中融入信息技术，大大提高了产品的技术含量和附加值，使产品和装备达到了数字化、智能化，有的产品甚至从中国制造走向中国创造。最后是部门融合，传统工业领域的信息化正在不同行业全面展开，尽管深入程度不同，发展速度不一，但一些企业确实设立了满足信息化需要的新部门，特别是国有大型企业，参照“世界500强”企业模式对传统机构设置进行了改造。但这种改造阻力很大，既有思想观念上的阻力，也有来自习惯势力和权力再分配方面的阻力。据调查，“世界500强”企业都有CIo(首席信息官)职务，而我们煤炭企业，甚至是较好的企业都很少设立这样的职位。

企业模式包括采购、研发、销售、竞争以及企业管理模式等。国外经济学家认为，一个创新的企业应包括技术、材料、产品、市场和企业的组织形态5个方面的创新。其中，最重要的是企业的组织形态创新。在社会主义市场经济条件下的煤炭企业发展模式应在经济全球化的背景下，也应进行改革。创建具有中国特色的现代企业模式。

管理体制是企业发展模式的基本要素之一。它包括组织结构、管理制度、经营机制和方式、管理方式等。企业要走新型工业化道路，就必须对管理体制进行改革，整合传统的企业管理体制，成立一个包括首席信息官在内的权威管理部门，对企业发展进行总体规划、协调管理和政策统筹等。

1.3 新型工业化应是信息化与工业化的“一体化”

与传统工业化相比，新型工业化特别强调以信息化带动，以科技进步和创新为动力，注重科技进步和劳动者素质的提高，注重以质优价廉的商品争取更大的市场份额。因此所谓新型工业化道路，即坚持以信息化带动工业化，以工业化促进信息化，两者互相融合，是科技含量高、经济效益好、资源消耗低、环境污染少、人力资源优势得到充分发挥的工业化道路。

1.4 企业在“两化融合”中的主体地位

“两化融合”的主体是企业而不是政府，政府只能创造环境和机制，融合的关键是用正确的方法去引导信息化与工业化的融合，使企业乐于应用信息技术改造和提升自身传统产业，改变其设计、生产和流通方式，主动进行流程再造与组织结构调整，提高其传统产品科技含量，降低资源消耗，提高生产效率。在这个过程中企业一定要发挥主体作用。

2. 煤炭工业信息化的重点领域

目前，我国国有煤矿已将信息技术广泛应用于生产、安全、管理以及市场等各个领域。随着通信网络技术、自动化技术、数字视频技术和现代管理技术的发展，煤矿信息化正朝着信息扩展、高度集成、综合应用、自动控制、智能决策的方向发展。但与国内、外先进行业和企业相比还有较大的差距。

煤炭工业信息化要以安全生产和提高经济效益为前提，主要应做好以下重点领域的工作：

(1) 生产领域：主要指生产现场的生产过程及所用设备、控制。国有煤矿生产自动化程度一般较高，有些已基本达到国外先进水平。大多数矿井的生产过程都在不同程度上实现了机械化、自动化，在采、掘、运等各个环节上采用了不同的系统，但彼此相对独立。如果采用先进的信息技术加以改造，形成完整的矿井综合自动化系统，实现数据共享，将大大提升煤矿生产自动化水平，进一步实现“减人增效”的根本目标。

(2) 安全领域：煤矿生产环境的特殊性决定了煤矿信息技术的应用应把对矿井环境安全的监测和监控作为另一重点领域。形成的“远程监测网络系统”可对生产环境和设备的运行情况进行实时记录，对事故的预防和事故发生进行分析，实现对煤矿瓦斯、通风、地下水、顶底板压力等重大危险源的有效监控。在突发事件情况下，为实施抢救和救援提供依据。

(3) 企业管理和办公自动化领域。在以上两大领域广泛采用信息技术的基础上，企业中央调度控制室可实现对全矿井各生产环境和设备的监视和控制。管理人员通过计算机即可随时了解安全、生产、人员、运输等各种信息，对全矿生产经营进行统一调度及统一管理。对各种信息进行分析处理、统计、优化，可以为企业领导决策提供及时准确的数据，从而实现煤炭企业“管、控、营”的一体化建设，达到真正意义上的“数字矿山”。

3. 煤炭工业信息化应着重抓好的主要工作

《煤炭工业信息化“十二五”发展规划》指出：“十二五”是承前启后的重要时期，本世纪头二十年是我国发展的重要战略机遇期，“十二五”时期尤为关键。坚持以科学发展观统领经济社会发展全局，坚持以人为本，转变发展观念、创新发展模式、提高发展质量。作为国家基础能源的煤炭工业，更面临着更大的机遇和挑战。中央的建议指出，能源产业，要强化节约和高效利用的政策导向，坚持节约优先、立足国内、煤为基础、多元发展，构筑稳定、经济、清洁的能源供应体系。建设大型煤炭基地，调整改造中小煤矿，开发利用煤层气，鼓励煤电联营。以大型高效机组为重点优化发展煤电。因此，要实现煤炭工业长期持续发展，应依靠科技进步和劳动力素质的提高。把增强自主创新能力作为调整产业结构、转变增长方式的中心环节，推进产业结构优化升级。

煤炭工业信息化建设要立足煤炭行业，充分体现煤炭行业特点，大力推动信息化建设，以信息化带动和促进煤炭工业的改革与发展。煤炭行业信息化“十二五”的战略目标是：面向国民经济建设主战场，围绕煤炭行业信息化的发展需求，将信息化技术与设计、生产、管理、安全结合，整合资源，研发煤炭行业信息化软硬件产品，培育咨询服务体系，开展煤炭行业信息化应用示范工程，全面提升煤炭行业的竞争力，以信息技术支撑新兴的煤炭工业。

3.1 加强信息化人才队伍建设，提高职工信息能力

继续提高对信息化的认识。在“十二五”期间有条件的企业要加快实现管理信息化，企业智能化。要发展煤矿安全生产信息化技术，开发推广适应煤矿井下环境的高速、可靠、经济的宽带综合网络系统，推进煤矿计算机网络管理，研究煤矿数字信息网络综合自动化监测监控技术与装备，加快煤矿安全、生产、调度、运销一体化信息网络系统建设，建设“数字矿山”示范工程。

加强信息化人才的培养。要采取有力措施在稳定原有技术队伍的基础上，采取多种形式，特别是在职、转岗和经常性的知识更新培训，培养各种实用型、复合型人才，发挥其在信息技术推广应用工作中的积极性和创造力，适应现代化安全生产的需要，达到与工作岗位相适应的信息化能力。进一步加强与科研、设计和院校的合作，逐步形成一批以企业为主的信息技术研发中心，根据优势互补，利益共享的原则，建立双边或多边技术协作机制，通过相互兼职和培训形式，加强不同单位科技人员的交流。鼓励广大信息工作者积极参加有关培训和技术交流活动。同时，建立健全技术创新体系和良好的管理、奖惩机制，并将其作为建立现代企业制度的重要内容，使企业逐步成为依托电子信息技术的市场竞争主体和技术创新主体。

3.2 以科学发展观实施煤炭工业信息化工作

(1) 中国煤炭工业协会信息化分会、煤炭学会等学术组织，要把会员单位组织起来，进一步推进了煤炭信息化技术与管理创新，加强国内、外，行业内、外的信息交流，推动信息产品厂商为煤炭用户提供技术和服务，提高全行业的信息化整体水平。按照“总体规划，分步实施，分批投入，逐步推进”的原则，充分重视速度和结构、质量和效益相统一。抓住国民经济发展的需求和经济全球化的机遇，应对挑战，推动信息化进程，充分发挥市场配置资源的基础作用。增强企业的核心竞争力。

(2) 突出战略性、宏观性、政策性和可操作性，着眼于煤炭工业发展的长期需要，体现“信息化带动工业化”的总体思想，强化扩大应用，对于重大信息化工程采取分步实施，滚动建设，逐步到位的方针。使信息化中的三大要素，即硬件、软件和服务的投入比例趋于合理。为安全生产、提高生产效率和经济效益服务。坚持搞好统筹协调，注重建设信息安全保障体系，正确处理信息化发展中的各种重要关系。实现信息化与信息安全协调发展。

(3) 整合信息资源，消除“信息孤岛”。长期以来，各企业之间。企业内部各部门之间，存在着资料互相“保密”的弊端，而不能实现系统的集成和信息资源共享。要以信息资源管理为基础，采用趋于统一的数据平台或接口，将不同应用的信息标准化，从而实现信息资源的整合和应用系统的集成。

(4) 结合国家煤矿安全监察网络系统建设，推进煤炭企业安全生产信息化建设，促进煤矿安全生产的根本好转。依靠先进的信息技术，建立以灾害预防，事故救护，安全管理为主的安全生产信息网络，以推动行业整体安全生产信息化水平的提高。

3.3 充分利用好网络平台的作用

国家安全生产监督管理总局 (国家煤矿安全监察局) 自成立起十分重视六大体系中的信息体系建设，安全生产监管、监察等行政执法的政务系统正在起步建设阶段，国家安全生产信息系统将在“十一五”期间建设，要配合国家的安全生

产信息系统的建设,建设企业安全生产信息系统,使之能与国家系统相互配合,为企业安全生产服务。为努力减少煤矿安全生产事故,继续加大对监测监控系统的升级改造投入,使煤矿监测监控信息实时应用到生产、管理和决策工作之中。

(1) 以中国煤炭工业网站为龙头,以煤炭企业网络为基本数据源,打造中国煤炭工业信息化平台。建立起内容全面、范围广泛、数据安全准确、查询快捷的各种专业数据库和信息平台,为广大煤炭及煤炭相关的单位建立使用方便的电子商务平台,推动煤炭企事业单位信息化建设全面、有效地发展。

(2) 抓好示范工程建设,积极推广应用各种适合煤矿不同方面的信息系统。达到:以信息化、自动化和智能化带动企业发展,提高企业竞争力;安全监控监测信息的集成与发布;生产信息的集成与可视化;各种管理信息系统的规范与集成;综合办公自动化体系;实现企业党务、政务、物流、安全、生产、销售、财务等各个环节的全面信息管理。并及时总结经验,推广示范工程的应用。进一步强化绩效评估,建立激励机制,制定信息化与工业化融合工作量化考核标准和办法,对推进信息化与工业化融合工作的先进单位与个人进行表彰。

3.4 建立做好煤炭工业信息化工作的保障措施

(1) 加强领导:信息化工作是“一把手”工程。信息化需要投资,需要人才,没有“一把手”抓很难解决。在信息化组织运作过程中,不可避免地导致组织结构层次关系、部门功能的设置、职责的变动、建设及运行维护投资,这些往往涉及到权力、利益、价值观的调整,这是传统社会向信息化社会演进过程中必然发生的现象。所以,企业要发展,要前进就必须依靠科技进步,必须依靠知识和信息,才能立于不败之地。各级领导都要对信息化工作给予高度霞视。

鼓励传统产业企业的信息化部门转向产业化发展,可以从原企业剥离出来成为独立法人实体,或独立核算,为本行业的信息化改造提供服务,开展信息技术咨询服务和建设工作。

(2) 做好信息化发展规划。煤炭工业各企事业单位要在总结“十一五”信息化工作的基础上,参考煤炭工业“十二五”信息化发展规划,结合企业总体发展战略,制定符合企业实际的信息化发展规划。在制定总体规划时,不要搞成网络配置与设备的选型规划,不能只依靠 Web 页面和电子邮件。要真正实现企业内外信息流动、共享和应用。建立起结构稳定,信息丰富,更新及时的共享数据平台。运用信息组织技术,将企业多年来所积累的资料“数据库”进行规范化的重组,从而极大地减少资料接口;要做好信息资源的规划,将“需求分析”与信息系统紧密结合起来,减少信息资源浪费。

(3) 大投资力度。目前,煤炭行业中 80%以上的企事业单位没有将信息化建设费用列入自己的预算,而国外发达国家的信息化投入约占营业收入的 2%。这反映出信息化的投人严重不足,这是煤炭行业信息化建设滞后的主要问题之一。

积极争取国家、地方等部门及政策的支持,努力从各种渠道申请安全生产信息化资金,用于企业安全生产信息化建设。在煤矿基本建设工程或改扩建工程中,应将信息化系统建设列入该工程的预算,并加以实施。

4. 结语

信息化是实现煤炭工业现代化的根本目标,要真正理解并认真落实科学发展观,扬弃先工业化、后信息化的发展模式,加快信息化与工业化的融合。信息技术在企业的广泛应用和发展,将会更有效地提高工作效率、经济效益和社会效益。

我国安全生产信息化建设的现状与对策

安全生产信息化建设是提高我国安全生产水平的一项基础性工作，是领导科学决策和正确指导安全生产工作的基础，是实现安全生产监督管理业务快速、准确、高效运行的根本保障，是实现国家、省、市、县各级安全生产信息互通、互联的必要手段，是贯彻“科技兴安”战略的重要手段。随着我国经济建设的高速发展和生产经营单位产权、经营管理模式的多样化，安全生产情况日益复杂，安全生产数据信息急剧增加，再加上我国加入 WTO，打破了关税壁垒对我国企业和产品参与国际竞争的限制，但是非关税的因素随时发挥着制约作用，产品质量安全、生产者人身安全、产品对自然和环境的破坏等安全问题需要安全生产者高度重视，而且国际职业安全健康标准一体化的强烈要求，也使得我国安全生产工作面临更大的挑战。在这些因素作用下，监督管理任务变得日益繁重，传统的工作手段已经难以满足新形势下的发展需要。运用现代通讯、电子信息网络技术指导、服务于安全生产工作，建立高效灵敏、反应快捷、运行可靠的信息体系，及时掌握安全生产动态，提高安全生产监督、管理信息化水平和工作效率，全面推进安全生产信息化建设工作已势在必行。

1. 安全生产信息化建设的现状与存在的主要问题

我国安全生产信息化建设现已得到了国家安全生产监督管理总局、国家煤矿安全监察局的高度重视，在 2003 年 12 月发布的《国家安全生产发展规划纲要 (2004—2010 年)》中，主要任务的第 5 项就是“加快安全生产信息化建设”；规划实施的重大工程第 7 项就是“安全生产信息化建设工程”，即研究和开发安全生产事故统计系统、安全生产政策法规检索系统、安全生产专家库系统、安全监管监察系统等，建立安全生产信息系统，提高安全生产监管水平。

近年来，不少省、市开通了各级安全生产信息网站，为安全生产信息发布、宣传发挥了积极作用；部分省、市也启动了安全生产信息化建设的试点工作，初步建立起了安全生产监督管理信息平台，为本地区安全生产动态监管提供了重要的依据，提高了其安全生产监督管理的工作效率。

虽然目前我国的安全生产信息化建设取得了一定的成效，但是总的来说还处在起步和探索阶段，专业从事安全生产信息化建设和相关软件研发的公司和单位寥寥无几，相关的规范还有待完善，许多区市、县 (区) 安全生产监督管理局尚未配置专门的信息职能部门和技术人员，安全生产信息化基础设施、政府和企业安全生产信息网络、安全生产监督管理的技术手段等方面仍然比较落后，许多企业无安全生产信息化总体规划，没有将其纳入企业现代化建设的范畴，企业安全生产信息化建设系统性差、随意性大，多为被动式建设。

2. 建立安全生产信息化系统

安全生产信息建设包括六大系统的建设，即：组织管理系统的建设、网络系统的建设、行政执法应用系统的建设、调度统计应用系统的建设、应急救援应用系统的建设和综合政务信息系统的建设。

2.1 组织管理系统的建设

组织管理系统包括：组织保障子系统、制度保障子系统和运行保障子系统。

组织保障子系统要求各级安全生产监督管理机构建设组织体系时，必须从保证安全生产信息安全、畅通、稳定运行等方面来进行构建。

制度保障子系统主要用来完善各项法律法规，使其标准化。它包括：对安全生产信息化建设工作法规的完善，对安全生产信息化建设工作责任制的建立和完善，安全生产信息标准的建立等。

运行保障子系统就是保证安全生产信息化建设应用系统和网络系统正常稳定运行的系统。要求各级安全生产监督管理机构加强对相关业务人员的培训，提高其在硬件管理和应用系统软件方面的能力。

2.2 网络系统的建设

网络系统包括：内网、外网和政府互联网站及相应的网控中心。

内网是企业内部使用的网络，包括办公自动化平台、企业安全生产监管平台、业务审批管理平台、安全执法检查平台等。外网即安全政务公开网，大概的网络连接如图 1 所示。

2.3 行政执法应用系统的建设

主要包括：执法人员管理子系统的建设、重大危险源监控子系统的建设、事故隐患整改子系统的建设及重特大事故预案管理子系统的建设等。

2.4 调度统计应用系统的建设

调度统计系统必须建立安全生产快报、急报和安全生产月、季、年统计数据上报的报告系统；当接到急报时可实现与抢险救灾和事故处理系统联动。

2.5 应急救援应用系统的建设

建立报警子系统、预案处理子系统、救护资源子系统、事故救援报告子系统、救援指挥子系统。

2.6 综合政务信息系统的建设

公文无纸化传输子系统、安全生产要情子系统、数据加工分析子系统、党建廉政工作子系统及国家局政府网站的建设等。

3. 安全生产信息化建设应采取的对策

安全生产信息化是指以计算机与通信网络为主体的数字化、网络化、智能化和可视化的全部过程，它包括 6 个要素：安全生产信息技术应用、安全生产信息资源、安全生产信息网络、安全生产信息技术产业、安全生产信息化智力资源、安全生产信息化政策法规和标准规范。从这些要素着手，看一看我国安全生产信息化建设应注意的问题。

3.1 安全生产信息资源

它在 6 个要素中处于核心位置。安全生产信息资源开发要面向生产、面向企业、紧密结合国家安全生产建设、经营管理中提出的关键技术问题，及时、准确地提供国内外有关信息和分析建议。安全生产信息资源的开发要按照市场化要求，打破部门、单位分割和封闭的状况，开门合作办信息，建立信息采集、加工与发布的完整机制；要建立多层次的信息资源采集渠道，形成多种形式的信息采编队伍；建立与国际劳动安全及职防信息机构的交流合作关系，要形成多层次的信息加工发布体系，通过电子刊物、光盘产品及网上发布等形式提供各项服务。

3.2 安全生产信息化政策法规和标准规范

以安全生产法律法规体系、技术标准体系、计量体系为基本单元，完善安全生产法规标准平台；加强安全生产法规体系研究，逐步完善安全生产法律法规体系，提高安全生产法律法规的适用性和可操作性，正确调整安全生产中的各种关系；加大安全技术标准体系、计量体系的建设力度，通过技术标准的完善与发展，引导并及时淘汰落后工艺、技术与装备，促进安全生产科技水平的提高和发展，适应我国加入 WTO 后安全生产工作的需要。

3.3 安全生产信息网络

利用现代技术手段，运用共建共享机制，围绕以人为本的理念，对安全科技文献与数据、信息网络资源等进行战略重组与建设，建立布局合理、功能齐全、运转高效的安全生产信息共享平台，加强科学数据和科技文献资源的共享以及自然资源的保存和利用，提高各种资源的利用率，促进安全生产科技水平的整体提高。

3.4 安全生产信息化智力资源

以国家安全生产专家组为核心，建立安全生产专家信息库，为安全生产科技发展提供智力支撑；加强安全人才的培养和队伍建设，创造优秀人才脱颖而出的环境；完善安全科学教育体系，安全科学尽快成为一级学科，以适应安全生产科技整体发展的需要。

3.5 安全生产信息技术产业

发展电子、信息产品制造业，加强先进信息技术的引进、消化吸收和创新，大力开发核心技术，增强计算机与网络产品、通信产品、数字视听产品和新型元器件等产品的制造能力，大力发展集成电路和软件产业，提高信息化装备和系统集成能力。

3.6 安全生产信息技术应用

以科研机构和高校为主体，政府组织指导，对先进、适用技术进行整理、科学论证，发布推广技术目录，召开技术推广会，提供技术咨询和服务，完善先进适用技术推广体系。

无论是从当前安全生产工作的急需，还是从安全生产科学长远发展的要求来看，安全生产信息化建设已势在必行，而我国在这方面起步较晚，进展也较缓慢，还需要国家相关部门和各级政府的高度重视，并且加大投入，加大组织力度，尽快完成我国安全生产信息化建设，从而改变目前安全生产状况和彻底消除各种不安全隐患，使我国安全生产面貌产生质的飞跃。

管理创新篇

促进信息化建设 提升安全生产水平

工业和信息化部党组成员、总工程师 朱宏任

安全生产和管理创新是企业发展中的永恒主题，回首“十一五”，国际金融危机的巨大冲击昭示，依靠物质要素一味投入的发展方式已经难以为继。新形势下，推动发展要向主要依靠科技进步、劳动者素质提高、管理创新转变，加快建设创新型国家。“十二五”规划纲要强调，“鼓励企业增强新产品开发能力，提高产品技术含量和附加值，加快产品升级换代。推动研发设计、生产流通、安全生产、企业管理等环节信息化改造升级，推行先进质量管理，促进企业管理创新”。这是对我们的各项工作特别是安全生产和管理创新提出的新要求，我们必须紧密围绕“十二五”规划，从贯彻落实科学发展观和建设创新型国家的高度，充分认识推进企业管理创新的重要意义，把加强安全生产和管理创新，作为推进产业结构调整和发展方式转变以及提升安全生产效率的重要任务来抓。

工业和信息化部自成立以来，始终高度重视推动企业管理创新工作，并将其作为我部的一项重要职责来抓，在我部制定产业政策、指导中小企业发展中，都把推进企业调整结构和管理创新作为一项重要工作。下面，结合我部重点工作，对新时期企业加强安全生产和管理创新提几点建议，供大家参考：

一、进一步加强战略管理

这次国际金融危机影响深远，无论是大企业还是中小企业，都面临着从战略高度重新审视自身发展的问题。从国际上看，主要发达国家提出“再工业化”、“重振制造业”等理念，加快对新兴技术和产业发展的布局，培育新的增长点，抢占新一轮发展战略制高点。同时，跨国公司利用全球生产和组织模式优势，谋求全球价值链布局，围绕市场资源、人才、技术、标准等竞争将更加激烈。从国内来看，“十二五”时期，机遇与挑战并存，企业安全生产和管理创新要体现并把握好转变经济发展方式中结构调整、科技进步、保障民生、两型社会、改革开放等五个核心要点。我部将坚定不移地高举转型升级的大旗，推动行业又好又快发展。企业要从战略层面把握经济发展趋势和宏观政策取向，根据自身条件和市场需求，制定企业中长期发展规划、科学设计和培养核心竞争力，提高战略应变能力，谋求战略转型。

二、进一步重视研发管理

“十一五”期间，我国研发经费占 GDP 的比重从 1.3% 提高到 1.8%，尽管有了明显提高，但仍没有完成规划目标，与美日等发达国家相比差距明显，甚至低于全球平均水平，这在一定程度上影响了我国的创新能力和国际竞争力。“十二五”期间，国家已经确定了研发经费占 GDP 比重达到 2.2% 的目标，同时培育发展战略性新兴产业，这些都将成为企业加快发展、提高自主创新能力的新机会。企业不仅要增加研发投入，还要高度重视研发管理工作，建立科学规范的研发管理体系，提高研发资源配置效率，把有限的研发投入用好，切实提升企业自主创新能力。

三、进一步推进安全生产建设

安全是企业的生命线，一个企业有没有发

展，首先要看它能否提供社会和大众需要的安全指标，安全指标低下，必然要被淘汰，企业也就谈不上兴旺发展。近年来，我国企业安全事故频发，不仅影响了企业的生存，更影响了国家的声誉。企业必须把提高安全质量作为企业管理的核心内容，建立健全全员、全方位、全生命周期的安全质量管理体系。安全是企业的生命力，只有重视安全，我国企业才能长治久安。企业要制定安全发展战略，不断提升安全形象和价值，随着内外部环境发生变化，为安全生产工作提出了更高的要求。企事业领导班子更应把安全生产工作摆在极为重要的位置，突出抓好布置、落实、检查、考核等各项工作，警钟长鸣。要积极开展安全生产工作，创建具有中国特色的大型安全高效企业，促进自身管理创新水平国际化。

四、进一步推动企业安全生产管理信息化

企业安全生产管理信息化能够有效降低生产和运行成本，实现高效快速决策，增强风险应变能力。随着经济全球化和信息技术的飞速发展，企业越来越进入到一个速度制胜的时代，产品生命周期越来越短，企业衰亡速度前所未有，信息技术已成为现代企业管理的灵魂。推进信息化与工业化深度融合是“十二五”工业转型升级规划的重要任务，企业信息化是“两化”融合的重要着力点。企业应大力推进信息技术在研发设计、生产制造、经营管理、安全生产、营销物流等环节的深度应用，推进数字化研发设计工具在安全生产的普及应用，推动生产装备数字化和生产过程、安全生产智能化，加快建立新型的安全生产方式、组织形式。

五、严格贯彻落实安全生产责任制，进一步推进安全生产制度化建设。

本着“谁主管、谁负责”的原则，根据《安全生产法》的有关规定，逐级建立了安全生产责任制，把安全生产的任务指标层层落实，明确了安全生产的岗位职责，并把安全工作的效果纳入了年终绩效考核。严格贯彻执行《安全生产管理制度》，按照制度的具体要求，深入落实安全生产的自查自纠、隐患排查、监督整改等各项措施，加强对物资出入保管、现金出纳存放、电源电器使用等薄弱环节的管理。

六、加强安全生产信息化建设，认真做好安全生产管理。

为了保证安全生产工作目标的实现，重点加强了安全信息化建设工作。应用先进的信息化技术与手段最大限度的满足生产活动中安全的监督与管理需要，当前，我国企业安全问题较为严重，石油渗漏、煤矿安全、道路安全等事故屡屡发生，不仅影响企业自身的生存和发展，也严重损害了群众、债权人等的合法权益，“十二五”时期将逐步扩大安全生产信息化试点范围。企业应高度重视安全生产管理工作，建立健全安全生产管理体系，有效降低企业各类危险，提升企业安全生产管理水平。

大力提升企业管理水平 努力建设世界一流企业

国务院国有资产监督管理委员会副主任 邵宁

今年是“十二五”第二年，“十二五”时期是我国发展的重要战略机遇期，是加快转变经济发展方式的攻坚时期。转变经济发展方式，要求经济增长由主要依靠要素投入、规模扩张转向主要依靠科技进步、劳动者素质提高、管理创新。这是基于对国内外经济发展宏观环境正确判断而提出的战略构想。正是在这一背景下，根据党的十七届五中全会精神，国资委党委经认真研究，提出“十二五”时期中央企业改革发展的核心目标是做强做优中央企业、培育具有国际竞争力的世界一流企业。具体来说要做到“四强四优”，即自主创新能力强、资源配置能力强、风险管控能力强、人才队伍强；经营业绩优、公司治理优、布局结构优、社会形象优。建设世界一流企业要做的工作很多，但其中最基础的工作还是要加强管理。没有世界级的管理水平，就不可能造就世界一流的企业。无论从转变经济发展方式的要求，还是与世界先进企业的管理进行对比，国有企业在管理现代化水平和创新能力上还有很大的差距。“十二五”时期，国有企业要围绕转型升级这一转变经济发展方式的主题，进一步加强管理和管理创新，重点做好以下几方面工作：

一是加强企业战略管理，制定正确的发展方向。企业要对自己所处的外部环境经常进行科学的分析，充分研究市场和竞争对手，研究科技及产业格局的发展变化，在此基础上制订并且动态调整优化企业的发展战略。我们的企业的预见性与世界一流企业相比是有差距的，这反映出战略研究深度和战略管控能力的差距。世界一流企业往往能够洞悉产业发展的趋势和前景，经审慎研究确定发展战略及目标之后，就坚持不懈地为之奋斗，即使经理人变更也不会改变。战略性因素的把握和掌控非常重要，判断失误造成的风险会是非常大的。所以，国有企业必须高度重视学习战略管理，以防范战略性风险。

二是进一步推进企业信息化建设，提升现代化管理水平。要充分发挥信息技术对提升企业技术能力和管理效率的重要作用，加快企业主要领域的信息系统建设,促进信息技术与经营管理、产品研发、供应链优化、安全生产、战略联盟等深度整合。必须清醒地看到，信息化不但需要很多软硬件投资，而且会因为业务流程的再造、组织管理的变革对企业内部的状态提出要求。而内部的要求达不到、阻力太大，会导致信息化的失败。我们要学习借鉴国内外先进企业信息化的成功经验，坚持总体规划、以业务为导向、统一系统架构、规范项目管理、先试点后推广、优选服务商、选用成熟软件和加强国内外合作，避免走弯路，提高一次成功率。

三是进一步加强企业风险管理，增强风险管控能力。随着国际化经营和全球化竞争的发展，企业面临的经营形势将更趋严峻和复杂，必须从战略高度重视风险管理工作。要加强企业日常风险评估工作，切实把风险管理与各项经营管理活动特别是关键业务环节紧密结合起来。要建立全面风险管控体系和工作机制，强化全员风险管理意识，建设统一高效的风险管理文化，完善重大决策、投资、并购、财务、购销、金融衍生品等高风险领域的内控制度和工作流程，健全企业重大风险监控机制。要探索适合本企业特点的风险量化分析和风险监测预警的技术手段和实现方式，借助信息化促进风险管理和内控系统升级，提高风险预警反应能力和管理水平。

四是积极稳妥推进国际化经营，提高全球配置资源的管理能力。国际化是企业做强做优极为重要的环节，也是培育具有国际竞争力的世界一流企业绕不过去的一个过程，同时也对企业的管理水平提出了很高的要求。我们对国际化要有正确的认识，要努力做国际化经营的高端，做价值链的组织者，而不应该是单纯的工厂或卖低附加值的产品。这就要求企业必须具有核心竞争力，包括以一流的研发掌控核心技术，以一流的产品做好市场定位,以一流的营销创造国际知名品牌，以一流的整合促进资源优化配置，以一流的文化建设增强企业凝聚力。在这些方面，人才和管理是最关键的。我们要进一步加强适应国际竞争需要的企业管理能力建设，建立具有全球化战略思维和宽阔视野的领导班子，培养满足国际化经营需要的人才队伍，同时使我们的企业的管控能力逐步适应立足全球配置资本、人才、技术、市场等各类资源，逐步实现战略、运营、管理、文化全球化。

五是围绕做强做优、建设世界一流企业，加强对标工作。开展对标特别是与世界一流企业对标，是一项重要而有效的举措。通过与国际同行业一流企业对标，能够为我们找到管理实践中可以比较的参照系，传导一种间接的市场竞争机制和压力，加上配套的考核管理措施，可以有效地促进企业改善管理、提高绩效。我们的企业和自己的过去比，往往感到很欣慰，但和世界一流企业比，我们的差距就是普遍性的。建设世界一流企业的工作，仍然要从对标开始，不仅要与国际先进企业对标，凡是比我们强的，都应该成为我们的学习标杆。对标不仅要注重硬实力的对比，也要注重软实力的对比，包括管理理念和管理水平的对比；不仅要注重指标的量化对比，更要注重对比蕴藏在指标背后的理念、方法、组织、流程上的差距。要通过对标，促进加强管理、管理创新和技术创新，尽快地缩小与世界一流企业的差距，最终达到世界一流水平。

六是积极履行企业社会责任，为保障改善民生做贡献。国有企业是建设社会主义和谐社会的重要方面军，理应承担更多的社会责任。经济越发展,越要重视加强社会建设和保障改善民生。促进发展、保障民生是国有企业履行社会责任的应有之义，而社会责任感应体现在国有企业的战略和管理之中，成为一种基本的使命和灵魂。要带头贯彻落实国家宏观调控政策，自觉维护市场经济秩序；要积极创造就业机会，维护职工合法权益，不断改善职工工作和生活条件；要关注生态环境改善，着力开展节能减排，发展循环经济，建设资源节约型、环境友好型企业；要热心社会公益事业，积极参与社会公益活动，促进社会和谐; 在开展国际化经营的过程中，要逐步树立“世界企业公民”意识，注重处理好与当地利益相关者的关系，积极支持当地经济、社会和文化发展事业。这些方面的管理内容，都大量地反映在每年全国企业管理创新的成果之中，而且都是我们的企业在第一线的实践中创造出的新鲜经验，符合国情、符合企情，因而具有宝贵的价值。所以，我们的企业要更加重视企业管理创新活动，更多地参与企业管理创新活动，更多地贡献自己的好经验，更多地学习借鉴其他企业的好经验，以更快地提升中国企业整体的管理水平。

走机械化、信息化、标准化之路 实现小煤矿安全健康发展

广西百色地区小煤矿安全健康发展的经验总结

小煤矿的安全生产问题是我国煤矿安全生产工作的重点和难点之一，历来受到党和政府的高度重视和社会各界的极大关注。尽管目前全国煤矿整体安全生产状况有了明显好转，但在事故总量中，小煤矿所占比例仍然高达80%以上。不解决小煤矿的安全生产问题，全国煤矿安全生产就不可能实现根本好转。广西百色地区通过强力推行小煤矿的机械化、信息化和标准化（简称“三化”）建设，小煤矿不仅实现了安全发展，而且走上了一条持续、健康、科学发展的道路，为解决我国小煤矿的安全生产问题积累了宝贵经验。

一、在困境中统一思想，坚定推进小煤矿“三化”建设的信心和决心

百色地区是广西的主要产煤基地，煤炭生产企业主要有百色和右江两个矿务局。由于煤炭资源量小、地质条件复杂，多年来百色地区的煤炭生产一直以3万吨以下的小煤矿为主，2000年小煤矿总数达238个。生产工艺主要采用炮采，点多、线长、面广，生产效率低，生产安全事故不断，煤矿百万吨死亡率一度高达15.67，经济上也经常处于亏损状态，煤矿企业的发展难以为继。特别是在国家调整优化煤炭经济结构、实施煤矿整顿关闭等大的环境背景下，百色煤矿面临着生死存亡的严峻挑战。

百色市委、市政府和百色、右江矿务局的领导同志深刻认识到：煤矿不发展，地方经济发展就没有能源支撑，再好的蓝图也是空中楼阁。如果继续沿袭过去传统落后的生产工艺，小煤矿只能是死路一条，必须转方式、调结构、上水平，寻求新的发展道路。他们在多方组织研究讨论和充分吸取借鉴先进煤炭企业成功经验的基础上，果断决定：实施煤炭企业转型，走机械化发展的路子，在资源条件相对较好的百色矿务局东怀煤矿率先实施以“综掘综采一体化、综掘锚喷一体化、煤矿安全管理信息化”为目标的全面技术改造。

在资源条件复杂的广西百色地区搞机械化，不仅要突破技术、装备上的障碍，更为困难的是要突破思想上的障碍。百色煤矿地质条件复杂、储量少、煤层薄、断层多、水害严重，在思想认识上不能上综采几乎已成定论。所以决策一出台，立即遭到了多方的质疑，大多数人不相信百色能上综采。右江矿务局在20世纪90年代也曾尝试使用过综合掘进机，但由于资源、技术、管理等多种原因，最后不得不下马。百色矿务局东怀煤矿在发展机械化上也有失败的教训，新上马的一套滑移式支架刚刚遭到淘汰，这个时候如果搞机械化、上综采再失败的话，企业面临的将是直接破产。有人说，不上机械化是等死，上机械化是找死，甚至有部分管理人员因害怕机械化失败而

选择离开了矿务局。

面对重重阻力和压力，首先要解决的是统一思想，坚定搞机械化的信心和决心。在当时困难的条件下，广西壮族自治区党委、政府及有关部门给予了大力支持，自治区党委、政府领导同志多次深入矿区指导工作，鼓励百色矿务局实施机械化改造，自治区安全监管局、广西煤矿安监局等有关部门在打击非法、资源整合、项目审批、行政许可等方面为企业的机械化改造和安全发展给予了大力支持。百色市委、市政府领导同志多次深入企业，召开现场会，研究解决制约企业发展机械化的关键性问题。在各级政府和部门的重视、支持下，百色矿务局领导班子进一步增强了信心，成立了机械化改造领导机构，设立了技术攻关小组，组织技术骨干到全国先进煤矿考察学习，与装备生产厂家及科研单位反复研究论证，并把其他单位成功发展机械化的典型案例与百色地区的资源条件相比对，力争在技术、装备条件上找到搞机械化可行的依据。大量的调研和论证表明，在资源条件相对复杂的百色地区搞机械化改造是有把握的。为了统一干部职工的思想，百色矿务局在全局干部职工中开展了“解放思想、要不要上机械化”的大讨论，给职工讲搞机械化的可行性、重要性和紧迫性，让职工消除顾虑、坚定信心。通过讨论和引导，绝大多数职工对推进“三化”建设从不理解到理解，从不支持到支持，从不赞成到赞成，实现了认识上的统一。绝大多数人认为，只有强力推进“三化”建设，才是小煤矿安全健康发展的根本出路。

二、强力推进小煤矿“三化”建设，走具有百色特色的小煤矿安全健康发展之路

思想统一之后，百色矿务局首先在资源条件相对较好的东怀煤矿迅速启动了“三化”建设试点，并在东怀煤矿积累经验的基础上，迅速带动其他各矿全面进行机械化改造。

（一）全力推进采掘机械化。2005年，东怀煤矿一次性引进4套综合机械化掘进机组，全部淘汰了打眼放炮的传统掘进工艺，在广西率先实施掘进机械化。结果该矿当年就实现了多项突破：12–14平方米大断面巷道施工，单机掘进日进尺突破30米，月进尺突破600米，创造了当时的广西新纪录，比人工炮掘效率提高了近10倍。随后，那怀煤矿、东笋煤矿也引进综合机械化掘进机组，为机械化采煤奠定了坚实的基础。2006年初第一套综合机械化采煤成套设备运抵东怀煤矿，只用了42天就完成了从拆解、装运、入井、组装等安装调试任务，下半年投入试运行。在运输系统上，从工作面一直到井口煤仓全部改成皮带化运输，大大提升了运输能力。2007年东怀煤矿通过自治区验收正式投产，全年产煤95万吨，实现了当年投产、当年达产、当年通过标准化验收，矿井原煤生产能力由15万吨/年迅速提升到90万吨/年，用工人数由原来的近1000人减少到500人以下。

东怀煤矿机械化改造成功后，百色矿务局及时总结经验，并从2007年底开始先后对所属那怀煤矿、东笋煤矿进行机械化改造。那怀煤矿原是百色县办煤矿，2001年由百色矿务局进行兼并重组，兼并前年产原煤不足2万吨，煤层厚度仅为1.2–1.6米，且变化大、断层多。针对这种情况，百色矿务局在那怀煤矿大胆引进了薄煤层综采机组，安装了广西第一条1.5公里的大倾角可变坡强力皮带，实现了由井下综采工作面直通地面煤场的一站式自动化集中控制运输，矿井生产能力达到60万吨/年，比兼并改造前增长了30倍。东笋煤矿是建于1956年的老矿井，主采煤层已基本采完，目前开采的煤层厚度仅为0.5–1.0米。百色矿务局结合实际，与有关设备厂家实行产研结合，共同研制出机身高度仅0.6米的采煤机组、高度仅0.85米的掩护式液压支架，全套设备投入使用后，东笋煤矿生产能力由原来的9万吨/年提升到30万吨/年。

（二）积极推进管理信息化。机械化的逐

步推广应用，大幅度地加快了矿井的运行速度，对安全管理提出了更高的要求，必须运用现代信息技术代替传统落后的管理方式。为此，百色矿务局与煤炭科学研究总院及有关厂家合作，对矿井管理系统进行了信息化改造,全力打造信息化、数字化和智能化的安全新矿山。重点装备了煤矿安全监测监控系统，在井下各重要作业场所安置了数据传感器，对井下瓦斯、一氧化碳、风速、温度、烟雾、设备运行状态、水位、压力等参数进行连续的实时监测监控，使事故隐患在第一时间得到安全、快速的控制与处理，并通过全局的局域网，实现了全局矿井的联网监测；在地面和井下各重要场所设置了视频录像监控点，通过大屏幕控制系统进行集中监控管理。同时，建立了1000兆井下工业以太环网，为井上和井下搭建了信息传输的高速通道，井下的各个信息化系统都可以通过以太环网传输到地面，也为后续的工业自动化控制打下了坚实的基础。在此基础上，利用现有的网络资源，还建立了矿井压力监测系统、井下无基站小灵通及人员定位系统、GIS三维地理信息系统和矿井人员监测虹膜考勤系统。信息化系统的建立，对矿井的各种危险源和安全隐患实现了智能分析、预警处置和联网监控，大大提高了矿井安全控防能力。

（三）扎实开展安全质量标准化。机械化、信息化的快速推进，对员工素质和工程质量的要求进一步提高。在队伍建设上，百色矿务局提出了“把煤矿建设成军营，把矿工塑造成军人”的要求，努力把煤矿工人打造成特别能战斗的“铁军”。在标准化达标上，自治区安全监管局重新启动了停滞多年的煤矿安全质量标准化达标创建活动。百色矿务局对照国家和自治区煤矿安全质量标准化标准，按专业、区域将矿井安全质量标准化建设进一步细化落实。矿井每条巷道、每个硐室和每个采掘工作面达标情况，均由矿领导专人负责。负责区域的标准化达标情况与当事人的工资直接挂钩，实行“一票否决”。对于标准化达标优秀的单位，授予“标准化流动红旗”，并举办授旗、授牌、颁奖仪式，激励各矿标准化建设活动的深入开展。持续推进安全质量标准化建设取得了明显成效，2010年百色矿务局所属生产矿井全部达标，其中东怀煤矿达到国家级标准化水平。

在百色矿务局推进“三化”建设取得经验的基础上，2008年开始，右江矿务局面对那读煤矿“7·21”特别重大透水事故给企业带来的困境，大刀阔斧地开展了全面机械化、信息化和标准化改造，全面复制“百色经验”，使右江矿务局起死回生，重新走上健康发展的道路。目前，全局矿井数由2008年的23对压减为10对，产能从不足120万吨提升到333万吨，全部实现了机械化开采；全局20个掘进头装备了17台综合机械化掘进机组，机械化掘进率达85%；同时，在信息化和标准化建设方面也取得重大突破。百色市其他各矿也积极动员、纷纷效仿，在全市掀起了“三化”建设的新高潮。全国先后有3000多人次到百色学习小煤矿“三化”建设经验，在全国形成了一定的示范效应。

三、充分发挥政府部门的支持推动作用，为小煤矿“三化”建设创造有利条件

在从未采用过机械化的地方推进机械化，需要魄力和勇气，更需要支持和帮助。百色地区推进小煤矿“三化”建设，如果没有政府的支持和推动，靠企业单方面的力量是难以办到的。在百色地区推进小煤矿“三化”建设中，无论是广西壮族自治区党委、政府，还是百色市委、市政府，都倾注了很多心血，给予了极大的支持和帮助。

一是在政策和投入上重点扶持。在机械改造的初期，正是企业的困难时期。为帮助企业解决困难，百色市政府为百色矿务局筹措1亿元资金、为右江矿务局筹措8700万元资金，分别用于东怀煤矿和塘内煤矿的机械化和现代化改造。两个矿务局的国有资产收益金每年近2000万元

全部返还企业，留作企业的发展资金。同时，采取招商引资、收购、参股、控股等方式融资2亿元，全部投入到煤矿的机械化改造。在政策上，按照高新技术企业5%、重点企业3%、一般企业1.5%的比例，引导企业足额提取科技开发基金；加强政府对金融工作的统筹，增强金融机构对企业投资的信贷支持；协调金融部门依据企业需求，采取灵活多样的方式及时调整和追加授信额度；鼓励银行和企业采取商铺质押、采矿权质押、土地使用权质押、存货质押等多种形式，加大对企业的信贷支持；实施财政贴息政策，对企业技术改造、产品结构调整以及实施机械化改造进行贴息，加大对企业自主创新的扶持帮助。

二是在整合资源上给予大力支持。为有效解决国有煤矿发展机械化面临的资源不足问题，百色市加大了资源整合力度，推进煤炭资源向优势企业集中，将全市的煤炭资源集中配置给两大矿务局管理和开采，关闭了一大批小煤矿，全市煤矿生产矿井数量由2001年的202个压减到了现在的30个。其中，右江矿务局直属国有矿井8对，股份制矿井2对，并购小煤矿11个；百色矿务局直属控股矿井3对，并购小煤矿6个。同时出台有关政策文件，积极引导煤矿企业走集团化、规模化发展之路，帮助企业做强做大。通过资源整合，为优势企业推进“三化”建设提供了有效的资源支持。

三是在打击非法盗采上重拳出击。在百色市属重点煤矿的井田范围内，非法盗采和私采滥挖对重点煤矿的生产安全构成了极大威胁。百色市按照自治区的统一部署，成立由市主要领导同志任组长、分管领导同志任副组长、有关部门主要领导同志为成员的煤矿“打非”领导小组，采取联合执法的方式严厉打击百色、右江煤矿井田范围内的非法盗采煤炭资源行为，并保持高压态势。近3年来，百色市共出动执法人员6.8万余人次，炸封、填埋矿洞145个，没收矿产品3万余吨，罚款65万元，没收设备87台，有效遏制了非法盗采煤炭资源行为，规范了煤炭资源开采秩序，为全市煤炭资源整合、推进煤矿机械化发展创造了良好条件。

四是在领导和技术力量上重点加强。在资源条件较为复杂、搞机械化信心严重不足的广西百色地区搞机械化，没有一套强有力的领导班子不行，没有一个具有开拓创新精神的领头人更不行。百色市委、市政府经过认真筛选，将优秀得力人才选配到百色、右江矿务局，配备了一套强有力的领导班子，并选配了具有开拓创新精神的领头人。同时，积极鼓励企业制定优惠政策，引进急需的高层次技术人才。百色矿务局2009年从桂林电子科技大学、河南理工大学、广西大学等引进大学本科生71人，从其他煤矿企业引进专业技术人才22人。针对采掘工程技术人员后备力量薄弱的情况，先后把149名骨干班队长分别送到河南理工大学、广西第一工业学校等大中专院校和山东兖矿集团等大型企业学习培训，解决了安全技术及管理后继乏人的问题。

五是在科技研发上提供有效支撑。百色市政府积极支持百色矿务局与煤炭科学研究总院、广西大学等科研院校开展技术协作和攻关，加大煤炭科技创新力度。支持右江矿务局和桂林电子科技大学、山东兖矿集团合作建立产学研基地，在百色工业园创建百色美联能源科技集团，建设百色市机电一体化联合技术研发中心，研发大倾角强力输送设备、矿用可伸缩钢制柔性支架、井下空气质量监测系统、矿井水害电磁干扰探测预警系统等煤矿安全生产设备仪器，为煤矿的安全发展提供更好更多的产品和技术支撑。右江矿务局与桂林电子科技大学联合研发的便携式探水仪在第十二届中国国际高新技术成果交易会、东盟博览会上受到市场青睐和各级领导的好评。

四、百色地区推进小煤矿“三化”建设取得的明显成效及启示

机械化改造后的百色、右江矿务局走出了

一条“机械化生产、信息化监控、标准化管理”的科学发展之路，诠释了在复杂地质条件下建设安全、环保、高效现代化中小型煤矿的新概念。百色矿务局实施机械化技术改造以后，与改造前的2005年相比，煤炭产量从15万吨增长到200万吨，矿井煤炭回采率提高了20%，平均回采工效由原来的每个工日2.0吨提高到26吨；年产值从不到8000万元增长到6.2亿元，利税从不到1000万元增长到2.9亿元，人均年收入从4300元增长到6.13万元；生产安全事故大幅度减少，2010年的煤矿百万吨死亡率为0.5，达到国内先进水平，其最早实行机械化改造的东怀煤矿自开工建设14年来，累计百万吨死亡率为0.16。右江矿务局塘内煤矿实施机械化改造后，产能从不足20万吨提升到90万吨，矿井由原来两采七掘850人减少到一采两掘不足300人，生产效率大幅提高；矿井信息化远程集中控制、高清晰大屏幕指挥、井下人员跟踪定位、井下无盲区通讯、激光定向、矿井水害预警等系统均达广西地区煤矿先进水平。

小煤矿“三化”建设还极大促进了职工生活条件的改善。百色矿务局棚户区改造彻底改变了职工住房难、行路难的状况，职工住房由原人均不足4平方米增加到20平方米，矿区绿化、亮化、美化的环境显得更加休闲，文化娱乐中心、图书室、网球场、门球场相继建成使用，职工文化生活更加丰富。右江矿务局实现机械化生产后，全部矿井取消了夜班作业，部分矿井实行“朝九晚五”一班制生产，矿井生产秩序进一步优化，煤矿工人的幸福感逐渐增强。

总结百色地区小煤矿推进“三化”建设的经验，对我们有以下五点启示：

第一，思想解放是前提。如果不冲破长期以来人们一直认为的“广西煤矿不能上机械化”这样一个思想禁锢，在广西百色地区的小煤矿搞机械化就不可能实现。只有敢为天下先，敢把不可能变成可能，才能真正推动工作的展开。广西百色市委、市政府和百色、右江矿务局的领导同志正是抓住了思想解放这个前提，特别是企业的领导同志解放思想，主动应战，通过开展一系列的讨论和调研，统一了大家的思想，使广大干部职工深刻认识到机械化对于百色煤矿生存和发展的可行性、重要性和紧迫性，才使小煤矿“三化”建设得以顺利进行。

第二，机械化建设是核心。实践证明，“三化”建设是百色小煤矿生存发展的根本途径和必然选择。在这“三化”当中，机械化是核心、是根本，也是煤矿技改的核心任务。如果抓不住这个核心，就抓不住重点，可能导致前功尽弃。百色矿务局一开始正是抓住了机械化这一核心任务，集中全局力量加以推进，并带动信息化和标准化建设，才取得了事半功倍的效果。

第三，政府支持是关键。在百色推进机械化、信息化和标准化的过程中，政府始终扮演着十分重要的角色，就是给予支持和帮助。资金困难的时候，政府帮助融资；资源缺乏的时候，政府帮助调剂；环境不利的时候，政府帮助治理；技术管理薄弱的时候，政府帮助强化。只要有需要，就会有政府及相关部门的帮助支持。政府的因势利导和坚强后盾，为煤矿的改造建设奠定了坚实的基础。

第四，科技兴安是根本。科技创新是企业的生命。中小型煤矿只有通过科技创新，才能实现煤矿的发展壮大。在百色市委、市政府的主导下，百色矿务局、右江矿务局与科研院所合作，联手进行科技攻关，并逐步实现了科技成果的产业化，为煤矿的安全发展提供了有效保障。

第五，推动转型是煤矿发展的活力源泉。右江矿务局在机械化改造完成后，在“做强煤业，做大实业，改善职工生活”的目标体系下，进一步推进企业由单一煤炭生产向煤矿机械制造、煤炭物流、技术输出、科技攻关等多产业延伸，尝试承揽煤矿生产服务，创造以管理和装备入股煤矿建设和进行机械化改造，以及生产管理总承包等新模式，实现煤矿企业的重大转型，有效推动了煤矿产业升级，为煤矿企业的发展注入了强大活力。

广西壮族自治区党委、政府对百色地区小煤矿“三化”建设高度重视，已专门印发文件要求在全区范围内全面推广“百色经验”。同时，决定每年从自治区财政拿出1亿元资金扶持小煤矿“三化”建设，并对不积极开展“三化”建设的煤矿实行处罚，规定凡2011年底不启动“三化”改造的煤矿，一律停产整顿，直至关闭。目前，推广“百色经验”已在全区展开，河池市环江毛南族自治县的下金、洞角、朝阳等煤业公司正在掀起小煤矿机械化改造的新高潮，并且取得了重要进展。广西的“百色经验”不仅对广西小煤矿的机械化改造有重要的示范作用，对全国的小煤矿安全健康发展也有重要的指导意义。大力推广“百色经验”，让“百色经验”在全国各地开花结果，必将对改善我国小煤矿安全生产状况产生重大而深远的影响。

落实责任 全面覆盖
努力开创深圳市安全信息化建设的新局面

深圳市安全监督管理局

安全生产信息化建设是提高我市安全生产水平的一项基础性工作，是领导科学决策和正确指导安全生产工作的基础，是实现安全生产监督管理业务快速、准确、高效运行的根本保障，是实现市、区、街道安全生产信息互通、互联的必要手段，是贯彻“科技兴安”战略的重要手段。深圳建市以来，经济高速发展，现实际管理人口已达1500多万，生产经营单位超过86万家，GDP突破11000万亿元，安全生产情况日益复杂，安全生产数据信息急剧增加。2009年，深圳市政府实施“大部制”改革，安全生产“一岗双责、各司其职、齐抓共管”的格局逐渐形成。客观现状迫切要求全市安全生产工作走向信息化，为此，我们在安全生产信息化建设方面做了一些积极的探索，现将有关情况介绍如下：

一、积极推进深圳市安全生产信息化体系建设

安全生产信息化建设是安全生产监督管理工作的重要技术支撑。为了充分运用信息化手段，提高全市安全生产监管水平和监管效率，市安委会高度重视并积极推进深圳市安全生产信息化系统的建设，特别是2010年以来，在原有安全监管信息化系统的基础上，市安委办立足顶层设计，积极筹备建设《深圳市公共安全综合管理信息系统》，2011年10月9日完成项目招投标，系统建设工作正式启动。

2011年10月26日，国家安监总局在北京市顺义区召开了“全国安全生产隐患排查治理工作现场会”，根据会议精神以及国务院安委办、省安委办对事故隐患排查治理体系建设的总体要求，我市及时调整系统结构布局，把原设计方案中18个子系统调整为企业基础信息管理、政务管理、隐患排查治理和绩效考核等四个部分，并把事故隐患排查治理体系作为重点建设内容，以企业分类分级管理为基础，以企业事故隐患自查自报为

核心，以完善监管责任机制和考核机制为抓手，以制定检查标准为支撑，力求实现事故隐患排查治理法制化、常态化、规范化，推动企业安全生产标准化建设工作，建立安全生产长效机制。

二、广泛调研，努力构建有深圳特色的安全生产信息化体系

为了深刻领会国务院安委办、省安委办关于建立事故隐患排查治理体系的重要精神，市安委办在广泛调研的基础上，精心组织系统开发工作，主要做法：一是积极组织学习调研。2011年12月至2012年3月底，市政府副秘书长、市安委会副主任李一康同志亲率市安委会主要成员单位和各区（新区）安委办的相关领导，先后考察了北京市顺义区、珠海市和香港特别行政区的安全生产信息化工作情况，特别是重点调研了事故隐患自查自报、隐患排查方面的情况，为我市的安全生产信息化工作奠定了良好的基础。二是修改和完善信息化建设方案。在充分调研的基础上，市安委办调整了信息系统的方案，把原18个子系统整合为企业基础信息、政务管理、隐患排查治理和绩效考核四个部分。调整后的系统将隐患排查治理作为重点建设内容，力求通过事故隐患排查治理体系建设，实现全市安全生产管理理念、监管机制、监管手段的创新和发展。三是编制检查标准。为了制定符合深圳实际的隐患排查标准，市安委办组织全市安全生产业务骨干和技术专家，集中精力，在充分吸收各地隐患排查系统特点的基础上，力求标准能够达到“四个兼顾”（兼顾企业自查与网格巡查；兼顾执法监察与基层巡查；兼顾检查打分与分级评分；兼顾新系统开发与旧系统运用），尽量满足各方面的实际需求，进而推动系统开发。

按照我们的总体设想，该系统应体现以下五个特点：一是统一开发，全面覆盖。本系统由市安委会统一组织开发，全市政府用户和企业用户共同使用。政府用户纵向到底（含市级1个、区级10个、街道级57个、社区级751个）、横向到边（含市、区政府各职能部门和街道内设科室）；企业用户涉及全市所有的生产经营单位。二是依托“云计算”，提高效能。本系统自开发以来，我办积极与深圳市云计算中心沟通，计划租赁该中心虚拟服务器，将本系统建立在“云计算”平台之上，充分利用“云计算”的超计算、超安全、免维护等优势，确保系统高效、安全、稳定运行。三是便于操作，一举多得。本系统在认真学习借鉴北京市顺义区和珠海市宝贵经验的基础上，对照国民经济行业分类，将生产经营单位归并为工业企业、商贸服务、交通运输、建筑施工四大类，对应83个模块，743项检查标准。同时，检查标准兼顾了企业自查和社区巡查，以及通过评分实现分级等多项功能。四是自动分流，责任落实。按照“属地管理”与“行业监管”、“专业监管”相结合的原则，将事故隐患检查的每一项内容均直接对应到市、区、街道相应的责任单位。也就是说，市、区、街道各单位以及各级辖区只要进入系统，就能明确看到属于自身监管范围的企业自查和网格巡查情况，这样既避免了繁杂的隐患移送过程，又推动了隐患整改落实工作的到位。五是注重绩效，强化考核。为充分发挥信息化在安全生产工作中的作用，本系统将绩效考核工作与隐患排查治理等各项工作相结合，力求各级、各部门把安全生产的各项工作真正落到实处，使市安委会在全市安全生产工作的综合协调职能得到充分发挥。

三、循序渐进，逐步推进和完善全市安全生产信息化体系的运用

无论是从安全生产工作的当前需求，还是从长远发展的要求来看，安全生产信息化建设在安全生产工作顺利开展的过程中都起着重要的保障和支撑作用。运用现代通讯、电子信息网络技术指导安全工作，建立高效运行、可靠的安全生产信息系统，加快推进安全生产信息化已势在必

行。由于我市安全生产信息化体系要求站得高、看得远、覆盖全，这就决定了整个体系走向实际运用时需要有一个逐步推进的过程。目前，我市安全生产信息化体系建设正处在开发、研究、运用同步推进的状态，具体情况如下：

企业基础信息部分。我市已导入863052个工商注册信息，每个信息具体包括：企业名称、组织机构代码、法定代表人、注册地址、邮政编码、注册号、注册资本、成立日期、营业期限、所属行业（按四级分类显示）、登记注册类型、经济类型、经营范围。下一步，我市将按照由高危到一般、由大到小的原则，迅速启动对这些注册单位安全生产数据信息的补充录入工作，为整个系统运用奠定扎实的基础。

政务管理部分。主要包括：专项经费管理、会议管理、企业标准化管理、事故调查处理、重大危险源监管、应急管理等多个子系统，现已有两个子系统投入试运行：一是重大危险源监管子系统已于4月初进入试运行，通过强化对各区（新区）、市有关部门及重大危险源企业的培训，全市已有87家重大危险源企业注册，其中危险化学品重大危险源企业23家（重大危险源61处）进行了登记申报，5家（5处）完成备案；其他重大危险企业52家（重大危险源270处）进行登记申报，24家（142处）完成了备案。此项工作仍在进行中，系统运行状况良好。二是事故调查处理子系统5月中旬进入试运行，主要在宝安区安全监管局试点，现已完成了对市局及试点单位宝安区局的培训工作，试点单位本年度所有事故记录的申报工作。

隐患排查治理部分。主要包括：企业自查自报、网格巡查、分类分级等内容。在认真学习借鉴北京市顺义区和珠海市宝贵经验的基础上，现已初步确定将生产经营单位归并为工业企业、商贸服务、交通运输、建筑施工四大类，对应83个模块，743项检查标准，检查标准兼顾了企业自查和社区巡查，以及通过评分实现分级等多项功能，现正在广泛征求意见。此外，市安委办正在疏理市级各职能部门的安全生产监管职责与各检查项目的对应关系，也要求各区（新区）相应疏理出对应关系，从而确保系统实施后排查出来的隐患能真正得到整改落实。

绩效考核部分。为确保全市安全生产信息化系统能够切实发挥效能，市安委办组织编制了《深圳市市级有关部门安全生产工作绩效考核评分表（征求意见稿）》和《深圳市区政府（新区管委会）安全生产工作绩效考核评分表（征求意见稿）》，对市有关部门和区（新区）开展安全生产工作，应用安全生产信息系统的情况进行绩效考核，通过打分推动事故隐患排查治理工作的推进。

我市将继续努力，在省安委办的坚强领导下，加大投入，加快进度，力争早日完成我市安全生产信息化体系的建设工作。

开拓安全生产信息化建设之路

宁波市安全生产监督管理局

党的十七届五中全会提出了“加快转变经济发展方式”的战略思想，安全生产监管方式也面临着从相对传统的粗放型、经验型监管，向科学化、规范化、信息化、精细化转变的重要历史时期。加快安全生产信息化建设，是顺应现代科技发展潮流，适应安全监管方式转变，全面有效履行安全生产监管职能的现实之路和必由之路。

宁波市将安全生产信息化列为市政府“十一五”电子政务重点建设项目之一。近年来，该市安全生产信息化工作按照“需求引领、突出重点，服务监管、方便群众，不断探索、持之以恒”的总体思路，紧密结合实际，积极开拓进取，稳步向前推进。五年来累计投入500万元，信息化建设正从“探索入门、急用先行”，逐步向“优化深化、全面提升”发展，为提高安全生产监管和服务水平，构建安全生产监管长效机制发挥了重要的支撑作用。

稳步推进 成效初显

不断提高安监门户网站建设水平。近年来，宁波市安监局以市政府网站评测标准为依据，通过技术改版、加强管理、培训指导、持续改进，不断提升网站建设水平，连续4年获得市政府授予的优秀网站称号。同时，积极规范引导县(市)、区安监局网站建设，2009年以来，连续两年下发《宁波市县（市）、区安监局网站测评标准》，引入专业机构评测，及时指出各地在网站建设中存在的问题，并提出改进工作的咨询意见，督促各县(市)、区安监局对网站进行改进完善，使各县（市）、区安监局网站建设整体水平得到了较大幅度的提高。

大力推进安全生产业务系统建设。2005年以来，市安监局紧紧围绕安全监管工作需要，持续推进业务系统建设,陆续开发建成办公自动化、行政许可、重大危险源管理、安全标准化、事故统计分析、隐患排查治理、危化道路运输、工伤事故管理、特种作业人员考核等十余个业务子系统,为提高安全监管和服务效能发挥了积极作用。如危化道路运输信息系统集成了现有车载GPS技术信息和交通、公安、安监、质监四个部门的现有管理信息，为危险化学品道路运输的源头管理、动态管理、应急管理提供了共享性的技术平台，为解决危险化学品道路运输安全监管难题，减少事故发生发挥了重要作用。安全生产隐患排查治理信息系统充分利用了工商部门现有的企业数据库和质监部门现有的社会组织数据库，依托企业自报，动态反映全市各地、18个部门(领域)共计1.6万家生产经营单位安全生产隐患排查治理进展情况，2010年全年共发现一般隐患57165个，重大事故隐患139个。

强化软件应用，发挥信息平台作用。

在信息系统开发环节，市安监局坚持“统一建设、综合利用、信息共享”的原则，主动听取相关部门、县级安监的工作意见，兼顾多方面需求，努力提高信息系统的普适性、有用性。在推进应用方面，一方面通过地方立法、建章立制、工作协调等方式，为信息系统的有效运行、信息数据的维护提供必要的制度保证；另一方面，加强工作检查督促和技术培训，促进系统有效应用；借助隐患排查治理信息系统，全市实现了定量化季度工作情况通报；利用危险化学品道路运输监管信息系统相关数据，实施了全市主干道路危化品道路运输风险评估。在系统应用的同时，我们还切实做好系统的优化工作，实施持续改进。

几年来，宁波市安监局在安全生产信息化建设方面取得了一些成绩，尝到了甜头，也受到国家总局、省局等上级部门的肯定和鼓励。2010年初，市安监局应邀在国家安监总局危化工作会议上作有关危化安全监管信息化建设的典型发言；2010年5月中旬，上海世博会宁波“信息化与城市发展”主题论坛“社会管理信息化”的十六个参展项目中，市安监局“危险化学品道路运输监管信息系统”和“安全生产隐患排查治理信息系统”两个项目入选，受到了与会领导和中外嘉宾的关注和好评……

再接再厉 全面提升

与此同时，宁波市安监部门也清醒地看到，该市安全生产信息化建设总体还处于初级阶段，存在诸多问题与不足；信息化建设与安全生产监管科学化、效能化的要求、与人民群众提高政府服务效能的需求、与安全生产监管形势发展要求相比还有较大差距；信息系统的科学管理、有效应用方面还需要进一步改进，现有信息系统的集成性、共享性、协同性有待进一步提高等等。下阶段，宁波市将着力做好四方面工作，再接再厉，力求全面提升安全生产信息化水平。

抓好“十二五”安全生产信息化规划编制。规划是信息化建设的总纲和灵魂。该市安监部门将通过安全生产信息化“十一五”规划执行情况评估和“十二五”规划编制的工作，进一步总结经验教训，理清发展思路，统一思想认识，明确发展目标，增强发展信心，更好地把握信息化建设的工作规律；积极探索安全生产信息化在智慧城市建设中的科学定位和有效载体，认真落实市委、市政府关于开展社会管理创新综合试点的实施意见，认真开展“安全生产信息化建设”的课题研究。

加快重点信息化项目的开发建设。通过重点业务应用项目的建设，基本实现安全生产监管业务的全覆盖，更好地满足当前市、县两级安全生产监管工作的迫切需要。同时，为“十二五”期间安全生产信息系统的集成，打下坚实的物质基础。

推进安监系统信息化工作的协同发展。以办公系统一体化、网站建设规范化、业务应用协同化为重点，带动县级安监部门信息化建设；通过以点带面，典型示范，引导乡镇安监站所开展信息化建设。

切实加强信息化建设与应用的科学管理。通过完善制度、考核督促、培训教育等综合措施，进一步完善信息化建设的工作机制，进一步提高全体安监干部信息化建设与应用的意识和能力，在信息化的建设实践中培养锻炼队伍，以队伍的成长进步保障信息化建设的持续有效推进，努力走出一条投入相对较少、效果相对较好、队伍与事业共同成长的信息化建设之路。

强化风险预控管理 努力实现安全发展

神华集团走煤矿安全发展之路的探索和实践

神华集团是一个以煤为基础、煤电路港航油(化)一体化运营的特大型国有企业，2011年生产原煤4亿吨。神华集团共有52处生产矿井、12处在建矿井，分布在内蒙古、陕西、山西、宁夏、新疆等省(区)，其中有9处高突矿井，20处水文条件极为复杂的矿井，大部分矿井自然发火期较短，部分矿井受煤田火灾威胁。神华集团既有千万吨以上的特大型矿井，也有60万吨左右的中小型矿井；既有条件相对较好的矿井，也有瓦斯、水、火等灾害严重的矿井；既有厚达7米以上的厚煤层矿井，也有0.9米左右的薄煤层矿井；既有开采达百年历史的老矿井，也有近几年建设投产的新矿井。自成立以来，神华集团立足于走新型工业化道路，始终坚持把安全生产放在重中之重的位置，在煤炭产量实现跨越式发展的同时，安全生产形势持续稳定好转，实现了科学发展、安全发展。“十一五”期间，神华集团煤矿百万吨死亡率为0.028，2011年为0.018，达到世界先进水平。52处生产矿井中，有12处矿井实现了开建以来“零死亡”，6处矿井安全生产达10年以上，25处矿井安全周期超过1000天，全部建成安全质量标准化矿井。特别是位于内蒙古、宁夏、新疆等地的安全基础差且水、火、瓦斯等灾害严重的煤矿被神华集团兼并重组后，安全生产状况发生了巨大的变化，近3年神华宁夏煤业集团公司(以下简称神宁公司)煤矿百万吨死亡率为零，神华乌海能源公司、包头矿业公司、新疆能源公司都接近了神华集团的总体水平。

神华集团之所以取得上述成效，在于能够抓住制约和影响煤矿安全生产的突出矛盾和问题，遵循煤矿安全生产的一般规律，各级“一把手”亲自抓，举全集团之力，全面推进理念创新、体系构建、产业升级、队伍建设和文化铸魂，多年来持之以恒，不断创新和完善，探索出了一条具有神华特色的煤矿科学发展、安全发展之路。其安全管理的主要经验可以集中概括为“树立一个理念、构建一套体系、探索一条途径、打造一支队伍、培育一种文化”。

一、树立一个先进的安全理念，为实现安全发展奠定了坚实的思想基础

神华集团领导层认为，企业能否实现科学发展，关键取决于能否实现安全发展。神华集团作为一个以煤为主的企业，安全发展的重中之重在煤矿。煤矿安全生产的好坏，又首先取决于广大煤矿员工，特别是各级“一把手”对安全生产的认识。神华集团提出并践行“煤矿能够做到不死人”的理念，彻底改变了“煤矿生产难免不死人”的传统认识，把对煤矿安全生产的认识提升到了一个新高度。神华集团董事长张喜武说，“不死人”是煤矿工人共同的愿景，神华集团一直是这么要求的，以理念的形式提出来，当时确实面对不少质疑和压力，但作为煤矿企业的负责人，应该有这样的认识和胸怀。这种理念来自于对煤矿工人的深厚感情，来自于对党、对国家、对人民、对行业发展的一种责任和使命，来自于对煤

矿事业的崇高追求。

煤矿虽然是高危行业，但安全生产的决定因素是人。充分发挥人的主观能动性，积极引进和运用先进的科学技术，实施严格管理，事故就可以避免。在"煤矿能够做到不死人"理念的引领下，神华集团立足于实践，着眼于效果，激发全体员工的智慧，提炼出了一系列富有生命力的安全管理理念，以理念指导行动，从源头上控制人的不安全意识和行为，从方法手段上消除了引发事故的隐患，实现了安全生产工作的"知行合一"。

——在煤矿安全发展的目标上，坚持"从零开始，向零奋进"。煤矿安全生产只有起点、没有终点，必须警钟长鸣、常抓不懈。为了实现"零死亡"的奋斗目标，神华集团严格执行各生产环节的"零目标"控制，努力做到系统运行零隐患、设备状态零缺陷、工程质量零次品、生产组织零"三违"、操作过程零失误、隐患排查零盲区、隐患治理零搁置、责任落实零距离。通过严格管理，大大减少了轻伤以上的各类事故，延长了矿井生产的安全周期。

——在煤矿的安全定位上，力争把煤矿建设成为安全的产业。谈起煤矿，人们往往会联想到事故。因为煤矿生产，时刻面临水、火、瓦斯、煤尘、顶板等灾害威胁，因事故多发，历来被认为是高危行业。神华集团果断提出要"把高危的煤炭行业建设成为安全的产业"，彻底颠覆了煤矿安全传统的思维定势，并采取了一系列重要措施，主动赶超世界先进水平。经过神华集团上下的共同努力，煤矿百万吨死亡率、千人重伤率等一些主要指标都居世界先进国家煤炭企业的前列。

——在煤矿的劳动组织上，奉行"无人则安，人少则安"的理念。神华集团通过提升信息化、自动化水平，大幅度减少井下高危险岗位的用人，客观上降低了事故发生的概率。神华集团以这一理念重新审视煤矿的建设和发展，大力应用先进技术与装备，优化矿井劳动组织管理。主力矿井采用了一个综采队每班 7 人的采煤劳动组织方式，井下通风、变电所、排水等固定场所更是实现了自动控制和无人值守，井下用工大幅度减少。

——在煤矿瓦斯治理上，坚持"瓦斯超限就是事故"。瓦斯历来被认为是煤矿"一号杀手"。神华集团坚持认为，只要做到科学管理，将各类隐患当作事故进行处理，就能够将瓦斯控制在安全范围内，从根本上控制和消除隐患，防止瓦斯事故的发生。这一理念进一步强化了科学管理的重要性和有效性，集中体现了关口前移、超前防范的安全管理思想。

——在煤矿安全投入上，坚信"安全投资能产生最佳的效益"。只要煤矿安全需要投入，神华集团就坚定不移地予以保证。在按照规定提取并全额使用安全费用的基础上，还投入了数百亿元用于更新提高安全科技装备水平；针对部分老矿井的人员多、系统复杂等情况，主动在安全投入上给予倾斜，加大生产安全系统的改造力度，不仅实现了安全生产，而且取得了巨大的经济效益。

神华集团的煤矿安全理念，在各煤炭子（分）公司和广大员工中焕发出强大的生命力，并在实践中不断升华。神东公司提出"只有感悟不到的隐患，没有避免不了的事故"；神宁公司提出"收入 = 安全 + 质量 + 任务"、"安全 = 细节 + 流程 + 执行力"、"执行力 = 知道 + 做到"；乌海公司提出"安全是干部的政治生命，安全是员工的最高利益"等一系列全新的理念。这些理念改变了干部员工对煤矿灾害不可控制的认识，成为推动煤矿安全发展的强大力量。

二、构建一套风险预控管理体系，为实现安全发展提供了有效的管理手段

在国家安全监管总局和国家煤矿安监局的指导下，神华集团从 2005 年开始组织国内许多

知名专家，专题研究煤矿安全管理问题。经过6年多的艰苦探索和实践，形成了一套以危险源辨识和风险评估为基础，以风险预控为核心，以不安全行为管控为重点的安全管理方法——风险预控管理体系。

风险预控管理体系就是运用系统的原理，对煤矿各生产系统、各工作岗位中存在的与人、机、环、管相关的不安全因素进行全面辨识、分析评估；对辨识评估后的各种不安全因素，有针对性地制定管控标准和措施，明确管控责任人，进行严格的管理和控制；同时借助信息化的管理手段，建立危险源数据库，使各类危险源始终处于动态受控的状态。

风险预控管理体系由五部分构成：一是风险辨识与管理。主要规定了煤矿危险源辨识、风险评估流程和职责、风险控制措施的制定和落实以及危险源监测、预警和消警等要求，其作用是将风险预控的思想和理念全面贯彻到体系运行的全过程。二是不安全行为控制。主要规定了煤矿各岗位不安全行为的梳理、机理分析和管控纠正的要求，其作用是保障每个岗位能严格执行正确的安全程序和标准，防止人的失误而导致事故和伤害。三是生产系统控制。主要规定了煤矿采、掘、机、运、通等生产活动，特别是防突防瓦斯、防灭火、防治水等系统的管控要求，其作用是将煤矿安全生产的法律法规以及安全质量标准化的标准全面贯彻到生产各环节，实现动态达标。四是综合要素管理。主要规定了生产系统以外的其他煤矿生产辅助系统安全管理的要求，其作用是实现煤矿安全管理全过程、全方位和全员参与。五是预控保障机制。主要规定了体系运行组织机构及其安全责任制、体系方针和目标、体系文件化以及体系评价等要求，其作用是保障体系能推动起来和运行下去。神华集团风险预控管理体系的5部分构成中，有28个子系统、160个元素、746个条款。

与传统的安全管理方法相比，风险预控管理体系有其突出的优势和鲜明的特点：一是建立了科学的安全管理流程。主要是通过全面辨识各生产系统、各作业环节、各工作岗位存在的不安全因素，明确安全管理的对象；对辨识出来的各种不安全因素进行风险评估，确定其危险程度，进一步明确各个环节安全管理的重点；依据国家法律法规等要求，结合生产实际，有针对性地制定管控标准和措施，明确安全管理的依据和手段；通过落实管控责任部门和责任人，保证管控标准和措施执行到位。这一流程通过体系内部的预控保障机制得以有效运行，保证了隐患排查治理的有效性。二是把安全生产责任落到了实处。风险预控管理体系强调要建立全方位的安全生产责任制度，对体系中的每个管控元素进行细化分解、责任到人，形成“纵向到底、横向到边”的责任体系。在纵向上，明确了集团公司、各子(分)公司、各矿安全管理的责任关系，什么问题，由哪一级负责，由谁负责，非常清晰。在横向上，通过系统危险辨识，明确了各业务部门的安全管理责任，把安全管理责任由安全管理部门一家延伸到所有业务部门，实现了部门业务保安；通过岗位危险源辨识，明确了职工的岗位安全责任，实现了安全管理责任的全员化。三是实现了超前预防管理。风险预控管理体系要求煤矿全面开展危险源辨识和风险评估，制定风险控制标准和严密的保障措施，使煤矿安全管理由传统管理转变为“辨识和评估风险—降低和控制风险—预防和消除事故”的现代科学管理，同时建立信息网络系统，运用系统自动预警等功能，对各类危险源进行跟踪管控，真正实现了关口前移和超前防范，开创了风险预控、主动式管理的全新模式。四是突出了风险控制的重点和考核机制。主要控制两类危险源：一类是以领导干部和业务部门为主体，开展系统重大危险源辨识与评估，并落实整改措施，杜绝重特大事故；第二类是以区队、班组和一线员工为主体，开展岗位危险源的辨识与评估，并制定有针对性的管控措施，力争杜绝事故的发生。同时，对各矿风险预控管理体系执行情况进行严格考核，将考核结果在全集团公司内排序通报，并与全员安全结构工资挂钩，不同岗位的挂钩比例有所区别，矿级领导挂钩比例高达 60%。推行安全风险预控管理体系以来，神华集团安全隐患大幅度下降，重大隐患得到了超前控制。五是建立了循环闭合的运行体系。风险预控管理体系严格执行 PDCA(计划、执行、检查、处理) 循环管理方法，建立了从管理对象、管理职责、管理流程、管理标准、管理措施直至管理目标的一整套自动循环、闭环管理的长效机制。管理体系内部各子系统之间既相互联系，又独立循环，有力促进了闭环管理持续改进机制的形成，使安全质量标准和措施在体系运行过程中得到执行、隐患在体系运行过程中得到消除。据统计，神华集团推行煤矿风险预控管理体系以来，员工“三违”现象减少了 80% 以上，设备故障率下降了 77%。六是简便实用，便于职工掌握。从某一个矿辨识的危险源来看，多达几十条，似乎难以掌握，但具体到某个部门和岗位，仅有几条或十几条。以神东上湾煤矿为例，综采煤机司机日常工作需要执行的安全标准仅 7 条，安全措施仅 8 条，做成一张小卡片带在身上，就可以随时掌握岗位危险因素和作业规范，保证了每个员工更清楚自己该做什么、按什么标准做，切实形成了全员参与安全管理的格局。

神华集团在煤矿推行风险预控管理体系，其可贵之处在于“落实了一个思想，提供了一套方案，解决了一系列问题”，就是把安全第一、预防为主的思想落到了实处，提供了一套系统性的安全管理解决方案，最大程度地解决了因规定不具体而“严不起来”、因操作性不强而“落实不下去”的问题，实现了岗位自主管理和风险超前防范。实践证明，风险预控管理体系是一套全面的、系统的、循序渐进的现代安全管理方法，是一套能够集中解决目前我国煤矿安全管理突出问题的长效机制，是不断提升煤矿安全管理水平的重要抓手。

三、探索一条建设现代化矿井的途径，为实现安全发展开辟了新的路子

神华集团的快速发展起步于 20 世纪 90 年代初期。当时我国煤炭工业的整体水平还相对落后，安全生产水平较低。神华集团以国家实施能源战略西移、重点开发建设神东煤田为契机，确立了高起点、高技术、高质量、高效率、高效益的“五高”建设方针，开始了神华集团的跨越式发展。经过 20 余年的努力，走出了一条具有神华集团特色的“系统科学化、生产规模化、技术现代化、服务专业化、管理信息化”的现代化矿井建设之路。

(一) 采用先进科学的矿井设计理念建设新矿井、改造老矿井，最大限度地实现系统优化和集约生产。在新井建设上，充分利用煤层赋存稳定、埋藏浅的优势，优化设计，简化系统，工作面走向延长到 3000~6000 米，工作面长度延长到 240~400 米；采用大断面、多通道的巷道布置方式，实现了低阻力通风，有效控制了煤层的自然发火；采用无轨胶轮化运输，减少了辅助运输环节，大幅度提升了运输能力，减轻了工人劳动强度；采用地面箱式移动变电站，从地面通过钻孔直接向井下供电，满足了工作面长距离供电的要求，安全保障能力大幅提高。神东公司先后建设了世界上首个 7 米大采高重型工作面、首个中厚煤层综采自动化工作面和国内第一个千万吨矿井，建成了大柳塔、补连塔等 7 个千万吨矿井群和上湾等 3 个千万吨综采工作面。

同时，神华集团将这一先进的设计理念，应用于老矿井的兼并重组和技术改造。1998 年以来，神华集团先后兼并重组了包头、乌达、海勃湾、万利、金烽、准格尔、宁夏煤业、宝日希勒、新疆等 9 个企业 59 座煤矿。将神东、万利、金烽、神东煤炭等 4 家公司合并成立了神东公司，将乌达、海勃湾、蒙西焦化、乌海煤化等 4 家公司合

并成立了乌海能源公司。投入数百亿元对新整合的企业进行了大规模的系统优化和技术改造，全面推行“一井一面”综合机械化开采，矿井生产能力、现代化水平、安全状况都有了很大提升，使老矿井焕发出了新活力。神宁公司的白芨沟煤矿通过优化、简化生产系统，使曾有4个采区、4个工作面、11个掘进头的生产布局，优化、简化成为“一井一面”的生产格局。神华集团经过多年的艰苦实践，不断优化生产系统，成功实现了矿井规模大型化、生产布局集中化、主运系统胶带化、辅助运输胶轮化、安全监控自动化，极大地改善了安全生产环境，增强了抵御灾害能力，为安全生产创造了良好条件。

(二)大投入引进开发先进的安全生产技术装备，推进生产技术装备的现代化。神华集团神东公司瞄准国内外最新、最先进的技术、装备和工艺，先后投入数百亿资金，从美、英、德、澳、南非等国的20多家公司引进生产装备100多种、1300多台(套)。其中，采煤机功率达到2925千瓦，实现了煤机电气系统的自我调节、机械故障的自动诊断，生产效率得到了极大提升。液压支架用电液控制系统实现了双向自动控制和成组顺序控制，最大工作阻力可达18000千牛，使用这种高强度、大阻力、稳定性好、能够带压移动的支架，有效地预防了顶板事故。顺槽采用长距离胶带运输机，使运输能力达每小时3500吨以上。工作面电气设备采用了高电压、大容量的组合式自动调节控制开关，装备了功能齐全的工况参数监控系统，对设备实现在线监控，使故障判断准确、维修方便，有效地防止了机电事故的发生。同时，神华集团坚持产学研相结合，实现了液压支架、刮板运输机、掘锚机等主要采掘设备的国产化，国产化率已达80%左右，提高了我国煤矿装备制造水平。

(三)着力打造高素质的专业化服务机构，助推煤矿安全发展。为了改变煤矿生产、辅助、后勤等一应俱全，机构庞大、人员众多的局面，神华集团在各子公司强力推行专业化建设，以安全生产为中心，将矿井开拓准备、综采工作面回撤安装、设备管理与维修、物资供应、洗选加工、地质测量、车辆管理、后勤服务等20多项业务从煤炭生产核心业务中分离出来，成立了生产服务中心、开拓准备中心、设备维修中心、洗选中心等十大专业化服务单位，不仅有效消除了传统煤矿粗放式管理带来的管理人员多、机构设置多、安全管理难度大等弊端，而且集中了人才、资源等优势，提高了设备、人员工作效率，实现了全公司的减人提效。实施专业化服务后，综采工作面回撤平均用时由26天降为9天，工作面安装平均用时由15天降为6天，不仅极大地提高了安装、回撤效率，而且提高了设备利用效率和安全生产水平。

(四)多系统集成应用安全生产网络管理资源，推进安全管理的信息化和自动化。神华集团积极推进安全生产信息化、数字化、自动化建设，建设了国内先进的综合信息系统，搭建了集团总部、子(分)公司、煤矿三级信息网络平台。充分利用信息化技术，先后实现了煤矿监测监控和综合信息管理系统的网络化，实现了胶带运输和辅助生产系统的自动化，实现了井上下变电所、风机房、水泵房等岗位的自动控制和无人值守；全部生产矿井建立了较为完善的监测监控和人员定位系统，90%以上的生产矿井安装了移动通讯系统。除井下移动设备以外，所有固定设备均实现了远程控制、监测和诊断，全部生产过程及设备控制均可以在地面调度室完成，在调度室就可以监控多达上万个点的生产运行状况。特别是自动化综采工作面的实施，实现了工作面的记忆割煤、液压支架与采煤机联动；大运量、大功率、单点多驱动、超长距离胶带运输机的使用，加上CST软启动或变频启动、自动顺序开停机、全机分段通讯和监控系统等技术的应用，使主运系统便捷、安全、可靠。井下无线移动通讯的投入使用，可以随时掌握井下作业人员的工作动态，极大地方便了生产指挥和安全管理。这些信息化、自动化技术的普遍应用，大大减少了井下作业人员数量，简化了作业环节，降低了员工劳动强度，提升了整体安全水平。

四、打造一支素质过硬的员工队伍，为实现安全发展构筑了坚强的人才保障

在安全生产工作中，人的因素始终是决定性的因素。提高人的素质，不仅可以实现自保，更能实现互保。神华集团正是基于这种认识，从战略的高度更加重视煤矿人才的引进和队伍的教育培训，实现了矿工队伍素质和自保互保能力的持续提高。

(一)着力构建人岗相宜、人尽其才的选人用人机制，充分发掘人力资源的潜能。2000年以后，面对煤炭市场好转、人才竞争愈加激烈的形势，神华集团及时调整人才引进策略，变招工为招生，大力引进大中专毕业生。神东公司2004年以来共引进5377名大中专毕业生。人才的大量引进，不仅使公司员工的整体文化素质得到了进一步提升，而且使员工的年龄和专业结构得到了不断优化。目前公司员工21576人中，大专以上学历人员占52%，35岁以下员工占总数的50%。在选人用人方面，坚持大学毕业生到基层锻炼，从工人做起，从班组长做起；坚持“五湖四海，任人唯贤，任人唯能”，建立了“赛马”与“相马”相结合的干部选拔任用机制，健全了公开竞聘、“三推三考”制度，即根据任职条件，由员工自我推荐、职工联名推荐、单位推荐，经过书面考试、答辩面试、组织考核来甄选人才，同时根据安全状况实行“一票否决”。2009年8月以来，先后组织了10多次管理干部公开竞聘活动，共选拔了259名中层以上管理干部充实到公司重要岗位。同时，在干部使用过程中注重轮岗交流，2009年以来共交流17批337名中层以上的干部，有效促进了企业文化的融合，促进了公司复合型管理人才的培育。

(二)建设培训中心和实训基地，转变培训方式，进一步提升培训质量和效果。神华集团成立了神华管理学院，在北京建设了集培训、研发、成果推广为一体的培训基地；在神东公司建成了多功能的教育培训中心；在神宁公司建立了银川综合实训基地、灵新矿采掘实训基地等五大实训基地。在教育培训工作中，大力推进“三个转变”：一是在培训内容和项目上，推进由基础性培训向专业化培训转变，进一步提升培训的针对性与超前性。二是在培训的方式和方法上，推进由分散无序的单一培训向系统化、规范化的体系培训转变，建立“教材、课程、课件、实操、师资、考务”六大培训管理系统，进一步提升培训效果。三是在教育培训管理上，推进由单一课堂模式向多元教学模式的转变，充分利用实操基地进行实践教学,极大地促进了员工职业技能水平的提高。2007年以来，神东公司共开展安全管理、岗位技能等各类集中培训1058期，培训员工11.3万余人次，实现了全员持证上岗，广大员工基本上能够做到熟系统、懂原理、严操作、会保安。

(三)加强班组建设和班组长的培养，重点提升班组长的安全技能和综合素质。一是深化班组建设。神宁公司推行了“四五六”班组管理新模式(即坚持安全、工作、学习、活动四位一体，创建学习、安全、创新、专业、和谐五型班组，构建班组建设组织、制度保障、现场安全风险管控、教育培训、文化引领、考核评价六大体系)。深入推进“手指口述”和“准军事化”管理。二是加强班组长培养和选拔。始终注重对员工的理论培训和实践锻炼，把优秀员工选拔到班组长的岗位上来。先后对2868个班组的3007名班组长全部进行了公推直选，涌现出了一批安全生产5000天以上的煤矿和安全生产先进区队、优秀班组、全国及行业先进个人。三是打造班前“第一课堂”。把煤矿每天30分钟的班前会作为对班组安全教育的最前沿阵地，组织员工进行安全教育学习，使班前会真正成为安全生产的第

一道工序、安全教育的第一课堂和安全管理的第一道防线。

(四)为适应公司发展战略需要，着力打造世界一流的高端管理人才。坚持把矿长作为煤矿安全生产的关键性人物,下大力气打造矿长团队。从2007年开始，神华集团每年召开一次所有矿长参加的安全座谈会，集团公司主要领导同志亲自讲授神华集团安全发展战略相关内容。明确提出，神华集团的矿长必须要做世界一流的矿长、做煤矿安全的带头人，并从“提升安全理念，抓好质量标准化建设，提高矿井现代化程度，消除重大隐患，增强安全生产执行力，培养过硬作风，创造良好安全环境，提高员工安全素质”等方面对做合格矿长提出了要求，制定了选拔及考核标准，有效促进了矿长这支特殊团队综合素质的不断提升。神宁公司在发挥自身教育培训资源的基础上，每年选派近百名中层管理人员、专业技术人员到清华大学、北京大学等院校进行学习锻炼和系统培训。神东公司充分发挥产学研结合的优势，与清华大学、中国矿业大学等院校建立了长期的合作关系，重点培养高端人才。

人才的聚集和培育，不仅满足了本企业用人的需要，而且还向社会输送了大批人才。近10年来从神东公司走向其他煤炭企业的人才有1693人，其中中层以上干部455人，技术骨干1238人。这些人带去了神东公司的先进技术、管理理念和优秀的企业文化，起到了积极的带动辐射效应，为整个煤炭行业的进步作出了贡献。

五、培育一种具有神华特色的安全文化，为实现安全发展营造了良好的氛围

多年来，神华集团在注重理念引领的基础上，把文化作为一种软实力，坚持“安全文化、重在建设”的原则，紧扣“科学发展、安全发展”这一主题，遵循煤矿安全生产规律，始终把文化建设作为铸魂、育人、塑形的战略措施，树标杆、争一流、创品牌，形成了底蕴深厚、朴素贴切的具有神华特色的安全文化，为安全发展提供了有力的文化支撑。

(一)以“树生命至上的安全观，做安全幸福的神华人”为核心，不断丰富完善安全文化建设内容。尊重人、理解人，生命至上、安全第一，是神华集团安全文化建设的重要指导思想。神华集团把这一思想贯穿于生产经营的每个环节，坚决做到“不安全、不生产“，体现了生命至上的庄重宣言。这一安全誓言感染着每一位员工，他们基本上都能做到认真落实岗位责任，自觉践行着自保互保的岗位职责。2008年以来，神华集团全面推进“幸福员工”工程，从提高职工收入、开展沉陷区治理和棚户区改造、改善职工住房和就医、方便子女入学等方面，全方位地提高煤矿职工的幸福指数，神华集团煤矿员工的收入大幅增长，职工居住环境大幅改善，职工幸福感油然而生。特别是通过加强矿井现代化建设，井下文明生产环境得到了极大改善，员工劳动强度大幅度减轻；通过定期为矿工进行健康检查，配备先进防护设施，采取多种措施对矽肺病等职业性伤害进行预防等，使矿工珍惜工作岗位的情感和意识不断增强，极大地鼓舞了广大员工做好安全生产工作的积极性和主动性。

(二)加强安全文化传承与创新的融合，着力凝聚安全发展的精神支撑力量。神华集团虽然成立时间不长，但其兼并重组的煤矿不少是过去的老国有煤矿，有着深厚的煤矿文化传统，表现出煤矿工人特别能吃苦、特别能战斗、特别能奉献、特别顾大局的可贵精神。许多老矿工都深深热爱着煤炭事业，对煤矿有着深厚的感情，有的矿工家庭几代人工作在煤矿，成了矿工世家，父子同队、兄弟同班的情况也多处可见。20世纪90年代以后，随着新技术、新装备、新工艺、新材料在神华集团煤矿的大量推广应用，以神东煤矿建设为代表的新井建设理念和技术不断成熟，又逐步形成了一种独具神华特色的“敢于超越、勇争一流”的现代企业精神。神华集团各级

管理人员和广大员工来自五湖四海，再加上大量的大中专毕业生等人才的引进，为煤矿安全文化建设和发展注入了新鲜血液。这些精神在安全发展这一共同目标的指引下，相互融合、互相影响，凝聚成了神华集团煤矿安全发展的强大精神力量。

（三）不断丰富煤矿安全文化建设载体，为煤矿安全发展营造轻松愉悦的环境。神华集团十分重视文化载体建设，充分利用各种生动活泼的文化载体，着力营造浓厚的安全文化气息。在白芨沟煤矿长长的上下井主巷道中，到处回荡着安全主题的音乐，悬挂着安全文化标牌，上面既有矿工亲人的照片，也有矿工家人的温情寄语，如“老公，我和儿子等你回家”、“爸爸，你的平安就是我们全家的幸福”等，浓厚的亲情文化氛围让一种珍惜生命和眷念亲人的思想情怀油然而生。神华集团还经常开展面向全家福宣誓、家属井下探亲、事故现身说法、安全文艺汇演、安全漫画展览、安全事故案例展、安全论坛等一系列活动，让职工群众在喜闻乐见的活动中接受教育、提高认识、陶冶情操。这些丰富的宣教方式，不仅让员工在轻松之余受到了安全文化的感染，而且为煤矿的安全发展营造了浓厚的安全文化氛围。

（四）把严格要求并执行到位变成自觉行动，使安全文化的软实力变成安全发展的硬动力。严格要求并执行到位是神华集团安全管理的一条重要原则。为了确保各项措施和要求能够执行到位，神华集团把每一项制度措施量化到每一个环节、每一个岗位、每一个职工，要求职工严格执行，同时根据执行情况实行激励与惩罚并重的机制。通过长期的程序化管理和标准化操作，促进职工把执行制度变成习惯，把遵章守纪转变成为广大干部员工的自觉行动，使安全文化外化于形、内化于心，真正起到了促进安全生产工作的重要作用。在神东、准能等公司的维修中心，广大职工还主动开展以“变废为宝，共筑安全”为主题的点缀厂区环境活动，利用废旧配件制作安全雕塑，实现了安全生产与文化艺术的有机结合，有力地促进了安全文化建设的创新发展。

神华经验告诉我们，实现企业的科学发展、安全发展，必须坚持以先进的理念引领，神华集团正是在煤矿事故可防可控的先进理念引领下，其安全生产才发生了根本性的变化；必须建立健全并贯彻执行科学适用的安全生产管理方法，神华集团严格执行风险预控管理体系，把保障安全生产的关口前移，超前控制了安全隐患，从根本上扭转了安全生产的被动局面；必须推动技术创新和产业升级，走现代化矿井建设之路，神华集团正是集成应用了一系列先进的技术和装备，优化生产系统和工艺，极大地提高了安全保障能力；必须把人才资源看作第一资源，大力加强矿工素质培训和专业人才培养，神华集团正是基于这种考虑，着力打造了一支具有先进安全管理理念和现代化生产技能的员工队伍，实现了人的发展与企业安全发展的良性循环；必须以先进的安全文化铸魂，营造浓郁的安全发展环境，神华集团正是通过加强安全文化建设，使广大矿工从思想深处更加珍惜生命、更加重视安全，激发出了搞好安全生产的强大精神力量。

神华集团为全国煤矿安全生产创造了很好的经验，但神华人却清醒地认识到，安全生产工作永无止境，煤矿安全只有起点、没有终点，只能从零开始、向零奋进。神华经验不仅适用于神华集团的煤矿，同样适用于其他各类煤矿。神华经验在全国煤矿系统的全面推广，必将对全国煤矿安全生产形势持续稳定好转产生重要影响，推动全国煤矿安全生产水平不断迈上新的台阶。

学习先进经验 增强责任感和紧迫感 进一步推进安全生产监管和执法机构建设

加强安全监管执法机构建设，完善安全监管体制，是贯彻落实国务院23号文件和“安全生产年”活动的重要内容，是适应经济社会发展需要，落实安全生产企业主体、部门监管、属地管理“三个责任”的重要举措，总局党组高度重视此项工作，要求加大力度、着力推进。我们要全面学习贯彻胡锦涛总书记在中央举办的省部级主要领导干部社会管理及其创新专题研讨班上的重要讲话精神，把安全生产事故仍然时有发生，列为当前社会管理领域存在的突出问题之一；把加强安全生产工作，作为下一步加强和创新社会管理的重要内容，强调“要建立健全安全生产监管体制，完善安全生产法律法规体系、政策标准体系、技术服务体系”。这次会议的突出主题之一，就是按照总局党组关于加强安全生产体制建设的总体部署，总结交流重庆市等地安全监管执法机构建设典型经验，认清形势，明确目标，增强责任感和紧迫感，进一步推动地方各级安全监管执法机构建设。下面，就全国安全监管体制特别是监管执法机构建设工作情况，讲以下四个方面。

一、安全生产体制建设取得明显进展，已建立起较为完善的安全监管监察体制

“十一五”期间，我国安全生产体制建设取得明显成效。在党中央、国务院正确领导下，在地方各级党委、政府重视和支持下，经过上下有关方面的持续努力，我国初步形成了“政府领导、部门监管”、“分级负责、属地管理”的安全监管体制和“国家监察、地方监管、企业负责”的煤矿安全管理体制。

（一）明确和加强了各级安全监管部门职责定位，形成了中央和地方上下联动的安全生产监督管理体制。

近年来，随着安全生产法律法规的颁布实施以及在机构改革中国家安全监管部门的职责调整，推动着我国安全生产体制的不断健全和完善。2005年，国家局升格为安全监管总局，安全监管的职能和权威性得到加强。2008年，国务院批准的总局“三定”规定，强化了安全生产综合监管职能，突出了总局对全国安全生产工作的“指导协调、监督检查”职责；按照权责统一的原则，进一步明确了总局安全生产综合监管、工矿商贸安全监管、高危行业安全准入、职业卫生监管等方面的职权和责任；为充分发挥国务院安委会的综合协调作用，强化了安委会办公室的职责。总局“三定”规定的不断完善，对地方安全监管机构建设发挥了重要的推动作用。在2009年地方政府机构改革中，各省级安监局“三定”规定在职能定位、主要职责、机构设置等方面，基本实现了与总局“三定”规定相衔接。全国各省（区、市）、各市（地）和绝大多数县（市、区）政府，都成立了安委会，设立了安委会办公室，由安全监管部门承担日常工作，成为政府安全生产工作

的强有力抓手，基本形成了中央和地方上下贯通、协调一致的安全监管体制。

（二）明确了相关行业管理部门安全监管职责，形成了综合监管与专业监管协作联动的工作机制。

在中编办的支持下，2008年制定国务院部门“三定”规定，明确了公安部、教育部、工业和信息化部、建设部等15个相关行业（领域）主管部门的安全监管职责。对过去一些难以落实的部门安全管理职责，如中小学校安全管理、农村建筑施工安全监管、旅游安全监督管理等职责，都明确了承担职责的相关部门。在部门“三定”规定和有关法规的基础上，2010年初国务院安委会印发了《国务院安全生产委员会成员单位安全生产工作职责》。

在地方层面，地方各级人民政府普遍实行了安全生产行政首长负责制和“一岗双责”。重庆、山东、北京等省份，积极探索综合监管和专业监管相结合，在全国率先明确了政府相关部门安全生产工作职责。目前，全国各省（区、市）均以政府或安委会文件明确了相关部门安全生产工作职责。在国务院和地方各级政府层面，基本形成了以安委会为综合协调机构，安全监管部门实施综合监管和工矿商贸安全监管，相关部门负责本行业（领域）安全监管，综合监管与行业监管齐抓共管的工作机制。

（三）县级以上地方各级安全监管机构基本健全，执法机构建设进展明显，形成了安全生产分级、属地监管的工作体系。截止2010年12月底，全国省、市、县三级安监部门和执法机构人员编制总计69307名，现有人数总计73971名，比2005年分别增加27743名和30221名，增长66.7%和69.1%。全国31个省（区、市）、333个市地和有2760个县区（占全国2858个县区的96.6%）设置了专门的安监机构。三级监管部门人员编制48338名，实有人数54124名；省、市、县三级监管部门平均人员编制分别为72名、26.8名、13名。三级执法机构共计2351个，人员编制20969名，实有人数19847名；省、市、县三级执法机构平均人员编制分别为19.2名、11.6名、8.5名。

县级以上地方安全监管部门及执法机构人员情况对比表

类 别		2005年	2008年	2010年
监管部门	人员编制	34641	44781	48338
	实有人数	37510	48826	54124
执法机构	人员编制	6923	17259	20969
	实有人数	6420	16022	19847
总数	人员编制	41564	62040	69307
	实有人数	43750	64848	73971

（四）落实基层乡镇（街道）安全监管责任，初步形成了“三级机构、四级网络”的地方安全监管工作格局。近年来，许多地方为适应本地经济社会发展和安全生产工作需要，采取多种形式建立乡镇安监机构，有的设立安全监管科（办、站）、有的建立区域执法队伍、有的授予乡镇安委办部分执法权等，形成了省市县三级安全监管机构和省、市、县、乡镇（街道）四级安全监管网络的工作格局。截至2010年底，全国40858个乡级行政区划中（包括乡、镇、街道等），设置了安监科（办、站）、安委办等安全监管机构或加挂相应牌子的32180个（占78.8%），成立了安全生产执法队伍的5286个（占12.9%），乡镇（街道）安全监管机构和执法队伍现有专职人员57577名，兼职人员46318名，聘用人员8242名，安全监管人员共计112137名。平均每个乡镇（街道）安全监管人员2.7名，其中专职

人员 1.4 名。

（五）进一步理顺了职业卫生监管职责，推动了安全生产监管与职业健康监管相结合。建国以来，我国职业卫生监管体制发生了四次重大变化，自新中国成立到 1998 年，职业卫生监管工作主要由劳动部门负责。1998 年，将劳动部承担的职业卫生监察职能交由卫生部承担；2003 年,中编办对职业卫生监督管理职责进行了调整，将卫生部承担的作业场所职业卫生监督检查职责调整到国家安全监管局；2005 年，在总局安全生产协调司加挂职业安全监督管理司牌子；2008 年，在国务院机构改革、制定部门“三定”规定中，安全监管总局单设职业安全健康监管司，专门负责职业卫生监管工作。2010 年 10 月，遵照国务院领导重要批示，中编办经过认真调研、充分听取有关方面意见，经中央编委批准，印发了《关于职业卫生监管部门职责分工的通知》，明确职业卫生监管“防、治、保”（即职业危害防治、职业病诊断治疗、职业病人社会保障）三个环节分别由一个部门为主负责；进一步调整明确了相关部门的监管职责，将拟订有关职业卫生标准、建设项目职业卫生“三同时”和职业卫生技术服务机构资质认定等职责，由卫生部调整到安全监管总局。这次职责调整，将职业卫生监管与职业安全监管相结合,是完善安全生产监管体制、加强职业卫生监管工作的一项重要举措。明确安全监管部门为职业卫生监管的执法主体，从体制上为修订《职业病防治法》提供了依据，为建立安全生产与职业健康监管相结合的体制奠定了基础。中编办《通知》下发后，总局党组对内部职责分工进行了认真研究，按照加强综合、集中管理、突出重点、稳妥推进的原则，明确了总局和煤矿安监局有关司局的职业卫生监管职责分工。目前，各省安监部门正在积极向省政府和机构编制部门汇报沟通，抓紧推动职业卫生监管职责调整工作。

（六）地方各级政府明确和落实了煤矿安全监管职责和机构，煤矿安全生产管理体制不断完善。2004 年，国办发 79 号文件明确了国家煤矿安全监察机构和地方煤矿安全监管机构的职责，确立了“国家监察、地方监管、企业负责”煤矿安全管理体制。随后，全国 25 个产煤省份相继明确和落实了煤矿安全监管职责，并在 2009 年地方政府机构改革中，进一步明确了承担煤矿安全监管职责的机构。其中：河北、黑龙江等 5 省专门设置了省安监局管理的煤矿安全监管机构，北京、吉林等 12 个省（区、市）及新疆兵团明确由安全监管局承担煤矿安全监管职责，山西、内蒙古等 8 个省（区、市）明确由煤炭行业管理部门承担,地方政府煤矿安全监管职责得到落实，有力促进了煤矿安全形势的稳定好转。

二、认真总结和交流典型经验，不断创新安全生产监管体制

近年来，各地适应经济社会发展和安全生产工作需要,努力加强安全监管和执法机构建设，在健全完善安全监管监察体制机制等方面，创造了许多典型经验。

（一）各级党委、政府的重视和支持，是加强安全监管机构建设的关键。近年来，安全监管部门机构建设取得明显进展，一条主要经验就是地方安监部门千方百计努力争取党委、政府及有关部门支持，从机构上、编制上、资金上落实加强机构建设的政策和措施。多数省（区、市）党委、政府专门就建立健全安全监管机构、配备安全监管力量等问题作出明确规定。如重庆市政府从 2004 年以来多次下发文件,对完善市、区县、乡镇三级监管体系，加强安全监管和监察执法机构建设做出明确规定。河北省各级党委、政府把安全生产工作列入党政一把手工程，多措并举、标本兼治，有力推动了各级安全监管执法机构建设。特别是在省委主要领导同志的关心下，2006

年初就成立了河北省安全生产监察总队，为副厅级行政机构，行政编制 42 名。

（二）抓住政府机构改革机遇，不失时机地加强机构建设，充实人员力量。山东省安全监管局早在 2004 年政府机构改革中，就积极向省委、省政府反映问题，提出建议，在改革中理顺了安全监管体制，加强了机构建设，充实了监管力量。近年来，山东省安全监管和执法机构建设一直走在全国前列。2009 年地方政府机构改革中，31 个省级安监局均设为政府直属机构，河南、辽宁、黑龙江、湖南、广西、新疆 6 个省级安监局成立了安全生产执法机构，省级执法机构达到 20 个。有 29 个省（区、市）安全监管部门承担了职业卫生监管职责，明确和落实了内设机构。通过积极争取政府和有关部门支持，认真制定“三定”规定，各省级安监局在主要职责、内设机构和人员编制上都有不同程度的加强。据统计，31 个省级安监局2008年底人员编制总数为1892名、平均 61 名，2010 年底人员编制总数为 2232 名、平均 72 名；人员编制总数增加 340 名、平均数增加 11 名。比较来看，江苏、河南、云南、湖北、福建、陕西、新疆等地在这次机构改革中安全监管机构建设进展明显。云南省安监局增设了职业健康监管处等4个内设机构，核增行政编制22名。新疆自治区安监局经过不懈努力，在加强安监局机构建设的同时，成立了自治区安全生产执法总队，设立了自治区安全生产应急救援指挥中心。黑龙江省设立了安监局管理的安全生产行政执法监察局。

（三）加强地方立法，依法推动安全监管机构建设。近年来，不少地方制定出台的安全生产法规，对机构建设提出明确要求。如《浙江省安全生产条例》和浙江省委、省政府《关于进一步加强安全生产工作的意见》，明确要求采取措施加强省、市、县三级安全监管机构建设，进一步完善乡镇、村居、工业园区监管网络，初步改变了市、县安全监管机构队伍力量薄弱，基层（特别是乡镇、街道）缺机构、缺人员，安全监管落实不到位的状况。目前，全省 101 个市、县（市、区）全部设立了独立的安监机构并组建了执法队伍；1529 个乡镇（街道）中已有 1432 个建立或确定了乡镇一级安监机构，配备了 5060 余名专职或兼职安全监管人员；大部分村（居）构建了“多员合一”的公共安全员体系，明确公共安全员工作职责并实施考核，保证了安全生产工作在村（居）的落实，初步实现了基层安全生产监管“全覆盖”，为全省连续七年实现事故总量、死亡人数和直接经济损失三个“零增长”目标提供了有力的组织保障。

（四）把安全监管机构建设列入安全生产工作总体布局。重庆市把安全监管体系建设作为建设平安重庆和安全保障型城市的重要内容，每年的市政府安全工作要点都重点部署，经过近年来的不懈努力，形成了比较完善的市、区县、乡镇三级监管体系。特别是重庆市彭水自治县，作为全市安全保障型城市建设试点，创新提出了“抓安全就是抓政治、抓稳定”的理念，积极探索建立“党管安全”新机制，不断夯实安全基层基础，取得了连续 8 年无重特大安全事故，全县经济提速发展、跨越发展，“十一五”期间“五个翻番”的可喜成绩。北京市把安全生产工作纳入建设“人文北京、科技北京、绿色北京”的重要内容，持续加强安全监管机构和队伍建设，执法队伍日益壮大，为首都平安和建设世界城市提供了安全保障。浙江省温州市针对民营和个体经济发达、劳动密集型企业居多的实际，把基层安全监管机构网络建设作为“基层基础建设年”三年规划的重点内容和安全生产治本之策而强力推进，在建设平安温州、构建大都市发展新格局中发挥了应有作用。

（五）把安全监管机构建设纳入各级政府的政绩和业绩考核。海南省在实施全省安全生产工作目标责任考核中，将安全监管机构和队伍建设纳入考核范围，明确提出了考核标准和要求。山西省将乡镇（街道）设立安监站、村（居委会）设专职或兼职安监员等内容纳入考核范围。辽宁省把安全监管机构建设落实情况，作为各级政府安全监管工作年度考核的重要内容，实行“一票否决”制度。河南省安全生产党政同责、一岗双责的经验在全国进行了交流推广。宁波市2005年把成立安全生产执法机构列入县（市）区年度考核目标，2006年各县（市）区把各乡镇街道设立安监站（所）列入年度考核目标，建立健全了市、县（市）区、乡镇街道三级安监网络。

（六）把安全生产监管职责落实到乡镇街道，把机构、队伍建设延伸到村居。近年来，重庆、山东、广东、浙江、江苏等经济比较发达地区，针对民营经济迅猛发展，乡镇街道个体企业数量众多的实际，克服诸多困难推进乡镇街道安监机构建设，取得了明显成效，总局通过多种形式进行了交流推广。同时，随着工业化加快发展、城乡建设一体化和新农村建设不断推进，许多地方积极探索在各类经济开发区、工业园区以及城乡结合地区加强安全监管机构建设。天津市在滨海新区行政体制改革过程中，在保留原三个区政府安监局的基础上，在滨海新区政府设立了副局级的安全监管部门。厦门市、广州市、哈尔滨市以及辽宁铁岭、陕西商洛、江西萍乡、贵州遵义等市地，都结合本地实际，努力探索乡镇安全监管机构建设，健全完善了本地区安全监管体制。

此外，各地还利用机构建设试点、召开现场会、建设示范乡镇、汲取重特大事故教训等形式，有效推动安监机构和执法队伍建设。总局于2006年、2007年分别在大连、青岛召开了全国安全监管机构建设现场会，对各地的成功经验和创新做法进行交流推广，有效推动了地方安全生产监管体制建设持续进展。

总结近年来各地安全监管执法机构建设经验，我们深切体会到，总局党组大力推进安全生产体制建设，是贯彻落实党中央、国务院安全生产方针政策的有效举措，对于适应我国经济社会发展要求，不断健全完善安全监管监察体制，切实落实安全生产责任制，保障和促进安全生产形势持续稳定好转具有重要意义。加强安全生产体制建设，必须不断理顺职责关系，形成安全生产齐抓共管的合力；必须抓好安全监管机构和执法机构建设，为开创安全生产工作新局面提供体制保障；必须把安全生产体制建设落实到县区和乡镇基层，为促进安全生产形势持续稳定好转奠定坚实基础；必须发挥主动创新精神，不断增强安全生产体制建设的动力，不断创新中国特色的安全生产监管监察体制。

三、进一步增强安全生产体制建设的责任感和紧迫感，推动地方各级安全监管和执法机构建设取得更大成效

“十一五”期间，地方安全生产体制建设取得了新的进展和明显成效，但与经济社会发展和安全生产工作需要相比还有较大差距。张德江副总理在今年全国安全生产电视电话会议上的讲话中指出，一些地方安全监管体制不完善，一些地区基层监管力量薄弱，专业人员匮乏、执法装备设施不足，影响了监管效果。主要表现是：一是机构建设进展不均衡，少数地方安全监管机构不健全，与先进省份的差距在拉大。部分地方基层安全监管力量薄弱，行政编制不足。全国市（地）级安监局平均人员编制不足20名的有6个省（区），县（区）级安监局平均人员编制不足10名的有9个省（区）。此外，一些省份的县（区）安监局行政编制少，事业编制比例高。二是一些地区安全生产执法机构建设进展缓慢。目前，全国还有11个省（区、市）、17.6%的市（地）、28.1%的县（区）

级安监局没有建立执法机构，部分地方执法机构建设进展较慢。三是乡镇（街道）安全监管职责有待进一步明确落实，安全监管任务重的乡镇、街道亟需加强安全监管人员力量。目前，全国乡镇、街道专职安全监管人员平均仅为1.3名。四是安全生产支撑保障能力依然十分薄弱，安全监管部门缺少必要的技术支撑力量。截至2010年底，全国省、市、县三级安监局所属事业单位共计1706个，共有事业编制16649名、实有人数16936名。有4个省级安监局支撑保障机构为空白，大多数市、县安监部门，缺少必要的技术支撑力量。所有这些都需我们高度重视，切实采取措施努力加以解决。

市（地）级安全监管部门人员编制分类表

类别	分类标准	省　份
一	平均编制30名以上	河北、山西、辽宁、吉林、黑龙江、江苏、山东、广东
二	平均编制20～29名	内蒙古、浙江、安徽、江西、河南、湖北、湖南、广西、四川、贵州、云南、陕西、甘肃
三	平均编制20名以下	福建、海南、西藏、青海、宁夏、新疆

县（市、区）级安全监管部门人员编制分类表

类别	分类标准	省份
一	平均编制15名以上	北京、天津、河北、山西、辽宁、河南、广东、重庆、贵州
二	平均编制10～14名	内蒙古、吉林、黑龙江、上海、江苏、浙江、安徽、江西、山东、湖北、湖南、四川、云南
三	平均编制10名以下	福建、广西、海南、西藏、陕西、甘肃、青海、宁夏、新疆

各级安全监管部门负责人和处室负责同志，要充分认识完善安全监管体制的重要性和必要性，牢固树立加强安全监管体制建设的责任感和紧迫感，推动地方各级安全监管执法机构建设取得更大成效。

第一，要进一步落实安全监管执法机构建设的领导责任。安全监管执法机构建设是各级党委、政府贯彻“安全第一、预防为主、综合治理”方针，确保各级政府安全监管部门承担起安全监管职责的重要组织保障。希望通过这次会议，各地能够学习好、掌握好、运用好先进地区的经验，结合本地区情况，采取有效措施，指导和推进安全监管执法机构建设。要将会议精神向党委和政府有关领导汇报、向机构编制等部门宣传、在本系统抓好落实，促进地方各级党委、政府和有关部门把加强安全生产体制建设作为加强安全生产工作的重要内容，列入议事日程，及时研究和解决安全监管执法机构建设问题，不断完善安全监管体制和执法运行机制。省级安全监管部门主要领导同志要亲自抓机构建设工作，指定专人负责，明确工作部门，落实工作责任。

第二，要进一步加快各级安全生产监察执法机构建设步伐。建立安全生产执法队伍，是贯彻落实国务院23号文件，强化企业安全生产主体责任的迫切要求，必须加强指导，加快建设步伐。希望没有成立省级执法机构的省（区、市），特别是经济比较发达的沿海和内陆省份，要充分认识成立执法机构的必要性和迫切性，主动提出建议，积极做好协调工作，争取机构编制部门的支持，早日把省级执法机构建立起来，推动本地区各级安全监管执法机构建设，尽快缩短与先进省份的差距。总的要求是，县级以上地方政府安全监管部门要设立安全生产执法队伍，为同级安全监管部门的直属机构；在同级安全监管部门的领导下，承担本行政区域内的安全生产执法工作。规范安全生产执法机构设置，明确省级安全监管部门下设安全生产执法总队或监察执法局，

市（地）级安全监管部门下设安全生产执法支队，县级安全监管部门下设安全生产执法大队，乡镇街道或按区域设置安全生产执法中队。各地要制定工作计划、明确工作目标、落实工作责任，有关工作情况要及时与总局办公厅沟通联系。

第三，继续探索和加强乡镇、街道等基层监管工作，夯实安全监管工作基础。根据我国有关法律法规规定，乡镇（街道）一级政府没有执法权，在乡镇体制改革中，国家没有对乡镇（街道）设置安全监管机构问题作出统一规定。近年来，各地在实践中积极探索，有的实行委托乡镇街道部分执法权，有的建立区域执法机构，山东省有些市县探索实行监管执法机构“小垂直”管理等等，都取得了较好成效。但由于各地情况不同，在乡镇安监局机构建设上不宜搞“一刀切”。总的原则是要加强安全生产监管基础建设，真正把乡镇街道的安全监管职责落到实处。要认真学习重庆、山东、河北、广东、四川等省市的作法，争取地方政府制定和出台有关规定和办法，进一步明确和落实乡镇街道安全监管责任，并有专人负责安全监管工作。继续探索、创新基层安全监管体制，进一步完善、规范“三级机构、四级网络”建设，采取委托乡镇执法、派出安监机构等有效方式，着力推动安全监管执法重心下移、关口前移。

第四，立足当前，着眼未来，加快调整和理顺职业卫生监管职责。最近，在总局召开的全国职业健康监管工作现场会，邀请中央编办和国务院法制办有关司负责同志，分别就职业卫生监管职责调整和《职业病防治法》修订工作进行了讲解。中编办关于职业卫生监管部门职责调整的通知和即将提交人大审议的《职业病防治法》修正案，确立了中央和地方县级以上人民政府安全监管部门在职业卫生监管上的执法主体地位，明确了安全监管部门承担的有关职业卫生法规标准、监督检查、建设项目“三同时”、技术服务机构、事故处理、行政处罚等职责，实现了安全监管部门在职业卫生监管上的职能匹配和权责对等。从国际上看，绝大多数工业化发达国家实行职业安全与健康监管相统一的管理体制。为此，各级安全监管部门要从我国安全监管与职业健康监管体制长远发展的角度，深刻认识职业卫生监管职责调整的重要意义，认真落实中编办 104 号文件精神，积极主动向政府有关领导和汇报，加强与机构编制部门及其他相关部门的沟通协调，积极推动地方各级职业卫生职责划转，尽快达成共识，调整明确本地区职业卫生监管职责分工，形成责权匹配、运转有效的职业卫生监管体制机制。

第五，健全安全监管支撑保障机构，加强安全监管执法能力建设。会上，我们编印了一些地区有关监管执法机构建设的有关文件和经验材料，重庆市安监局也为大家提供了本市近年来出台的一些重要文件。重庆市十分重视安全监管部门能力建设，坚持“从严治安”与“从优待安”并重，在监管执法装备建设上舍得投入，在安监干部队伍建设上政策到位，今年还要全面启动重点行业安全监管能力建设。大连市、广州市等地也十分重视安监部门能力建设。在装备配备方面，大连市安监系统配备执法车辆 103 辆，各种执法检查设备 2617 件；广州市着力提升基层执法保障能力，区县大队、街镇中队均配备了满足执法需要的巡查车、应急专用车、电脑等装备。目前，总局制定的安全监管监察部门能力建设规划正在报批，其中包括监管机构、装备配备、技术支撑体系建设等内容。希望各地按照张德江副总理提出的“建立完善覆盖全面、监管到位、监督有力的政府监管体系，着力提高监察执法能力”和“建立完善与工业化、信息化发展要求相适应的安全科技支撑体系，着力提高技术装备的安全保障能力”的要求，借鉴重庆市等地经验，认真落实总局和本地安全监管部门能力建设规划，不断提高各级安全监管部门的执法能力和履职能力。按照统筹规划、合理布局的原则，结合事业单位分类改革，科学设置安全生产技术与咨询、宣教培训、检测检验等支撑机构，建立健全安全生产支撑保障体系，不断提高安全监管执法的技术保障能力。

第六，加强交流，协调配合，共同推动地方安全监管机构建设。多年来，各地安全监管部门在机构建设上投入了很大精力，做了大量富有成效的工作。特别是每半年和年底我们都要对各地机构建设情况进行调查统计，各省级安监局负责机构编制工作的领导、部门，尤其是负责机构建设情况统计报表工作的同志，对我们的工作给予了大力支持和帮助。从去年开始，我们通过编印《地方安全监管机构建设动态》，把全国安监机构建设情况汇总反馈各省安监局参考，今年初通过国务院安委会办公室文件通报各省安委会。请各单位对照先进，确定目标，积极向省政府汇报，采取有力措施，努力推进安全监管执法机构建设不断取得新的成效。

“十二五”是全面建设小康社会的重要战略机遇期，是深化改革开放、加快转变经济发展方式的攻坚阶段。安全生产和职业健康监管工作均面临着新的形势、新的挑战。我们必须进一步增强责任感和紧迫感，振奋精神、主动创新，进一步健全完善安全监管体制，持续推进各级安全监管执法机构建设，确保安全生产监管到位、执法有力、履职有效，为实现全国安全生产状况的持续稳定好转做出我们应有的贡献。

抓住转型机遇 促进管理创新

中国企业联合会、中国企业家协会会长 王忠禹

随着信息化建设在我国能源工业领域不断的深化与发展，信息化已成为重要支撑和必备工作手段。当前能源行业安全生产工作是我国经济社会发展面临的迫在眉睫的重大任务，促进工业领域安全生产是构建现代产业体系、走中国特色新型工业化道路的应有之义。

安全生产是走新型能源工业化道路的重要内容，当前我国能源工业尚处在重化工业阶段，是生产安全事故的“易发期”和“高发期”。“十一五”期间，全国安全生产状况总体稳定，亿元 GDP 生产安全事故死亡率、工矿商贸 10 万就业人员事故死亡率分别下降 71% 和 45%。但我国安全生产主要指标与国际水平相比，差距依然较大。有关研究报告显示，我国亿元 GDP 事故死亡率约为先进国家的 10 倍，工矿商贸 10 万人事故死亡率是先进国家的 2 倍多，煤炭百万吨死亡率是世界平均水平的 5 倍多。因此，必须加大力度，不断提高安全生产管理水平，提升规范化标准化程度，增强我国产业的国际竞争力。

安全生产是能源工业企业可持续发展的根本保障。，“十二五”期间是我国经济结构调整和经济增长方式转变的重要时期，也是有效预防和坚决遏制重特大事故、减少人员伤亡、实现安全状况根本好转的重要时期。

随着信息通信技术的快速发展和两化融合工作的不断推进，必须加快信息技术在工业企业

生产活动各环节的渗透，从多个方面提升安全生产工作的效果。运用信息技术促进安全生产是两化融合工作的重要着力点和切入点，信息化是提高工业企业安全生产水平的重要途径和必然选择。运用先进的自动化、信息技术，并借鉴先进的信息化管理理念，提供具有预测、预判、预控能力的管理手段，通过管控一体化，实现安全管理由静态管理向动态管理的转变、由被动管理向主动管理的转变、由程序管理向工序管理的转变，这是安全信息化的必由之路。

借此机会，强调两点：

一、充分认识到当前是推进安全生产信息化管理创新最好的时机

第一，从“十二五”规划纲要的要求来看。刚刚由全国人大颁布的“十二五”发展纲要，是未来五年我国社会、经济发展的总纲。大家可能注意到，“十二五”纲要文件中，两次强调了管理创新问题。一处是在第一篇《转变方式 开创科学发展新局面》的指导思想一章中，明确提出“要依靠科技进步、劳动者素质提高、管理创新的转变，加快建设创新型国家”。另一处是在第三篇《转型升级 提高产业核心竞争力》的第九章，提出要“推动研发设计、生产流通、企业管理等环节的信息化改造升级，推行先进质量管理，促进企业管理创新”。要“推动企业自主品牌建设，提升品牌价值和效应，加快发展拥有国际知名品牌和核心竞争力的大型企业”。把管理创新写入规划，特别作为指导思想提出，这还是第一次，说明国家非常重视管理创新工作。它突出了转变经济发展方式这条主线，凝聚了改革开放以来我国广大企业的成长经验，也回应了我国企业界、管理界希望把管理创新纳入国家创新体系的普遍要求。这对广大从事能源企业管理的同志来说，无疑是极大的激励和鼓舞。我们要以此为动力，抓住机遇，动员群众，更有成效地开展企业管理创新实践，把工作做得更好。

第二，从企业在经济转型中的地位和作用来看。“十二五”期间，促进发展方式转变，是党中央、国务院的既定方针，是今后五年或更长时间的奋斗方向。如何落实这项工作？从企业的角度来看，我们必须认真研究企业的发展和宏观经济转型的关系，必须认真研究企业的生产、经营活动和企业外部社会生活的关系，必须认真研究企业的创新活动和国家创新体系、以及建设创新型国家的关系，搞清楚企业在国家经济转型的大局中应该承担什么样的角色和责任。这些问题，大家都可以深入展开讨论。一个基本的认识是，企业是国民经济的载体和支撑，经济发展方式的转变最终都要直接或间接地落实在企业的生产经营活动中。“十二五”规划纲要中确定的一些主要目标，如资源节约与环境友好、重点产业结构调整、现有企业的改造升级、战略性新兴产业的发展布局、拥有国际知名品牌和竞争力的大企业建设、中小企业发展等等，这些任务，无一不是由企业担当。从这个意义上说，企业的转型决定了宏观经济的转型。而一个企业能否成功转型，又取决于技术创新和管理创新两个“轮子”是不是能够同时转起来。上面提到的“十二五”规划的几项重大任务，不仅涉及技术领域的创新问题，而且涉及管理领域的创新问题。顺利完成这些任务，在企业层面，必须技术、管理两手抓，以持续的管理创新来支撑持续的技术创新。两个“轮子”同时转，硬科学、软科学一起抓，企业才能拥有持续发展的动力。所以，经济发展方式转变的压力传递到企业，对企业的发展来说，既是前所未有的挑战，也为管理创新提供了发展空间。新形势下，企业可以有更大的作为。

第三，今后几年国民经济发展速度的安排为企业转型、管理创新提供了一个较为宽松的宏观环境。“十二五”规划和上次规划比较，一个重大调整就是适当调低了发展速度。这样的调整，为企业的创新活动预留了空间和余地。过去的20多年，我国企业不断地在发展规模，不断地在拼搏市场，很多企业家为企业能高速发展忙碌不堪，没有更多的精力去思考企业发展的基本规律，也少有机会和时间去解决“强身健体”的问题。“十二五”规划给了企业这个机会和空间，使企业领导不必去追求过高的产值，有可能解决企业发展过程中积累下来的一些亟待解决的难点问题。比如，如何处理好规模扩展和自主创新的关系，使企业在关键技术和核心能力方面拥有竞争力？如何将企业的战略定位从低端向高端转化？如何打造国际化品牌？如何凝聚创新型人才？如何在建设好硬实力的同时建设好软实力？如何促进安全生产信息化建设等等。解决这些问题，都有赖于管理创新的不断深化。和“十二五”发展规划的指导思想相一致，企业的发展也要把质量、效益放在第一位，适当调低扩张的速度，让管理赶得上企业快速发展的步伐，实现均衡发展。

第四，从我国企业管理创新实践来看。改革开放以来，我国企业的管理从学习、模仿中起步，历经30年，进步很大。一批后来居上的企业，经过多年探索、创新，管理水平已经接近或赶上世界先进企业。回顾历史，一年一个台阶，我们可以看到中国企业管理水平提升的清晰路径。从当前管理创新的发展趋势看，很多企业已经由单项管理的方法发展到系统思考、全面变革、整体提升，创新的领域涵盖了战略管理、职能管理、基础管理、文化管理、信息化管理等各个方面。20多年前，我们学习现代企业管理的主要方式是考察、借鉴外国先进企业的管理模式和方法，现在我们可以不出国门，在身边就能学到适合中国企业生存和发展的管理经验。这种情况，为我国企业广泛开展管理创新活动提供了丰富的信息资源和经验宝库，有利于形成群众性的创新潮流。今后，我们应该一如既往放开眼界，认真地学习外国企业的先进理念和方法，同时我们也必须眼睛向内，关注并认真总结国内企业来自实践第一线的活生生的成功案例，遵照“以我为主、博采众长、融合提炼、自成一家”的创新原则，从整体上促进我国企业管理迈上新台阶。

二、当前推进企业管理创新的重点

企业管理工作千头万绪，当前应当重点抓住以下几项工作：

第一，端正经营理念。经营理念是企业生存和发展的根本,决定着企业的发展方向和命运。我国企业数量众多，并且已有四十多家跻身世界500强行列，但由于大多创业成长历史比较短，伴随市场化改革和社会转型，在经营理念上仍存在一些问题。比如，过分强调企业自身利益或所有者利益，不注重甚至侵害利益相关者权益；制售假冒伪劣产品行为屡禁不止；破坏自然环境、侵害劳动者权益、损害正常市场竞争秩序的事件也屡有发生。这些行为与我国社会主义建设的根本目标是不相符合的。企业必须端正经营理念，从人的全面发展、企业的可持续发展以及企业内部与外部的和谐关系建设等方面进行思考。特别要强调加强商业伦理建设,在依法经营的基础上，诚实守信，互利共赢，既关注市场中的顾客和竞争对手，也要关注企业内部的员工，更要关注社会和生态环境。

第二，加快战略转型。这次国际金融危机的影响深远，未来各国经济的合作与分工格局将发生深刻变化，而我国经济转型和结构调整又将加快步伐，迫使企业必须对长期经营方向、运营模式、资源配置方式等进行整体性转变，实施战略转型，重塑竞争优势，或寻找新的利润增长空间以求得生存。从西方企业的发展历史来看，企业战略转型的产业选择和定位基本上是围绕着资源和能力建设来进行的。在企业转型的关键因素中，内部因素（资源和能力）起着决定性作用。对我国企业来讲，加快战略转型关键是培育核心竞争能力，要从“低成本竞争”向“差异化竞争”转型，从“多元化”向“归核化”转型，从“规模扩张”向“质量提升”转型，从“跨越式发展”向“可持续发展”转型。

第三，强化基础管理。基础管理是企业稳定、持续运营的保证。近年来，我国企业安全生产、产品质量问题日益突出，严重影响了人民健康安全和自然环境，乃至中国制造的形象。食品安全、煤矿安全、施工安全漏洞很多，究其原因，很多问题直接是由企业管理基础薄弱造成的。误操作往往酿成大事故。大庆当年创造的“三老四严”精神没能得到有效传承，而全面质量管理、精益生产等现代管理理论和方法掌握的又不够。很多企业各项规章制度制定得都很完善，但有不少都流于形式，执行不到位。当前强化企业基础管理，一方面要狠抓规范化管理，从岗位培训入手，全面提高劳动者素质，保证各项管理制度和措施的有效落实；另一方面，要突出抓好质量管理和安全管理，依靠质量赢得市场竞争地位，下大力量减少或杜绝安全事故的发生。同时，要积极采用各种现代化管理方法和手段，提高科学管理水平。

第四，加强风险管控。我国企业的风险管理尚处于起步阶段，许多企业虽然认识到它的重要性，但相应管理体系建设并不完善，实际控制措施的实施面临体制、能力等条件的制约。国务院国资委2006年就发布了《全面风险管理指引》，积极推动中央企业加强风险管控。财政部等部门也制定了加强企业内控管理的相关规定。在海外上市的一些企业，也要接受上市所在地的内控监管。但是，随着市场竞争环境的不断变化，企业除了遵循监管机构相关要求外，必须从自身发展角度加强实际业务的风险管控，与公司治理和战略决策、日常业务活动监督有机结合起来。一方面要促进企业有效把握市场机遇，防范重大投资决策和经营风险；另一方面，针对出现的各种风险给企业带来的冲击，及时采取应对措施，尽可能化解风险或将损失降低到最小。近几年来，国家级企业管理创新成果中，有关风险管理的成果越来越多，如武钢、中国移动、中海油等企业，在这方面进行了有益探索，确保了企业平稳发展。

第五，推进信息化建设。全面提高信息化水平是促进企业转型升级、提高核心竞争力的重要手段，是创新管理的重要内容。国家“十二五”规划中，提出要构建下一代信息基础设施，加快经济社会信息化。信息技术的广泛应用，改变了企业生存的内外部环境，使得传统企业的组织结构、生产管理方法、产品营销模式以及管理内容等都发生了深刻变化。多年来，我国企业的信息化建设取得了显著成绩，有效促进了管理水平的提高，很多企业创造出了成功经验。可以说，对绝大多数企业来说，离开了信息化手段的支撑已无法正常运转。同时，电子商务也在快速发展，云计算、物联网等正在推进。但是，与国外先进企业相比还有很大的差距，企业之间信息化水平极不平衡。新时期，企业还应继续推进信息化建设，通过信息化提高科学管理水平，尽快缩小与国外企业在信息化方面差距，在某些方面争取赶超国外先进企业，并探索形成具有中国特色的企业信息化管理模式和管理工具。通过信息化，全面带动企业的现代化。

广大企业要牢牢掌握科学发展的大方向，适应国家发展大局，认真贯彻落实国家“十二五”规划纲要，以“苟日新，日日新，又日新”的精神积极推进管理创新，谋划战略转型和长远发展，力争在未来几年迈上创新和成长的新台阶。

政策法规篇

国家安全监管总局办公厅 国家发展改革委办公厅关于做好安全生产监管部门和煤矿安全监察机构监管监察能力建设规划（2011—2015年）2012年实施工作的通知

安监总厅规划〔2012〕65号

各省、自治区、直辖市及新疆生产建设兵团安全监管局、发展改革委，各省级煤矿安全监察局：

《安全生产监管部门和煤矿安全监察机构监管监察能力建设规划（2011—2015年）》（发改投资〔2012〕611号，以下简称《规划》）的发布和实施，标志着安全生产监管监察能力建设工作迈出了坚实的一步，是加强安全监管监察基层基础工作、坚决防范生产安全事故的重要举措，是对《安全生产“十二五”规划》（国办发〔2011〕47号）重点工程的细化实化，有助于逐步建立健全安全生产监管监察能力投入的长效机制。为统筹做好《规划》实施工作，现就做好2012年相关工作通知如下：

一、全面启动县级安全监管部门执法能力和煤矿安全监察机构执法能力建设工程

（一）做好全国县级安全监管部门执法能力建设工程组织实施工作。一是省级安全监管局要按照《规划》确定的建设目标，统一组织编制县级安全监管部门办公业务用房建设、执法交通工具和监管执法专业装备配备等三方面可行性研究报告，并会同有关部门落实建设资金后，报省级发展改革委审批。其中：东部地区建设资金全部由地方政府负责；中西部地区办公业务用房建设、执法交通工具配备资金由地方政府负责，中央对监管执法专业装备予以投资补助。二是省级发展改革委对县级安全监管部门执法能力建设的三个可行性研究报告进行审核批复。三是省级安全监管局会同省级发展改革委按照“成熟一批、审批一批、启动一批”的原则，实施县级安全监管部门办公业务用房建设、交通工具和监管执法专业装备采购工作，力争2015年底前全部实现竣工验收。四是省级发展改革委会同省级安全监管局按照《国家发展改革委办公厅国家安全监管总局办公厅关于申报2012年县级安全监管部门监管执法专业装备建设项目的通知》（发改办投资〔2012〕828号），统一做好2012年中央预算内投资支持的县级安全监管部门监管执法装备建设项目的申报和实施工作。

（二）继续做好煤矿安全监察机构执法能力建设工程组织实施工作。一是省级煤矿安全监察局要按照《国家安全监管总局关于下达2012年部门自身建设中央预算内投资计划的通知》（安监总规划〔2012〕41号）要求，规范做好由省级煤矿安全监察局负责的执法装备招标采购工作，并落实执法装备使用与管理的责任，确保发挥投资效益。二是承担2012年业务用房改造

项目的省级煤矿安全监察局，要进一步优化建设改造方案，认真做好开工建设前各项准备工作，加快推进项目建设进程，切实消除执法业务用房安全隐患，完善煤矿安全监察执法基础环境。

二、全面开展建设工程前期工作

（一）做好中央负责的4项建设工程前期工作。一是对煤矿安全监察机构执法能力建设工程，由各省级煤矿安全监察局按照《国家安全监管总局关于编报2013年中央预算内投资部门自身建设计划的通知》（安监总规划〔2012〕33号）要求，统一编制本辖区煤矿安全监察机构执法能力建设工程项目可行性研究报告，及时报国家安全监管总局。二是对省级煤矿安全培训中心工作条件、省级煤矿应急救援指挥中心工作条件和省级煤矿安全监察业务保障单位工作条件等3项建设工程，各省级煤矿安全监察局要立足于整合现有资源，加强统筹建设的论证，认真落实综合建设条件，根据安监总规划〔2012〕33号文件要求编制可行性研究报告，报国家安全监管总局。

（二）做好地方负责的4项建设工程前期工作。一是对安全监管部门执法能力建设工程，省级安全监管局在做好县级安全监管部门执法能力建设工程工作的基础上，统一编制市级、省级办公业务用房建设、执法交通工具和监管执法专业装备配备等三方面可行性研究报告，并会同有关部门落实建设资金后，报送省级发展改革委审核批复。资金筹措方式比照县级安全监管部门执法能力建设工程执行。二是对省级安全监管考试考核机构工作条件、省级安全监管应急救援指挥机构工作条件、省级安全监管业务保障单位工作条件等3项建设工程，各省级安全监管局要加强统筹建设的论证，积极完善落实综合建设条件，统一编制办公业务用房建设、交通工具和专业装备配备等三方面可行性研究报告，并会同有关部门落实建设资金后，报送省级发展改革委审核批复。资金筹措方式比照县级安全监管部门执法能力建设工程执行。

（三）做好安全生产信息系统建设工程前期工作。一是在深化需求分析的基础上，由国家安全监管总局统一编制项目建议书，并报国家发展改革委审批。二是国家发展改革委审批立项后，按照事权划分原则，分别编制可行性研究报告，其中：由国家安全监管总局统一编制中央事权单位总体可行性研究报告，报送国家发展改革委审批；由省级安全监管局统一编制省级安全监管部门及其下联机构的可行性研究报告，征求国家安全监管总局意见后，报送省级发展改革委审批。

（四）做好国家安全监管监察综合执法实训基地和国家级安全生产监管监察技术支撑能力等2项建设工程前期工作。该2项重点工程，由国家安全监管总局统一编制可行性研究报告，各地区要围绕项目前期工作做好配合工作：一是根据《规划》确定的建设内容，研究提出建设工程有关建议，由省级安全监管局汇总后，统一上报国家安全监管总局。二是协助办理建设工程用地预审、选址意见书、环境影响评价、节能审查等前期工作手续。

三、全面落实《规划》实施的保障措施

（一）落实《规划》实施工作责任。各地区要成立《规划》实施领导机构，制定实施方案和行动计划，逐级分解落实《规划》主要任务和目标指标，推动将《规划》建设指标体系纳入各级政府政绩考核体系。

（二）建立建设工程决策及实施综合工作机制。各地区要加强与财政、国土资源、环境保护等部门的沟通协调，建立《规划》推进联系会议制度，制定完善一系列有利于安全监管监察能力建设投入的土地和投资政策，认真开展《规划》实施情况的跟踪分析，及时研究制定改进《规划》推进方式的对策和措施。

（三）加强建设工程建设的过程控制。各地区要在重点工程建设过程中建立投资计划与质

量目标相结合的质保体系，强化投资使用管理和审计监督，严格基本建设程序，规范招投标行为，落实项目法人责任制、合同管理制、工程监理制和招投标制，加强质量、安全、投资和工期控制，并做好竣工验收工作。

（四）开展安全监管执法能力标准化建设试点工作。各省级安全监管局要根据国家安全监管总局关于安全监管执法能力建设的相关标准，选择部分县级地区开展执法能力标准化建设试点工作，及时总结和推广试点单位成功经验，为全面推进标准化建设奠定基础。

国家安全监管总局办公厅
国家发展改革委办公厅
二〇一二年五月十六日

国家安全监管总局关于印发安全生产信息化“十二五”规划的通知

安监总规划〔2011〕189 号

各省、自治区、直辖市及新疆生产建设兵团安全生产监督管理局，各省级煤矿安全监察局，各直属事业单位、社团组织：

《安全生产信息化“十二五”规划》已经国家安全监管总局局长办公会议审议通过，现印发给你们，请认真贯彻执行。

国家安全生产监督管理总局
二〇一一年十二月十二日

安全生产信息化“十二五”规划

本规划依据《安全生产“十二五”规划》的建设目标和内容，并按照《国民经济和社会发展第十二个五年规划纲要》、《2006—2020年国家信息化发展战略》确定的指导方针编制。在全面分析全国安全生产监管、煤矿安全监察、应急管理和煤矿、非煤矿山、危险化学品等高危行业（领域）及冶金等工贸行业安全生产面临的形势与挑战，以及加强新形势下安全生产工作对信息化建设的迫切需求的基础上，提出了“十二五”时期安全生产信息化工作的指导思想、目标、主要任务和重点工程，旨在实现安全生产领域信息资源的深度开发利用和共享，为政府创新安全监管监察方式、企业落实安全生产主体责任提供科学有效的保障手段，促进安全生产状况持续稳定好转。本规划是《安全生产“十二五”规划》配套的专项规划，是“十二五”时期我国安全生产信息化工作的指导性文件，是各级安全监管监察机构和企业开

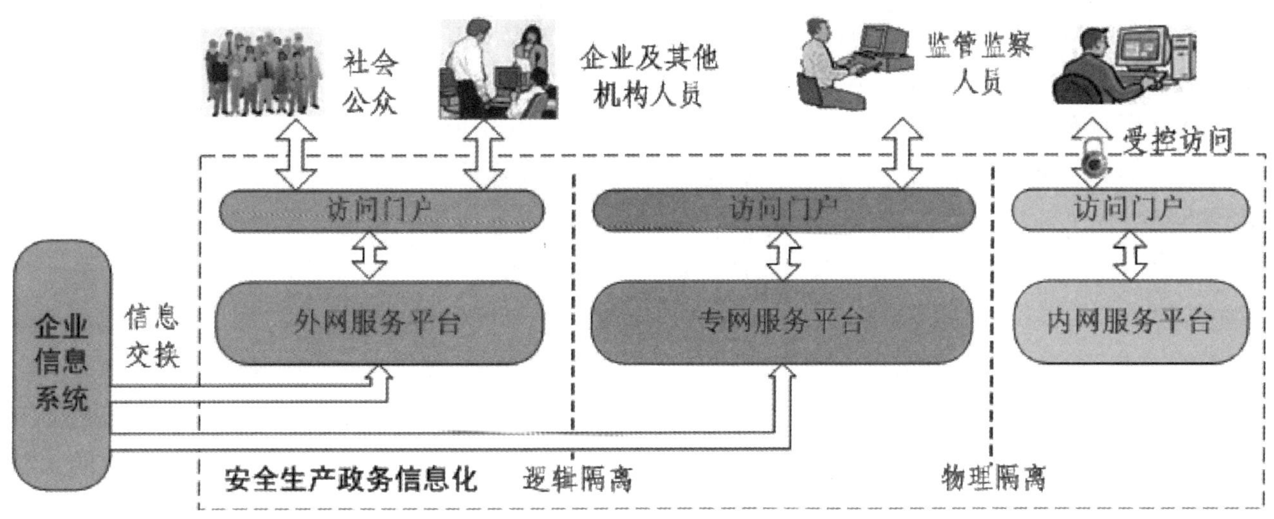

图 1 安全生产信息化服务体系

展信息化建设和应用的重要依据。

一、现状和面临的形势

（一）“十一五”时期工作成效。

“十一五”期间，各级安全监管监察机构切实加强政务信息化建设，国家安全监管总局在进一步完善基于互联网的外网平台和涉密网平台的基础上，通过实施国家安全生产信息系统（“金安”工程）一期、国家安全生产应急平台等一批重大政务信息化工程，初步形成了基于政务外网的专网平台及其数据库（简称“三网”，如图 1 所示），为安全监管监察、应急管理和社会公共服务提供了有效的信息技术保障。

同时，引导和推动了煤矿、非煤矿山、危险化学品等重点行业企业实施了安全监测监控、人员定位管理、应急避险和隐患排查治理等一批安全生产信息化工程，不同程度地提升了企业防范事故和安全管理的能力和水平。国家安全监管总局及部分地方安全监管监察机构成立了信息化工作领导机构，进一步加强了信息化工作的组织领导和统筹协调能力。安全生产信息化建设、应用和服务等工作开始步入了规范发展的轨道，信息化为政府实施安全监管监察以及企业加强安全管理的保障能力不断提高。主要成效表现为如下几个方面：

1. 实施了“金安”工程一期项目，初步形成了支撑各级安全监管监察机构开展安全生产基础业务的资源专网及其应用系统。依托国家电子政务外网和多种网络资源建成了覆盖全国各级煤矿安全监察机构、全部省级安全监管机构和大部分市 (地)、县级安全监管机构的互联互通的广域网络，实现了各级安全监管监察机构间数据、语音和视频信息的传输和处理。初步建成了面向安全监管监察及行政执法、调度与统计和矿山应急救援等业务信息系统，建立了企业安全生产基本情况、事故和执法统计等基础业务数据库，建成了国家安全监管总局非涉密业务办公、网络舆情分析和电子公文传输等系统，为日常行政办公、安全监管监察和事故应急管理等工作提供了基本的数据支撑，不同程度地提高了信息化对安全监管监察和行政执法的保障能力。

2. 依托互联网推进安全生产政务公开和网上为民服务，进一步提高了面向社会公众和企业的服务水平。全国省级以上安全监管监察机构、80% 的市 (地) 级和 50% 的县级机构基于互联网络建成了政府网站门户系统，及时发布安全生产政务、政策法规、事故调查处理、为民服务等信息，开展了安全生产信息查询、政府信息公开、安全生产建言献策等公共服务，一些地方安全监管机构开通了“12350”安全生产举报投诉特服系统，进一步加强了面向社会公众和企业的信息服务。国家安全监管总局建设了安全生产网络舆情分析系统，为政府部门及时掌握安全生产舆情民意，正确引导安全生产舆论和科学决策提供了信息支撑。

3．加强了信息安全和保密工作，涉密信息系统建设和应用得到进一步提升。各级安全监管监察机构按照涉密信息安全保密的要求，进一步加强了涉密计算机系统和应用系统的分级管理和保护工作。国家安全监管总局扩容和升级了机关内部信息平台，进一步完善了机关涉密网办公系统的功能，通过了国家保密局组织的安全保密检查和测评，为国家安全监管总局机关提供了安全的业务信息处理环境。

4．安全生产应急平台体系框架基本建立。国家安全生产应急平台作为“十一五”期间安全生产信息化的重点工程得到立项并实施。各地区积极开展了安全生产应急平台建设，北京、河北、辽宁、福建、江西、山东、湖北、广东、广西、云南等省级安全生产应急平台已建成并投入使用。各市(地)及部分县级安全生产应急平台建设工作也取得了进展，大连、青岛、南京、沈阳、南昌、南宁、威海、秦皇岛以及北京市房山区等城市安全生产应急平台建成并投入使用。安全生产应急资源数据库逐步扩充完善。全国安全生产应急平台体系框架初步形成，为安全生产应急管理和救援工作提供了有力的信息技术保障。

5．高危行业（领域）企业安全生产信息化水平明显提高。煤矿、非煤矿山、危险化学品、烟花爆竹等高危行业（领域）企业利用信息化手段加强安全生产工作。国有重点煤矿全部安装了瓦斯监测监控系统和井下通信联络系统，井下人员定位系统以及其他应急避险系统正在全面建设；大型危险化学品企业建设了重大危险源监控系统、危化品车辆运输监控系统等；化工园区建设了安全管理与应急救援信息系统；非煤矿山企业建设了尾矿库安全监测系统；烟花爆竹企业建设了礼花弹流向管理系统。高危行业（领域）企业通过安全生产标准化和安全生产隐患排查治理等信息化手段，进一步加强了安全管理和事故风险防控能力。

6．安全生产信息系统运维保障体系初步形成。各级安全监管监察机构通过加强信息基础设施设备建设，完善了信息系统运行环境和安全保障系统，初步建立了运维保障制度。通过“金安”工程一期项目的实施，建成了国家安全监管总局网控中心、数据中心、培训中心和远程数据备份中心，以及供各级安全监管监察机构使用的综合运维管理平台，提高了信息系统的整体运维保障能力。

（二）存在的主要问题。

目前，我国安全生产信息化建设和应用还不能满足安全生产工作的现实需要，主要存在以下几个方面的问题。

1．信息基础设施仍不完善。依托电子政务外网建设的全国安全生产专网还没有完全覆盖各级安全监管监察机构。信息网络、信息安全、运行环境等信息基础设施和设备尚不能全面保障日益增加的应用需求。

2．安全生产信息化发展不平衡，难以发挥整体效用。安全生产信息化状况在各地区安全监管监察机构、各类型企业之间差异较大，中西部地区、基层安全监管监察机构和中小型企业信息化基础薄弱，安全生产行政执法和企业基础信息难以有效采集。安全生产信息资源尚未进行全面规划，更难以得到有效开发和利用。企业与各级安全监管监察机构之间尚未建立信息互联互通的传输通道,无法实现安全生产信息的交换与共享。信息化在加强政府安全监管监察、应急管理和企业事故预防等方面的整体保障作用不明显。

3．信息化尚未深度融入安全生产的核心业务。信息化驱动安全生产制度创新、管理创新的力度不够，信息化和工业化融合促进安全生产的工作进展缓慢。信息技术尚未全方位融入安全生产的核心业务，安全生产的业务流与信息流尚未达到深度融合与有机关联，在一定程度上影响了安全生产信息化工作的成效。

4. 安全生产信息化标准体系仍未建立。安全生产信息技术标准严重滞后，难以实现信息共享和业务协同。安全生产信息化建设项目由各地区、各有关部门和单位自行组织实施，缺少统筹规划和顶层设计，缺少系统之间的互联互通。应用系统和数据库分类不同、库表结构和编码规范不一，严重影响了信息系统的应用推广和功效发挥。

5. 安全生产信息技术支撑体系落后。尚未完全建立从规划设计、系统研发、工程实施到运维管理的信息技术支撑体系，没有形成面向安全生产领域的信息产业。基层安全监管监察机构、高危行业企业信息化人才紧缺矛盾突出，专业化、复合型人才不足，安全管理人员的信息化知识和操作技能滞后，影响了信息化的应用推进。

（三）“十二五”时期面临的形势。

“十二五”时期是推动信息化和工业化深度融合、加快经济社会各领域信息化的重要时期，是确保实现国务院确定的“到2020年全国安全生产状况实现根本性好转”目标的关键时期。

1. 安全生产工作日趋复杂，提高安全监管监察水平需要信息化手段保障。“十二五”时期，我国安全生产形势依然严峻，基础依然薄弱，高危行业（领域）产业布局和结构不合理，经济增长方式粗放，制约安全生产的深层次问题尚未根本解决，安全生产保障难度加大，城市运行安全风险加大，安全生产工作进入攻坚阶段。加强安全生产信息化建设已成为政府履行安全监管监察职责、提高公共服务和社会管理能力的重要保障。

2. 信息产业快速发展为安全生产信息化提供了机遇。以物联网和云计算为重点的新一轮信息技术革命已成为我国重点发展的战略性新兴产业。推进物联网研发应用，以信息共享、互联互通为重点的国家电子政务建设已列入我国“十二五”时期信息化发展的重要内容。信息产业持续发展，信息网络广泛普及，为安全生产信息化建设和应用提供了难得的机遇。

3. 信息化建设对提高企业安全生产水平的支撑作用进一步增强。随着信息化与工业化的深度融合，信息化将不断渗透到生产经营活动的全过程，融入到安全生产管理的各环节。通过物联网等信息化手段对人的不安全行为、物的不安全状态、环境的不安全条件进行有效监测和预警，实现企业安全生产信息的采集、处理和分析，是提高企业安全生产水平的有效途径。通过企业与行业管理部门和安全监管监察机构之间的互联互通和信息共享，是监督企业落实安全生产主体责任的重要手段。

4. 创新安全监管监察方式方法对信息化手段的需求更加迫切。安全监管监察对象点多面广、过程连续、动态变化，仅仅依靠传统的人工方式难以实现对安全监管监察对象全员、全过程、全方位的安全管理，迫切需要利用信息化手段创新安全监管监察方式方法，加强安全监管监察能力，提高行政执法效能。

二、指导思想、基本原则和规划目标

（一）指导思想。

深入贯彻落实科学发展观，牢固树立以人为本、安全发展的理念，紧扣《安全生产“十二五”规划》目标，全面落实《国务院关于进一步加强企业安全生产工作的通知》（国发〔2010〕23号）、《国务院关于坚持科学发展安全发展促进安全生产形势持续稳定好转的意见》(国发〔2011〕40号)和国务院第165次常务会议关于信息化工作的要求和部署，推进安全生产信息技术创新，加强信息基础设施和标准体系建设，强化安全生产信息系统开发和信息资源利用，推进安全生产政务信息公开，促进企业与各级安全监管监察机构之间的互联互通和信息共享，为强化企业安全生产主体责任、提升政府安全监管监察和社会公共服务能力提供信息技术支撑和保障。

（二）基本原则。

统筹兼顾，协调发展。从安全生产工作全局出发，认真研究新形势下安全生产对信息化的新需求，综合协调、科学推进各地区、各行业（领域）安全生产信息化的平衡发展。

以用促建，以建保用。以信息化建设保障应用的不断深化，以业务需求促进信息化建设不断推进，实现信息化建设与安全生产业务的深度融合。

统一标准，资源共享。加强安全生产信息化标准体系建设，推动不同业务类型之间、部门之间、地区之间、部门和企业之间的信息共享，充分发挥安全生产信息化的效益。

夯实基础，安全可靠。依托现有多种网络资源，加强信息网络基础设施建设，保障信息系统安全、可靠和高效运行，提高系统的整体安全和使用管理水平。

精选示范，分类推广。在“十一五”时期安全生产信息化的基础上，结合企业安全生产标准化达标、隐患排查治理和应急管理等工作，选择重点地区先行开展煤矿、非煤矿山、危险化学品、烟花爆竹等安全监管监察核心业务的试点工作，逐步形成企业、行业管理部门和各级安全监管监察机构之间信息共享和交换的标准规范体系、典型业务系统及数据库，并在全国进行推广。

（三）规划目标。

到“十二五”末，基本形成覆盖各级安全监管监察、应急救援机构（基地）和有关单位的基础信息网络和安全保障系统，满足各级安全监管监察机构业务应用的需要；初步建成共用共享的安全生产基础信息资源目录体系，有效支撑安全监管监察和应急管理业务，为安全生产形势分析和决策管理提供服务；通过重点工程建设，基本建成覆盖安全监管监察核心业务的信息系统、数据库和标准规范体系，提高行政执法和公共服务能力；通过煤矿、非煤矿山、危险化学品、烟花爆竹以及冶金等工贸行业信息化示范工程建设，形成各级安全监管监察机构与企业信息共享的标准、互联互通机制以及典型业务系统；通过物联网、云计算等先进技术的应用，创新安全监管监察方式，进一步强化对企业落实安全生产主体责任情况的监督管理，为有效防范和坚决遏制重特大事故、促进全国安全生产状况持续稳定好转提供信息化保障。

——依托国家电子政务网络，基本建成覆盖各级安全监管、煤矿安全监察、应急救援机构（基地）和有关单位互联互通的基础信息网络和安全保障系统，初步实现与国务院安委会各成员单位的信息共享，具备新一代数据、语音、图像和视频等信息传输功能。

——按照国家有关涉密信息安全规定，建成符合涉密信息系统标准的机密级内网及其业务系统。

——煤矿、非煤矿山、危险化学品、烟花爆竹等直管行业安全生产许可证办理，以及中介机构管理等业务实现网上审批。市（地）级以上安全监管监察机构建成政府网站，实现政务信息公开和行政许可业务网上办理。

——煤矿安全监察执法统计和安全生产调度统计等基础业务实现网上办理，基础信息入库率达到 100%。

——非煤矿山、危险化学品、烟花爆竹等直管行业基础信息入库率达到 90% 以上，企业安全生产标准化达标和安全隐患排查治理基础信息入库率达到 80% 以上。

——基本建立安全生产信息化标准体系，制定安全监管监察和应急业务系统的基础信息采集标准规范以及各级安全监管监察机构与相关部门间、与重点安全监管监察企业间信息共享和传输交换的标准规范。

——建成覆盖国家、省（区、市）、市（地）、重点企业和主要救援队伍的安全生产应急平台体系。

——国家安全监管总局、各省级安全监管监察机构的安全保障和运维服务体系基本满足信息系统运行需要，市(地)和县级安全监管监察机构明显加强。

三、主要任务

(一)安全监管监察业务系统建设。

1. 煤矿安全监察系统：继续完善“金安”工程一期的煤矿安全监察执法业务系统，煤矿安全许可证等行政许可实现网上审批和全国统一配号管理。利用物联网技术建设煤矿企业基础信息采集系统，实现煤矿安全监察机构对井下人员、设备、环境等信息的网络化动态巡查。建立覆盖煤矿职业卫生申报、煤矿瓦斯等级鉴定、安全质量标准化矿井、煤矿安全隐患排查治理和重大事故调查处理等功能的管理系统。

2. 非煤矿山安全监管系统：继续完善“金安”工程一期建设的非煤矿山安全监管系统，建立非煤矿山安全生产基础信息数据库。建设非煤矿山安全生产许可证管理系统，实现非煤矿山安全生产许可证网上审批和全国统一配号发放。建设非煤矿山企业基础信息动态采集、安全生产标准化矿井达标和隐患排查治理等系统，实现对非煤矿山企业的动态化安全管理。

3. 危险化学品安全监管系统：继续完善“金安”工程一期的危险化学品监管系统。利用移动网络和3S等技术，建立基于物联网的危险化学品生产、储存、使用、经营和运输的安全监管系统，建立安全生产标准化达标和隐患排查治理等系统，实现对危险化学品重大危险源和运输车辆的动态监管，掌握危险化学品企业危险装置和关键部位安全状态，为安全监管执法工作提供技术支撑。扩充非药品类易制毒化学品管理信息系统，实现非药品类易制毒化学品生产、经营许可证(备案)网上申报和审批、执法检查信息管理以及与其他系统的信息共享，并实现与公安、工商、商务等部门的数据交换。

4. 烟花爆竹安全监管系统：完善“金安”工程一期的烟花爆竹安全监管系统。利用物联网技术实现烟花爆竹流向网上查询、跟踪、管理等全过程监管功能以及生产经营重点场所(部位)视频监控与报警功能，为各级安全监管机构执法工作提供技术支撑。

5. 冶金等工贸行业安全监管系统：建设冶金等工贸行业安全监管、安全生产标准化达标和隐患排查治理系统，实现对冶金、有色、建材、机械、轻工、纺织、烟草、商贸等行业生产经营单位的安全生产基础信息、大型建设项目安全设施的设计审查和竣工验收的日常管理和动态监管。

6. 职业健康监管系统：建立完善职业危害申报、检测、评价、中介机构管理、专家数据库等信息管理系统，实现对职业危害相关内容的规范化管理。利用物联网技术建设职业危害场所相关信息的采集系统，实现对作业场所职业健康的动态监管。

7. 调度与统计系统：继续完善“金安”工程一期建设的生产安全事故快报、事故统计和行政执法统计系统，扩充建设事故快报跟踪管理、应急管理统计等功能，拓展在工矿商贸等重点行业的职业健康统计功能，进一步扩充和完善全国生产安全事故分析及形势预测预警系统的功能和应用范围。

(二)安全生产应急平台体系建设。

进一步完善全国安全生产应急平台的应急管理与救援核心业务系统，实现国家、省(区、市)、市(地)以及国家和区域矿山救援队、重点企业应急平台之间的互联互通，提高安全生产突发事件信息报送、资源管理、预案管理、协调指挥和应急评估等功能的实效；建设重大危险源监管系统，研制应急演练、预测预警和智能方案等高级应用功能，实现重大危险源信息的接入和综合展现，形成全国性的安全生产应急平台体系，进一步提升安全生产应急管理和应急处置的保障能力。

（三）企业安全生产信息化建设。

加强煤矿、非煤矿山、危险化学品、烟花爆竹等高危行业及冶金等工贸行业企业安全生产物联网信息系统建设，推动企业（集团）级应急平台建设，推进生产作业环境的监测监控、安全管理和应急信息系统的应用。推动企业利用物联网技术对生产作业环境实现超前感知，提高对生产安全事故的预控能力。2011 年，非煤矿山安装完成监测监控系统。到 2012 年，煤矿安装完成井下人员定位系统和通信联络系统；到 2013 年 6 月底，非煤矿山安装完成井下人员定位系统；到 2015 年，三等及以上尾矿库和部分位于敏感区的尾矿库安装完成全过程在线监控系统。积极稳妥地建设重大危险源监控系统；推动危险化学品、烟花爆竹企业安装运输车辆跟踪定位系统。到 2015 年，煤矿、非煤矿山、危险化学品、烟花爆竹等高危行业（领域）及冶金等工贸行业各形成 50 家安全生产物联网信息系统标准化示范企业。

（四）信息化标准规范体系建设。

制定安全生产物联网等信息化的数据、业务、技术和管理标准，指导全国各级安全监管、煤矿安全监察、应急管理机构以及安委会成员单位接口建设和信息共享交换。编制企业安全生产信息接入规范、资源目录规范、业务功能规范、系统建设标准和标准使用指南等。

（五）信息资源规划和数据库建设。

1. 信息资源规划：根据安全监管监察和应急管理业务职能，梳理安全生产信息资源，全面规划信息资源的采集、处理、存储、传输和使用，确定数据存储粒度、更新和交换共享机制。建立健全国家和省级数据中心，提高安全生产信息资源开发利用能力。研究确定企业安全生产信息采集范围和方式，整合各类信息资源，构建全面的安全生产信息资源。

2. 数据库系统建设：扩充完善“金安”工程一期建设的数据库，形成安全监管与执法、煤矿安全监察与执法、安全生产应急三大类数据库，为安全监管监察和应急管理业务系统运行提供数据支撑环境。新建冶金、有色、建材、机械等工贸行业企业基本情况数据库、人才教育培训等业务数据库和综合办公数据库。各级安全监管监察机构根据应用系统建设需求，进一步完善本地数据库建设。

3. 数据共享交换系统建设：分析安全监管监察和应急管理等业务流程，以信息共享和业务协同为目标，建立安全生产整体业务模型和信息服务总线，在全国安全生产信息系统广域网内实现统一的数据交换接口，与安委会成员单位及有关行业（领域）企业共享基础数据，满足全国安全监管监察机构的多级数据集成需要，为应用集成和流程整合提供基础。

（六）政务办公及公共服务系统建设。

1. 非涉密政务办公系统建设：进一步加强电子政务建设，完善各级安全监管监察机构的政务办公、政府信息公开、公文管理、人事管理、档案信息管理等非涉密政务信息系统，提高政务办公效率和公共服务水平。

建设重大事故查处挂牌督办系统，完善基于互联网的全国安全生产信息联网查询、安全生产舆情分析等系统，进一步提升安全生产信息化公开以及媒体和公众对安全生产工作社会监督的广度和深度。运用信息网络技术创新党建工作方法，建设各级安全监管监察机构的党建网站、党员信息库，推进基层党组织工作信息化，提高党建工作效率。建设党风廉政、监察、信访等政务系统，提高纪检监察工作的信息化水平。

2. 涉密政务办公系统建设：按照国家关于涉密信息安全管理的规定，拓展和完善内网办公系统、邮件系统、公文智能收发系统和基于 GIS 的安全生产形势分析系统，扩充完善内网数据库，加强涉密信息安全管理。

3. 政府网站群建设：继续完善以国家安全

监管总局政府网站为主站，以国家安全监管总局各业务司局、地方各级安全监管监察机构为子站的政府网站群建设，重点加强政府信息公开、公共信息服务、网上办事和公众参与互动等系统建设。到2015年，所有市(地)级安全监管机构建立政府门户网站。建立“一站式”服务窗口，依托专网数据资源实现对安全生产政策法规、许可、科技成果、安全评价资质等12类信息网上查询服务。继续深化公众参与网络互动平台建设，推动安全生产社会监督信息化，各级安全监管机构加快开通“12350”安全生产举报投诉特服系统。加强基于互联网的党建工作平台建设。对政府网站进行扩容和系统升级，保障网站安全运行。推进安全生产政府网站绩效评估工作。

（七）基础信息网络建设。

1．安全生产资源专网建设：依托国家电子政务外网传输通道，完善覆盖各级安全监管监察机构、应急救援机构（基地）和直属单位的安全生产专网，实现与安委会成员单位、煤炭行业管理部门以及相关单位的网络联通。重点加强市(地)和县级安全监管机构的基础网络建设，满足安全监管执法、调度统计等业务系统运行的实际需要。以无线网络、3G等移动网络和卫星通信网络为补充，实现与重点行业（领域）企业的网络联接。

2．国家安全监管总局涉密内网改造：按照“涉密最小化”的原则，进一步缩小涉密内网的覆盖范围，加强涉密内网的安全改造，强化用户终端的安全保障。更新密码系统并升级加密传输系统。调整涉密内网的政务信息系统，扩充完善内网数据库。

3．视频会议及IP电话系统建设：扩充完善视频会议系统和IP电话系统，覆盖到全国各级安全监管监察机构。将现有标清视频会议系统升级为高清视频会议系统，提高视频会议系统和IP电话的使用效率。

（八）安全保障与运行服务体系建设。

按照非涉密信息安全等级保护管理办法和定级指南，完善安全生产专网及其应用系统的安全防护体系。进一步强化信息化人才和运维保障队伍建设，完善国家安全监管总局网控中心、数据中心、培训中心和远程数据备份中心的基础设施和运行环境，保障安全生产专网的正常运行。扩充完善专网综合运维管理平台，实现对专网核心节点和骨干节点的基础设施、运行环境、网络设备及广域网传输通道的实时监控管理。制定完善系统运维规章制度和应急处置预案，加强安全管理，提高系统运维保障和应急处置能力。

（九）信息技术保障能力建设。

建设安全生产信息技术和安全保障实验室，开展信息技术产品应用于安全生产领域的专业化检测和验证，加强对业务系统的性能和安全性测试。加强安全生产领域信息技术人才队伍建设，创建良好的人才发展环境。大力开展信息化知识和应用技能培训，提高各级安全监管监察机构领导干部和工作人员的信息化素能。研制安全生产教育培训信息系统，充分利用互联网络、视频系统，开展远程教育培训。

（十）安全生产信息化成果推广应用

积极开展信息化成果转化和推广应用，在煤矿等行业（领域）大力推广先进适用的信息技术装备，重点加强物联网技术在安全生产领域的应用推广。打造安全生产领域信息产业，加强专用信息产品研发。建设安全生产信息化成果转化平台，以应用需求为导向，形成产学研用相结合的信息技术研发、应用示范和成果推广的服务平台。以典型引路、示范带动推进安全生产信息化，建设10个安全生产信息化示范城市。

四、重点工程

（一）国家安全生产信息系统（“金安”工程）二期。

依托国家政务信息资源、“金安”工程一期以及各级安全监管监察机构所形成的信息化成果，建设满足各级安全监管监察机构、应急指挥机构以及有关单位业务信息处理的政务信息系统，主要建设内容包括应用系统、数据库、基础信息网络、安全保障系统、运行服务体系和标准规范等六个方面。通过试点应用，形成煤矿、非煤矿山、危险化学品、烟花爆竹、工贸等行业（领域）安全监管监察和应急、职业安全健康、统计分析等领域共用共享的业务系统和数据库，并在全国推广应用。制定适用于安全监管监察业务的建设、管理和技术标准规范。

通过"金安"工程二期项目建设，建成覆盖全国各级安全监管监察机构、应急救援机构（基地）以及有关单位的信息网络平台、安全和运维保障系统，实现各级安全监管监察和应急管理机构系统内、相关部门间、基层安全监管监察机构与企业间相关安全信息资源的共享交换，全面提高安全监管监察及行政执法工作的信息化水平。

（二）安全生产信息化标准体系建设工程。

在已有信息系统标准的基础上，编制安全生产基础信息网络、安全保障、运行环境等基础设施的建设标准和技术规范。编制重点企业安全生产信息化装备标准规范以及安全监管、煤矿安全监察和应急管理业务所需要的信息技术标准，指导地方各级安全监管监察机构与企业的安全生产信息资源规划、应用系统和数据库建设。编制与安委会成员单位的数据接口规范。通过标准建设，规范企业安全生产信息系统以及有关信息采集和分类编码标准，统一各业务系统底层数据格式，实现企业安全生产信息系统标准化，实现各级安全监管监察机构安全生产数据的及时报送和更新。

（三）企业安全生产标准化达标监管工程。

紧密结合《安全生产"十二五"规划》确定的企业安全生产标准化达标工程，建设企业安全生产标准化达标信息化监管工程，实现企业安全生产标准化达标工作的网上申报、业务办理、达标情况考核及评审管理等功能，重点实现煤矿、非煤矿山、危险化学品、烟花爆竹等高危行业（领域）及冶金等工贸行业企业安全生产投入、安全管理制度、安全生产物联网等信息技术应用、生产设备设施运行管理、隐患排查治理等标准化达标内容监督管理工作的信息化，为动态跟踪检查企业安全生产标准化达标进展情况提供信息化支持。

（四）国家安全监管总局内外网改造工程。

根据国家电子政务总体要求，按照"涉密最小化"的原则，调整内外网环境及其应用系统布局，构建机密级内网应用平台，将原有非涉密政务办公系统整合迁移到专网平台，完善机密级内网基础平台和涉密应用系统，健全内网安全保密技术措施和管理制度。扩充专网信息平台，新建非涉密信息办公业务系统，实现信息公开、办公、通知、短信与安全监管监察业务系统的整合。扩容升级外网电子邮件系统。完成国家安全监管总局机关办公相关应用的国产正版软件基础环境的升级改造。健全外网信息安全防护措施和管理制度。

（五）安全生产领域物联网技术应用试点工程。

利用物联网、云计算等技术，选择煤矿、非煤矿山、危险化学品、烟花爆竹等行业（领域）和职业危害严重的企业，建设安全生产物联网应用示范工程，有效感知人员、设备、设施、环境的安全状态信息，实现对生产经营活动中安全要素和职业危害因素的实时监控和智能处置，提升企业事故预防预警和应急处置能力。通过与相关安全监管监察机构建立信息关联，监督企业落实安全生产与职业健康主体责任，创新安全监管监察方式方法，提高行政执法效能。

建立国家安全生产物联网应用工程中心，推进安全生产领域物联网产业发展和技术推广应用，为信息化建设提供物联网专业技术支撑和服务，实现各级安全监管监察机构、企业和相关部门之间的互联互通和信息共享。

五、保障措施和条件

（一）加强组织领导，扎实推进信息化工作

充分发挥国家安全监管总局信息化工作领导小组的统筹协调和议事决策作用，协调有序开展安全生产信息化规划设计、项目实施、标准规范及规章制度建设等工作，解决信息化建设、应用和运维管理中的重大问题。加强国家安全监管总局信息化工作领导小组办公室对全国安全生产信息化建设工作的指导协调和监督检查，统筹规划，统一部署，协调推进信息化建设工作。各级安全监管监察机构要高度重视安全生产信息化建设与应用工作，做到信息化工作有领导、有组织、有计划、有检查、有步骤地开展。

（二）健全项目管理制度，确保项目建设质量。

依据国家电子政务建设项目管理办法，规范安全生产信息化项目建设全过程管理，实行项目法人负责制，严格落实岗位责任。建立健全项目建设管理制度，做好信息化建设项目的前期论证和顶层设计，重视需求分析，加强对建设过程的质量监督和控制，提高进度控制水平，确保工程质量，提高投资效益。

（三）加强信息化培训，强化信息系统的应用效果。

通过专题讲座、业务培训、技术交流等形式，加强对各级安全监管监察机构领导干部和工作人员以及企业安全管理人员的信息化知识和应用技能培训，推进信息系统的广泛应用。逐步建立信息系统应用评价制度，加强对各级安全监管监察机构和有关单位安全生产信息化应用效果的考核监督，将应用推进工作落实到部门和个人，逐步纳入单位和个人的政绩业绩考核体系。

（四）保障资金投入，严格项目资金管控。

加大安全生产信息化建设及系统运维资金投入力度，积极争取各级政府财政支持，将安全生产信息化建设和系统运维资金列入本级财政年度预算或纳入安全生产专项资金。对项目建设进行资源、资金、效益等方面的可行性分析，制定合理的经济控制和评价指标，建立完善的资金管理和使用制度。严格落实资金使用计划、工程付款和资金使用情况审核等管理制度，加强资金的监督管理。

（五）完善运维机制，提高系统安全保障能力。

充分发挥各级信息化专业技术服务机构在信息化建设、应用和系统运维等方面的技术支撑作用，构建覆盖全国的安全生产信息系统运维服务体系，各省级安全监管监察机构要明确信息系统运维机构，市（地）和县级安全监管机构要指定专人负责信息系统运行维护工作，明确岗位职责，保障信息系统的安全运行。按照国家信息安全等级保护和涉密信息系统管理的有关要求，建设完善的信息安全防护系统，保证网络信息安全。

工业和信息化部 国家安全生产监督管理总局 关于促进安全产业发展的指导意见

工信部联安〔2012〕388 号

安全产业是为安全生产、防灾减灾、应急救援等安全保障活动提供专用技术、产品和服务的产业。《国务院关于进一步加强企业安全生产工作的通知》（国发〔2010〕23 号）首次提出培育安全产业的要求，《国务院关于坚持科学发展安全发展促进安全生产形势持续稳定好转的意见》（国发〔2011〕40 号）再次提出把安全产业纳入国家重点支持的战略产业，《国务院办公厅关于印发安全生产“十二五”规划的通知》（国办发〔2011〕47 号）进一步明确了培育发展安全产业的扶持政策。为促进我国安全产业发展，增强安全保障能力，培育新的经济增长点，现提出如下意见。

一、充分认识发展安全产业的重要性和紧迫性

（一）发展安全产业是促进安全发展的重要支撑

现阶段，我国工业化、城镇化快速发展，正处于生产安全事故、职业病等易发、多发的特殊时期，迫切需要安全产业持续、健康发展，尽快形成完善的产业体系，提升安全生产、防灾减灾、应急救援保障能力，满足全社会对安全健康与稳定的新需要，使经济社会发展建立在人民群众生命财产安全和职业健康得到有效保障的基础上。加快发展安全产业，是转变经济发展方式的重要内容，是科学发展、安全发展的重要支撑，是以人为本、改善民生的重要举措。

（二）安全产业是国家重点支持的战略产业

安全产业是以满足保障人民生命财产安全、加强和创新社会管理等安全发展重大需求为基础的产业，关系科学发展、安全发展大局，对于保障社会稳定和促进经济健康发展具有重大战略意义。随着安全发展理念逐渐深入人心，为了更好地预防和控制事故的发生、减轻事故灾难与自然灾害的危害，政府和企业的安全投入都将逐步增大，安全产业专用产品和服务的需求将进一步扩大，安全产业市场空间广阔，成长潜力巨大，将成为新的经济增长点。

（三）增强培育发展安全产业的责任感和紧迫感

“十一五”期间，国家出台了一系列政策措施推动安全发展，安全技术应用水平快速提升，安全产业的市场规模逐步扩大，有力地促进了全国安全生产形势持续稳定好转和防灾减灾、应急救援能力的提升。但是应当清醒地认识到，由于缺乏系统的规划和引导，法规标准体系不健全，市场发育不完善，我国安全产业发展相对缓慢，市场总体规模不大；与发达国家相比，从事安全产业的企业规模小、产业集中度低，安全技术、装备和服务水平比较落后，尚不能满足安全保障活动的需要，不适应科学发展、安全发展的新要求，制约着我国经济社会的持续健康发展。必须充分认识加快培育和发展安全产业的重大意义，

进一步增强责任感和紧迫感，加大工作力度，把安全产业作为战略产业加快培育和发展。

二、指导思想、基本原则与发展目标

（四）指导思想

认真贯彻落实科学发展观，牢固树立安全发展理念，紧密结合经济发展方式转变和产业结构转型升级，大力实施“科技兴安”战略，加快培育壮大安全产业，满足我国经济和社会安全发展需要，为建设安全保障型社会提供重要支撑。

（五）基本原则

坚持安全第一，严格市场准入。实行严格的产业准入制度和市场监管，保证产业高起点高水平发展；制定严格的安全技术标准，保障安全技术产品服务质量和可靠性、先进性、适用性。

坚持科技引领，鼓励创新发展。强化科技对产业发展的推动作用，支持技术引进、消化吸收再创新与国际合作；加快基础研究、前沿和关键技术研究，促进研究成果的多元转化；鼓励企业创新发展模式，培育自主创新能力，增强核心竞争能力。

坚持规范引导，推动有序发展。坚持政府引导、市场主导、企业主体的产业发展原则，充分发挥市场配置资源的基础作用，注重发挥政策法规标准的引导作用和行政手段的促进作用，激发安全需求，扩大市场规模；完善市场机制，规范市场秩序，着力营造良好的发展环境，促进有序竞争。

突出发展重点，坚持集聚发展。集中优势资源和力量，优先发展具有基础性、紧迫性和重大推广应用价值的专用技术与产品；提升产业集中度，完善产业链条，促进产业规模化、专业化、集聚集约发展。

（六）发展目标

到2015年，初步形成门类比较齐全的安全产业体系；建立完善的安全产业法规标准体系，安全产业市场规范有序、良性发展；研发并推广应用一批具有基础性、紧迫性的重大技术装备、科技成果，建立一批产业技术成果孵化中心、产业创新发展平台和产业示范园区（基地）；到2020年，形成一批具有较强国际竞争力的安全产品研发、制造和服务企业，打造一批具有较强市场影响力的品牌；全社会安全保障能力显著提升。

三、主要发展方向

以发展检测监控、安全避险、安全防护、灾害防控及应急救援等技术和产品为主要方向，大力开发推广先进、高效、可靠、实用的专用技术和产品，推进同类产品通用化、标准化、系列化，推动服务模式创新。

（七）安全技术与产品

1. 先进安全材料。重点开发先进防火阻燃材料，耐高（低）温、耐压、耐腐蚀材料，防静电、抗辐射材料，可有效降低职业健康危害的专用材料等。

2. 个体防护产品。重点开发先进、安全、实用、可靠、人性化设计的具有耐高（低）温、耐腐蚀、防毒、防尘、防火、防辐射等功能的个体防护产品。

3. 监管监察执法设备。围绕提升监管监察依法行政效率，增强执法人员对事故灾难和职业危害掌控能力，重点开发监督检测、现场执法与调查取证分析等高效、科学、便携、直读式设备。

4. 安全传感产品。针对核放射性物质、危险化学品、生化危险品等有毒、有害、易燃易爆物质及超温超压超速等各类危险有害因素，重点开发监测、检测、探测、检验、报警装置和仪器，以及针对火灾、地震地质灾害、传染中毒等突发事件的监测检测探测报警仪器。

5. 专用安全产品或部件。重点开发先进的交通运输装备防撞系统、限速装置、安全气囊等安全功能部件；各类机床设备中使操作人员与危险部件实现人机隔离的安全部件及安全联锁装置；高危场所防爆电器、高压容器泄压阀等专用安全产品或部件。

6. 本质安全工艺技术及装备。重点开发自动化、信息化水平高，可减少现场作业人员、降低危险品在线存量，减少危险因素，实现高危场所远程控制操作的本质安全工艺技术和装备（产品）。

7. 安全监控管理信息系统。推进信息化建设，围绕物联网等技术应用，重点开发矿山、油气田、尾矿库、危险品生产储存运输使用，消防、交通运输、特种设备设施、自然灾害、突发公共卫生事件等安全监测监控管理系统。

8. 应急救援装备。重点开发各类场所安全逃生、避险系统，应急指挥、通信联络、应急供电等设备和移动平台；高层与大体量地下建筑、交通枢纽、人员密集场所、易燃易爆场所等灭火救援装备；空中、水上、陆上、地下机动应急救援装备、机动应急医学救援平台；危险品泄漏、放射性污染、中毒传染应急处置设备；安全、便捷的医学救援、应急净水等仪器设备；遇险人员生命探测与搜索定位、灾害现场大型破拆、救援人员特种防护用品和器材等救援装备。

（八）安全服务

围绕市场需求，推动安全服务机构规范发展，提高安全支撑能力。重点开展安全技术咨询、推广、展览展示，宣传教育培训，应急演练演示，检测检验，安全评价，事故技术分析鉴定以及针对安全的工程设计和监理，保险，设备租赁，融资担保等服务。

四、重点任务

（九）培育安全产业市场

引导和促使企业及各级政府加大安全投入，在提升企业和社会安全保障能力的同时，扩大安全产业市场需求。提高安全生产技术和产品标准，修订完善《部分工业行业淘汰落后生产工艺装备和产品指导目录》，强制淘汰不符合安全标准、安全性能低下、职业危害严重、危及安全生产的工艺、技术和装备；进一步提升高危企业安全生产费用提取标准、加大提取和使用情况的监管力度，确保安全生产投入；在法律法规和政策允许范围内支持采用建设移交（BT）、建设运营移交（BOT）、融资租赁等方式，鼓励加大投入、加快装备升级换代；建立健全高危行业、重点领域的应急救援、防灾减灾装备与器材配备标准，促进安全产业市场的发展。

（十）规范安全产业市场秩序

围绕安全发展大局，建立健全统一高效的安全产业市场指导与监管体制，加大对安全技术、产品和服务市场的监管力度，强化企业和中介服务机构的监管。健全安全产业准入制度体系，依法确定严格规范的安全产品市场准入条件，严把行业准入门槛；建立适应我国安全生产和市场规律的标准体系，不断完善安全产业标准，制定安全产业知识产权保护和鼓励政策，制定并完善生产、加工、储存、运输等领域的安全技术、产品及服务标准；对符合条件的安全科技成果，及时推动形成技术及产品标准、检测标准等，通过提升标准带动和推进安全产品开发、技术进步、推广应用；支持建设安全产品交易市场、发展完善安全认证机构和检测检验中心体系，保证安全产品符合相关标准，切实提高产品质量。

（十一）大力推进“科技兴安”战略

加快建设以企业为主体、市场为导向、政产学研用相结合的安全科技创新体系，着力解决制约我国安全装备发展的共性、关键技术难题，提升我国安全技术和装备的整体水平。加快安全类国家重点实验室、工程研究中心、企业技术创新中心、安全科技成果转化基地建设；鼓励有条件的高等院校、科研院所与企业联合，建立各类安全产业联盟、技术联盟、产业链联盟，形成多方参与、利益共享、风险共担的合作机制；鼓励研发具有自主知识产权的核心技术和产品，加强推广应用；扩大对外开放，积极引进、消化、吸收国外先进技术。

（十二）鼓励集团化和专业化发展

鼓励大型企业实施研发制造服务一体化发展战略，发展一批具有核心竞争力、辐射带动能力强的大企业大集团。充分发挥市场机制作用，推动优势企业强强联合、跨地区兼并重组、境外并购和投资合作，促进规模化、集约化经营，提高产业集中度。促进中小企业走“专精特新”发展道路，提高协作配套服务水平；引导和支持中小企业专业化发展、做精做优，发展专业化技术、产品和服务；支持安全产业发展的新模式、新业态。

（十三）加速构建安全服务体系

培育安全中介服务机构，开展安全生产、防灾减灾、应急救援技术支撑服务，为企业提供咨询和诊断服务，推广应用先进技术、工艺和装备，扩大国际交流与合作。健全和完善安全评价、检验检测机构，提供检验检测、审定、安全评价、分析、维护等技术支持服务；规范安全宣传教育培训机构，提供宣传教育、展览展示、知识更新、人才培养、应急演练演示和体验等服务；构建信息化服务体系，形成若干专业化的安全资源信息化服务平台，为安全生产、防灾减灾、应急救援提供信息化管理支撑服务；针对工程建设，开展安全勘察、设计、运营、监理等工程咨询服务；鼓励保险、设备租赁、融资担保等服务机构向安全产业领域拓展。

（十四）积极推动产业集聚发展

选择安全产业基础较好的地区，积极培育建立一批安全产业特色园区、集群，鼓励企业集聚、集约、关联、成链、合作发展。鼓励引导科研机构以及质检、咨询、设计、教育培训等各类中介服务机构进驻特色产业园区，搭建公共技术服务、信息、物流、融资租赁、市场等平台，建立安全科技成果孵化转化平台，加速科技交流、要素集聚、市场融通，激发产业活力，增强区域产业整体竞争力。

（十五）加大人才培养力度

建立健全适应安全产业发展需要的人才培养机制，创造有利于人才成长和创新的发展环境，培养高水平的研发、技术和管理人才，形成一批优秀创新人才群体和科研团队；充分利用高等教育资源，保障安全产业高层次人才的培养；建立开放的人才流动机制，落实人才引进政策，建立人才激励机制，鼓励专利、技术、管理等要素参与投资和利益分配，吸引高素质人才进入安全产业。

五、保障措施

（十六）充分发挥政策扶持作用

把安全产业作为国家战略产业予以重点支持。将安全产业纳入国家科学技术发展、工业转型升级、振兴装备制造业等相关优惠政策支持范围；制定安全技术、产品和服务指导目录，加快先进、高效、可靠、实用的专用技术、产品的推广应用；适时修订《安全生产专用设备企业所得税优惠目录》，扩大享受新技术、新产品税收政策优惠范围；针对安全产业，落实科技发展投入、企业研发费用加计扣除等促进技术进步税收激励政策、知识产权质押等鼓励创新金融政策、工伤保险事故预防资金使用政策、产业发展的土地优惠扶持政策、政府采购政策等。对国家支持发展的安全生产重大技术装备，纳入国家振兴装备制造业进口税收政策的支持范围；鼓励各地结合本地的比较优势和特色重点，制定有针对性和可操作性的支持引导政策，在土地、资金等要素资源配置方面给予适当倾斜。

（十七）鼓励多渠道加大产业投入力度

利用现有政策和资金渠道，增加中央财政投入，着力支持重大关键技术研发、重大产业创新发展、重大成果产业化、重大应用示范、创新能力建设等。鼓励地方各级政府加大财政扶持力度，强化对安全产业投入的引导和带动作用，建立以政府扶持为引导、企业投入为主体、多元社会资金参与的投入机制。创新运作模式，支持骨干企业通过引进战略投资和风险投资等多种方式筹集资金。拓宽安全产业企业直接融资渠道,支持符合条件的企业上市和发行短期融资券、中期票据等；通过相关科技计划（专项、基金）和配套政策，加大安全技术、产品和服务研发与推广应用的支持力度；鼓励吸引外资进入国内安全产业。

（十八）加强组织协调

建立各级工业和信息化主管部门、安全监管监察部门和有关行业（领域）主管部门参与的安全产业发展协调推进机制。围绕安全产业发展需要，充分发挥政府推动和市场调节作用，进一步加强各有关部门的组织协调，研究解决安全产业发展中遇到的重大问题，各级安全监管监察部门和行业主管部门要加强协调配合，形成联动机制，督促企业使用符合安全标准的装备（产品），加大执法处罚力度。

各地要结合实际认真贯彻落实。在实施过程中出现的重要情况和问题，及时向工业和信息化部、国家安全监管总局报告。

工业和信息化部国家安全生产监督管理总局

2012 年 8 月 7 日

关于加快推进信息化与工业化深度融合的若干意见

工信部联信〔2011〕160 号

2011 年 4 月 6 日，工业和信息化部、科学技术部、财政部、商务部、国有资产监督管理委员会联合印发《关于加快推进信息化与工业化深度融合的若干意见》，全文如下：

各省、自治区、直辖市及新疆生产建设兵团工业和信息化、财政、科技、商务、国有资产主管部门，有关单位：

为深入贯彻党的十七大和十七届五中全会精神，大力推进信息化与工业化深度融合，走中国特色新型工业化道路，促进经济发展方式转变和工业转型升级，现提出以下意见：

一、指导思想

以科学发展为主题，以加快转变经济发展方式为主线，坚持信息化带动工业化，工业化促进信息化，重点围绕改造提升传统产业，着力推动制造业信息技术的集成应用，着力用信息技术促进生产性服务业发展，着力提高信息产业支撑融合发展的能力，加快走新型工业化道路步伐，促进工业结构整体优化升级。

二、基本原则

(一) 创新发展，塑造转型升级新动力。把增强创新发展能力作为信息化与工业化深度融合的战略基点和改造提升传统制造业的优先目标，以信息化促进研发设计创新、业务流程优化和商业模式创新，构建产业竞争新优势。

(二) 绿色发展，构建两型产业体系。把节能减排作为信息化与工业化融合的重要切入点，加快信息技术与环境友好技术、资源综合利用技术和能源资源节约技术的融合发展，促进形成低消耗、可循环、低排放、可持续的产业结构和生产方式。

(三) 智能发展，建立现代生产体系。把智能发展作为信息化与工业化融合长期努力的方向，推动云计算、物联网等新一代信息技术应用，促进工业产品、基础设施、关键装备、流程管理的智能化和制造资源与能力协同共享，推动产业链向高端跃升。

（四）协调发展，统筹推进深度融合。发挥企业主体作用，引导企业将信息化作为企业战略的重要组成部分，调动和发挥各方面积极性，形成推进合力。切实推动信息技术研发、产业发展和应用需求的良性互动，提升产业支撑和服务水平。注重以信息技术应用推动制造业与服务业的协调发展，促进向服务型制造转型。

三、发展目标和主要任务

到 2015 年，信息化与工业化深度融合取得重大突破，信息技术在企业生产经营和管理的主要领域、主要环节得到充分有效应用，业务流程优化再造和产业链协同能力显著增强，重点骨干企业实现向综合集成应用的转变，研发设计创新能力、生产集约化和管理现代化水平大幅度提升；生产性服务业领域信息技术应用进一步深化，信息技术集成应用水平成为领军企业核心竞争优势；支撑“两化”深度融合的信息产业创新发展能力和服务水平明显提高，应用成本显著下降，信息化成为新型工业化的重要特征。

（一）以信息化创新研发设计手段 促进产业自主创新能力提升

提高计算机辅助设计应用水平，鼓励从计算机辅助设计（CAD）、计算机辅助制造（CAM）向计算机辅助工程（CAE）、虚拟仿真、数字模型方向发展。推进机械、电子、航空航天等行业研发设计环节计算机辅助技术的集成应用，创新研发设计模式。加快船舶、汽车、飞机等行业研发设计与制造工艺系统的综合集成，完善产业链协同设计体系，加快普及产品全生命周期数字化设计模式。完善服装、家具、玩具等行业个性化设计体系，建立和普及用户广泛参与的协同设计模式。围绕推动能源工业、原材料工业、装备工业、消费品工业、电子信息产业、国防科技工业等行业产品的高端化，逐步深化产品开发和工艺流程的智能感知、知识挖掘、工艺分析、系统仿真、人工智能等技术的集成应用，建立持续改进、及时响应、全流程创新的产品研发体系。提升工业产品的智能化水平，推动信息技术在重点产品的渗透融合，推动产品数字化、智能化、网络化，提高产品信息技术含量和附加值，推动工业产品向价值链高端跨越。

（二）推动生产装备智能化和生产过程自动化 加快建立现代生产体系

以研制数字化、智能化、网络化特征的自动化控制系统和装备为重点，提高制造业重大技术装备自动化成套能力。加快机械、船舶、汽车、纺织、电子、能源、国防工业等行业生产设备的数字化、智能化、网络化改造，深化研发设计、工艺流程、生产装备、过程控制、物料管理等环节信息技术的集成应用，推动信息共享、系统整合和业务协同，提高精准制造、高端制造、敏捷制造能力。在钢铁、石化、有色、建材、纺织、造纸、医药等行业加快普及先进过程控制和制造执行系统，实现生产过程的实时监测、故障诊断、质量控制和调度优化，深化生产制造与运营管理、采购销售等核心业务系统的综合集成。推动食品、药品行业建立生产过程状态监视、质量控制、快速检测系统，逐步完善产品质量和安全的全生命周期管理体系。

（三）推进企业管理信息系统的综合集成 加快建立现代经营管理体系

继续推进以质量、计划、财务、设备、生产、营销、供应链、人力资源、安全等环节为重点的企业管理信息化，加强系统整合与业务协同。在重点行业骨干企业推进研产供销、经营管理与生产控制、业务与财务全流程的无缝衔接和综合集成，建设统一集成的管理信息平台，实现产品开发、生产制造、经营管理等过程的信息共享和业务协同。提高大型企业集团信息化管控水平，促进企业组织扁平化、决策科学化和运营一体化，增强企业资源共享和业务整合能力。适应产业竞争格局的新变化，以提升产业链协同能力为重点，推动产品全生命周期管理、客户关系管理、供应链管理系统的普及和深化，实现产业链上下游企业的信息共享和业务协作。以支撑企业国际化经营为重点，支持重点行业骨干企业跨国运营平台建设，建立全球协同的研发设计、客户关系和供应链管理体系。

（四）以信息化推动绿色发展 提高资源利用和安全生产水平

加快钢铁、石化、有色、建材等行业主要耗能设备和工艺流程的智能化改造，加强对能源资源的实时监测、精确控制和集约利用。在重点行业和地区建立工业主要污染物排放自动连续监测和工业固体废弃物综合利用信息管理体系。引导工业企业建立能源管理中心，加快合同能源管理、节能设备租赁等节能新机制推广。建设一批区域能效中心，完善面向重点用能企业和地区能源消耗的实时监测和监督管理体系。建立危险化学品、民爆器材的生产、储运、经营、使用等环节的实时监控和全生命周期监管体系。围绕危险作业场所的安全风险评估、多层防护、人机隔离、远程遥控、监测报警、灾害预警、应急响应和处置等方面，深化信息技术的集成应用，建立安全生产新模式。

（五）完善中小企业信息化发展环境 帮助中小企业降本增效创新发展

完善面向中小企业的研发设计平台，提供工业设计、虚拟仿真、样品分析、检验检测等软件支持和在线服务。提高网络环境下的企业间协作配套能力和产业链专业化协作水平，鼓励中小企业参与以龙头企业为核心的产业链协作。加快研发、推广适合中小企业特点的企业管理系统。推动面向中小企业的信用管理、电子支付、物流配送、身份认证等关键环节的集成化电子商务服务。建立并完善一批面向产业集群的技术推广、管理咨询、融资担保、人才培训、市场拓展等信息化综合服务平台。鼓励开展适合中小企业特点的网络基础设施服务，积极发展设备租赁、数据托管、流程外包等服务。

（六）推动信息化与生产性服务业融合发展 加快生产性服务业的现代化

提高工业设计水平。支持工业设计软件的研究开发和推广应用。建立实用、高效的工业设计基础数据库、资源信息库等公共服务平台，加强资源共享。鼓励企业建立工业设计中心，引导和支持专业化的工业设计产业园区发展。支持拥有自主知识产权的工业设计成果产业化，加快工业设计产业发展。

推动电子商务发展。推动大型企业电子商务应用深入发展，在提高网络采购和销售水平、扩大网络营销覆盖率基础上，向网上交易、物流配送、信用支付集成方向升级。支持制造业企业以电子商务为手段提高供应链协同和商务协同水平，带动产业链上下游企业发展。积极推动行业第三方电子商务服务平台诚信发展，支持提高面向产业集群和专业市场的电子商务技术支撑和公共服务水平。深化移动电子商务在工业和生产性服务业领域的应用。

推动现代物流业发展。鼓励制造企业与专业物流企业信息系统对接，推进制造业采购、生产、销售等环节物流业务的有序外包，提高物流业专业化、社会化水平。支持物流企业加快信息化建设，提高综合服务水平。推动行业性、区域性和面向中小企业的物流信息化服务平台发展。加快电子标签、自动识别、自动分拣、可视服务等技术在大宗工业品物流、工业园区和物流企业中的推广应用，提高物品管理的精准化水平。

促进新型业态发展。支持制造企业围绕推动产品的智能化、高端化和服务化，创新商业模式，积极发展在线检测、实时监控、远程诊断、在线维护、位置服务等新业态。围绕提高重点行业骨干企业总集成、总承包服务能力和水平，加强企业项目设计、工程实施、系统集成、设施维护和管理运维等业务的信息化建设。适应制造业营销体系变革的新趋势，以信息化创新融资租赁业务模式，提高融资租赁服务水平提升，加快建立高效、便捷、安全的融资租赁体系。

（七）提升信息产业支撑“两化”深度融合的能力 促进信息产业加快发展

大力发展工业电子。围绕汽车、飞机、船舶、机械、家电、电力等行业产品的智能化升级，推进信息技术与传统工业技术间的协同创新，加快汽车电子、航空电子、船舶电子、机床电子、信息家电、电力电子、医疗电子、智能玩具等产品的开发和产业化，不断提升信息技术支撑产品智能化转型的能力和水平。

积极培育工业软件。面向研发设计、生产过程、经营管理、市场流通等环节的数字化、智能化、网络化，加强需求牵引，整合产学研用资源，突破一批关键技术瓶颈，大力发展高档数控系统、制造执行系统、工业控制系统、大型管理软件等工业软件，逐步形成工业软件研发、生产和服务体系，提高国产工业软件、行业应用解决方案的市场竞争力。

加快和规范信息服务业发展。加强行业信息化整体解决方案的推广应用。大力发展信息化咨询、规划、实施、维护和培训等增值服务，提高个性化服务水平。支持有条件的企业开展信息服务业务剥离重组，推动信息技术及相关服务的社会化、专业化、规模化和市场化。积极推动信息系统运行维护服务外包，支持信息化外包服务业发展。重点支持一批信息服务企业，鼓励管理咨询机构从事信息技术服务，规范信息服务业的招投标行为，加强信息安全管理。

积极推动云计算和物联网应用。支持云计算等关键技术研发取得突破，积极发展面向服务、支持制造资源按需使用、制造能力动态协同的云制造服务平台。围绕基础设施、工业控制、现代物流等重大应用领域，开展物联网应用示范。加快网络设备、智能终端、RFID、传感器以及重要应用系统的研发和产业化。加快建立产业发展联盟，培育综合集成服务能力。

（八）提高行业管理现代化水平 加强标准化基础工作

加快推动工业、通信业和信息化运行监测系统建设，加强信息共享，推进业务协同。加强行业信息发布。围绕信息技术在重点行业关键环节的深化应用和信息技术成果普及、产业化重大专项、应用示范项目、信息化重大工程等工作，开展相关应用标准的调查、复审、修订，组织开展示范、宣贯和推广工作。抓紧制定和完善云计算、工业电子、物联网应用、移动电子商务等领域相关标准。

四、主要措施

（一）创新“两化”深度融合推进机制

建立和推广实施工业企业“两化”融合评估体系和行业评估规范，加快建立第三方开展企业“两化”融合评估的工作机制，引导企业开展自评估，充分运用评估结果加强对企业信息化的支持。完善中央企业首席信息官制度，健全企业信息化领导机构，建立职责清晰、协调有力、运转高效的企业信息化推进机制。鼓励各地国有企业监管机构建立信息化评级和考核体系，引导各地企业根据自身实际建立首席信息官制度。引导和支持民营企业建立首席信息官制度。研究建立和推广企业信息化规划、项目管理规范、项目后评估方法和考核机制。建立定期沟通、协调行动的部门间协同推进工作机制。探索建立产学研用战略对话机制。

（二）加大财政资金和金融支持力度

发挥技术改造专项资金、电子发展基金、中小企业发展资金等现有各类财政资金的引导和带动作用，整合资源，加大对信息化与工业化融合中共性技术开发、公共服务平台建设、试点示范项目的支持。积极探索更有效的财政支持方式,加大对企业经营管理创新的引导和扶植,支持企业管理信息化建设。有条件的地方可设立信息化与工业化融合专项资金。鼓励银行创新中小企业贷款方式,支持面向中小企业的电子商务信用融资业务发展。鼓励地方政府建立信息技术应用项目融资担保机构,鼓励金融机构对中小企业信息技术应用项目给予支持。

（三）组织广泛开展典型示范工作

在国家新型工业化产业示范基地建设中,围绕改造提升传统产业、发展生产性服务业、促进信息服务产业发展,推进“两化”深度融合典型示范。组织开展以促进“两化”深度融合为主题的巡回推广活动,大力宣传各地区、各行业和典型企业的成功经验和有效做法。积极通过媒体、网上展示和博览会等形式扩大推广范围和深度。做好信息化与工业化融合试验区经验总结和推广工作。鼓励和支持地方树立示范企业、建立信息化与工业化融合试验区。

（四）加快发展和完善行业信息化服务体系

研究组织实施信息化与工业化深度融合服务行动计划,积极培育和发展集信息化规划、咨询设计、项目实施、系统运维和专业培训为一体的信息服务业。建设一批“两化”融合服务产业中心和园区。发展和完善一批面向工业行业的低成本、安全可靠的信息化服务平台。组织实施企业信息技术服务业务剥离重组示范工程,提升行业信息化解决方案提供能力和水平。开展“两化”融合带动国产软硬件发展试点示范工作。依托国家新型工业化产业示范基地,健全信息基础设施,提升产业聚集区和园区智能化发展水平。

（五）加强人才队伍建设和国际交流

组织开展“两化”深度融合工作培训,组织编写培训系列知识读本,依托高校、科研院所和企业培训资源,建立一批培训和实训基地。围绕“两化”深度融合对专业技术人才的需求,加快实施创新人才推进计划、企业经营管理人才素质提升工程、国家中小企业银河培训工程、装备制造和信息领域国家专业技术人才知识更新工程、信息领域高技能领军人才培养工程等,大力培养各领域的骨干专业技术人才。完善高校学科和专业设置,加强信息技术职业教育,培养各级各类信息化专业人才。科学修订信息领域国家职业技能鉴定标准,积极推进行业职业技能鉴定工作和高技能人才选拔工作。鼓励开展信息技术联合创新、应用示范、人才培训和评估认证等领域的国际交流与合作,支持国内相关组织和企业参与相关领域国际标准的制修订。

国务院国有资产监督管理委员会文件

国资发〔2012〕93 号

关于加强“十二五”时期中央企业信息化工作的指导意见

各中央企业：

“十一五”期间，中央企业认真贯彻落实党中央、国务院关于推进信息化的战略部署，按照《关于加强中央企业信息化工作的指导意见》的要求，结合企业实际大力实施信息化“登高计划”，信息化总体水平明显提高，在企业核心竞争力提升方面发挥的作用更加凸显。同时，也必须清醒地认识到，信息化仍存在一些不容忽视的问题：部分企业对信息化在变革管理体制、创新业务模式、引领战略转型的重要性认识不够深刻；信息化技术标准规范体系较弱，难以适应系统集成、信息共享和业务协同的迫切需要；信息化与企业战略决策、主要业务、集团管控等方面的融合度不深，难以适应企业发展战略目标和增强集团控制力的迫切需要；信息化队伍参差不齐，难以承担建设企业具有全局性、集成性信息系统的重任；信息化工作管理体制和保障机制尚不健全，难以适应信息化持续快速健康发展的迫切需要；信息安全保障能力不强，成为制约信息化发展的重要瓶颈，等等。“十二五”时期是中央企业贯彻落实科学发展观、加快转变发展方式、做强做优和培育世界一流企业的重要时期，也是中央企业信息化建设不断登高上水平的关键时期。根据党中央、国务院信息化战略部署和“十二五”时期中央企业改革发展总体思路，为进一步提高中央企业信息化水平，助推中央企业“做强做优、实现世界一流”的目标，现就“十二五”时期中央企业信息化工作提出以下指导意见。

一、指导思想、基本原则和总体目标

（一）指导思想。

深入贯彻落实科学发展观，紧紧围绕“十二五”时期中央企业改革发展目标，以信息化科学发展为主题，以深度融合和深化应用为主线，以企业管理提升活动为契机，以强化信息安全为保障，全面提高信息化水平。

（二）基本原则。

1. 信息化规划与企业战略相结合。始终把支撑企业改革发展作为信息化工作的出发点，坚持把信息化规划作为企业发展规划的组成部分，确保信息化发展与企业发展战略目标相一致。

2. 信息化工作与管理提升相结合。始终把促进管理提升作为信息化工作的切入点，坚持信息化与企业管理的深度融合，充分发挥信息化对管理提升的促进作用。

3. 信息化建设与深化应用相结合。始终把推进深化应用作为信息化建设的落脚点，坚持建设与应用并重，充分体现信息化效能，促进信息

化水平的持续提升。

4. 信息化发展与信息安全相结合。始终把保障信息安全作为信息化发展的支撑点，坚持信息安全防护措施与信息系统建设同步规划、同步建设、同步运行，确保信息化发展安全可控。

（三）总体目标。

到 2015 年底中央企业信息化的总体目标是，信息系统要实现所有层级和主要业务的全覆盖；系统集成、信息共享和业务协同能力进一步提高；信息化与战略决策、经营管理、生产过程、风险管控深度融合；组织体系、基础设施、安全保障、运维能力进一步增强；信息化应用水平全面提高；大多数中央企业信息化水平达到 A 级，达到或接近国际同行业先进水平。

二、重点任务

（一）着力加强信息化顶层设计。站在国家信息化发展高度，着眼于“十二五”中央企业信息化总体目标及本企业“十二五”发展战略规划，结合管理提升活动，通过与国际或同行业信息化水平先进企业的对标，从企业发展战略、主要业务、风险管控等方面制定和完善本企业“十二五”信息化规划，确保规划具有战略前瞻性、整体协调性和应用实效性。滚动编制年度计划，持续深入开展信息化发展“登高计划”，确保信息化规划具体落地。通过进一步加强信息化顶层设计，处理好局部与全局、重点应用与整体推进、单向应用与发挥整体职能的作用的关系，实现信息化建设全面、协调和可持续发展。

（二）着力加强信息系统的建设和应用。全面提高信息化对主要业务的覆盖面，重点加强集约化人财物管理、国际化运营、辅助分析决策、经济运行监测分析和全面风险管控等业务信息系统的建设和应用；积极推进信息技术在研发设计、生产过程控制、节能减排、安全生产和应急管理等关键生产环节的应用。全面普及企业资源计划（ERP）、供应链、客户关系等管理信息系统。持续开展信息系统功能完善、性能优化和应用评价等工作，推进信息系统在企业各层级的纵向贯通。加强信息系统在生产环节与管理环节互联互通的横向集成能力，推进从单项业务应用向多业务综合集成的转变，从单一企业应用向产业链上下游协同应用的转变。积极开展网络采购和销售。

（三）着力加强信息化建设基础。不断提高信息网络覆盖度和运行可靠性，到“十二五”末实现所属各级单位全部接入企业内部信息网络。利用先进适用技术，提高软硬件资源利用效率和数据处理能力。建立健全信息化技术标准体系，统一开发平台和开发标准，强化技术架构管控，促进流程优化，推进业务协同，为企业集成应用和数据贯通提供基础保障。构建公共数据资源池，强化主数据管理和数据治理，推进数据深度共享，并做好与国资委业务信息系统的对接和信息共享。建立并完善使用正版化软件工作的长效机制。

（四）着力提高信息安全保障能力。认清信息安全形势，牢固树立全员信息安全意识，健全信息安全和应急处置管理体系，强化信息安全统一归口管理。加强信息安全防护技术保障，做好网络边界、基础设施、应用系统和桌面终端信息安全状态的监测预警和加固防护。加强异地灾备能力建设，定期开展应急演练，提升企业数据安全和业务连续性保障能力。开展涉密系统的分级保护和非涉密系统的信息安全等级保护工作，军工、能源、电力、交通、通信等重点行业的企业要确保重要信息系统和基础信息网络安全。

（五）着力提高信息系统运维水平。围绕企业信息化总体目标要求，建立健全与自身信息化水平相适应的信息系统运行维护体系，强化运维组织体系建设，优化运维制度流程。建设信息系统运行维护综合监管系统，加强信息系统运行状态监测和趋势分析，提升信息系统运行风险预判能力，保障信息系统可靠运行。

三、工作要求和保障措施

（一）深化认识信息化发展的战略地位。要将信息化作为企业“做强做优、实现世界一流”目标的重要举措，充分发挥信息化在实施“五大战略”中的关键作用；要将信息化作为实现企业变革与发展的驱动力，建立支撑企业创新、转型和变革的信息化体系和工作机制。

（二）进一步加强信息化工作的组织领导。要进一步强化信息化领导小组工作机制，全面推行企业总信息师（CIO）制度，大力提高专职率；明确信息化专项预算，确保投资质量，依法规范操作；进一步加强信息化工作的归口管理和集团管控力度，形成“一把手”挂帅、总信息师具体领导、信息化部门统一组织实施、业务部门有效参与、全体员工深度配合的信息化工作机制和体制。

（三）全面建立信息化绩效考核制度。要加强信息化工作的绩效考核制度，有针对性地开展分类评价，层层落实信息化建设、应用、维护、升级和优化责任；要采取多种形式，通过信息化先进表彰等形式，充分发挥典型示范引领作用，提高信息化工作人员积极性和创造力。

（四）持续加强信息化人才队伍建设。要明确信息化工作岗位序列，培养和打造人员配比合理、自主可控的信息化管理、建设、运维和安全的队伍；加强复合型人才队伍建设，开展全员信息化培训，重点加强企业中层以上领导干部信息化培训；对较高层次的信息化人才开展职业生涯设计；广泛开展各种形式的信息化建设、应用、运维技能竞赛和岗位练兵活动，进一步提高信息化人员专业素质和岗位能力。

（五）持续加强中央企业信息化的指导。国资委将进一步加大力度持续推进中央企业信息化工作，加强中央企业信息化水平评价工作，完善评价管理办法；组织开展中央企业信息化工作先进表彰和示范工程评选工作，培育树立行业信息化标兵；加强中央企业帮扶和经验交流的组织力度，适时开展信息化工作监督检查，为中央企业深入推进信息化工作营造良好氛围。

国务院国有资产监督管理委员会
二〇一二年七月二日

国家安全监管总局关于
加强安全生产科技创新工作的决定

安监总科技〔2012〕119 号

各省、自治区、直辖市及新疆生产建设兵团安全生产监督管理局，各省级煤矿安全监察局：

在党中央、国务院的正确领导下，经过各地区、各有关部门和单位的共同努力，全国生产安全事故起数和死亡人数连续 9 年保持了总体稳定、持续好转的发展态势。但安全生产形势依然严峻，防范重特大事故的压力进一步加大，迫切需要更多地依靠先进技术装备支撑和安全生产科技（以下简称安全科技）创新驱动，实现安全生产形势持续稳定好转。为深入贯彻落实全国科技创新大会精神，加强安全科技创新工作，加快提升安全科技创新能力，现作出如下决定。

一、明确安全科技创新的目标任务

（一）目标任务。以防范事故、提高安全科技保障能力为目标，集中相关科技研发机构、人才、资金和时间，加快推出一批安全生产科研攻关课题，一批可转化的安全科技成果，一批可推广的安全生产先进适用技术，一批安全生产技术示范工程（以下简称安全科技“四个一批”项目），着力推动建立市场、企业、产学研机构、政府及部门相结合的工作机制。争取到 2015 年底，安全生产基础理论和重大关键技术研究方面取得较大进展，科技成果转化和实用技术推广应用方面有较大突破，示范工程引领方面有较大进展，安全科技支撑能力建设有较大提升，全面完成《安全生产科技“十二五”规划》（安监总科技〔2011〕170 号）的各项工作目标任务。

二、加快组织实施安全科研攻关、成果转化、推广应用和技术示范项目，着力提升安全科技支撑保障能力

（二）加强关键技术与装备科技攻关。坚持以防范重点行业领域重特大事故为突破口，重点解决安全生产领域具有倾向性、易发性、普适性的重大共性技术难题，开发关键性实用安全技术装备，加强物联网、新型传感器、透地通讯和无域限、无时限、可视化互联互通共享系统等共性技术研究。煤矿领域要突出防治瓦斯、水、顶板、冲击地压、火、地温等灾害，开展灾害防治和监测预警、井下逃生与安全避险、深部矿井地质灾害防治、中小煤矿机械化开采等关键技术与装备研究。非煤矿山领域要突出深井矿山岩爆动力和热害等灾害预测与防治、超大型金属地下矿山开采事故防治关键技术与装备、深海石油开采防灾技术等攻关。危险化学品领域要突出化工园区防管控一体化监测监控技术、大型油罐区重大事故防范关键技术及硫铁化合物自燃机理等攻关。冶金等工贸企业领域要突出煤气危险区域监测监控与应急处置技术、工业企业粉尘防治技术等攻关。职业卫生领域要突出先进适用的矿井劳动保护用品、尘毒防护与治理技术、有毒有害物质现场快速检测技术等攻关。应急救援领域要突出快速救援技术与装备、便携式救灾机器人等攻关。

（三）加快推进科技成果转化。组织梳理现有安全科技成果，加快推进成熟度高、安全生产保障作用突出的技术装备产业化、工程化，强化安全科技成果转化工作。煤矿领域要重点推进瓦斯煤尘爆炸抑爆、高效瓦斯抽采装备、先进瓦斯监测技术、地质构造精细探测等成果转化。非煤矿山领域要重点推进尾矿库在线监测系统、矿井灾害监测与预警信息系统等成果转化。危险化学品和烟花爆竹领域要重点推进重大危险源监控、烟花爆竹自动化生产装备等成果转化。冶金等工贸企业领域要重点推进煤气防泄漏自动保护排水器、起重机吊钩上下限位安全保护装置等成果转化。职业卫生领域要重点推进粉尘呼吸防护装备等成果转化。应急救援领域要重点推进矿用救灾指挥系统、煤矿隐患预警与应急救援系统等成果转化。

（四）大力推广应用先进适用技术。注重筛选和大力推广对于事故防治切实有效的先进适用技术、工艺，切实提高企业防范事故能力。煤矿领域要重点推广瓦斯防突及高效抽采、水害快速治理、顶板安全综合监测预警、矿井安全提升综合保障和矿井通风安全保障等先进适用技术。非煤矿山领域要重点推广尾矿库细粒尾砂模袋法筑坝、高含硫气田安全勘探开发等先进适用技术。危险化学品和烟花爆竹领域要重点推广危险化学品生产安全保障关键技术、危险化学品快速监测预警等先进适用技术。冶金等工贸企业领域要重点推广高炉炉缸炉底侵蚀诊断与结构安全评估等先进适用技术。职业卫生领域要重点推广粉尘浓度超限喷雾降尘等先进适用技术。应急救援领域要重点推广煤矿井下逃生及紧急避险等先进适用技术。

（五）深入开展安全生产技术示范工程建

设。支持和鼓励企业把先进科技成果和重大技术装备与生产实践相结合，努力打造一批示范应用性强，实际使用效果好的先进科技成果和重大技术装备安全技术示范工程，形成示范引领和辐射带动作用。煤矿领域要重点建设煤与瓦斯突出防治、高瓦斯零超限、采空区高精度综合勘探、水害隐患防治、顶板与地压灾害防治、安全生产监管物联网应用等示范工程。非煤矿山领域要重点建设采空区围岩变形支护结构风险监测预警、井下安全避险系统、尾矿库安全预警系统、地下金属矿山数字化等示范工程。危险化学品和烟花爆竹领域要重点建设大型油罐区重大事故防范、烟花爆竹机械化生产等示范工程。冶金等工贸企业领域要重点建设隐患排查治理信息化系统等示范工程。职业卫生领域要重点建设矿井综合防尘技术等示范工程。应急救援领域要重点建设国家安全生产应急平台等示范工程。信息化领域要重点建设安全生产标准化信息管理系统和安全培训远程教育平台管理系统等示范工程。

三、加强组织领导，确保安全科技创新工作取得实效

（六）切实加强安全科技创新工作的组织领导。地方各级安全监管部门、煤矿安全监察机构要高度重视安全科技创新工作，加强组织领导，及时研究解决安全科技创新工作中的重大问题，提出安全科技创新发展的针对性举措。要建立安全科技业绩定期评估考核制度，并对各项安全科技政策、措施的落实情况开展经常性的督促检查，切实把安全科技创新各项工作落到实处。

（七）推动建立市场、企业、产学研机构和政府部门相结合的工作机制。要通过法律规范、标准引领、规划引导、项目支撑、成果示范、发布目录等形式，发挥政府部门的主导作用，推动企业落实安全科技创新主体责任。积极推进安全监管监察部门与有实力的企业和科研院所建立战略合作关系。鼓励有条件的高等院校、科研院所与企业联合，建立各类安全产业联盟、技术联盟、产业链联盟，形成多方参与、利益共享、风险共担的合作机制。组织煤矿、非煤矿山、化工、职业卫生、冶金、航天、航空等行业领域科技人才，认真总结事故经验教训、深入分析企业安全生产需求，研究分析安全科技发展趋势，科学制定安全科技路线图，定期发布安全科技攻关指南，引导企业、科研院所、高校、民间团体强化安全科技工作。进一步完善安全科技人才培养和企业员工安全技术培训工作。

（八）进一步拓展安全科技创新投入渠道。要充分用好国家现行的高危行业安全费用提取使用政策、安全生产设备购置使用普惠和特惠政策、安全生产专用设备生产制造纳入国家重点产业调整和振兴装备制造业政策、煤层气抽采税收政策等。建立以政府扶持为引导、企业投入为主体、多元社会资金参与的投入机制，加快安全科技研发平台、检测检验与物证分析平台、科技成果孵化平台、应急救援技术服务平台、事故查处专家支持平台、安全信息平台、事故模拟仿真物证溯源平台等安全科技支撑能力建设。

（九）切实实施好第一批安全科技“四个一批”项目（详见附件）。各项目有关单位要进一步明确分工、落实责任、强化考核，确保项目取得实效。有关科研攻关课题单位要集中优势资源和人才，有序有效地组织攻关，尽快取得突破。各级安全监管监察部门要高度重视安全科技成果转化、推广应用和技术示范工作，制定具体办法和措施，综合运用法律、行政、市场等手段，推动安全技术成果转化率和应用率的提高。要建立项目实施进展情况定期通报制度，开展专题交流督导和执行情况评估，及时研究解决项目实施过程中的问题。

国家安全监管总局

2012 年 9 月 17 日

第一批安全科技“四个一批”项目

序号	项目名称	主要任务	牵头单位	完成时限
（一）煤矿领域（共7项）				
1	矿井煤与瓦斯突出防治关键技术研究	研究瓦斯含量快速测定和导向槽定向水力压穿防突等关键技术与装备，实现煤与瓦斯突出矿井综合防突及预警，有效防范矿井煤与瓦斯突出事故。	中国煤科集团重庆研究院	2014年12月31日
2	煤矿水害隐患探查与防治关键技术研究	研究地面高密度三维地震精细探测等煤矿水害探查与防治关键技术，提高煤矿水害隐患探查与防治技术水平，有效防范煤矿水害事故。	中国煤科集团西安研究院	2014年12月31日
3	煤矿采空区隐蔽火源井下探测技术研究	研发采空区隐蔽火源探测技术与装备，建立井——地结合的火源快速隔离、阻断技术体系，防范采空区火灾和爆炸事故。	煤炭科学研究总院沈阳研究院	2014年12月31日
4	矿井顶板与地压灾害防治技术研究	研究顶板灾害机理、控顶技术、离层监测预警等关键技术，提高矿井顶板与地压灾害防治水平，有效防范矿井顶板灾害事故。	中国矿业大学	2014年12月31日
5	中小煤矿机械化开采关键技术研究	研究中小煤矿极薄煤层、急倾斜煤层及不规则块段的机械化安全开采的关键技术与装备，提高中小煤矿开采机械化水平，有效减少中小煤矿生产事故。	天地科技股份有限公司	2014年12月31日
6	西南（贵州）地区中小煤矿防突技术体系研究	研究适合于西南（贵州）地区的防突技术体系、区域防突和监控预警技术，有效防范煤矿瓦斯突出和爆炸事故。	贵州省矿山安全科学研究院	2014年12月31日
7	矿山新型劳动保护装备研发	研发高可靠性抗冲击安全帽、矿工防护靴、防静电、阻燃服装以及作业用手部防护用品，研究开发新型劳动保护用品检测试验方法和设备，为矿工提供先进适用的劳动保护用品。	中钢集团武汉安全环保研究院、上海市安全生产科学研究所等	2014年12月31日
（二）非煤矿山领域（共5项）				
8	金属矿山采空区探测及处理技术研究	研究金属矿山采空区地表和井下探测方法和技术，提出回采后的地压控制方法、塌陷后的地表灾害治理、采空区充填风险评估与高精度检测技术，有效防范空区塌陷事故。	中国安全生产科学研究院、中南大学、北京矿冶研究总院	2013年12月31日

9	深井开采岩爆与突出动力灾害监测预警关键技术研究	研究金属矿深井采矿顺序、采矿工艺等对应力集中区和岩爆危险区域的影响与作用机理，提出深井开采岩爆危险区域实时监测及预警技术；研究采矿工作面及巷道围岩应力集中与能量聚集区域和分布特征，提出岩爆危险性解危的控制方法与技术，有效预防井下岩爆事故。	中国安全生产科学研究院、长沙矿山研究院	2014年12月31日
10	金属矿山深井开采热害控制及岩移范围圈定方法研究	研究金属矿山深井开采热害防护、通风系统优化、人工制冷和受控循环通风等技术，提出深井开采热害预测与评价方法；研究不同地质条件下金属薄矿体深井开采采动影响规律，提出采场崩落带、移动带高度预测理论和方法。	中国恩菲工程技术公司、中南大学、长沙矿山研究院	2014年12月31日
11	超大型金属地下矿山运输、提升、充填安全技术及关键装备研究	研究超大型金属地下矿山井下有轨运输设备及控制系统、超大重量安全提升技术及装备、尾砂膏体充填技术及装备，提高超大型金属地下矿山安全生产水平。	北京矿冶研究总院、中冶京诚（秦皇岛）工程技术公司、北京科技大学、河北联合大学	2014年12月31日
12	南海深水油气钻井风险管理及应急关键技术研究	研究深水钻井作业风险管理与应急关键技术，提高我国南海油气勘探开发安全保障能力，防范遏制重特大事故。	中海油研究总院、中国石油大学（华东）	2014年12月31日
（三）危险化学品和烟花爆竹领域（共3项）				
13	油罐区重大事故防范关键技术研究	研究引发油罐区重大事故的雷击静电主要点火源发生规律和监测预警与应急关键技术，提高油罐区重大事故防范水平。	中石化青岛安全工程研究院	2014年12月31日
14	化学品快速采样定性分析及特性检定技术研究	研究化学品快速采样定性分析及特性检定关键技术，提高化学品突发事件监测预警水平，有效甄别化学品储运过程灾害事故类别，提高应急处理针对性。	上海化工研究院	2013年12月31日
15	化工园区事故预警与现场动态监测关键技术及装备开发	研究化工园区监测预警与应急关键技术，提高化工园区重大事故防范水平，预防事故发生。	中国安全生产科学研究院	2014年12月31日
（四）冶金等工贸企业领域（共1项）				
16	冶金企业煤气危险区域监测监控与应急处置关键技术研究	研究煤气危险区域事故模式与控制系统设计、煤气设施与工艺响应与控制、危险区域安全设施与指标的关联设定与连锁控制、异常状态及事故应急处置。	中钢集团武汉安全环保研究院	2015年12月31日
（五）职业卫生领域（共2项）				

17	高毒作业场所有毒有害物质现场快速检测技术体系研究	研究高毒作业场所中有毒有害物质现场快速检测技术与实验室检测技术，形成完整的高毒作业场所职业卫生监管体系，提高现场检查的快速与比对，为执法部门提供有效的技术手段。	北京市劳动保护科学研究所	2013 年 12 月 31 日
18	典型尘毒危害监控治理技术装备研究	研究尘毒发生与扩散机理，研发新型过滤方法与材料、高效变频除尘器、智能化通风除尘与排毒装置等关键技术与装备以及微正压呼吸追随型电动送风式等新型高效呼吸防护用品，提升我国尘毒危害预防控制技术与装备水平。	中国安全生产科学研究院	2014 年 12 月 31 日
（六）应急救援领域（共 4 项）				
19	煤矿井下逃生及紧急避险技术与装备研制	研究煤矿井下在灾害发生时最大程度减少人员伤亡预警关键技术与装备，提高煤矿井下逃生及紧急避险技术与装备水平。	中国煤科集团	2012 年 12 月 31 日
20	煤矿快速救援关键技术与装备研发	针对我国煤矿重大灾害事故救援，研发煤矿地面和井下抢险通道快速打通装备、煤矿透水快速救援排水装备、透地通讯及遇险人员定位系统，提高煤矿重大灾害事故应急救援装备水平，最大程度减少人员伤亡和财产损失。	中国煤科集团、北方交通重工集团等	2015 年 6 月 30 日
21	重大矿山事故钻孔救援关键技术及配套装备应用研究	研究矿山各种灾害情况和不同地质条件下钻孔救援的技术和战术方法及配套应用技术，有效提高矿山救援能力。	国家安全监管总局矿山救援指挥中心	2014 年 12 月 31 日
22	便携式煤矿救援探测机器人研究	通过研究和试制一套机器人驱动机构，改变当前煤矿应急救援与处置面临的严峻形势，有效协助救护队员完成搜救任务，提高救援效率。	中国煤科集团重庆研究院	2013 年 12 月 31 日

二、一批可转化的安全科技成果

序号	成果名称	成果简介	研发单位
（一）煤矿领域（共 6 项）			
1	瓦斯煤尘爆炸自动抑爆装置	机载式自动抑爆装置用于掘进机、采煤机，防止截割煤岩时因摩擦火花、摩擦热引起瓦斯煤尘着火，抑制爆炸发生。	中国煤科集团重庆研究院、山西晋城兰花汉斯公司

2	瓦斯钻孔抽采钻进装备	（1）煤矿井下千米定向钻机：可用于煤矿井下瓦斯抽采和探放水等定向钻孔施工。在陕西大佛寺煤矿现场完成深度达 1212 米定向长钻孔，创国内煤矿井下近水平定向长钻孔施工记录。（2）松软突出煤层顺层钻孔钻机：适用于煤层 f ≤ 1.5 松软突出煤层，煤层钻孔深度达到 168 米，创造了突出松软煤层钻孔的深度记录，钻孔深度超过 100 米的成孔率达到 70%。	中国煤科集团西安研究院、中国煤科集团重庆研究院
3	气体浓度检测传感器	（1）红外甲烷传感器：误差≤真值的 ±10%，响应时间≤ 12 秒，工作稳定性≥ 12 个月，寿命≥ 5 年。（2）红外二氧化碳传感器：寿命 5 年，调校周期 2 个月，不受硫化物等有毒气体的影响，不受高浓度被测气体冲击，传感器可直接挂接到 CAN 总线上。（3）激光甲烷传感器：测量精度 ±0.05%，响应时间＜ 12 秒，工作稳定性≥ 6 ~ 12 个月，寿命≥ 5 年。（4）激光一氧化碳传感器：检测范围 0 ~ 2000ppm，测量误差≤真值的 ±5%，稳定性≥ 12 个月，响应时间＜ 30 秒，寿命≥ 5 年。	中国煤科集团重庆研究院、煤炭科学研究总院沈阳研究院、武汉理工大学、山东科学院等
4	矿井地质构造精细探测装备	包括无线电波透视仪、防爆地质超前探测仪、矿井地质雷达探测仪、矿井瞬变电磁探测仪、高分辨电法仪、音频电穿透仪、瑞利波探测仪，可对采煤工作面地质构造、掘进工作面地质构造、工作面导水地质构造等进行超前探测，保障工作面安全生产。	中国煤科集团西安研究院、中国煤科集团重庆研究院等
5	煤矿安全生产综合监控预警系统	实现安全生产综合监控系统升级换代，在井下易爆环境应用以太环网 + 现场总线、宽带接入设备、大容量本安电源设备、异常联动控制等技术，形成集地质测量、生产技术、通风安全、办公自动化和数字化矿山、安全生产监控于一体的管理平台，实现了隐患联动控制和动态预警。	中国煤科集团等

6	矿用人员定位管理系统	具有井下人员监测查询、安全保障、定位、统计考勤、信息联网、救灾信号引导、双向通信、图形矢量放大缩小等功能；结构简单，配置灵活，一站多点；安装简便、系统自维护；定位精度小于5米。	中国煤科集团等
（二）非煤矿山领域（共2项）			
7	尾矿库风险分级与在线监测、预警装置	尾矿库坝内位移传感装置、坝面位移GPS监测装置及其融合技术，水平精度：3毫米 ±0.5ppm，垂直：5毫米 ±0.5ppm，提高我国尾矿库的技术装备水平，有效保障尾矿库的安全运行。	中国安全生产科学研究院等
8	矿井灾害监测与预警信息系统	包括非煤矿山火灾、水灾三维可视化仿真模型，矿井主通风机监测预警系统、矿井主提升机监测预警系统、基于光纤以太网技术的井下人员定位系统、基于GIS的人员定位统，为我国非煤矿山的安全生产提供技术保障，防范非煤矿山事故。	中国安全生产科学研究院等
（三）危险化学品和烟花爆竹领域（共2项）			
9	重大危险源监控关键技术装备	基于ARM和ZigBee技术的便携式巡检仪、传感器变量参数采集监测终端、重大危险源智能安全监控技术、基于GIS的重大危险源网络化智能安全监管平台、基于HAZOP分析的原油集输站智能监控预警专家系统、油气集输站事故追忆系统等，提升重大危险源监管与监控技术装备水平。	中国安全生产科学研究院等
10	烟花爆竹自动化生产装备	（1）爆竹自动混装药机：实现爆竹生产的配料、混装药、封口工序连续化生产，有效减少事故造成的伤害。（2）烟火药自动混合机：实现远程控制、人机隔离，有效减少烟花生产事故。	醴陵天马花炮机械有限公司、浏阳市东信烟花集团有限公司、浏阳工业园浏河机械厂等

（四）冶金等工贸企业领域（共 1 项）			
11	煤气防泄漏自动保护排水器	实现远程控制功能，包括水位、水温、加热器运行、煤气泄漏自动报警等。	秦皇岛莱特流体设备制造有限公司
（五）职业卫生领域（共 1 项）			
12	粉尘呼吸防护装备	采用超细纤维的熔喷技术，开发复合型的低阻、高效、舒适、密封性好的新型防尘口罩，有效减低粉尘职业危害。	北京市劳动保护科学研究所等
（六）应急救援领域（共 3 项）			
13	矿用救灾指挥系统	（1）车载矿山救灾指挥系统：集成救灾现场气体实时监测、火灾与爆炸危险性专家软件分析、灾区图像实时监测、多功能救灾管线、抢险救灾指挥通讯于一体。（2）矿用救灾指挥装置：具有图像、语音、环境监测数据的传输、显示和存储功能；能将井下事故现场的图像、语音和环境数据实时上传到井下救援指挥基地和地面指挥中心，为救援指挥和事故调查分析提供重要信息。	煤炭科学研究总院沈阳研究院、中国煤科集团重庆研究院等
14	小型移动应急指挥系统	由单人携带，具有快速采集现场综合信息的能力，具备信息报送、音视频会商、协同标绘、应急通信等综合应用功能，是突发事件现场应急决策和指挥的重要工具，体现了“重心下移、关口前移”的应急管理理念。	清华大学、北京辰安伟业科技有限公司等
15	煤矿隐患预警与应急救援信息系统	煤矿井下隐患预警、排查治理信息系统，突发状态下紧急救援的信息系统，为我国煤矿安全生产提供信息技术保障。	国家安全监管总局通信信息中心、中国矿业大学（北京）、北京昊华能源股份有限公司等

三、一批推广的安全生产先进适用技术

序号	技术名称	技术简介	研发单位
（一）煤矿领域（共 7 项）			
1	煤层瓦斯含量参数快速测定技术	井下煤层瓦斯含量快速准确测定装置解决了硬煤压风取样温升加速瓦斯解吸、松软煤层取不到样或取样时间过长、损失量估算误差大的难题，实现了 120 米长钻孔定点取样，8 小时内快速测定瓦斯含量，测定误差小于 7%，可为瓦斯灾害防治快速准确提供重要基础参数。	中国煤科集团重庆研究院、煤炭科学研究总院沈阳研究院等
2	煤与瓦斯突出危险性预测技术	主要包括突出区域预测的瓦斯地质方法、常规静态指标预测技术、动态连续指标预测技术，提高煤与瓦斯突出预测准确性。	中国煤科集团重庆研究院、煤炭科学研究总院沈阳研究院、河南理工大学等
3	煤矿瓦斯高效抽采及煤层增透技术	（1）瓦斯抽放监测监控系统：具备对瓦斯抽放泵、水泵、管道阀门等设备的控制功能，可实现就地控制、集中控制及远程控制的相互切换；具有瓦斯混合量、纯量等累计量监测、计量、查询及显示，故障预警、自诊断、自动保护、故障闭锁等功能；具有多种通讯功能及各种保护措施。（2）瓦斯抽采技术：包括地面井采动区抽采卸压瓦斯技术、顺层钻孔预抽瓦斯技术、开采保护层抽采卸压瓦斯技术、采空区抽采瓦斯技术，可提高煤矿瓦斯抽采效果。（3）低透气性煤层增透技术：高压水力压裂技术、高压水射流技术、水力割缝技术，可显著提高煤层透气性和抽采效果。（4）瓦斯抽采计量监控系统：可实现瓦斯抽采浓度、流量等监测，为抽采达标提供依据。	晋城煤业集团、淮南矿业集团、淮北矿业集团、松藻煤电公司、郑州光力科技股份有限公司、中国煤科集团等
4	矿井水害快速治理技术	利用矿井水害突水水源快速探查、突水点（面）快速注浆封堵技术和装备，为被淹矿井的快速疏干恢复和安全生产提供有效技术保障。	天地科技股份有限公司
5	煤矿顶板安全综合监测预警技术	对不同开采条件下顶板动态多元参数进行关联分析，形成一整套顶板安全监测系统，提高顶板安全监测的准确性和及时性，防范顶板事故。	天地科技股份有限公司等

6	矿井安全提升综合保障技术	矿井提升安全保障关键技术及装备，包括变阻力制动缓冲托罐装置、摩擦提升系统装备调换装置、弹性防撞梁及缓冲托罐装置等。为保障提升系统运行安全提供重要技术保障，增强提升系统应对重大突发性故障的能力，减少提升系统事故。	中国矿业大学、徐州市工大三森科技有限公司
7	矿井通风安全保障技术	（1）通风网络智能化分析技术：可实现通风网络解算拟人化操作，适用于煤矿设计、生产矿井通风日常管理、通风系统优化、评价。（2）无煤柱开采 Y 型通风技术：可提高矿井通风系统的可靠性，为邻近层瓦斯抽采创造条件，有利于解决瓦斯上隅角超限问题。（3）抗冲击自动恢复式防爆门：可实现发生爆炸时防爆门被爆炸气流冲击打开，爆炸过后防爆门能自动复位、使通风系统恢复正常。	煤炭科学研究总院沈阳研究院、煤炭科学研究总院、煤矿瓦斯治理国家工程研究中心等
（二）非煤矿山领域（共 2 项）			
8	尾矿库细粒尾砂模袋法筑坝技术	针对矿山排放尾砂粒度越来越细，难以用传统方法筑坝的难题，采用模袋法固结尾砂，交错堆筑子坝，提升坝体安全可靠性，有效防范尾矿库溃坝事故。	北京矿冶研究总院
9	高含硫气田勘探开发安全关键技术	包括含硫气田井喷事故监测预警、勘探井与生产井安全评价、隔断式凝胶段塞堵漏，高含硫天然气开发用钻具等关键技术，减少高含硫气田生产事故。	中国安全生产科学研究院、中国石油大学、西南石油大学等
（三）危险化学品和烟花爆竹领域（共 2 项）			
10	危险化学品生产安全保障关键技术	化工设备网络化电化学及电感探针在线腐蚀监测技术及软件系统、动态 RBI 设备监测管理平台、人工误操作危险与可操作性（MO-HAZOP）分析技术、智能早期预警与自愈防范技术，提供急需的危险化学品生产安全保障关键技术。	北京化工大学

11	光气、二氧化碳、氯气等危化品快速监测预警技术	具有传感微痕量危化品的传感器芯片，适用于光气、二氧化硫、硫化氢、氯气等危化品快速监测，实现事故早期快速预警，避免事故发生。	重庆大学
（四）冶金等工贸企业领域（共 1 项）			
12	高炉炉缸炉底侵蚀诊断与结构安全评估技术	研究高炉适用过程中炉缸炉底内衬侵蚀形貌和剩余厚度，实现科学停炉，确保高炉安全生产。	东北大学
（五）职业卫生领域（共 1 项）			
13	粉尘浓度超限喷雾降尘技术	在测定粉尘浓度的同时，根据所要控制的粉尘浓度设限自动喷雾降尘，净化空气；通过光电感应传感器检测到是否有人通过喷雾面，并自动控制喷雾的启停。	中国煤科集团重庆研究院等
（六）应急救援领域（共 1 项）			
14	煤矿井下逃生及紧急避险技术	（1）紧急避难设施及配套装备，包括降温空调、空气净化装置、多参数气体检测仪。（2）可移动式救生舱。（3）压风自救系统。（4）矿用语音扩播系统。（5）60–90 分钟自救器。（6）避灾路线自动生成与指引系统。	中国煤科集团、北京科技大学等

四、一批安全生产技术示范工程

序号	示范名称	示范内容	实施单位
（一）煤矿领域（共 7 项）			
1	矿井煤与瓦斯突出防治关键技术示范工程	利用矿井防范瓦斯突出技术体系，建设深部矿井有效控制煤矿瓦斯事故的示范工程。	河南煤化集团、中平能化集团、重庆能投集团
2	地面钻孔抽采采动影响煤层及采空区瓦斯治理技术示范工程	利用钻孔施工过程中固孔、洗孔、测井等技术，大幅度提高瓦斯抽采量和抽采率，建立有效防范瓦斯突出事故的示范工程。	淮南矿区、淮北矿区、神华宁煤集团
3	煤矿高瓦斯矿井零超限瓦斯治理技术示范工程	建设地面井瓦斯抽采系统、井下区域性和局部瓦斯抽采系统、采动裂隙监测系统、矿井通风智能控制系统、瓦斯零超限风险预控管理体系等，为矿井瓦斯治理实现零超限提供技术和管理保障	天地王坡煤业有限公司、陕西煤业化工集团

4	煤矿采空区高精度综合勘探及三维建模技术示范工程	利用地震、电法勘探和地质雷达等综合探测技术，进行煤矿区地质构造、煤矿老窑采空区及其积水探测，和计算机信息系统构建煤矿高精度三维地质模型，建设煤矿安全生产可靠地质保障技术示范。	中国中煤能源集团有限公司
5	煤矿水害隐患探查与防治示范工程	利用地面高密度三维地震精细探测、井下三维电磁探测、注浆改造等技术，建设煤矿水害防治的示范工程。	陕西煤业化工集团、冀中能源集团
6	矿井顶板与地压灾害防治示范工程	利用矿井顶板与地压控顶、监测预警等灾害防治关键技术，建设防范顶板灾害事故的示范工程。	河南煤化集团、中平能化集团、重庆能投集团
7	矿井安全生产监管物联网应用示范工程	利用自主物联网技术，构建覆盖煤矿井下人员、设备、环境等的事故预防预警和应急处置系统，建立提高企业安全防护水平，提升企业事故预防预警和应急处置能力，促进煤矿企业与安全监管监察机构之间的信息交换与共享的示范工程。	神华集团、中煤能源集团、国家安全监管总局通信信息中心
（二）非煤矿山领域（共4项）			
8	采空区围岩变形支护结构风险监测预警示范工程	利用高速声纳探测传感器对含水采空区进行探测，提高采空区探测水平，建设防范采空区透水事故的示范工程。	中国五矿集团邯邢矿业有限公司
9	金属矿山井下安全避险系统建设示范工程	利用金属矿山井下建设监测监控、人员定位、紧急避险、压风自救、供水施救和通信联络等安全避险“六大系统”，建设提高安全避险能力的示范工程。	湖北三鑫金铜股份公司
10	尾矿库安全预警系统示范工程	利用尾矿库动态预警与决策关键技术，建设坝体安全在线评估预警、有效防范溃坝的示范工程。	江西铜业集团公司
11	地下金属矿山数字化建设示范工程	利用矿山安全管理数字化与信息化，结合井下安全避险“六大系统”和尾矿库监测系统，建设地下金属矿山安全管理数字化示范工程。	首钢矿业公司、北京首云矿业公司
（三）危险化学品和烟花爆竹领域（共2项）			
12	大型油罐区实时监测预警示范工程	利用油罐区重大事故防控环节的风险评估、雷击静电主要点火源控制、监测预警与应急处置技术，建设油罐区防范重大事故示范工程。	中国石化黄岛油库

13	烟花爆竹机械化生产示范工程	利用爆竹自动装药、组合烟花总装和礼花弹装球等技术装备，建设烟花爆竹机械化生产、提高生产安全水平示范工程。	湖南安全技术职业学院
（四）冶金等工贸企业领域（共1项）			
14	隐患排查治理信息化系统示范工程	利用建立连接各级安全监管监察部门和企业的隐患自查自报信息化系统，建立促进隐患排查治理工作的规范化和常态化示范工程。	国家安全监管总局通信信息中心、清华紫光公司等
（五）职业卫生领域（共1项）			
15	矿井综合防尘系统技术工艺及其装备示范	利用新型煤层注水技术及装备、新型高效湿润剂、液压支架全断面喷吸水幕控尘、综采(放)工作面动压注水技术与装备、综掘工作面封闭式控尘、泡沫除尘、自动化除尘、锚喷作业湿式喷浆系统等煤矿采掘工作面防尘成套技术与装备，建立煤矿井下综合防尘系统化应用示范。	大屯煤电（集团）有限责任公司
（六）应急救援领域（共1项）			
16	国家安全生产应急平台示范工程	利用建立国家事故灾难领域应急平台体系中枢及国家安全监管总局应急指挥等工作信息化平台，建设提高安全生产应急救援能力的示范工程。	国家安全生产应急救援指挥中心
（七）信息化领域（共2项）			
17	安全生产标准化信息管理系统示范工程	利用建立联接各级安全监管部门和企业的安全生产标准化达标信息管理系统，实现企业安全生产标准化达标工作的网上申报、业务办理、达标情况考核及评审管理等功能，为动态跟踪检查企业安全生产标准化达标进展情况提供信息化支持。	国家安全监管总局通信信息中心
18	安全培训远程教育平台及管理系统示范工程	利用建立联接各级安全监管监察部门、培训机构的管理系统，实现优质资源共享和泛在学习，“三项岗位人员”计算机考试，以及有关人员管理、证书查询、统计报表、督查检查等的信息化。	国家安全监管总局培训中心、燕山石化教育培训中心

国家安全监管总局关于进一步加强安全生产应急平台体系建设的意见

安监总应急〔2012〕114 号

各省、自治区、直辖市及新疆生产建设兵团安全生产监督管理局,各省级煤矿安全监察局,有关中央企业:

安全生产应急平台(以下简称应急平台)体系建设是应急管理的一项基础性工作,是安全生产信息化建设的重要抓手,对于建设更加高效的应急救援体系,有效预防和应对事故灾难具有重要意义。近年来,各地区、各单位认真贯彻国务院关于加强应急平台体系建设的一系列决策部署和指示要求,加强规划、加大投入、狠抓落实,应急平台框架体系初步形成,建设成效不断显现,但也存在着应急平台建设发展不够平衡、工作体制不够一致、应用功能不够完善、运行机制不够健全等问题。为全面落实《安全生产"十二五"规划》(国办发〔2011〕47 号)的有关要求,进一步加强应急平台体系建设,提高整体建设水平,现提出如下意见:

一、牢牢把握应急平台体系建设的目标要求

(一)指导思想。以邓小平理论和"三个代表"重要思想为指导,深入贯彻落实科学发展观,牢固树立科学发展、安全发展的理念,坚持"安全第一、预防为主、综合治理"的方针,按照工作体制统一、系统功能完备、基础设施配套、制度机制健全的原则,以实现互联互通和信息共享为重点,以强化科技支撑为手段,以提高应急管理效率为目的,加强建设统筹、加大投入力度、周密组织实施、严格落实责任,全面推进应急平台体系建设。

(二)建设目标。到2015年底,国家、省(区、市)、市(地)和高危行业中央企业、国家级应急救援队伍的应急平台建成率达到100%,重点县(市、区)、高危行业地方大中型企业的应急平台建成率达到80%以上,基本实现互联互通和信息共享。

1. 国家、地方应急平台建设:2013 年,全面推进国家和省级安全监管监察机构应急平台建设,并在"金安"工程专网框架下展开互联互通工作,组织应急平台业务对接和数据汇总、交换、共享等建设;市(地)和重点县(市、区)完成应急平台建设前期规划、立项、审批等工作。2014 年,市(地)和重点县(市、区)全面启动建设项目;深化应急平台业务对接和数据汇总、交换、共享等建设工作。2015 年,完成应急平台各项建设任务。

2. 高危行业中央企业、地方大中型企业应急平台建设:2013 年,按照有关标准完善应急平台功能,高危行业中央企业总部展开与国家应急平台的网络联通工作;2014 年,高危行业中央企业总部实现与国家应急平台数据交换、信息共享,高危行业地方大中型企业按照属地原则完成与安全监管监察机构应急平台的网络联通工作;2015 年,企业与安全监管监察机构应急平台实现互联互通。

3. 国家级应急救援队伍应急平台建设:重点

加强21支国家（区域）矿山应急救援队、20支国家（区域）危险化学品应急救援队和国家危险化学品救援技术指导中心的应急平台建设。2013年，展开应急平台终端采购、上线调试、支撑环境建设等工作；2014年，完成应急平台终端与国家应急平台网络联通、数据交换、信息共享等工作；2015年，建成国家级应急救援队伍应急平台体系。中央和地方财政支持的国有大中型企业应急救援队伍，也要参照上述目标要求抓好应急平台建设，逐步加入应急平台体系，实现互联互通。

（三）基本要求。积极适应安全生产应急管理工作需要，紧紧围绕“统一指挥、反应灵敏、协调有序、运转高效”的应急管理机制，加强应急平台体系建设。

一是坚持整体筹划。注重站在应急平台体系建设的全局上统筹本地区、本单位的应急平台建设工作，搞好整体设计，科学配置资源，突出建设重点，确保建设方向明确、上下目标一致、技术标准统一、全面协调推进。

二是坚持先进实用。积极学习借鉴国内外应急平台建设的先进理念和成熟经验，充分利用现有建设成果，有重点地引进先进技术装备，运用物联网和云计算等新技术，加大集成创新力度、优化系统综合功能，增强应急平台的实用性、稳定性和可靠性。

三是坚持综合配套。既要重视应急平台支撑环境、指挥场所、基础设施等硬件建设，更要重视应急平台应用系统、信息资源、制度机制等软件建设，最大限度地发挥应急平台的信息化优势，实现日常业务需要与应急救援需要的有机统一。

四是坚持互联互通。利用“金安”工程专网和无线通信技术贯通应急平台网络，实现国家、省级、市级、重点县、国家级应急救援队伍、中央企业、地方大中型企业的应急平台数据、语音、图像、视频等的交互共享。

五是坚持安全可靠。高度重视应急平台信息安全，合理区分不同层级、不同行业信息系统的安全防护等级，建立安全防护机制，在网络隔离、信息控制、密码网关、容灾备份等方面综合施策，保证应急平台稳定可靠、安全运行。

二、进一步突出应急平台体系建设重点

（四）优化综合应用系统。注重在应急平台体系架构下加强各地区、各单位应急平台综合应用系统兼容工作，优化设计方案，明确建设内容，实现技术体制和标准规范的相对统一。进一步完善综合应用系统的应急值守、预测预警、调度指挥、综合研判、辅助决策和总结评估等功能，按照应急管理的工作制度、办事程序、业务流程等要求，搞好综合应用系统与实际工作业务的有机衔接，不断提高应用效能。改进综合应用系统用户界面，科学定制业务分类，做到简洁明快、美观易用。

（五）完善数据库系统。按照条块结合、属地为主的原则，依据应急平台体系数据库的顶层设计标准，建立健全应急信息、应急预案、应急资源与资产、应急演练和培训、应急资质评估、应急统计分析、事故应急救援案例、应急政策法规、应急决策与模型、应急空间信息等数据库。全面规范库表分类和结构设计，形成相互兼容、信息共享、扩展性强的业务数据库。各地区、各单位要充分利用“金安”工程和其他安全生产、应急管理数据资源，不断提升本级的数据质量。建立数据采集、交换和汇总机制，指定负责部门，明确职责要求，确保数据动态更新、准确有效。

（六）建设移动平台系统。要结合安全生产应急救援工作需要，进一步加强移动平台建设，实现对事故灾难现场信息实时采集和监测，为各级领导机关指挥救援提供决策依据。按照应急平台技术体制，研究开发基于移动平台的数据库、应用软件和通信设备，完善情况标绘、数据交换、双向通信、远程视频会商等功能，通过接入应急

平台，实现事故灾难现场与各级指挥机构的无缝对接。要增强移动平台在恶劣天候、复杂自然环境下的应急通信能力，结合实际有针对性地选配大、中、小不同类型的移动平台。

（七）贯通网络通信系统。安全监管监察机构的应急平台要与“金安”工程专网联通。高危行业中央企业总部要完成与国家应急平台、地方大中型企业要完成与属地安全监管监察机构应急平台联通的任务。要建立应急平台体系通信联络调度机制，定期对所属应急平台联通情况进行检测，确保其始终处于良好的技术和备用状态。要按照相关通信标准，统筹规划应急平台接入的无线通信信道和技术指标，确保各类移动通信设备能够随时加入应急平台网络，执行应急救援、演练等相关任务。

（八）加强安全保障系统。严格遵守国家保密规定和信息安全规定，依托“金安”工程专网信息安全保障体系，利用技术和设备等手段，完善应急平台安全管理制度和防范策略。按照信息安全等级保护要求对应急平台进行定级备案，加固和优化主机、网络、服务器及应用系统的安全性能。加强应急平台关键系统和数据的容灾备份，以及供配电、空调、防火、防雷的安全防护和网络机房等的安全检测，不断完善安全管理机制。

（九）配套应急指挥场所。各级安全监管监察机构要立足于提高应急指挥协调能力，加强指挥厅、值班室、会商室、会议室、休息室等应急指挥场所的配套建设。合理规划布局，按照指挥机构组成和处置不同类型事故的要求预置各类人员工作席位。加强指挥场所设备建设，运用综合集成的思想加强指挥场所显示、音响、控制、照明、供电和安全保障等系统建设，搞好综合布线，配好设备器材，满足值守应急、异地会商和指挥调度的需要。

三、健全完善应急平台体系运行管理机制

（十）明确管理责任。要切实发挥应急管理机构在应急平台运行管理中的责任主体作用，进一步强化指导、协调和监督、检查职责，建立适应全国和各地区安全生产应急管理、应急救援需要的应急平台运行管理体制。各地区、各单位要根据本级应急平台业务功能区分，落实相关职能部门的应用和数据库维护等责任，进一步明确应急平台日常管理机构和运行维护机构，定岗、定责、定人。

（十一）健全工作制度。要建立情况通报制度，适时研究应急平台体系运行管理工作，总结经验，查找问题，落实整改措施。建立联调联通制度，按照自上而下的方式，定期组织体系内的应急平台值守点名和调度数据、音视频信号。建立数据交换制度，按照自下而上的方式，逐级上报应急管理、救援等相关数据，及时更新数据。建立维护管理制度，定期检测设备设施和软件系统，组织维修更新，确保应急平台体系始终处于良好运行状态。

（十二）搞好人员培训。要通过专题讲座、业务学习、技术交流等形式，做好应急平台技术推广应用工作。加强信息化知识学习，提高各级各类应急管理人员的信息化工作能力。强化应急平台应用技能学习，使各级安全监管监察应急管理机构的全体人员熟练掌握系统功能要求，并结合实际工作岗位熟练操作。特别要加大对应急平台运维技术人员的培训力度，不断提高专业保障能力。

四、充分发挥应急平台体系建设的综合效益

（十三）加强日常业务应用。要采取有效措施，真正让应急平台运转起来，充分发挥其自动化、智能化的作用，将应急平台应用作为处理业务、协调工作、发布信息的常态化工作模式，切实提升工作效率。要注重在应用中改进应急平

台系统功能，实现与传统工作方式、文电处理流程、资料归类存档等要求的有机统一。深入开展以应急平台应用为重点的岗位达标活动，并逐步将其纳入单位和个人年度工作考核评价范畴。

（十四）强化预测预警作用。要充分发挥应急平台的信息集成、辅助决策和监测监控作用，利用专业预测分析模型，及时掌握安全生产突发事件、重大危险源和自然灾害等信息，科学预测其影响范围、危害程度、持续时间和发展趋势，及时发出风险预警信息，提高风险防控能力。高危行业中央企业和地方大中型企业要以重大危险源防控为重点，加强应急平台数据采集和监测监控工作，认真做好经常性的应急处置准备。

（十五）突出应急指挥功能。要切实利用应急平台虚拟仿真技术和信息集成优势，在真实的安全生产事故灾难场景中组织应急救援行动预案演练，不断提高信息化条件下的应急救援指挥能力。要注重把应急平台信息优势转化为应急指挥决策优势，综合运用应急平台视频会议、异地会商、现场侦测、资源管理、辅助决策等功能，快速预警研判、科学组织实施、有效跟踪管理，实现指挥协调与信息管理、救援力量与救援行动的有机衔接，最大限度地减少人员伤亡和财产损失。

五、加强对应急平台体系建设的领导

（十六）统筹推进工作。认真贯彻落实《安全生产“十二五”规划》和《安全生产应急管理“十二五”规划》（安监总应急〔2011〕186号）的有关要求，加强统筹兼顾，凝聚建设力量，严格时间节点，全面协调推进。要结合落实《国家发展改革委国家安全监管总局关于印发安全生产监管部门和煤矿安全监察机构监管监察能力建设规划（2011—2015年）的通知》（发改投资〔2012〕611号）精神，进一步细化建设目标、分解建设任务、落实保障措施，加快推进建设进程。要切实加强应急平台建设规划和建设方案的评审论证工作，搞好与应急平台体系建设相关标准和规范的衔接。省级应急平台规划和建设方案要报国家安全生产应急救援指挥中心备案。

（十七）整合建设资源。各级安全监管监察机构要加强调研，全面掌握辖区内应急平台建设资源现状，充分利用已建成的信息化基础设施和重大危险源管理系统，做好与应急平台的综合集成工作，厉行资源节约、避免重复建设、提高建设效益。高危行业中央企业和地方大中型企业要注重整合现有的预防监测、预测预警、指挥调度、应急处置等系统，不断完善应急平台整体功能。

（十八）加大投入力度。安全监管监察机构要积极协调发展改革、财政等职能部门加大政策和资金支持力度，将应急平台建设列入政府信息化建设重点项目和财政预算；高危行业中央企业和地方大中型企业要严格落实企业主体责任，将应急平台建设纳入企业安全生产费用中予以保障。要解决好应急平台运行经费保障问题，将其纳入单位日常支出预算范围，确保维护、管理和执行任务需要。

（十九）加强人才建设。要着眼应急平台体系建设长远发展，加强专业人才队伍培养，注重选拔政治意识强、信息化知识丰富、专业基础扎实、组织协调能力较强、志愿从事应急救援专业的中青年干部，充实应急平台体系建设队伍。要注意为人才队伍搭建锻炼成长的平台，进一步优化队伍结构、完善激励机制，全面提升人才队伍的专业素质。

（二十）强化组织协调。各地区、各单位要把应急平台体系建设作为一项紧迫的任务摆上重要议事日程，成立领导机构，落实建设责任，抓紧研究解决重点难点问题，打破常规、创新方法、强力推进，确保按时圆满完成各项建设任务。要注意用试点工作推动建设，为全面铺开应急平台建设提供示范借鉴。要加强督导检查，做好应急平台的安全测评、系统验收、运行管理等工作。

国家安全监管总局

2012年9月6日

科技之光 智惠塔山

塔山煤矿公司自2006年5月开始信息化工程建设以来，经过数年的扩展建设，企业数字化信息网络完成覆盖井上下整个矿区。

一. 局域网络

塔山矿局域网络采用星形拓扑结构，通过配置使用各类思科交换机，以Honyewell的FTE冗余容错方式使办公区域的网络覆盖率达100%，另外为实现移动办公，我们还为地面办公场所覆盖了WIFI无线网络，实现了全公司网上办公及Internet网信息共享。

二. 监测监控及通讯系统建设情况

按照煤矿安全工作的要求和矿井生产的实际需要，建设完成了较完备的各类自动化监控系统。主要包括：

1.井下环境监控系统、洗煤厂瓦斯监控系统

塔山矿监测监控系统除以安装瓦斯传感器为主外，还安装了一氧化碳传感器、温度传感器、风速传感器、设备开停传感器、馈电传感器、风门传感器、风筒传感器、粉尘传感器等，是一个监测监控井下环境的一个综合性监测监控系统。

2.工业电视监控系统

塔山矿工业电视监控系统，是建立在一个基于光纤传输、数字技术处理和计算机网络的多路实时数字化监控系统。塔山煤矿矿井工业电视系统利用光纤作为传输介质，将煤矿井下、地面共计30余套摄像仪的图像传输至调度指挥中心，以此实现对井上、下主要生产环节、重要设备及关键岗位的实时工况监视和记录。（见附图1）

附图1

附图2

附图3

3.束管监测系统

塔山矿束管监测系统采用北京安菲斯公司提供的06-CTKX/2326106束管监测系统，系统可实现井下12种气体监测分析，包括：N_2、C_2H_4、C_2H_6、C_2H_2、C_3H_8、C_4H_{10} 、He、CO、CH_4、CO_2、O_2、H_2等气体，是煤矿防、灭火的重要防范设施。（见附图2、附图3）

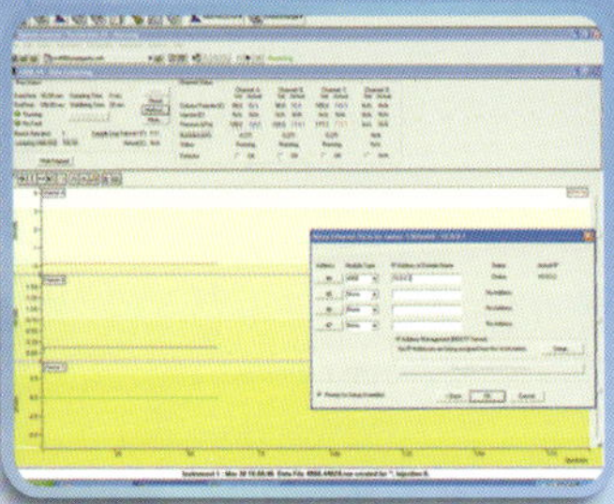

4.紧急呼叫系统

该系统以中心机房为中心，主要用于用于日常的安全、生产指挥及紧急救援指挥。（见附图4）

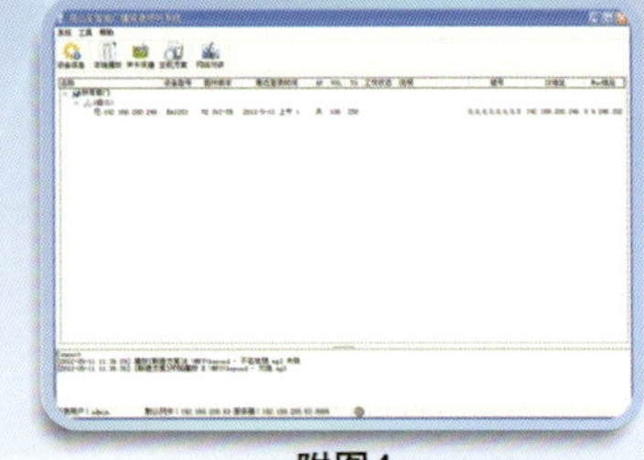

附图4

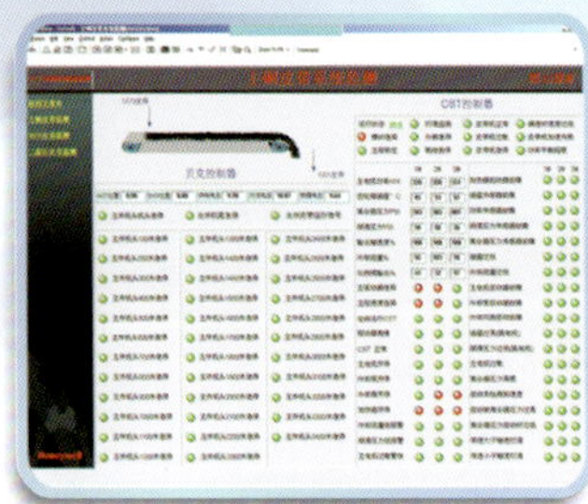

附图5

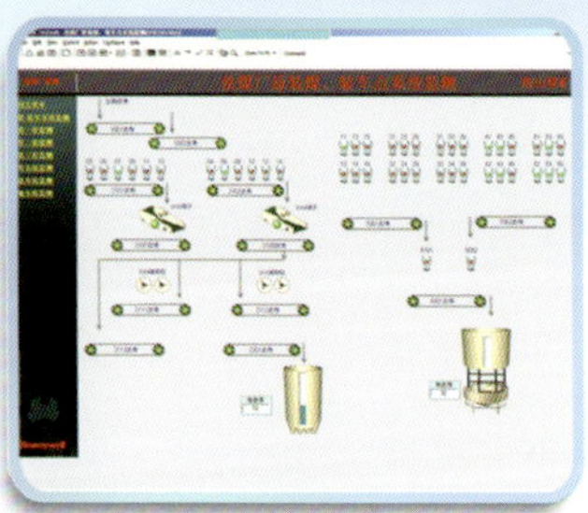

附图6

5.设备监控系统

该系统将整个矿井各系统的关键设备运行状况及时反映到调度指挥中心，方便了矿领导和管理人员对运行情况的了解和掌控，为指挥生产、安全、避免事故的发生，提供了重要保障。（见附图5、附图6）

6.综采工作面顶板及支护监测系统

在井下安装了综采工作面支架工作阻力在线监控系统，并在综采面顺槽安装了顶板离层监控系统，实现了对顶板状况24小时不间断在线监控。(见附图7、附图8）

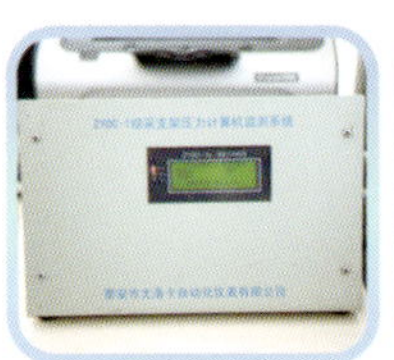

附图7

附图8

7.MDS矿用无线通讯、定位系统系统

该系统同时具备定位功能与无线通讯功能。该系统由OMC2000调度机、PC版终端软件、PDA版终端软件、OMC2000-PCT专用调度台、模拟话机、定位芯片、USB话机、IP话机、ATA等软硬件组成；是一套完整的基于WIFI网络基础的信号通讯解决方案。

（见附图9、附图10）

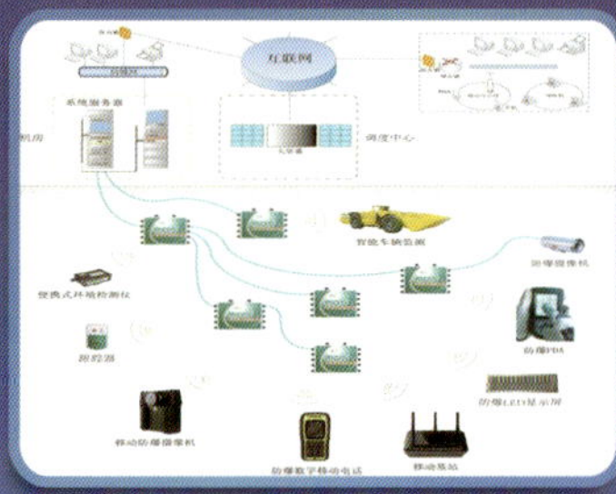

附图9

附图10

8. 产量监测系统

塔山矿在各综采面皮带顺槽、主井皮带、选煤、运销均安装了电子皮带秤，形成了整个运输系统的产量监测系统，及时将矿井及各环节的运量数据上传调度指挥中心。（见附图11）

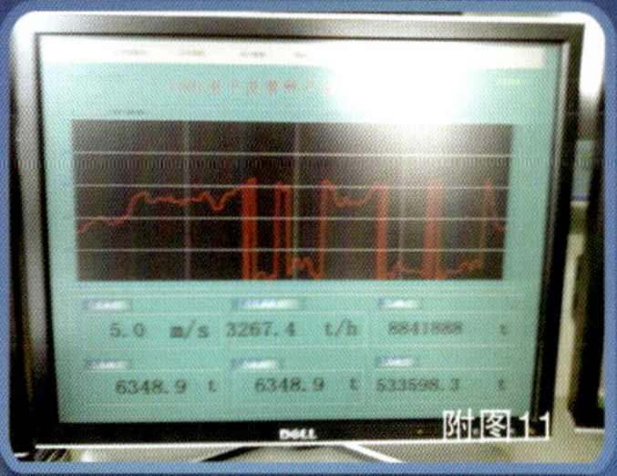

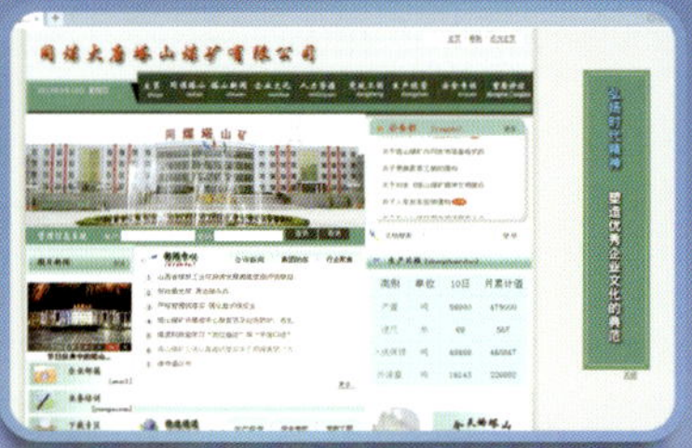

附图11

三、软件系统的开发应用情况

1、建立了企业内部网站

我们建立企业内部网站（见附图12）

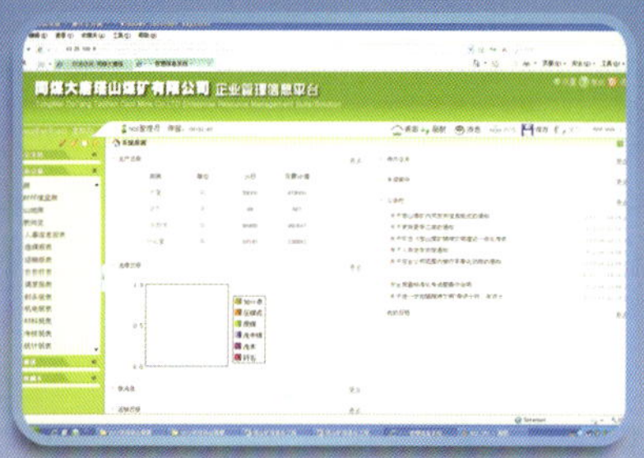

附图12

2、综合管理信息系统（MIS系统）

包括：生产、安全、调度、选煤、运销、统计、考核、机电、材料、财务、地测、人力资源及各监控系统等的相关信息。（见附图13）

附图13

3、建立了三维模拟全息数字化矿山系统

该系统以地测数据为基础生成塔山矿井上下的三维地形地貌和井下巷道的分布模拟图形，并将前述多个监测监控系统及各类设备、设施集成在该系统之中，形象化的展示各监控系统的实时数据、设备、设施的安装位置和运行状况。

（见附图14、附图15）

附图14

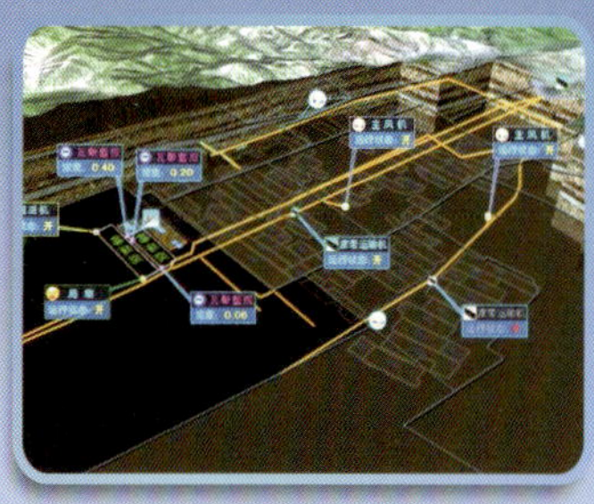

附图15

4、建立完善了邮件系统

5、开发建设了包括劳资、组织人事、培训等业务管理的“人力资源管理系统”

6、地测部门使用龙软的绘图系统及财务部门使用用友财务系统

7、按集团公司要求安装了“员工业务培训系统”

8、完善了“员工订餐系统”、“工资查询系统”等

另外，在局域网内还建立了数个FTP站点，安装了“网即通”通讯软件工具，以方便信息的交流、传递。

四、信息化工作愿景

实现矿井生产运行方式由数字化向智能化的跨越式发展。围绕集约高效，绿色智能矿山主题，最终建成“综采自动化、主运集控化、通风智能化、供电远程化、管理信息化”的企业，实现科技强企的最终目标。

大同煤矿集团有限责任公司四台矿

大同煤矿集团有限责任公司四台矿位于山西省大同市境内，井田面积65.4584平方公里，设计能力为500万吨/年，于1991年12月13日正式投产，是国家“七五”重点建设项目，目前是集团公司主力生产矿井之一。多年来，该矿紧紧围绕“以打造数字化、智能化、自动化矿山”为目标，充分应用了计算机技术、网络技术，实现了煤矿的安全生产、设备监控和经营管理等信息的有机集成，并通过在实际安全生产过程的自动化、管理流程的信息化，使生产计划及经营管理更加科学合理，开创了安全、高效、绿色和可持续的煤炭新型开采模式。具体工作如下：

1、研究开发了矿井数字信息与可视化建设矿井“3DGIS数字矿山”示范工程，是山西省首家通过了现代数字化矿山验收的煤矿企业。

3DGIS数字矿山基础信息平台

地面漫游

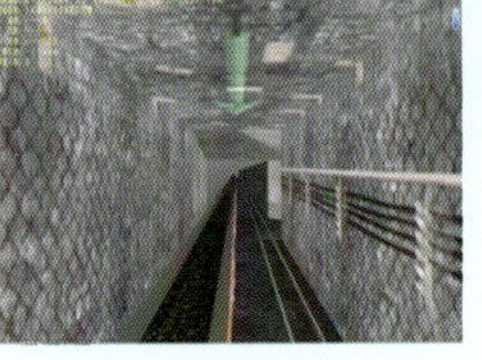

主运系统

工业广场

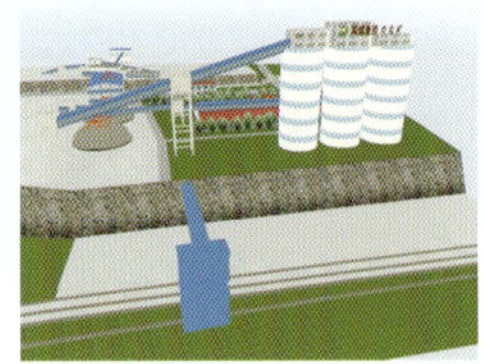

工业广场

回采工作面

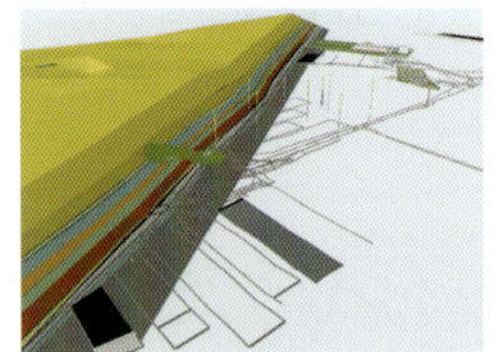

地层剖面

2、研究开发了煤矿高速、可靠和经济的宽带综合网络系统，推进了矿井计算机应用及网络管理。

门户网站

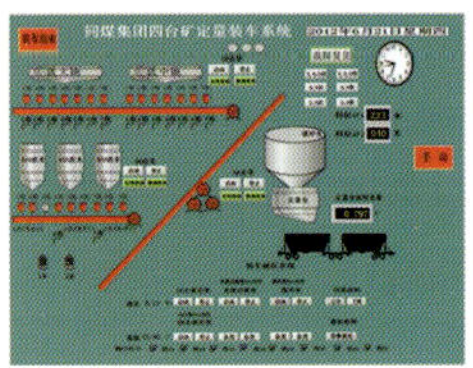

定量装车系统

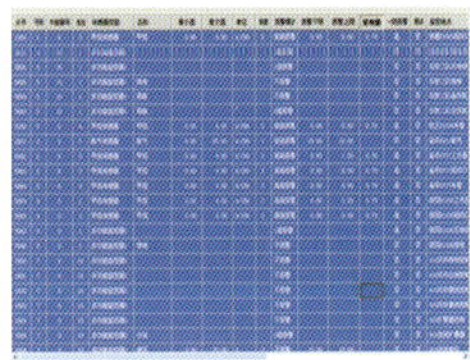

KJ86瓦斯监测系统

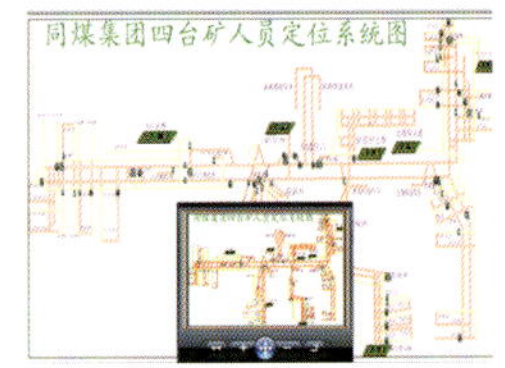

KJ69 人员定位系统

KSJ 大型设备监控系统

3、研究开发了适应煤矿井下环境的数字信息网络综合自动化监测监控技术与装备，加快了煤矿安全、生产、调度和运销的信息网络系统建设。

调度指挥中心

信息化办公环境一

信息化办公环境二

KSJ大型设备监控中心

矿灯智能监测系统

网络中心

信息化办公环境三

信息化办公环境四

同时结合企业自身的特点，按照“总体规划、分步实施、标准统一、资源共享、重在应用”的原则，该矿制定出了切实可行的数字化矿山规划方案，实现了数字化信息技术指导煤炭安全生产。随着信息化技术不断发展，该矿在今后的煤炭信息化发展步伐中，要积极向信息扩展、信息共享、高度集成、综合应用、自动控制、预测预报、智能决策的方向发展。

山西霍尔辛赫煤业有限责任公司

省市县领导到公司视察指导工作

感知矿山示范工程启动仪式

调度信息指挥大厅

霍尔辛赫矿井是2007年国家发改委核准建设的重点煤矿项目，2011年10月通过竣工验收，年底正式投产，矿井年生产能力核定为300万吨，在山西省煤矿资源兼并重组整合中，属单独保留矿井。

霍尔辛赫井田面积71.39平方公里，位于山西省长子县。矿井主采3号煤层，平均厚度5.65米，属不自燃煤层，煤尘具有爆炸性，高瓦斯矿井。3号煤层地质资源储量53734万吨，可采储量23519万吨，服务年限为60年，项目总计完成投资27．191亿元，煤的种类为贫煤。配套建有300万吨/年规模的选煤厂和铁路专用线。

矿井工业广场位于长子县丹朱镇南鲍村北，占地面积445亩，办公培训中心设在长子县城，距工业广场4公里。矿井开拓方式采用立井单水平分区式开拓，广场内设有主、副、风三个立井，井筒平均深度515米。主要运输方式为胶带输送机，设备、材料等辅助运输采用无轨胶轮车，采煤方法选用长壁综采放顶煤工艺，通风方式为中央并列式。

山西霍尔辛赫煤业有限公司成立于2006年，由山煤煤炭进出口有限公司、山西粤电能源有限公司、山西凌志达煤业有限公司按51：30：19的比例共同出资组建，资源整合主体是山西煤炭进出口集团有限公司。

霍尔辛赫矿井建设标准，立足于国内先进，省内一流。整个建设历程，是方案、工艺、设备选型和工程设计不断优化的过程，特别是在机械装备方面，注重技术先进和安全可靠相统一。综采、提升、运输、通风和安全，以及洗选等设备等均选用国内一流产品，部分关键设备从国外引进，有着良好的信息化发展的软硬件基础。

山西霍尔辛赫煤业有限公司作为现代化矿井的典范，已顺利通过省一级安全质量标准化和国家本质安全型矿井达标验收。一流的装备与现代化的管理使霍尔辛赫煤业有限公司成为国家首家“感知矿山”示范工程实施地，该示范工程既是国家科技支撑计划示范项目及国家安全生产总局示范项目，也是矿山物联网最新研究成果的展示，霍尔辛赫煤业有限公司借“感知矿山工程”实施的东风，秉持“科技兴安”的理念，在科技投资上不惜代价，形成覆盖井下的综合自动化系统，人员定位系统，无线通讯系统、瓦斯、水文地质监测系统。目前，各系统运行稳定，保障监控安全有效。按照国家相关规范和标准明确了安全运行和维护责任，保障安全生产有序运行。

KJ698 煤矿智能供电自动化系统

www.tn-sp.com

企业价值观：明道立企 厚积薄发

企业宗旨：科技服务电力 人才铸造品质

企业文化：真诚 自律 自强 自尊

伴随着煤矿采掘、提升与洗选装备机械化、自动化水平的快速提高，地面、井下用电设备的数量和功率也在大幅提升；复杂的供电网络使定值整定更加困难、大容量瞬间冲击负荷所造成的电压波动与相间电压的不平衡、大容量变频设备产生的 N 次谐波能量对供电质量和供电线路快速老化的影响、煤矿井下特定的生产环境等因素，无时无刻不在冲击着“煤矿供电可靠性”这一脆弱的话题。如何妥善解决受“越级跳闸、选择性漏电误动、失压群跳”等诱因引发的煤矿井下或地面大面积停电事故已经成为当前煤矿企业、煤炭安监管理部门和设备制造企业亟待解决的课题。

煤矿 10/6kV 供电系统相比电力行业的城区配电网系统要落后 2-3 代，原因是煤炭行业在地面 / 井下供电系统中的二次测控保护自动化专业领域受技术标准门槛偏低、没有规范化的专业技术标准之影响，加之二次自动化产品受一次设备厂家或成套设备厂家主导，则形成了全矿区的二次自动化配套产品互为孤岛，难以形成无通讯障碍的一体化供电管理系统，更谈不上实时的煤矿供电监控系统，煤矿供电的“安全隐患”则无法彻底地解决。

KJ698 煤矿智能供电自动化系统是我公司针对煤矿供电系统中普遍存在的突出问题而专门研制的新型智能供电系统。该系统以“提高煤矿供电可靠性”为目标，以 IEC61850 为理论基础，全面引入电力系统在智能变电站、智能配电网领域的相关规范、技术、产品和经验，针对 10/6kV 煤矿一体化供电系统（地面变电所、井下中央变电所、井下移动变电站、井下隔爆开关）的智能化管理与监控统一技术标准和规范，利用井下防爆通讯分站接入低压供电设备的信息，实现了全矿井供电网络一体化判断与管理。它不仅强调把系统运行情况、设备运行情况、管理操作、故障对系统影响等全透明化的与运行管理人员进行交互，更注重全系统设备应对故障、操作等事件时 “快速识别、快速定位、快速隔离与智能转供” 的一体化响应，使所有设备同时对一个事件进行分析决策，使保护动作不再孤立依赖本间隔电流电压而是利用神经网络技术使其面向全系统的所有数据，从根本上提高供电可靠性。该系统采用标准的对外接口为矿井各系统的协同互动、综合处理提供了共享数据源，为未来建设智慧矿山提供了基础信息平台。

国内电力自动化领域经过近 30 年的发展至今，决定引入 IEC61850 国际标准，推动智能化电网的建设，目的是要提高输、配电网的运行可靠性，代表着电力系统自动化领域发展的必然趋势。IEC61850 的核心思想是：利用自描述技术实现了设备之间的 “相互定义、相互通讯、相互操作”，并确保了不同厂家的设备和系统保持通讯规约的一致性；基于 100M/1000M 高速以太网的直接接入，真实地实现了煤矿地面、井下一体化供电监控系统的实时“监测与控制”，而非在 CAN 总线或 RS485 通讯支持下所实现的实时“监测”。 无带宽瓶颈、无规约瓶颈是煤矿供电系统智能化的前提和基础。

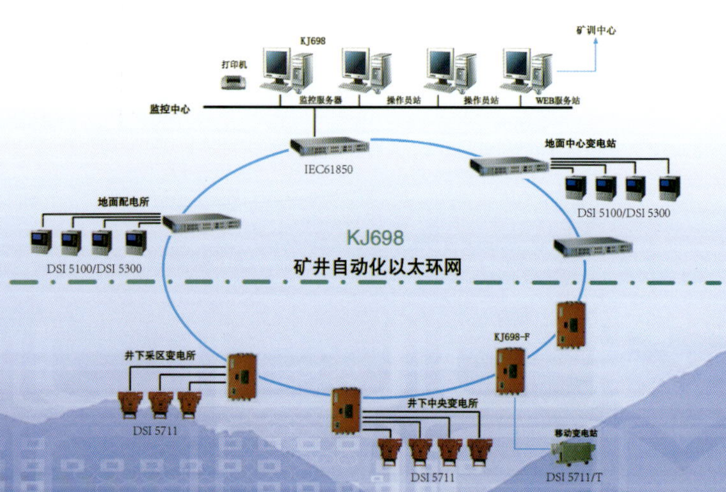

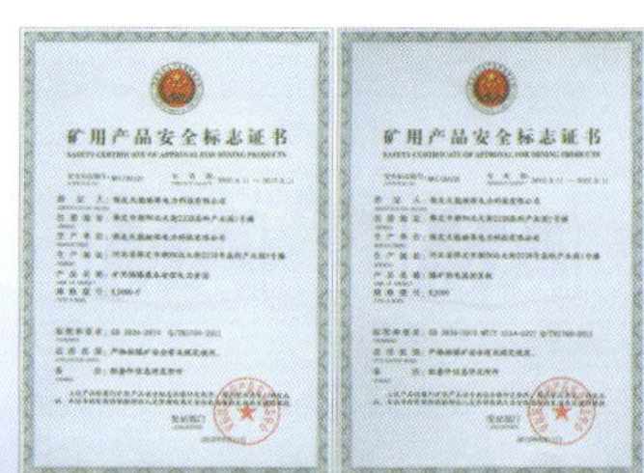

KJ698、KJ698-F 矿用产品安全标志证书

- KJ698 煤矿智能供电监控中心
- DSI 5100 地面变 / 配电所综合自动化解决方案
- DSI 5300 地面变 / 配电所智能变电站解决方案
- DSI 5711 矿用智能开关保护测控装置
- DSI 5711/T 移动变电站智能开关保护测控装置
- KJ698-F 矿用隔爆兼本质安全型通讯分站（网络交换机）

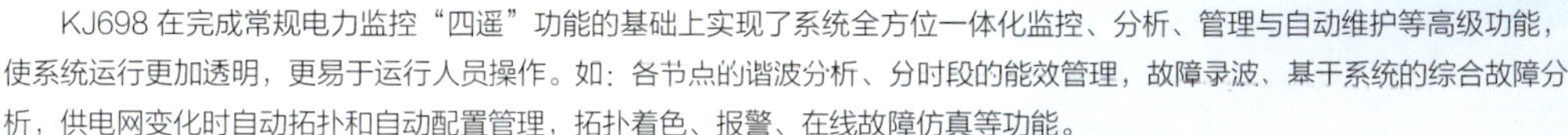

KJ698在完成常规电力监控“四遥”功能的基础上实现了系统全方位一体化监控、分析、管理与自动维护等高级功能，使系统运行更加透明，更易于运行人员操作。如：各节点的谐波分析、分时段的能效管理，故障录波、基干系统的综合故障分析，供电网变化时自动拓扑和自动配置管理，拓扑着色、报警、在线故障仿真等功能。

彻底解决越级跳闸问题

无需任何附加设备、附加工程，几乎不增加任何动作延时即可彻底解决越级跳闸问题，不仅解决联络线故障越级跳闸问题也解决母线故障的越级跳闸问题；不仅解决故障越级跳闸问题也解决空投变压器、电动机启动引起的越级跳闸问题。

利用IEC61850的GOOSE技术使系统在故障或操作瞬间所有相关设备进行高速信息交互并结合网络拓扑情况进行快速动作决策，首先进行故障定位，然后命令最靠近故障点的开关切除故障，进而避免错误的动作行为发生，保护动作更多的依赖于全网络的综合信息而不再仅仅受本装置电流定值的限制，降低了定值整定造成的风险。如下所示，考虑极限情况线路末端短路仅靠电流定值无法满足选择性，所有流过故障电流的保护装置均能启动速断保护，本保护装置速断启动同时向上级发出闭锁信号，同时检测下级是否有闭锁信息发出，在5~10ms内如果检测到下级闭锁信息则闭锁速断出口200ms，否则立即出口跳闸。

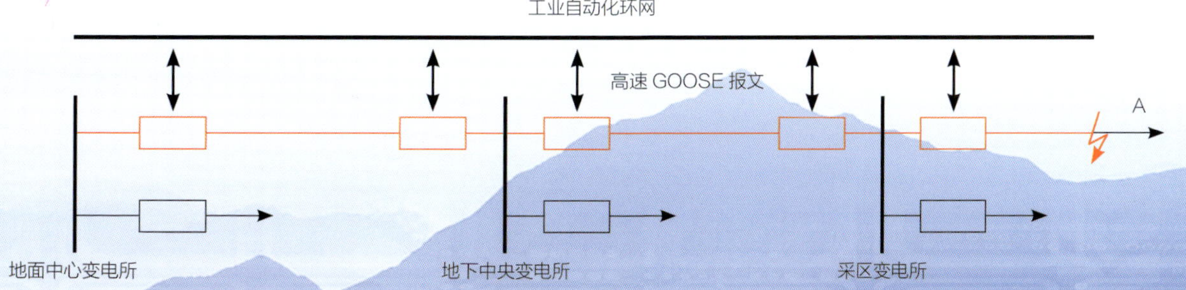

当前各种防越级跳闸解决方案特性比较：

项目	电力监控	光纤纵差	集成保护	KJ698 智能供电
基本原理	利用保护器的动作空接点进行逐级闭锁	利用线路两段电流平衡原理实现联络线保护	采集全部配电点电压、电流，综合判断	各配电点设备快速交换信息实现先定位后动作
建设方式	更换所有相关保护器，连接全部有闭锁关系的保护器电缆或光缆	额外配置光纤纵差设备，建设专用光纤	更换所有相关保护器为数据采集设备，所有间隔架设专用光纤到地面，增加集成保护主机	更换所有相关保护器，利用原有工业自动化环网实现通讯
专用光纤通道	部分需要	需要	需要	不需要
专用电缆连接	需要	不需要	不需要	不需要
额外保护装置	不需要	增加差动保护	增加集中保护	不需要
数据同步	不需要	不需要	需要	不需要
防越级范围	进线、母线	进线	进线、母线	进线、母线
施工复杂程度	复杂	复杂	复杂	简单
设备维护	供电网络变化需更改接线	专业维护人员维护	专业维护人员维护	常规维护方式

准确的单相接地选线 / 选择性漏电

采用创新型的信号源技术大幅度提高单相接地 / 漏电时选线的准确度，尤其适用于中性点经消弧线圈接地方式。由于单相接地故障（漏电）时故障电流很小且 10/6kV 线路网络复杂，使常规的接地选线和选择性漏电功能失灵。KJ698 采用在消弧线圈两端并接辅助信号源技术在保证安全的前提下放大单相接地的故障特征，同时井上井下保护设备结合系统拓扑进行综合判断可以把接地点准确定位到区段，并通过选择告警或跳闸，减少停电时间，提高供电可靠性。

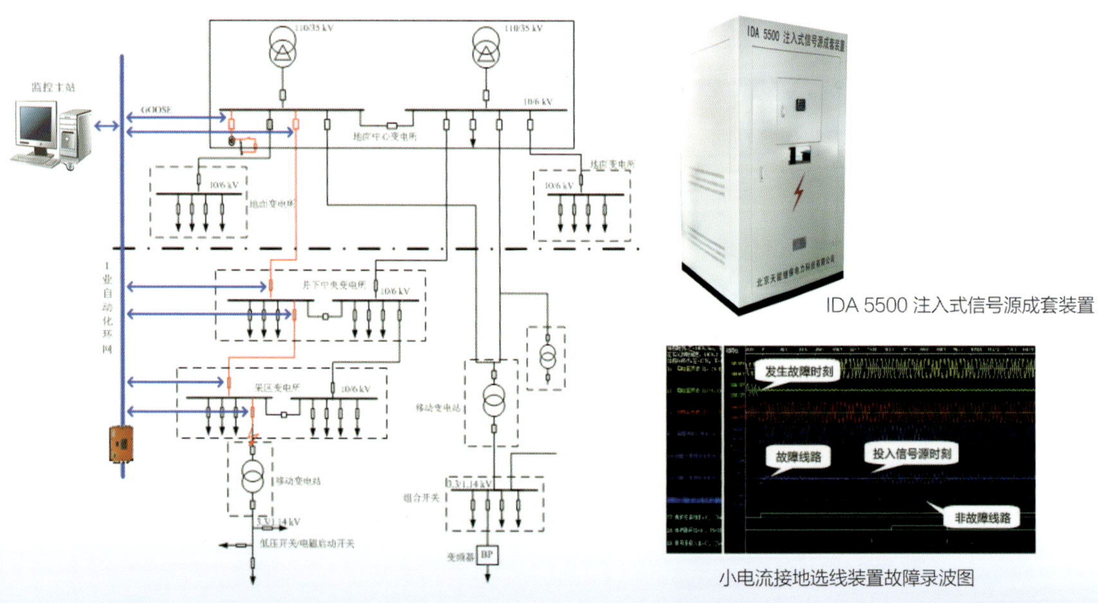

IDA 5500 注入式信号源成套装置

小电流接地选线装置故障录波图

可选择的设备状态监测功能

可以通过光纤或无线测温设备实现断路器触头、隔离刀闸接触点、电缆接头、高防开关壳体及其它易发热点实时测温，避免由于接触电阻过大引起发热的事故发生；通过监测断路器的累积分断容量、控制回路、分合闸时间等实现断路器电气性能、机械性能及控制性能的完好情况监视，同时结合监控中心的设备台账管理、可编程的检修策略、检修管理等实现一次设备的异常预警与状态检修。此外，二次设备完善的自检、交叉互检、网络探测等实现了自动化系统的实时在线监测。

高可靠、高稳定的设备

保护设备的可靠性更高，灵敏度更好，通过了国家权威机构的型式试验，所有指标均达到了电力系统要求的技术和工艺水平标准，如电磁兼容检测项达到4级的最高水平，提高了井下保护产品的抗电磁场抗干扰能力。另外，设备配置大容量储能元件使供电电源降低甚至消失后仍能持续运行40s，确保系统停电前的保护命令正确发出、动作信号及时上传到监控中心。

DSI 5711 矿用智能开关保护测控装置

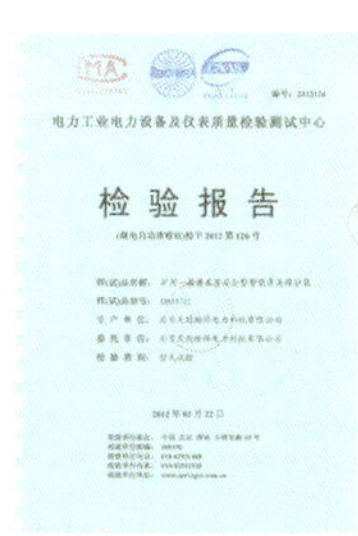

检验报告

DSI 5711 型式试验检验报告

防爆电气设备

防爆合格证

防爆合格证

实施成本低，维护方便

系统的实施只需更换现有的综合保护装置、在矿山自动化光纤网络上搭建监控中心即可，无需额外架设专用光缆和增加保护设备，同时可以简化地面、井下电度表、录波器、谐波分析仪等配置；KJ698系统拓扑与常规电力监控相似，与运行人员和操作人员的操作习惯一致。

实际应用案例

实际应用案例1：

山西焦煤集团某矿2011年10月投入一套KJ698三级防越级跳闸系统。2012年3月中央变电所母线由于A相母线连接处放电造成母线三相短路故障，系统将中央变电所进线断路器可靠无延时地切除故障，运行人员延时一段时间后试送，此时系统又将中央变电所进线跳开。事后机电部门组织人员查找故障点，在打开防爆开关后排查到了故障点，证实是由于A相连接处的螺丝松动造成的中央变电所母线三相短路。KJ698系统为客户避免了一次较大的地面、井下停电事故的发生，事后用户专门致电感谢。

实际应用案例2：

中煤某矿于2012年6月投入一套KJ698全矿智能供电管理系统。2012年11月采区变由于互感器A相发生放电造成另外两相电压升高，几十个周波后则演变为三相短路故障，矿内五级开关发生群动，同时矿上35kV变电站对接供电局的35kV出线也跳闸，防越级跳闸失效。事后进行事故分析时发现，采区变进线断路器固有分闸时间过长（220ms），采区变进线上级断路器在收到闭锁信号后速断延时了120ms，由于采区进线断路器分闸时间过长超过了上级闭锁时间、且短路电流均达到上级开关的速断定值，所以矿内上级开发生群动；供电局35kV变电站出线由于整定值过小（速断保护范围已伸入矿山井下10kV），其在故障发生时刻速断就已出口跳闸，问题出现在定值的整定不合理。矿方通过KJ698系统调取录波数据经过分析并与供电局积极地沟通，供电局通过定值计算后，修改了出线的速断定值，同时矿方也更换了采区变电站进线断路器，再次进行防越级跳闸试验，速断的整组动作时间始终保证在110ms以内（保护速断动作固有时间30ms+断路器固有分闸时间70ms左右），证明KJ698系统功能可靠、有效。

目前KJ698系统已经在神华神东的柴家沟矿、龙煤集团的南山矿、西山煤电集团的东曲矿、中煤能源的东坡矿、阳煤集团的石港矿等顺利投运多套系统，设备运行可靠，切实解决了煤矿供电的实际问题，提高了煤矿供电的“可靠性”和运行管理水平，为煤炭用户创造了极大的经济价值和社会价值。

诚如中煤集团某用户所言“仅仅是更换了智能矿用保护器，整个效果就脱胎换骨了，它不仅对供电的安全隐患故障可以做到预警、排查，而且还可实现实时地控制，做到缩小故障的停电范围。有了KJ698系统，煤矿的供电安全以后就不用太担忧了！”。

联系方式：
地址：北京市海淀区上地四街1号院5号楼5层
总机：010—62967993\5\6
邮箱：skypower@tn-sp.com
网址：www.tn-sp.com

北京中电拓方科技发展有限公司

Beijing ZhongDianTuoFang Technology Development Co.,Ltd.

中煤集团金海洋能源公司安全生产调度管理系统

中煤集团山西金海洋能源有限公司成立于2009年8月28日，前身为山西金海洋能源集团。公司拥有资产85亿元；拥有下属企业18个，包括8座煤矿和10个地面企业，涉及煤炭生产、输送、洗选、发运、发电、冶金、建材及现代服务业等领域。

为了提高公司实施跨地域、跨行业的管控水平，于2012年4月－9月，通过实施中电拓方公司的煤矿安全生产调度管理系统，实现了对下属4家煤矿企业及2家发电企业的安全生产调度管理一体化，并实现了以下5个目标：

1. 生产计划全局化：
对公司及各下属煤矿和电厂的年、月、日生产计划进行管理，作到统一标准、统一分解、统一汇总、统一口径。

2. 生产调度可视化：
调度工作是加强生产计划管理和生产计划落实的重要手段，以作业计划为调度工作的重要依据，用调度手段来组织安全生产，有效地控制班、日、旬、月、季、年的生产按计划完成。

3. 过程控制精细化：
以《矿山安全法》、《煤矿安全规程》、《操作规程》、《作业规程》，以及其他煤矿各种规程、规定制度为依据，对生产过程进行控制，坚决杜绝违章指挥和制止违章作业，保证安全生产。

4. 分析决策科学化：
对生产信息进行汇总分析，有效支持公司的生产管理决策，提高管理决策的时效性、科学性。

5. 沟通协调信息化：
建立生产调度工作的沟通协调平台，提高生产调度工作的效率。

安全生产调度管理

生产调度可视化

过程控制精细化

分析决策科学化

沟通协调信息化

生产计划全局化

同煤集团

大同煤矿集团公司，成立于1949年，是我国第三大煤矿国有企业，仅次于神华集团及中煤能源集团。 煤矿跨越大同、朔州、忻州三市，拥有煤田面积6157平方公里，总储量892亿吨。

我公司承建了同煤集团公司及下属部分公司120方高清视频会议系统改造项目，是同煤集团信息化建设的重要组成部分， 满足了公司召开集团公司与下属分公司 、海外公司、重点煤矿等同时召开一个或多个高清视频会议的需求，每个会场最多可达120方。

中煤平朔煤业有限责任公司

以质量求生存　以信誉求发展

中煤平朔煤业有限责任公司前身平朔煤炭工业公司创建于1982年，现拥有安太堡、安家岭两座特大型露天矿，井工一矿、井工二矿、井工三矿三座大型现代化井工矿，五座配套洗煤厂和两条铁路专用线，是我国目前规模最大、现代化程度最高的露井联采煤炭企业。公司目前拥有国家批复的煤炭资源总量90.86亿吨，职工一万余人，资产总额410亿元。

我公司承建了其公司大屏幕显示系统、生产指挥调度系统、多媒体会议系统、视频会议系统、调度通讯系统及工业监控系统等工程，运行两年多以来，业主反映良好。

中煤平朔井工一矿

以质为魂　缔造精品

中煤平朔井工一矿是中煤平朔煤业的三大井工矿之一，年产量超过1000万吨。我公司主要承担了中煤平朔井工一矿办公楼、矿区、洗煤厂的智能化、信息化建设，包括生产指挥调度中心 、多媒体会议系统、机房系统、综合安防系统、人员定位与无线通信系统。其大屏幕由48块67寸LED光源DLP显示屏组成，单屏分辨率达1080P，是当时煤炭行业显示面积最大、技术最先进的大屏幕显示屏之一。

李家窑煤矿

质量第一是我们的责任　顾客满意是我们的宗旨

李家窑煤矿隶属于山煤集团，位于大同煤田南东部，大同市左云县南东26km，年生产能力300万。项目配套建设同规模的重介选煤厂。

我公司承建了该矿的工业以太环网及监控系统、洗煤厂综合自动化系统工程 。

神东煤炭集团大柳塔矿

诚信　发展

大柳塔煤矿是神华集团神府东胜煤炭有限责任公司所属的一座特大型现代化矿井，地处陕西省神木县境内大柳塔镇南端的乌兰木伦河畔。大柳塔煤矿辖大柳塔、活鸡兔两个矿井，可采储量15.27亿吨，年产量超过2000万吨。

我公司承担了该矿生产指挥调度中心和综合安防系统的建设。

VTRON

复杂环境可视化
监控调度保安全

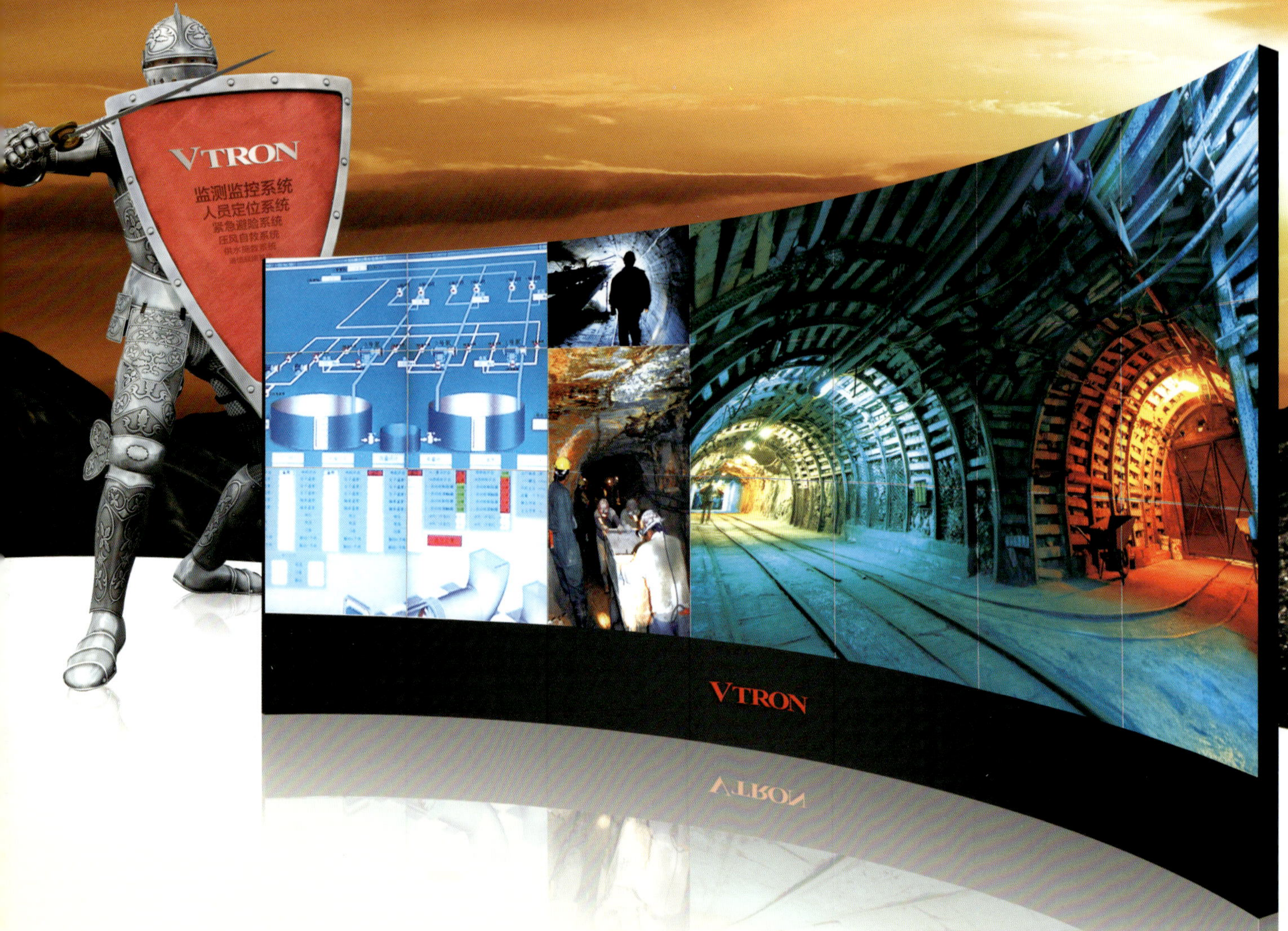

矿井瓦斯泄露、井下人员发生危险……安全预警即时掌握，应急指挥随即展开。

威创煤矿调度指挥可视化平台 = 超高分辨率数字显示拼接墙 + 高性能煤矿应用处理器 + 商业智显技术……
↓满足
煤矿超高分辨矿井可视化日常监测监控 + 应急辅助决策 + 快速调度指挥等需求
↓实现
优化煤矿管理 + 保障煤矿安全生产 + 提高煤矿抗灾能力……

 威创股份
股票代码：002308

广东威创视讯科技股份有限公司
VTRON TECHNOLOGIES LTD.
地址：中国广州高新技术产业开发区(科学城)彩频路6号
电话：400 160 1133　网址：WWW.VTRON.COM

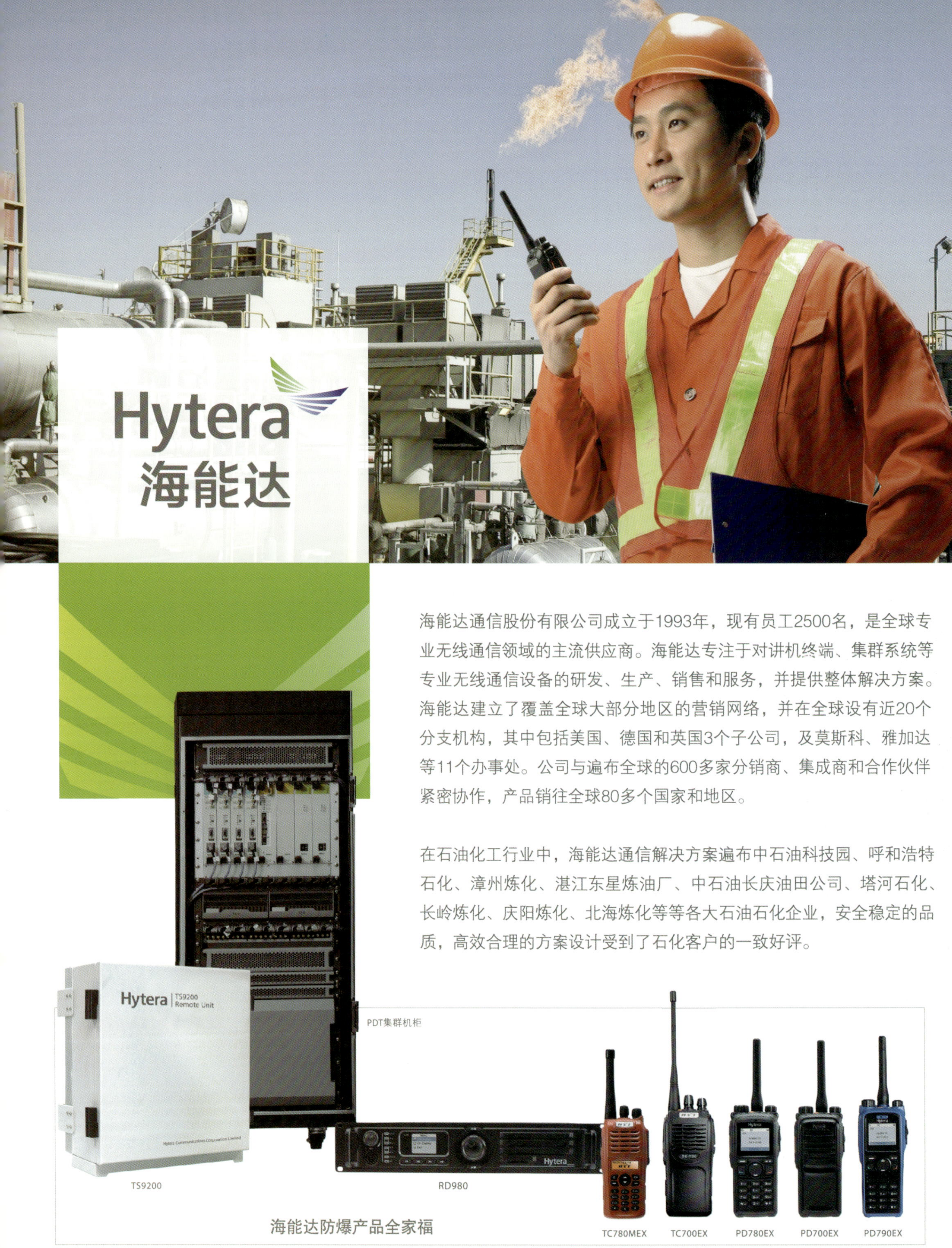

www.hytera.com　销售热线：400-8818-368　股票代码：002583　海能达通信股份有限公司

GE
智能平台

GE智能平台Proficy为煤炭行业综合信息化提供保障！

GE智能平台是一个提供高新技术的企业，它为世界各地的煤炭用户提供用于自动化控制的软件、硬件和技术服务以及嵌入式计算机。通过为用户提供独特、灵活、高可靠的技术平台，帮助煤炭企业实现高速、持续发展！

Proficy软件解决方案在煤炭行业发展之路

完善的安全法规要求煤矿采用最可靠、最稳定的工业综合自动化、综合信息化软件平台构建生产指挥体系。GE 智能平台的Proficy软件解决方案正在成为煤炭行业用户的优选方案：从淮南到呼伦贝尔，从龙口到乌鲁木齐，多个千万吨级矿、数十个百万吨级矿采用了Proficy软件解决方案，近半数的大型煤矿把Proficy软件解决方案做为可靠运营的保证！

Proficy软件解决方案的技术优势

- 最丰富的设备接口，轻松打破自动化孤岛
- 最强劲的扩展性能，完美整合安监、定位等系统
- 海量工业实时数据库，长期的安全生产完整记录
- 高效的生产指挥平台，实现矿山系统安全

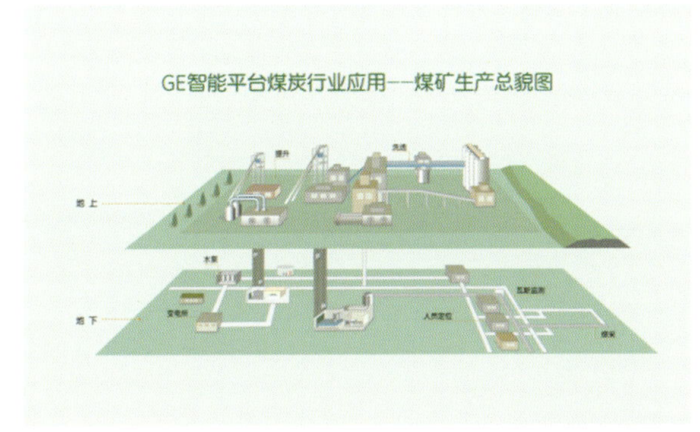

400-820-8208
www.ge-ip.com/cn
GEIPMarketing@ge.com

移动互联网平台提供商

深圳市融创天下科技股份有限公司

深圳市融创天下科技股份有限公司是国内领先的移动互联网平台服务提供商，拥有以 TIVC、TQOS 和 TMCM 云计算中间件三大核心技术的移动多媒体技术体系，致力于三网融合、三屏合一综合多媒体平台开发、运营的国家级高新技术企业。

基于物联网的远程安全监管监察与事故应急处置系统是根据《国家安全监管总局关于开展建立基于物联网的远程安全监管监察与事故应急处置系统试点的通知》的指示精神，在四川、安徽、福建进行示范工程建设，包括省级监控中心的网络及安全、数据存储及分析；重点行业及重大危险源日常安全监控与预警、移动视频会议及培训系统、应急救援指挥系统及 GIS 等系统的建设。基于物联网的远程安全监管监察与事故应急处置系统是在金安一期工程的基础上补充和完善，提供完整的综合信息管理业务平台，使其具备可管理、可运营、可进行数据统计分析的能力。

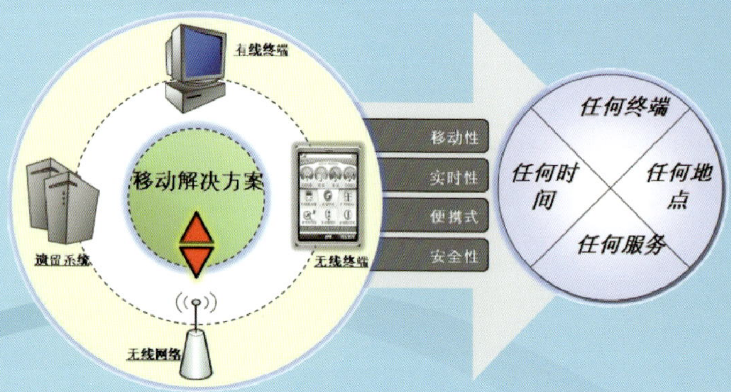

各级人员通过多场景（手机、专用手持终端、办公电脑、移动笔记本、指挥中心大屏幕）进行访问。可以实现随时随地各级领导对关注点想看就看，可以随时随地组织指挥，可以让领导机构实现 24 小时“我”在现场、实时进行辅助决策。

系统总体架构图

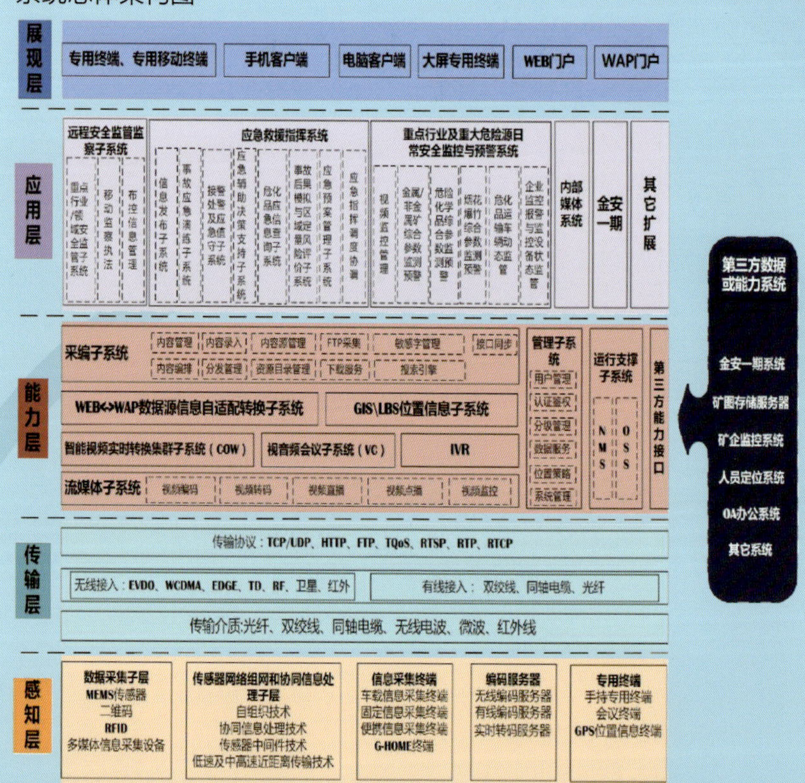

地址：广东省深圳市南山区科技南十二路长虹科技大厦 19 楼
总机：0755-33911888/ 传真：0755-33911777/ 合作：info@temobi.com
www.temobi.com

山东蓝光软件有限公司

Shandong Lionking Software Co., Ltd

创新 求是 开拓 发展　　智慧矿山的倡导者

绿色开采 高效节能

山东蓝光软件有限公司，注册资本2000万元，是国家认定的软件企业和高新技术企业、山东省智慧矿山软件工程技术研究中心、山东省软件工程技术中心、山东省十大优秀软件企业，山东省采矿行业信息技术服务平台建设单位，是泰安市的重合同守信用企业和优秀创新企业，通过ISO9001：2008质量管理认证，具有三级系统集成资质。

公司拥有大批高素质人才和雄厚的技术力量，以开发系统平台和行业应用软件为主，以CAD、GIS和MIS的集成系统为主要研发方向，为用户提供完整的智慧矿山解决方案及全套智慧矿山软件产品。公司所有软件均从底层源代码开发，完全自主创新，不借用其他任何第三方软件，拥有全部著作版权。

公司产品市场广阔，品牌客户认可度高，产品市场占有率达70%以上，拥有合作单位及用户500余家，在采矿行业享有很高的信誉。

公司承担的部分国家级项目:国家863重点项目《数字矿山关键技术与软件开发》；国家863课题《数字矿山模拟与控制软件系统》；国家发改委重大中央专项《基于四维地理信息系统平台与物联网技术的数字矿山软件系统研发及产业化项目》；国家科技部创新基金重点项目《矿山安全生产综合决策支持系统》；国家物联网发展专项资金项目《基于物联网技术与地理信息系统平台的数字矿山软件系统》；国家产业化推进项目《配电CAD/FM/GIS集成环境与应用系统》；国家电子发展基金项目《矿山三维地下工程CAD平台》。

董事长卢新明教授在数字山东建设信息化技术及应用研讨会做“数字矿山”平台建设研究成果介绍

董事长卢新明教授在山东省煤炭工作会议上任特邀专家作专题讲座

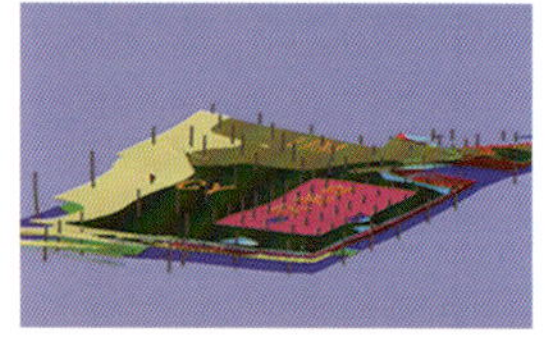
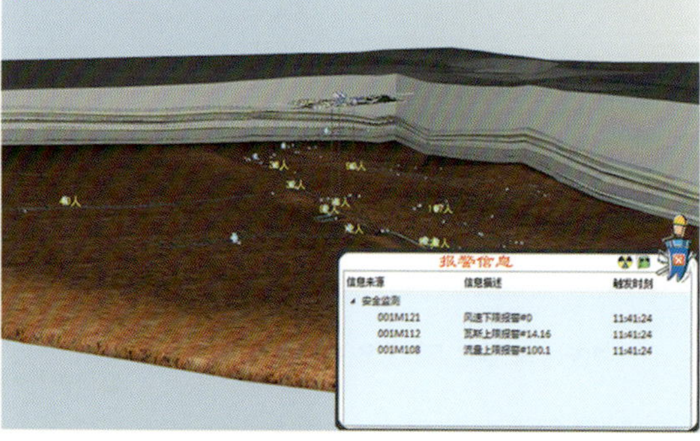

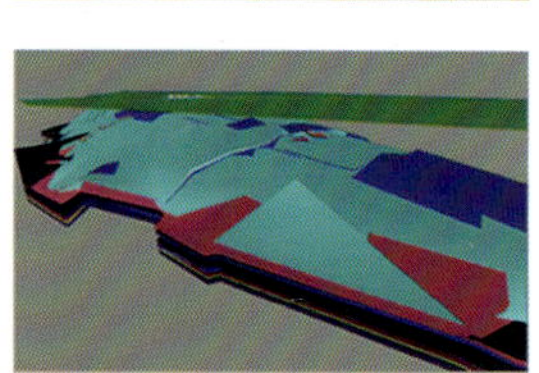

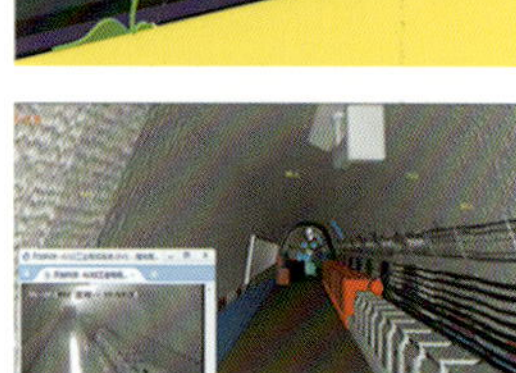
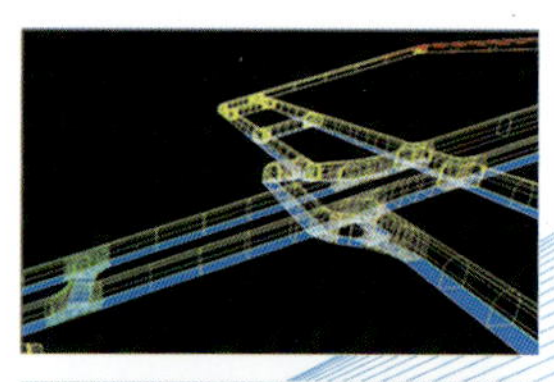

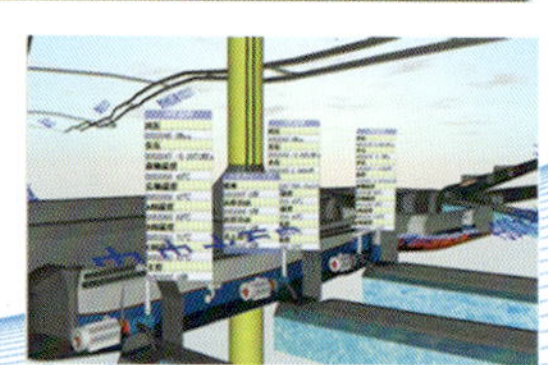

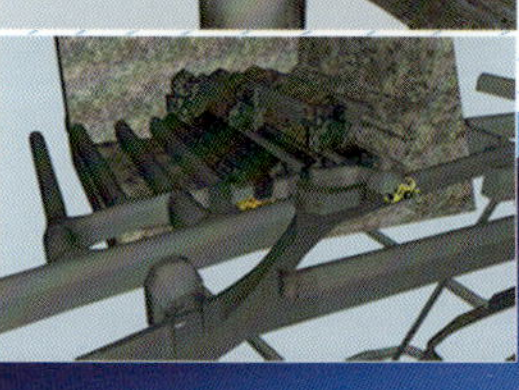

LionkingSoft

咨询热线：0538-8501888

国家级高新技术企业 | 国家认定的软件企业 | 山东省智慧矿山软件工程技术研究中心 | 山东省软件工程技术中心 | 山东省十大优秀软件企业

山东省采矿行业信息技术服务平台建设单位 | 泰安市的重合同守信用企业和优秀创新企业 | 通过ISO9001:2008质量认证 | 三级信息系统集成资质

地址：山东省泰安高新区高创中心　邮编：271000　传真：0538-8501888　E-mail：sdlgrj@163.com　网址：Http://www.lionkingsoft.com

中国科学院大连化学物理研究所
大连圣迈新材料有限公司

避难硐（舱）生命保障系统

空气再生系统

由空气再生药板和空气再生装置组成，再生药板与装置配合使用。具有匀速放氧、消除二氧化碳和除湿三重功能。操作简便，只需简单维护，可大大减少后期维护保养工作量。使用时，均匀释放氧气同时消除二氧化碳，不会出现氧气浓度忽高忽低的现象，安全可靠。

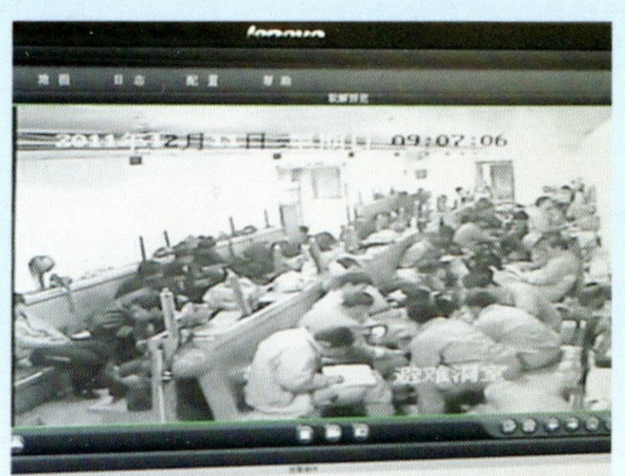

2011年12月9日–11日同阳煤集团科林公司合作，于新元矿通过100人，48小时避难硐真人实验，各项指标均符合要求。

一氧化碳催化剂

采用自主研发的贵金属催化剂及自行设计的反应装置，确保20分钟内将CO浓度从400ppm降至24ppm。在湿度较大的情况下仍能发挥催化功效。

低温超导降温系统

采用低温超导技术将冷源内的冷量快速传导至硐室，加快降温速度，无需配备动力系统，节约能源。

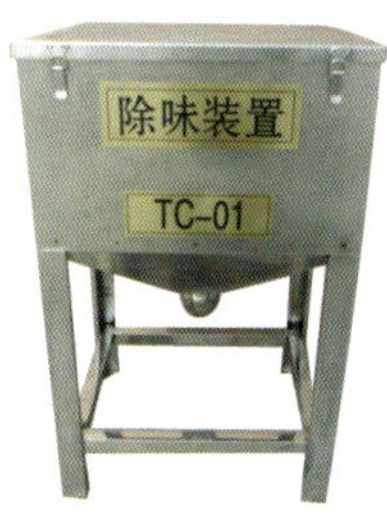

空气净化系统

采用自主研发的空气净化剂及装置，能有效去除硐室内各种异味，同时释放出对人体有益的负离子。

公司地址：大连市中山路161号　电话/传真：0411-83707860　网址：www.dlsamat.com.cn

北京正达信通科技有限公司

致力于物联网安全监测领域

为安全生产监控提供专业的解决方案

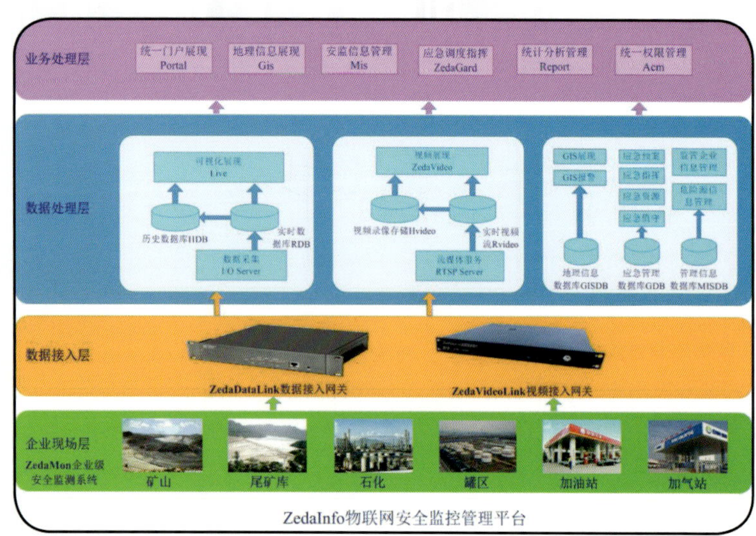

ZedaInfo物联网安全监控管理平台

公司简介：

北京正达信通科技有限公司是一家专业从事基于物联网安全监测领域的系统集成商和行业应用解决方案的提供商，公司专注于物联网安全监控系统平台及相关产品的研发，生产和销售并提供整体解决方案。

公司的产品覆盖了从上层的安全监控管理平台，采集层的各种数据的接入网关设备到下层的各种安全监控领域的传感器设备和智能仪表装置，提供政府和大型企业应急安全监控管理平台、非煤矿山6大系统、尾矿库安全监测、重大危险源安全监测的整体的解决方案。

1.ZedaInfo 物联网安全监控管理平台

ZedaInfo 物联网安全监控管理平台是安全生产监控的综合管理平台，采用物联网技术对安全生产监管环节的“人、设备、环境、管理”集成一体，形成有效管理。具备海量数据接入、互联互通、地理信息管理、应急调度指挥、危险源跟踪定位、智能分析、安监信息管理等综合监控管理功能。

2.ZedaGard 应急调度指挥系统

ZedaGard 应急调度指挥系统是物联网安全监控管理平台的一个子系统，是整合了用户的安全监控、视频监控、视频会议、通讯调度、企业应用等诸多系统的综合指挥调度系统。 ZedaGard 应急调度指挥系统构建一个完整融合平台，实现多元信息无缝接入，具备融合互通，集中管理、集中调度的功能。

3.ZedaMon 企业级安全监测系统

ZedaMon 企业级安全监测系统是针对企业现场安全生产的监测系统，典型应用包括尾矿库、重大危险源、矿山安全监测等，例如尾矿库安全监测是针对尾矿库安全监测的企业级应用，完成对尾矿库坝体内部位移、表面位移、干滩、雨量、库水位、浸润线、视频的实时监测，实现实时报警、历史存储、智能分析等功能。

4.ZedaDataLink 数据接入网关，ZedaVideoLink 视频接入网关

ZDL 数据接入网关和 ZVL 视频接入网关是对监控数据和视频数据综合接入的数据网关产品，具备各种通信接口，内置多种标准协议，完成智能转发功能，是物联网安全监控系统中各种平台和设备之间互联互通的桥梁。

联系方式：

公司：北京正达信通科技有限公司
电话：010-84672908 /84673282
传真：010-84673282/84672908 转 802
邮编：102209
地址：北京市昌平区北七家宏福创业园科技园综合楼5-5
网址：www.zedatech.com

北京飞尼课斯抑爆材料有限责任公司

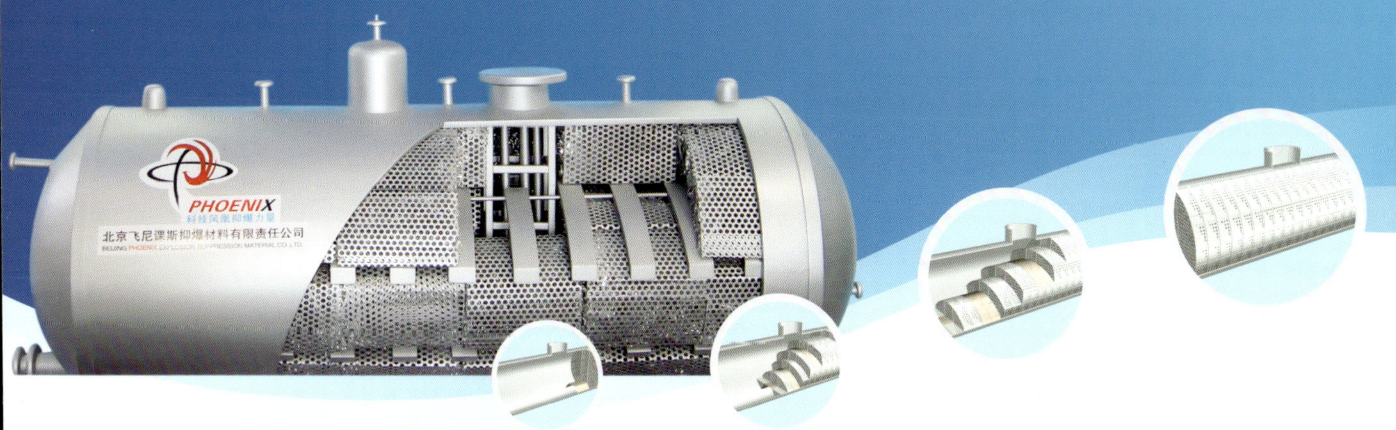

北京飞尼课斯抑爆材料有限责任公司是一家拥有自主知识产权多项实用新型、发明专利，集研发、生产、安装、安全防爆、抑爆产品的高新科技企业。

其特殊铝合金抑爆材料，在遇枪击、明火、静电、容器泄漏时可带油补焊不会发生爆炸。针对石油制品易燃、易爆的特点，能主动抑制爆炸。材料中添加了多种金属微量元素，经大量实验，使抑爆材料在硬度、弹性、延伸性、折弯性上大大增强。独特的安装工艺保证了抑爆材料长期使用，不会塌陷，始终保证抑爆效果。

依托抑爆材料，根据运油车、汽车、油库等使用条件比较特殊，我们研发了抑爆砖块。其能承受巨大油压、颠波、紧急制动的冲击。通过实验，即使在极为恶劣的条件下也能长期保证抑爆效果。

目前公司产品已在内蒙古、四川、云南、贵州、河南、湖南、湖北、河北、山西、陕西、北京、天津、江苏等省市的加油站技术改造中应用。

北京飞尼课斯抑爆材料有限责任公司
科技凤凰 抑爆力量
PHOENIX

济南高通视讯公司

济南高通视讯公司一直致力于以三维技术为核心，在VRTOOLS/虚拟仿真，3DMAX/MAYA三维动画，3D交互，FLASH/AR，互动多媒体，虚拟/增强现实，互动展厅，android/ios开发，影视动画等综合性数字图形影像领域提供技术领先的创意解决方案，深入不同的客户提供高效优质的整体服务，用专业技术和独特创意为客户创造更多价值。

公司一直站在行业技术的前沿，关注着数字互动技术的发展趋势。公司的核心技术成员均为多年从事VRTOOLS/FLASH/RIA,JAVA/C++图形图像技术研发、 数字互动多媒体、三维表现、视觉设计以及影视动画的专业技术人员，具有丰富的创意策划和研发制作经验。创新研发了系列拥有自主知识产权和技术专利的产品。

公司目前主要的业务发展方向是：为煤炭、采矿、交通、石油化工、电力等危险性行业定制开发安全教育仿真软硬件系统，用于安全教育和技能操作培训。公司目前开发的《煤矿危险源辨识三维动漫教学系统》,《煤矿安全技术操作规程虚拟仿真训练系统》已经获得煤矿行业用户的高度认可,现正在全国范围的大型煤矿推广使用。公司已经获邀进驻山东科技大学863国家重点实验室（可视化开采虚拟仿真实验室）开展广泛的项目合作。

我们追求："协作、激情、卓越"，以出色的策划、精准的制作、无间的合作、可靠的信誉服务客户，服务社会！

《煤矿危险源辨识三维动漫教学系统》

煤矿危险源辨识三维动漫教学系统是利用三维动画仿真及多媒体技术应用于培训教学中，能够形象直观、生动地逐一对煤矿中人、机、环、管危险源的过程再现，将庞大枯燥的安全 知识点通俗生动的表现出来，让职工在轻松的氛围中熟识各类危险源，掌握排除方法，提高职工学习的积极性和学习效果。本教学系统共涵盖了12个煤矿重点工 种,180条危险源,基本覆盖了煤矿80%左右的职工岗位. 为保证煤矿的安全生产，开展煤矿危险源辨识三维动漫教学系统的推广是十分必要和急需的。

本系统包含对煤矿12个工种180条危险源及管理标准与管理措施制作成三维教学动画,并对动画视频进行DRM数字加密 、视频解密播放。

1. 爆破工 27条	2. 打眼工 12条
3. 采煤机司机 18条	4. 刮板输送机司机 10条
5. 胶带输送机司机 13条	6. 井下电钳工 13条
7. 掘进机司机 14条	8. 锚杆（索）支护工 16条
9. 耙装机司机 17条	10. 小绞车司机 17条
11. 支架工 13条	12. 转载机（破碎机）司机9条

《煤矿安全技术操作规程虚拟仿真训练系统》

济南高通视讯科技有限公司经过一年多时间，在全国独家研发制作了煤矿安全技术操作规程仿真训练系统。

本仿真训练系统，采用3D立体动画和多媒体互动技术，对煤矿井下生产环境和设备进行仿真制作，并借助最新多媒体软件互动技术，实现人机交互式、自主学习训练，帮助职工快速熟悉煤矿井下生产环境和设备，掌握安全生产操作技能，提高职工综合素质。

本仿真训练系统功能丰富，能够满足不同安全教育培训形式的需要。既可以进行人机交互式训练，又可以作为动画版的《煤矿安全技术操作规程》在安全教育培训中心、区队学习室，更衣室、井口等候室等人员比较集中的地方进行播放，而且还可以满足客户需求，定制个性化的功能。

本仿真训练系统是安全操作技能训练教学方式的一次历史性突破，应用当前流行的3D动画和互动软件，将传统课堂被动式学习，变为职工在高仿真3D场景中进行沉浸式自主学习训练，融知识性、趣味性于一体，创新了安全操作技能学习训练形式，推进了安全操作技能训练内容规范化、形式多样化、手段现代化，提高了煤矿职工安全教育培训水平。

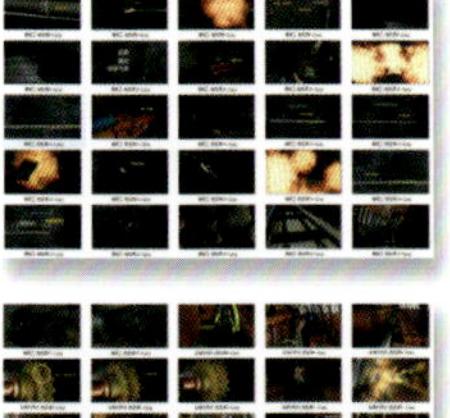
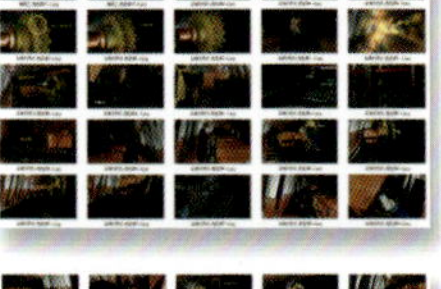

《煤矿安全事故3D动画警示教育片简介》

煤矿安全事故3D动画宣传片是应用目前最先进的3D立体动画和多媒体软件，把煤矿典型安全事故案例制作而成的3D立体动画视频。

通过3D立体动画演示煤矿安全事故发生的过程、事故原因分析、事故教训等，使观看者产生有如身临其境般的事故现场感觉，真实生动展现煤矿事故现场的"惊-险-瞬-间"。通过观看，使矿工感悟到事故发生过程中，是哪个环节或行为出现了问题，出现了什么问题，出现的问题对事故发生起到了什么样的作用。从中找出事故发生的原因，明白安全规定、事故危害和事故教训，为预防同类事故的再次发生提供借鉴。

煤矿安全事故3D动画宣传片，可作为煤矿安全培训机构、煤矿企业区队班组在班前、班后会上，进行安全教育的生动音像教材，丰富了煤矿安全生产宣教内容，受到了煤炭生产企业和广大矿工的欢迎。

我公司可以根据客户要求，快速制作采矿、交通、石油、电力、化工等行业的各类事故案例，满足不同客户需求。

武汉兴业华德威消防安全检测有限公司

兴业华德威公司办公大楼

武汉兴业华德威消防安全检测有限公司是一家专门从事矿山安全仪器仪表和安全监测监控系统、人员定位系统等产品的研发、生产、销售与工程服务企业。公司以投资合资的方式，拓展了煤矿和非煤矿山的检测检验业务；煤矿和非煤矿山及危化品的安全评价业务，拥有三家独资及控股企业，以专业人士、专业精神，从事安全技术与工程的专门工作。

20年前，“worldway”（华德威）品牌在我国煤炭安全领域中曾首开沼气-氧气两用检测报警仪的先河，获得国家重点新产品称号，被原国家煤炭部确定为指定产品。现在，兴业华德威公司矿用安全系列产品销往全国十余个省，数百家大型国有矿山和企业集团。兴业华德威公司致力于矿山安全技术专业化，坚持自主技术创新，坚持消化吸收国外先进技术，努力提高顾客满意度。走世界之路，科技兴业、科技兴安，持续为我国安全生产提供真诚服务。

电子工装系统、SMT自动贴片机

2011年公司获得湖北省安全生产监督管理局授予的湖北省金属非金属地下矿山安全避险“六大系统”设计施工资格证书。为湖北省内百余家煤矿及非煤矿山实施了“六大系统”工程建设。目前，“六大系统”工程业务已发展至广东、湖南、贵州等各省市。公司在重点资源县市都设立了售后服务站，建立了常年服务于客户的网络和热线，为广大终端客户提供了便携、有效的技术支持和售后服务。

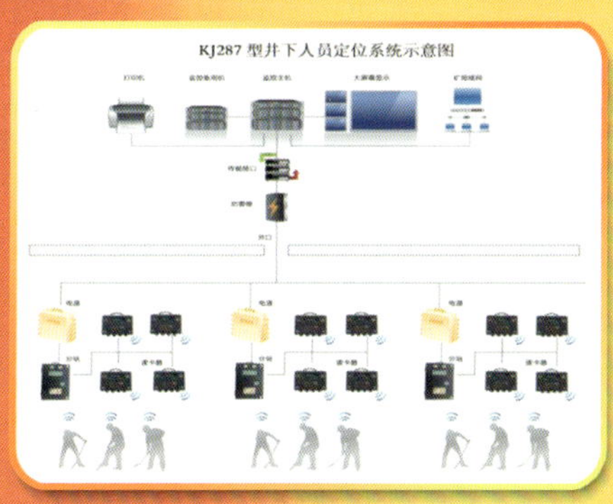

人员定位系统

安全监测监控系统

资质证书

典型工程：湖北南漳县煤矿安全监控中心

典型工程：广东韶关瑶岭矿业公司监控室

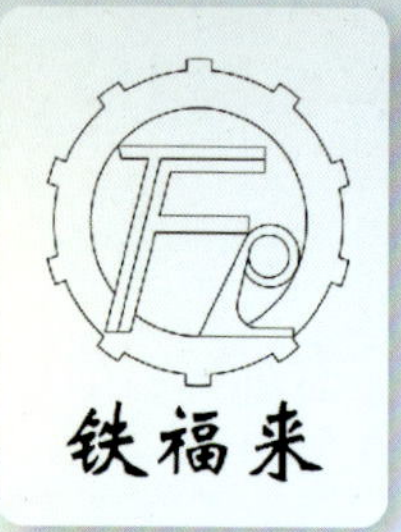

平顶山市铁福来机电设备有限公司

Pingdingshan Tiefulai the Electrionl and Mechanical Equipment Co.,Ltd

★★★★★国家科技部创新基金支持企业

★★★★★国家安全总局千推产品上榜企业

★★★★★国家高新技术企业

平顶山市铁福来机电设备有限公司地处素有中原煤仓之称的河南平顶山矿区腹地，花园式厂区占地20000多平米，固定资产1亿多元，注册资金1000万元，职工300多人。企业集研发、生产、营销为一体，是专业从事煤矿防突钻探机械设备制造的国家级高新技术企业，公司现拥有一所河南省煤矿防突钻探设备工程技术研究中心。目前公司在煤矿防突钻探装备研发、制造方面的实力已跻身国内领先行列。公司已被河南省确定为第5批创新型试点企业、公司是ISO9001-2000质量体系认证单位。

公司工程技术研究中心研发团队阵容强大，各类技术人才近50人。有长期从事煤矿机械设备设计制造的高级工程技术人员、有在煤矿现场工作多年对煤矿安全、生产和各种装备使用有着丰富经验的高级技术顾问等。公司显著优势就是地处中原煤仓平煤集团腹地，产品研发方向紧紧结合煤矿现场一线的迫切需求。近年来研发成功的多项具有自主专利的产品（自主专利30多项，其中发明专利4项）都是煤矿安全生产需求的实用项目；特别是我们研发成功的ZDY120S综采面乳化液钻机设备填补了高突综采面局部瓦斯治理技术装备国家之空白。该项目获国家科技部创新基金无偿支持。2012年被国家安监总局遴选为安全生产“千项”新型实用产品推广项目。本着“急煤矿所急，想煤矿所想”的核心理念,我们研发成功了一系列的新型防突钻探装备；产品被国内十几家大型煤业集团推广使用。性能优越的产品受到用户的普遍赞誉。

公司主导产品：ZDY系列液压钻机产品；TKJ-500煤矿用搅拌站、煤矿用扒装一体机、FT防逆流风门等安全生产设备及各种规格高效螺旋钻杆，各种规格岩石钻杆，煤钻头，金刚石岩石钻头等。

铁福来人始终把“自己是产品的终端用户”作为朴实的企业经营理念，切实提供让煤矿兄弟叫好的产品。让煤矿的平安滋养我们的成长。你我携手铁定的幸福共同到来。

2300钻机

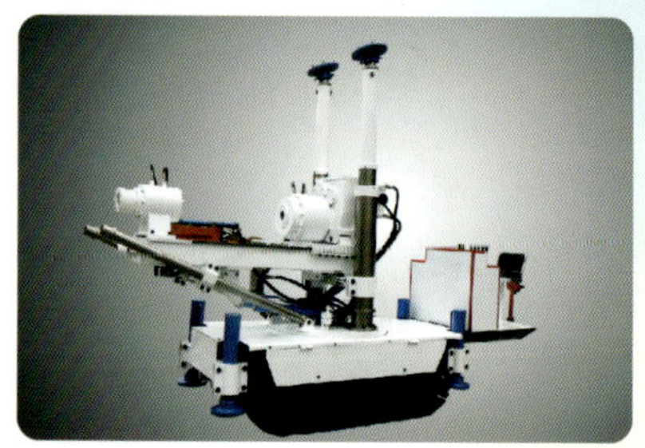
3200钻机

扒装机

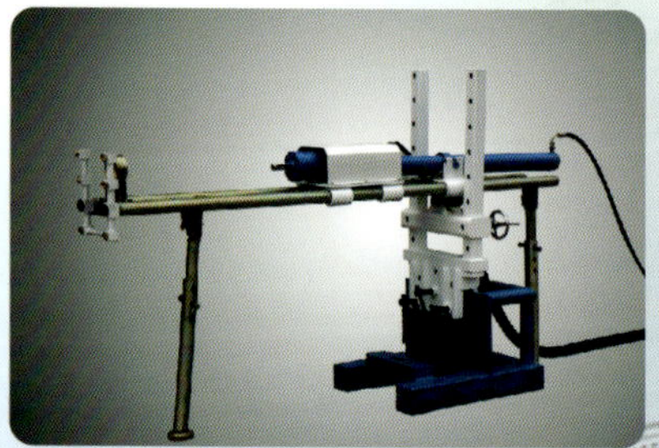
120钻机

经验交流篇

推进煤矿“两化深度融合”打造精品数字化、安全效益型矿井

中国平煤神马集团 盛璐 王留根 田宏博 梁国利

本文以中国平煤神马集团下属煤矿平宝公司为例，介绍中国平煤神马集团在煤矿“两化融合”方面的探索。

一、实现安全监控数字化、生产过程自动化，打造新型集控管理模式

平宝公司按照安全、高效、省人的创新理念，重点抓好安全监控数字化、生产过程自动化。

1、KJ90N安全监测监控系统，在一通三防、设备状态实现了开停显示及超限断电、闭锁功能；MRS矿井人员定位系统，对入井人员进行实时跟踪、监测定位，调度指挥员根据掌握的井下详细情况，进行更加科学的调度决策和应急救援。

2、水泵系统的自动化，既可一键起停又可以根据水仓的水位和电量峰平谷时间，安全节能开泵；通过第二阶段增加泵房防水闸门控制设备和扩展-760泵房的自动化，实现涌水量大时自动关门，可以通过-760泵房和-600泵房系统之间关联，实现-760排水提前警示和阶梯排水技术。

3、井下皮带主运输子系统实现了已二采区、已一采区12条系统皮带、沿线给煤机和煤仓实现地面监控，并在第二阶段重点实现溜煤嘴的气动控制，从而真正实现井下主煤流系统一键起车和与主井提升系统联动。

4、压风机自动化系统，通过自动化程序的设定，可以根据井下风压的大小，自行开启和停止压风机的运行，实现了现场无人值守，每班巡检一人，达到了高效省人的目的。

5、主井提升系统自动化，通过定量仓、主井提升和信号系统的控制配合，实现自动开启皮带、自动装载、自动提升，从原来人工操作每勾循环时间160秒提高到130秒，工作效率提高了20%。

6、电力监控系统在实现了地面三个、井下八个变电所全部监控，并增加了智能照明综保监控；并增加了环境监测功能，在每个变电所实现了声光和烟雾报警等环境监测功能，在地面和井下两个变电所尝试了无人值守运行。

二、构建矿井安全生产一体化管控平台，推进“两化深度融合”

1、平宝公司已形成了以覆盖矿井上、下的综合自动化监控（ICV）和管理信息化（CI）软件一体化管控平台，井下千兆工业以太网、地面千兆工业控制网，百兆到桌面的管理网硬件网络平台，以及20个子系统的投入使用，构建了高度灵敏的神经系统，形成面向生产现场实现集中管理、集中控制的安全生产指挥模式，促进了管理效率的提高。

2、安全生产一体化监控平台（ICV）将平宝公司矿井20个子系统的数据全部采集到ICV监控系统数据库内，实现了集中统一的数据管理，结束了过去每个子系统都有一个独立终端

的孤岛历史，实现了信息共享和智能联动，方便了系统之间互相调用。ICV平台将所有的信息点、集控点、监测点都高度集成到一个平台上，从而实现大信息、大调度、大安全、大生产管理的有机统一；采用GIS技术在矿井图直观显示出设备、人员、环境及视频等不同形态的数据信息，通过一机三屏技术将相关联系统的组态画面同时展现，时时提示调度人员关注异常情况；智能报警联动预案，实现了跨系统之间的报警联动，自动启动应急预案并短信通知相关人员，辅助调度指挥处理报警信息。

3、管理信息CI系统，促进管理升级。生产进度的网络实时上报和自动采集，生产计划动态跟踪、调度日常问题处理，采掘生产工程档案、防突打钻作业情况等技术信息集中共享管理，安全隐患闭环处理网络化跟踪,设备信息的透明化，材料消耗的网络化跟踪管理等。

4、通过一体化管控平台对设备运行数据的深入分析挖掘，实现了对主要机电大型设备运行效率、事故率、寿命及检修周期提前预警等各智能专家分析。

三、实施效果

1、安全方面

①水泵系统的自动化，可以将排水开启时间可以设置在矿井用电量低峰的时候，还可以根据水仓的水位自行开启。通过自动化程序的设定，可以按照时间定时开泵。

②皮带运输系统的自动化则可以大大提高皮带的有效运行时间，通过指令可以随时对皮带进行开启和停止控制，在皮带运输系统中接入的各种保护传感器则随时将皮带的运行数据传入后台，报警系统读取运行数据进行分析，对不正常的工作状态进行预警，大大减少了皮带事故的发生。

③电力监控系统的建设，可以形成矿井井上、下的电力监控网络，通过开关内部的综合保护装置进行远程控制，报警系统读取开关的综保数据进行分析，对不正常的工作状态进行预警，可以大大提高矿井井上、下的供电质量，增加供电的可靠性、连续性，减少或避免供电事故的发生。

2、信息应用方面

现各个系统界面及测量数据全部展现在安全生产集中控制中心，可以通过观察和查询了解安全、生产各个系统状况，

①通过电力监控系统电量统计功能，可以快速了解全矿井井上、下的供电电量，非常详细了解每月矿井电量消耗情况，有利于耗电量分析协调布置生产。

②人员定位系统的投入使用，具备了实时掌握入井人数的数量和分布情况。

③通过汽车定重转载系统的精确计算和自动化控制，能速装车，进行销售煤量统计。

3、提高效率方面

①装车系统自动化，包括火车仓、汽车仓，通过承重系统的精确计算和自动化控制，远程控制闸门的开启和关闭，能够快速装车，大大提高了效率，减少了对周围环境的煤尘污染。

②压风机自动化系统，通过自动化程序的设定，可以根据井下风压的大小，自行开启和停止压风机的运行，提高了压风机的运行效率。

③主井提升系统自动化，通过定量仓、罐位、闸门、称重等信号的读取，将其编入到自动化控制当中,实现自动开启皮带自动定重装载的功能，提升系统的工作效率提高了20%。

④自动化综合自动化系统，通过对全矿各工序及能耗分析错时用电，合理分配电能消耗，并通过自动化控制减少空负荷运转。保守估算，全年电耗较不使用自动化控制时节约至少6%左右，全年节约电费在180万元左右。

4、减人方面

①-600水泵系统通过自动化建设后，原每班2个水泵司机取消，在地面集控开泵，每班安

排 1 个现场巡视人员。

②压风机系统通过自动化建设后，原每班 2 个司机取消，在地面集控开泵，每班安排 1 个现场巡视人员。

③主井提升系统（己组、戊组）和井下定重转载系统通过自动化建设后，原每班共 6 个司机减少为每班 2 个，在就地实现全自动化运行，在集控中心远方监巡视工况。

④主通风机系统通过自动化建设后，原每班共 3 个司机减少为每班 1 个，在就地实现全自动化运行，在集控中心远方监巡视工况。

⑤地面、井下主煤流皮带系统原每条皮带 3 个司机减少为每班 1 个，在地面集控开皮带，并远方监视皮带保护情况。

⑥电力监控系统在中央变电所、己煤上部变电所、己煤上仓变电所系统建设后，在地面监控实现高低压远程监控，原每班 2 个配电工减少为 1 个，并负责现场巡视。

四、结束语

随着我国煤炭事业的发展及安全形势的要求，矿井综合自动化和信息化建设作为煤炭工业“两化融合”的重要内容，平宝公司实现了在矿调度室集中监测全矿井环境、安全信息，控制矿井的大多数机电设备，做到井下无操作工，机电硐室无人值守，遇到问题能够更快处理，达到减人、提效、增益的效果。当前，中国平煤神马集团在一矿、二矿、六矿、八矿、十矿、十一矿等煤矿也在推进“两化融合”工作，通过这些项目的运作把我们的煤矿打造精品数字化、安全效益型矿井。

沈焦公司安全生产信息化建设

王丽敏　赵成昊　庄超

案例一“安全生产技术综合管理信息系统”

基于沈焦公司当前的网络框架，快速建设煤矿“安全生产技术综合管理信息系统”及其应用必将充分发挥信息化在矿井高产高效中的重要作用，实现沈焦公司安全生产的信息化、自动化与现代化管理。

建设“安全生产技术综合管理信息系统”，实现了沈焦公司及各个生产煤矿安全、生产、技术部门都能够应用专业软件系统进行专业技术工作，提高了专业技术资料处理的精度和效率，同时利用沈焦公司近年来的信息化成果，实现沈焦公司信息资源共享及协同工作。

沈焦公司“安全生产技术综合管理信息系统”是采用计算机网络技术、数据库技术、计算机图形学、组件技术及 GIS 技术等，建设矿山统一的空间数据采集、存储、输出、查询与分析平台，构建服务于生产技术人员的地测、通风、安全、生产技术、调度、机电、运输、设备租赁等专业应用系统平台，在沈焦公司网络环境的基础上搭建面向生产煤矿及沈焦公司管理决策层的 WEB 服务决策平台，实现多部门多层次井上下数据共享、专业图件动态绘制、图纸、文档和报表网络上报、审批与输出。从而进一步提高矿山安全生产管理能力、进一步提升矿山技术水平，为安全生产决策提供技术保障，最终实现基于信息化和管理现代化的本质安全型矿井。

一、系统在信息化建设过程中的重要意义

系统建设是以沈焦公司为核心，利用沈焦公司内网、因特网、VPN 等技术搭建起的网络平台为基础，为沈焦公司、各矿专业生产技术部门建设专业技术应用系统，通过沈焦公司服务器搭建起信息交流平台，进而实现公司全面的信息化建设。

“安全生产技术综合管理信息系统”是计算机技术、网络技术、地理信息系统（GIS）技术与煤矿生产专业技术需求相结合的产物，系统的建设实现如下功能，具体包括：

1、建立以包括地测、通风、调度、生产设计、安全、机电、租赁管理等数据库为核心，以分布式的网络应用为基础环境，支持专业设计、资料管理、综合业务调度、信息查询及多级远程网络实时监测监管的安全生产统一信息化平台。

2、实现煤矿地测、通风、调度、生产设计、安全、机电、租赁等相关专业数据与图形的一体化管理，基于沈焦公司网络平台实现多层（生产技术层、矿井管理层、沈焦公司管理层、决策层）用户管理、查询与分析的功能。

3、对管理和技术人员而言，无论身在何处，只要能够上网，就可以对相关生产矿井的生产信息进行查询、处理、分析和决策。

4、针对沈焦公司各生产煤矿跨地域分布的特点建设共享协作平台，达到“规范管理，责任到人，足不出户，统揽全局”。同时，利用专业的软件系统提高专业技术资料（专业图纸绘制、计算、数据）管理的效率和效果，保障专业技术资料的精确性、及时性，进而保障煤矿安全生产，建立安全、高效现代化矿井，真正实现沈煤集团煤矿安全生产的信息化、自动化与现代化管理。

二、安全生产技术综合管理信息系统主要优势

（一）、地测部分

从原始基础数据（钻孔资料、导线点数据等）自动生成并动态修改矿山此测工作的各类图件（地质勘探剖面图、采掘工程平面图、底板等高线及储量计算图等）。

（二）、通风部分

1、自动完成通风网络解算。

2、自动生成通风网络立体图。

3、在采掘工程平面图基础上绘制通风系统图，方便快捷。

（三）、供电部分

1、在图形上对各种设备进行选型，选型过程中对不合适的设备进行过滤,达到优化的目的。

2、自动完成生成供电设计计算。

3、自动生成供电设计报告。

三、安全生产技术综合管理信息系统的经济效益与社会效益

（一）、经济效益

采用该系统建立了生产技术信息数据库，矿图采用数字化存储，这样就提高了精度，避免了丢失，且便于查询、汇总，提高了图纸的利用程度，构成了一套现代化的计算机管理系统，保证了分析研究的质量，每年由此可避免因数据处理不及时造成的损失 100 万元，利用本系统优化生产系统可取得效益 200 万元。

主要是提高了劳动效率，实现了人工节约。应用本系统使整个煤矿企业安全管理水平大大提高，绘图人员大大减少，提高工效在 20 倍以上，每矿减少绘图 5 — 10 人；同时提高绘图速度与精度，数据传输质量，消灭了人为误差，大幅度的降低了由此造成的损失。另外，本软件投入费用也不是太高，若采用国外的 MapInfo、ArcInfo 二次开发，其购买软件成本就要高出 30 万元以上人民币。若按沈焦公司整体计算，在经济上直接节约 100 万以上。

（二）、社会效益

沈焦公司“安全生产技术综合管理系统”的研究与成功应用，不仅提高了沈焦公司安全生产工作的现代化管理水平，而且为矿山安全生产提供了重要的信息化与现代化保障，这必将为改变我国目前因安全生产状况不佳造成年均10.0亿元的重大经济损失做出贡献。

案例二“固定资产综合管理信息系统”

当今世界，正在从工业社会迈向信息社会。信息、物质和能量并列为人类赖以生存发展的三种重要资源，信息技术是当代人类创造的最活跃的生产力，正在对经济、技术和社会发展产生巨大而深远的影响。信息化已是衡量一个企业的管理、发展、现代化程度的标志，信息化建设成为企业管理与决策的重要手段。对于煤炭企业而言，当前信息化建设的核心在于“应用信息技术改造、提升煤炭生产与安全装备的综合自动化水平，使煤炭安全生产技术管理趋于工作流模式的管理，达到信息的集中式管理分布式处理”实现矿井安全生产管理的现代化、自动化与精细化。2008年，公司就充分认识到这一点，提出了整体构建煤矿安全生产技术综合管理信息系统的思路，2009年以红阳二矿为示范矿井逐步开发完成了相应的专业应用系统，取得了较好的应用效果，同时也为促进其他专业部门的信息化建设提供了良好的工作基础。为此，开发建立“固定资产综合管理信息系统”，必将实现固定资产信息的统一集成管理，为沈焦公司安全生产信息化和企业管理精细化建设构筑坚实基础。

一、系统在信息化建设过程中的重要意义

沈焦公司“固定资产综合管理信息系统”主要是建立沈焦公司固定资产统一的数据采集、存储、输出、查询与分析平台，系统以固定资产卡片管理为基础，实现了对固定资产的全面管理，包括固定资产的新增、查询、调拨、检修与报废等功能，同时按照国家会计准则的要求实现计提折旧自动计算功能，实际应用过程中，实现了对全公司房产、有价地产、租赁设备及各生产煤矿自管设备从计划、质价审批、招标、中标、商务合同（含法律审批及合同审批）、采购、入库、验收、请领、调拨及折旧计算直至资产报废的全方位管理。系统的建立将使沈焦公司领导层和决策层全面掌握企业当前固定资产的数量和价值，追踪固定资产的使用状况，同时也提高了沈焦公司的企业管理水平和资产利用率。

该管理信息系统是计算机技术、网络技术、地理信息系统（GIS）技术与煤矿企业资产管理需求相结合的产物，系统的建设实现了如下几个目标：

1、实现了沈焦公司固定资产与财务管理、机电设备管理等核心信息的科学集成与充分共享，进而大大提高企业资产管理使用效率和企业的精细化管理力度。

2、建立全局统一的固定资产核心数据库，以分布式的网络应用为基础环境，支持固定资产验收入库、固定资产查询、统计、领料出库、报废一系列资产生命周期管理功能的统一信息化平台。

3、建立沈焦公司企业资产管理中账、卡、物的对应关系，达到完全相符。基于WebGIS技术可实现在设备布置图上正反向查询到每个资产的技术参数、检修档案和检修记录等重要信息。

4、系统基于公司网络平台实现多层（技术层、公司管理层、集团决策层）用户管理、查询与分析的功能。

5、对管理和技术人员而言，无论身在何处，只要本系统发布到外网，就可以通过外网登陆本系统实现对沈焦公司内部相关单位固定资产信息的查询、处理、分析和决策。

二、系统取得的成效及带来的社会经济效益

全面提升了沈焦公司固定资产的信息化与规范化管理。促进了企业现代化管理，社会效益十分明显。经济社会效益具体体现以下几点：

1、系统以固定资产实物管理为特点，以化繁为简为目的。采用 SQL SERVER 数据库集中式管理，实现沈焦公司固定资产的一站式图片身份证式管理，使企业管理有条不紊、账物相符，达到固定资产精细化管理，这在沈焦公司固定资产管理工作的模式上实现巨大转变，直接带来巨大的社会效益与经济效益；

2、系统极大地提高了固定资产相关管理部门的工作效率，摆脱了繁重的手工劳动，实现了资产整个生命周期的运营管理和资产的自动盘点。同时提供了设备大中修预警和设备到期预警功能，将为安全生产带来重要保障；

3、针对沈焦公司固定资产管理要求高、数据量大的特点，系统采用浏览器 / 服务器（B/S）开发模式，基于工作流过程实现了固定资产的信息化管理，并实现固定资产相关主管部门的动态监管，为企业领导层全面掌握当前固定资产规模，追踪固定资产的使用状况起到重要作用。

4、固定资产的计算机化管理将减少人力、物力与财力的投入，为企业带来了一定的经济效益；

5、固定资产基础信息的数字化与信息化为生产矿井的信息化将起到带动作用，间接经济效益与社会效益不可估算。

信息化技术在煤炭企业的应用

皖北煤电集团有限责任公司　姚育志 李化玉 张程风

摘要： 本文简述了近年来集团公司信息化系统的建设及应用情况，可以看到信息化系统的建设促进了企业的发展。同时根据企业自身情况，制定了近年来信息化系统建设规划，以及相应的建设原则。最后介绍了煤矿企业在信息化建设中的几点体会。

关键字：信息化；自动化；信息管理

1. 概述

随着信息化技术的高速发展和信息化的广泛应用，工业化、信息化也得到了迅速发展，综合自动化和信息化已经成为煤炭行业的重点研究领域。坚持科学发展观，充分发挥信息技术在改造传统产业中的作用，促进煤炭工业健康、稳定、协调发展。用信息技术提高传统工业发展，已经成为煤炭企业关注的主要问题，信息化已经成为煤炭企业发展的重要手段，信息化建设被普遍认为是一种创新力。

皖北煤电集团公司不断运用信息技术完善生产、经营、管理，建立了跨部门、跨系统、集成、高效、安全可靠的综合信息处理平台，基本实现了安全监控数字化、生产业务网络化、监测监控集约化、企业管理信息化、生产过程自动化。目前，集团信息化网络覆盖了矿区基层单位，建

成井下、地面和天空立体覆盖的大型综合信息化系统工程，建立了专用通讯网、计算机网、安全监控网、生产调度网和闭路电视网为一体的综合信息化系统，建立了企业数据中心、异地灾备中心，矿区安全信息监测预警平台，以及资金流、信息流、物流和知识流等系统，重点解决了安全监测信息的集成处理与发布、生产信息的集成与可视化、各种管理信息系统的规范与集成，实现了企业安全生产、调度指挥、经营管理、党务政务等全方位的信息化管理，为集团公司高效经营管理提供强有力的信息保障。

近年来，集团公司认真落实科学发展观，大力推进信息化与工业化融合，坚持以信息化带动工业化、以工业化促进信息化，自动化、信息化工作进展迅速，取得了可喜的成绩：实现了千兆主干，百兆桌面的网络架构，光纤覆盖达400公里，实现了下属单位的互联互通，建立了安全监控、财务管理、医疗保险、人力资源管理、运销管理、设备管理、协同办公等应用系统。

2. 信息化系统建设

目前网络已经通达各矿区及下属单位，较远的地方利用VPN技术实现与集团公司的网络互联互通。网络的建设为进一步提高生产、经营与管理的自动化、智能化、数字化、网络化水平奠定了基础。

随着近几年的发展，煤炭企业对信息化建设的重视，一批有针对性的信息化管理系统已经应用到煤炭企业的安全生产、经营管理之中，并且为煤炭企业的科学发展发挥了巨大的作用。

（1）煤矿安全监控系统。主要是对煤矿生产系统安全状况的监测，其中包括对矿井空气中有害或危险成分的监测、矿井空气物理状况的监测和通风设备运行状态以及其他参数的监测。并将矿井下生产过程的各种异常情况及时反馈，为企业领导合理决策提供数据参考。

（2）协同办公平台。自OA办公自动化系统正式运行后，实现了无纸化办公，彻底取消了传统的物质文件，所有文件及业务均在网上进行审批、流转。该系统的上线建立了高效的办公环境，实现资源共享、信息共享、高效协同的事务处理机制，为集团公司建立一个及时有效的工作流程控制协同管道，提高办事效率、增强部门协作、促进高效沟通、节约办公费用，为各级领导提供一个方便有效的事件跟踪和监督手段，实现办公现代化、信息资源化、传输网络化和管理个性化。

（3）煤炭运销系统。集团运销系统规模大，复杂度高，系统业务范围涵盖现有的全部业务及其整个业务流程，实现了销售、财务、业务部门一体化管理。管理人员在出差的时候，使用手提电脑，通过VPN接入集团公司网络查询自己需要的数据，进行自己相关的业务操作。通过推行及使用运销信息系统，取得了显著的效果：一是提高了工作效率，节省了工作量；二是提升了管理能力，上下流程之间相互监督，相互制约，减少了差错率；三是易于领导对全局销售的实时掌控，以及销售现场的视频监控作用。

（4）人员定位跟踪系统。该产品采用了技术含量较高的无线射频识别技术，采用双频点长短波实现可靠的全双工无线数据通信，具有同时识别多人、便于井下网络连接及数字传输等性能优点，主要用于煤炭行业等井下和隧道作业。该系统标签可以由个人携带，也可以放置于车辆或一些设备上，并将它们所处的位置和最新记录信息传输给主控室，能准确定位地下作业人员的具体位置，为企业灾害预防和人员搜救提供了保障，有助于提升安全生产信息化管理水平。

同时，集团公司近年来又增加了财务管理系统、医疗保险系统、瓦斯短信平台、设备管理系统、安全管理信息系统，以及物资供应管理信息系统等。各系统的上线，提升了集团公司信息化建设水平，促进了集团有效、快捷的发展。

（1）提高效率、降低办公费用。信息化促进了信息、资源共享，节约了纸张，降低了办公费用，同时提高了工作效率。

（2）实现了安全信息闭合管理。矿井管理人员上井后及时填写所经路线中存在的问题及处理方式，并发布到信息网上，信息站将收集到的各种安全信息及时整理反馈、落实、整改，对各种隐患通过 OA 系统及时下达隐患整改业务联系单，按“三定”即定时间、定任务、定人员进行整改并安排专人跟踪落实，同时及时上网公布，将各类隐患消灭在萌芽状态，实现了安全信息闭合管理。

（3）通过信息化系统，可起到减人提效的作用。近年来采用的设备比较先进，变电所、压风机房等车间通过信息化集成系统中工业电视监控系统实现无人值守，投产后，一台电脑可实现井下、地面多个生产系统及车间的操作、监控，切实起到减人提效的作用。

3. 今后信息化建设工作重点

信息化建设是一项比较专业和复杂的系统工程，需要充分考虑企业现有管理水平和现实承受能力，考虑企业的观念、人才、组织、基础管理等是否能够适应实施信息化工作的要求。通过近几年信息化建设的实践，虽然从经济效益上来衡量取得明显的成效，但是信息化带来的管理手段和方法的不断创新，则是我们实实在在感受到的，带来的冲击更大，信息化建设是现代企业建设不可缺少的内容。因此，我们将围绕着集团公司的战略发展，进一步加强企业信息化建设，为矿区安全生产和经济平稳较快发展提供支撑保障，下一步信息化的主要工作任务是：

1. 结合集团公司十二五规划，谋划好集团公司信息化十二五规划。为服务于集团公司总体战略规划和人力资源发展纲要，随着集团公司十二五规划的出台，信息化规划也需要做相应的调整和完善。规划要对业务部室、基层单位的信息化需要进行充分调研，积极采纳各部门的意见，同时，还要瞄准同行业的领先发展水平，借鉴领先企业的经验和教训，调查分析研究，以为我用。在实际的规划中要结合集团公司产业多元发展及资源外扩的需要，做好新建矿井网络路由规划，完善新区光纤环网建设，提升环形网络安全级别，确保建成冗余可靠的通讯调度信息网络。

重点工作有：一是网络规划。结合集团公司十二五建设规划，切实做好网络路由规划，确保建成冗余可靠的网络；二是完善应用系统建设规划。要根据不同部门的实际情况和不同应用目标有针对性地建设和完善各应用系统，重点加强对安全和生产关键系统信息应用的规划，建立集团级基于 GIS 的生产调度指挥系统；三是应用系统集成规划。对应用系统集成的规划，必须切合自身应用实际、技术水平和发展战略，先在数据集成上取得突破，逐步实现应用集成、过程集成。四是信息资源规划。要借助信息资源规划方案和信息分类标准，衡量在用的应用系统与标准化。规范化要求的差距，找到改进提升的具体方向和目标，对拟组织应用开发的系统，要遵循数据标准开发，以免产生新的“信息孤岛”。

2. 加强完善软件系统建设和应用系统集成。要根据不同部门的实际情况和不同应用目标有针对性地建设和完善各应用系统：重点加强对安全和生产关键系统信息应用的规划，建立集团级基于 GIS 的生产调度指挥系统，以及运销、供应、财务、人力资源、经济运行考核及社保医疗等信息系统，全面推广应用新型办公平台，在基层单位内全面推进信息化应用，转变现有传统低效工作方式，充分利用集团公司大型协同办公平台、技术水平和发展战略，先在数据集成上取得突破，逐步实现应用集成、过程集成。

深入梳理矿区信息资源规划，加强软件资产的管理。要借助信息资源规划方案和信息分类标准，衡量在用的应用系统与标准化、规范化要求的差距，找到改进提升的具体方向和目标，对拟组织应用开发的系统，要遵循数据标准开发，以免产生新的“信息孤岛”。加强综合信息整合力度，建立企业数据仓库，重点开发建设煤矿安全，生产联网信息系统和地质测量动态资源管理系统。同时加强软件正版化的统计管理和推进实施工作，从组织、机构、人员、制度和渠道等方面予以调整理顺，建立集团公司集中审批和统计方式和基层单位具体管理的两级软件资产管理体系。

推进生产矿井综合信息平台的建设和研究，加强对生产矿井信息化需求的调研，开发矿区推广应用，在对集团公司生产矿井信息化需求和信息化现状进行充分调研的基础上，聘请企业信息化专业咨询公司建立起生产矿井的业务模型和数据模型，统一各生产矿井信息资源的采集利用模式。结合集团公司生产矿井信息化建设实际，在已建的煤矿综合管控平台的基础上，深入研究各业务系统集成的方式方法，实现数据的采集、加工、存储、利用的规范化管理，实现信息共享，为各级管理人员和职工提供便捷的信息服务。综合信息平台的建设要充分考虑管理信息化和生产自动化系统的集成，实现矿井生产、管理与控制一体化对集团信息的共享。

3. 加强矿井综合信息化的建设和管理，建立矿井综合自动化运行的各项操作规程、管理制度及应急处预案。综合信息化目标是实现减人提效，只有经过综合信息化改造的安全生产系统才能消除“信息孤岛”，其岗位才能实现无人值守，操检合一，系统担负的安全责任和生产责任十分重大，这就是要求系统必须绝对的安全可靠。

矿井的现代化建设必须与信息化建设相互融合，必须以煤炭生产技术、机电设备、管控信息系统相结合为标志。我们集团公司已经在全集团实现了以自动化、专用化为特征的装备电控化、专信道监控，以智能化、网络化为特征的区域连动化、传输网络化。现在以信息融合、综合管控为特征来建设信息融合化、综合管控化，以集团公司实时监管、辅助决策为目标去争取实现辅助决策化、集团管控化。

因此，管理好，使用好综合自动化系统，必须制定严格周密的管理制度并配套建立奖惩措施来规范人的行为，必须建立各专业子系统以及提供支撑作用的软件系统、网络系统的应急处理预案，确保系统的安全可靠。建立完善的应急处理预案、各项操作规程及管理制度，需要机关业务部门、矿方各部门及各施工方的共同盈利，密切配合，协同工作。这是提高矿井的抗灾应灾能力和减人提效的必经之路。

4. 推进信息系统运行质量标准化，加强基层单位信息化质量标准化的管理和贯彻工作。建立分工合理、权责明确、程序规范的信息系统管理、维护体制。完善信息化安全质量标准管理体系，加强信息系统运行、管理的有关制度的制订，确保集团公司信息系统运行的规范化。要完善和修订矿区信息化质量标准化考核管理办法和检查细则，如计算机信息系统运行管理规定、数据中心机房管理制度、考核标准和评分细则等，组织对基层单位信息化质量标准化的落实情况进行检查，对检查结果进行统计，促进矿区信息化水平的整体提升。

5. 加强对信息化人才的培训，建立信息化全员培训和专业培训的管理制度。主要抓好以下几个方面，一是加强信息化专业技术队伍建设。加大矿区现有计算机人员的培训力度，采取岗位自学和培训相结合的方式，提高人员素质，培养建设一支献身企业信息化的技术人才队伍，确保信息化建设所需的人力资源。二是做好管技人员的信息化知识培训。在集团公司专业化的培训机构，对管技人员进行信息化基本技能培训，提高企业信息化的整体水平。三是做好领导对信息化认识的培训。安排各处室、各基层单位的主要领导或具体分管信息化工作的领导每年做一次企业信息化知识的培训或讲座，紧密结合企业信息化工作实际，以便从全局推动信息化工作。

信息化建设对集团安全生产起到了巨大的作用，但是建设过程中同样存在很多问题，主要有：一是信息化管理体制和机制需要加强和完善；二是信息化基础设施还比较脆弱，难以确保大量宝贵数据和关键应用系统的安全；三是安全生产主要业务技术管理的信息化尚未纳入统一管理，综合自动化尚处于起步阶段，安全生产方面的信息化建设与应用比较薄弱。

下一阶段，集团公司主要以“信息化带动工业化、工业化促进信息化”与“两化融合”为统领，以管控一体化为目标，不断提升信息化建设水平与应用实效，逐步实现信息决策集约化、业务管理信息化、生产调度指挥网络化、生产过程控制自动化、安全监控数字化，为集团公司战略管理与生产经营提供支撑与保障。因此，我们在做好以上工作的同时还要做好以下工作：

（1）夯实基础设施支撑平台。目标是保证各业务系统的正常运行和数据安全，需要建设数据灾备系统和对网络基础设施进行升级改造。

（2）构筑综合信息管理平台。目标是为集团公司的数据交换、知识共享、信息发布、协同工作、数据分析、辅助决策提供统一支撑，以实现高效沟通和有效管控。建设的项目包括协同办公、知识管理和内网门户和外网网站等。

（3）完善经营管理调控平台。对现有系统改造升级，并开发应用新系统，打造经营管理调控平台，为各级管理人员及时、准确地提供财务、经营等业务领域的综合信息，实现企业的报表统计、多维分析和经营管理相关业务信息的高度共享，提升管控水平。需要建设和完善的项目是物资、人力资源、会计统计、全面预算、资金、运销等管理系统。

（4）打造安全生产技术管理与调度平台。目标是利用信息化手段提高安全生产技术水平，提高预测分析和监管监控工作的能力和效率。建设项目是安全监测信息联网系统的升级改造、井下人员作业定位系统的集成与联网、安全信息管理系统升级与完善、生产技术管理系统开发和适时进行矿井综合自动化试点。

总之，在项目的建设过程中，务必做到“五个统一”，即统一规划、统一标准、统一计划、统一建设、统一管理；在建设中重点突破、务求实效。同时要严格做到统一思想，加强对信息化建设的组织领导；完善机制，强化对信息化建设的统一管理；科学规划，合理安排阶段性信息化建设工作；培养引进，加快造就信息化复合型人才队伍。

4. 信息化建设的体会

大型企业的综合信息化实施是一个庞杂的系统工程，对于煤炭行业安全生产的信息化建设，不仅关系到国家财产安全问题，更加关系到人身安全问题，回顾我们近年来信息化建设的发展，我们积累了非常多的宝贵经验，主要有以下几点体会：

（1）领导的重视和支持是信息化建设的前提条件。成功实施信息化工作的关键是争取得到尽量多的企业高中层管理者支持，因为这些管理者熟悉企业的业务流程，并有相应的控制权力。有了他们对信息化的认识和支持，企业的总体信息化素质将提高很快。企业内部综合应用系统的运行才是根本需求，而应用系统的推广与使用则需要企业的领导者科学的调配，这牵涉到管理机制的改变和人、财、物，责、权、利等方面的重新配置。

（2）正确认识是信息化健康发展的保证。企业信息化没有标准的模式可循。大量的实践表明、一个企业的信息化建设不可能通过完全照搬和模仿其他企业的模式而取得成功。对不同行业、不同类型、不同性质以及处于不同发展阶段的企业而言，企业信息化建设的需要和目标必然是千差万别的，因此企业信息化建设的战略和模式也必然是各不相同的。成功的企业信息化需要对企业自身需求和特点的深刻理解，并在此基础上创造性解决企业所面对的各种问题。正确认识企业信息化建设面临的这种复杂性和多样性，是企业信息化决策的一个重要出发点。

（3）以适用技术为目标是企业信息化成功的关键。必须将信息技术应用与提高管理水平和生产力水平紧密结合。在实践中，我们体会到，信息技术的应用不能搞花架子，要根据实际情况制定切实可行的方案，以业务需求为指导，不追求设备、技术上的“最高”，而追求实际应用效果的“最好”。企业信息化取得成功，关键在于发现和选择适合于企业自身特点的技术路径，以最有效地解决企业所面对的实际问题。我们在信息化建设中，一方面，注意抓住业务人员最迫切需要解决的问题，工作中最烦琐、工作量最大的部分，引进信息技术，提高工作效率，解决实际问题，使业务人员尝到甜头，让应用信息技术成为业务人员的主动要求。另一方面，抓住提高企业生产力，提高企业效益这个切入点，引导企业加强自身的信息化建设，使信息化建设成为企业的主动要求。

（4）规范业务管理，加强信息共享是信息化的基础。在进行信息化建设的过程中，最困难的并不是技术问题，而是规范化管理和不同部门的信息共享问题。计算机软件要求整个工作流程、各级权限、衔接关系等各方面都必须清清楚楚，科学安排，但现有的许多工作程序需要进行改革才能适应信息化的要求。另一方面，必须保证信息流畅通于不同的业务部门，才能发挥信息系统的优势，避免重复劳动，实现信息共享。但由于部门利益的问题，部门之间信息共享实施难度相当大，造成信息资源的浪费。

（5）管理创新与企业信息化相辅相成。管理创新与企业信息化的关系是相辅相成的，管理创新是信息化的基础，信息化离不开管理创新。企业信息化建设要依赖于一套全新的管理模式来支撑，这种管理支撑不能游离在技术之外，而是两者的紧密结合。一方面管理创新需要以信息化为支撑，企业信息化推动管理创新走向深入，另一方面，管理创新又进一步促进信息化的发展。

（6）标准化工作是成功实施信息化工程的重要因素。信息化工程实施过程中的标准化工作包括许多方面，如计算机软件标准、硬件标准、网络标准、产品数据定义标准、数据库管理系统标准、企业内部标准、质量控制标准、标准化设计等。标准化工作可以使系统的集成大大简化，对各种软、硬件接口进行控制和维护将会变得更加简单，用户能够更快地适应新系统，减少二次开发的工作量和难度。

（7）搞好培训是信息技术推广应用的重要环节。企业信息化是涉及企业全方位的一场变革，没有全体员工的积极参与，是很难落到实处的。在培训中要注意处理好骨干与一般的关系。培训初期，要重点抓好基础较好的一批骨干，然后做好“传、帮、带”，进行普及工作。培训时结合实际工作进行，效果会更加明显。

5. 结语

经过近十年信息化建设，集团公司信息化建设和管理水平不断提高，可以说，认识在深化、管理有进步、工作有成效，信息化建设已经为安全生产，以及日常管理提供了有力的保障，为集团公司近年来的快速发展做出了极大的贡献。然而，我们应该深刻的认识到我们与其他煤炭企业，尤其是其他行业先进的技术相比，还有诸多不足和薄弱环节。这些不足有的是管理上的差距，有的是理念上的差距，我们应该不断地学习其他企业先进的信息化建设经验为己所用，为集团公司安全生产做出更大的贡献。

干河矿信息化典型案例

山西霍宝干河煤矿有限公司

山西霍宝干河煤矿有限公司是霍州煤电集团与宝山钢铁公司合作建设的一座大型现代化矿井，年设计生产能力 210 万吨。干河矿井在设计建设之初，就认真分析了我国和国外自动化控制系统的现状，本着充分利用国内外先进的 PLC 技术、计算机网络技术、数据库技术、多媒体通信技术、视频监控技术等信息技术的理念，建立了集全矿井监测、控制、管理一体化的、基于网络的大型开放式综合控制系统，目前已经实现“远程集中控制”，逐步实现各系统“远程控制、无人值守”，进而达到“安全高效”的目的。

一、干河矿自动化控制系统现状

干河矿井在设计建设之初，就基于实现“远程集中控制”的目的，在充分调研的基础上，为各生产子系统配置安装了国内外最先进的自动控制系统，网络传输采用了国内先进的 GEPON 传输平台，把井下各种监测监控系统数据、视频、语音等信号汇入主干网络。集成软件以世界领先的 GE FANUC 自动化公司的 HMI/SCADA 软件 Ifix 为数据采集服务器，实时历史数据库 Proficy Historian3.1 为基础数据应用平台，并结合 GE FANUC 出色的数据可视化软件 Proficy RealTime Portal2.6 为 WEB 信息发布平台为基础，通过基于该实时数据库平台的二次软件应用开发来建立企业统一的生产综合自动化系统信息集成及管理平台。干河矿生产、辅助各子系统采用先进的 PLC 控制技术或各自成熟的子系统通过 OPC、DDE/NETDDE、ODBC 等标准接口，或对专用接口进行定制开发完成数据采集，完成了对所有的子系统集成。并实现了在矿井调度指挥中心既能够实时监测到整个矿井的生产和安全状况，又能够对矿井主要生产系统实现远程控制。

（一）干河矿生产、辅助等各子系统控制技术概况

1、 主井提升机控制系统采用西门子公司产品，采用交交变频调速，有手动、半自动、全自动控制。主控系统由西门子公司的 SIMATIC S7-400 PLC 结合 ET200 组成，监控系统由西门子公

司的 SIMATIC S7-400 PLC 结合 ET200 组成。机房信号控制箱及卸载控制台各有 1 台 SIMATIC S7-300 PLC，两台 PLC 用 Profibus-DP 网通讯。主控系统安装了 WINCC 6.1 单机版组态软件，提供 OPC Server 接口。

2、 副井提升电控系统实现了直流调速，有手动、半自动控制等功能。控制器采用了西门子 S7-300 PLC，控制主机安装 WINCC 5.1 单机版组态软件，提供 OPC Server 接口。

3、 主皮带运输和一采区皮带控制系统，使用的是天津华宁的控制系统，提供 RS485 总线接口，并提供 OPC Server 接口完成集控功能。

4、 主排水控制系统高压控制采用无锡军工产品，自动控制系统为太原博世通产品，控制器采用了 1 台西门子 S7-300 PLC，信号传输为 Profibus 总线协议，提供了 100M 以太网 RJ45 接口和 RS485 通讯接口。实现了井下水仓的监测，水泵、排水管路电磁阀的自动开闭控制，排水和静压水的全自动控制。

5、 通风机、压风机在线监测系统使用重庆煤科院的产品，主要是通过在现场设备放置传感器、在现场机房放置监测仪表柜，对现场数据进行采集处理、然后统一传输到调度监控信息中心，并且通过软件对各传感参数进行判断，对设备运行的异常情况提供报警。

6、 井下上输配电监测监控系统采用柳州腾龙 KJ336 矿用电力监控系统，在现场设备安装柳州腾龙的保护器,通过矿井生产过程控制网络，将矿井上下的各用电设备主要监控数据上传到调度指挥控制中心实现远程监测和控制。

7、 安全监测系统使用天地常州自动化股份有限公司生产的 KJ95N 系统，完成对现场甲烷浓度、风速、风压、一氧化碳浓度、温度等模拟量的采集、显示及报警功能，具有馈电状态、风机开停、风筒状态、风门开关、烟雾等开关量的采集、显示及报警功能。

8、 另外，本矿调度通讯系统、应急广播系统、人员定位系统、无线通讯系统。并建设有矿井工业电视系统和地面安防系统，存储磁盘阵列实现了对视频图像和生产数据的存储。

（二） 综合自动化网络平台

干河矿的自动化网络系统由管理信息网络、调度指挥信息网和生产过程控制网络组成，控制网与调度网连接并实现双向通信，调度网与管理信息网之间通过防火墙等硬件安全设备以及相应的管理手段实现有限制的互联互通。

干河矿整体网络分为三个部分：管理信息网络、集中控制网络和生产过程控制环网。网络系统结构模型如下图所示。

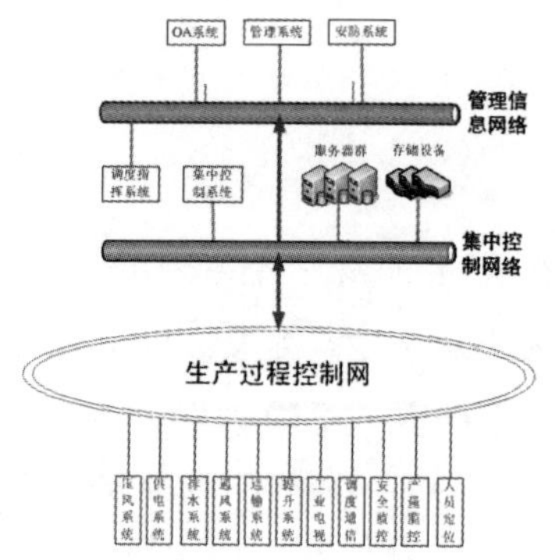

1、系统总体架构

作为矿井综合自动化系统架构，它包括以井下安全生产监控为核心的生产自动化控制子系统，集中的安全生产过程控制信号传输光纤网络平台和集中控制软件平台，调度指挥信息网以及地面的管理信息网系统。

分为以下几个层次：

设备层

主要由各类传感器和子系统传输分站等设备构成。

网络传输层

集中的网络传输平台，即生产过程控制网络平台，实现了生产现场的总线集成。

数据集成平台

各子系统通过生产过程控制网络将信号和数据传输到地面后，将数据统一采集到数据集成平台，实现信息的重组，完成数据层面的集成和统一存储。同时实现管理层数据和控制层数据的统一交换，进而实现管控一体化。

集成控制层

通过构建统一的SCADA（数据采集及监控）系统，实现跨系统和跨专业的集中、集成控制。

MES层（安全生产信息集成平台或安全生产执行系统）

包括以下几个层次：

生产过程监控（安全生产调度的集中监控）

生产过程管理（安全生产调度管理系统）

2、生产过程控制网络系统

我公司采用的是天地常州自动化科技有限公司生产的GEPON传输平台，即把以太网技术结合SDH传输技术整合到一起，形成更具有灵活和特性的光GEPON传输平台。

干河矿针对矿井实际情况，采用2个环网结构，地面机房设置两台光线路终端，两台冗余控制器（配置3个模块），形成2个环。地面、井下设置接入点，每个接入点均设置无源光功分器，组成系统的主干传输通道。通过每个接入点都可以把井下各种监测监控系统数据、视频、语音等信号汇入主干网络，集中高速送到地面控制主机。当系统中增加网络终端时，不需要再单独增加有源设备。只需要通过线路分支器分离一线路即可将网络终端设备接入。

（三）数据集成平台功能

以世界领先的GE FANUC自动化公司的HMI/SCADA软件Ifix为数据采集服务器，实时历史数据库Proficy Historian3.1为基础数据应用平台，并结合GE FANUC出色的数据可视化软件Proficy RealTime Portal2.6为WEB信息发布平台为基础，通过基于该实时数据库平台的二次软件应用开发来建立企业统一的生产综合自动化系统信息集成及管理平台。通过实时数据库系统把全矿井的生产子系统连接起来，把矿井分散的自成体系的监控系统以分区的方式进行信息集中管理，实现能源管理层与基础控制层的集成，消除自动控制设备的数据信息孤岛，并为上层应用，尤其是MES和ERP，提供统一的数据支撑平台。

整个安全生产调度集成平台系统架构，分为集中控制平台和调度管理平台两个层次，该两层次之间通过网闸进行物理隔离，并保证信息由控制层向管理层单向传输。

远程监控、诊断以及优化调度，矿井生产管理人员可在任何时间和地点通过网络平台利用标准化的、统一的图形界面了解矿井的安全生产情况。

集成平台整合分散在各子系统中各种无序、多介质的信息和多种工业监控数据，同时构建数据共享与交换机制，既满足目前综合自动化的需要，又便于未来其它系统的整合。

软件采用B/S模式设计三层网络体系结构：浏览器、应用逻辑服务器、数据库服务器，软件系统全部采用全中文平台界面，窗体框架结构，界面直观易学易用，多线程技术，能实现多任务稳定可靠运行。

集成平台支持OPC、DDE/NETDDE、ODBC等标准接口，同时很好定制开发能力，可以针对特殊专用接口进行定制开发完成数据采集，保证能够集成所有的子系统。

根据业务需求和系统间的关联度，进行监控页面的开发定制，实现跨专业跨系统的集中监测和控制。

软件集成平台具有完整的体系结构，能够实现全面的信息集成和信息化管理。

高集成度，能够与各自动化子系统集成，能够和调度管理系统集成，能够与管理信息系统集成，能够提供矿领导浏览模块。

二、矿井信息化应用

在我公司成立了调度指挥控制中心，这里既是矿井的生产安全指挥中心，又是整个矿井生产系统的控制中心。在矿井调度指挥中心实现了对安全生产监控系统、主副井提升控制系统通风机监测系统、压风机监测系统、产量监控系统等所有子系统的集中监测，同时对地面和井下变电所、井下主排水系统、井下主皮带运输系统实现了集中远程控制。既能够实时监测到整个矿井的生产和安全状况，又能够对矿井主要生产系统实现远程控制。

提高煤矿作业安全指数责无旁贷，而设备管理在煤矿安全生产中是至关重要的。利用高科技设备后，只有这样才能保证设备正常运转，才能满足矿井安全生产的需要。生产自动化、安全监测监控和管理信息系统的应用，为调度指挥人员可以实时了解现场的生产情况，及时对各种突发事件作出回应。变现场检查检修为实时监测判断，有效防止了设备重大隐患事故的发生。同时，公司的各级管理人员通过调度管理系统平台也可实时监测现场的各种数据和设备的运行情况，及时对设备的异常作出及时的反映，最大限度地避免或减少安全生产事故，为公司领导的正确决策提供了现场最可靠的数据，避免重复投资和设备浪费，即提高了经济效益，又达到了减员提效的目的。

以干河矿生产调度业务为核心，为煤矿生产调度管理相关工作人员提供的计算机应用系统。全面整合生产调度日常管理数据、矿井安全监控系统实时数据、自动化设备运行实时数据、工业视频数据、事故处理记录、人员考勤记录等多种信息。涵盖作业计划制定、生产过程监控、日常调度指挥、应急事件处理等煤矿生产调度相关的各项业务。为调度员提供一个桌面办公平台，辅助调度员全面、迅速、准确地进行生产调度。这个平台的应用提高了工作效率，同时有减少了材料的浪费。

通过使用综合自动化控制平台，为我公司培养了一大批自动化方面的技术人才，同时为他们提供学习的场地和水平发挥的空间，为后续的对新技术、新工艺的使用打下了良好的基础。

三、结束语

总之，21 世纪是我国全面实现工业化、信息化、现代化的时代，由于微电子技术、信息技术的迅速发展，自动化、信息化、数字化和智能化将深入到人类生活、生产的各个方面，利用信息技术改造传统产业已成为我们的国策。煤炭工业是一个典型的传统产业，他的生产虽然有其特殊性，但不管是生产还是安全，都急需用自动化技术和信息技术加以改造。党中央提出的“信息化带动工业化，以工业化促进信息化”，在煤炭行业中有更加重要的意义。目前国内已具备了煤矿自动化发展的必要条件，煤矿自动化必将伴随我国煤矿现代化不断发展和完善，在高产高效矿井中发挥应有的作用。煤炭安全生产为综合自动化技术的发展提供了广阔的空间，必将加快我过综合自动化建设的步伐。我公司将紧跟国内外先进技术的发展，最快使用适合于煤矿生产的先进技术，为我公司的安全生产、减员提效，为公司的高效持续发展提供有力的保障。

淮南矿业集团
安全监控系统联网的构建

一、项目概况

淮南矿业集团是安徽省属的第一大综合煤炭企业，是国家首批循环经济试点企业、中华环境友好型煤炭企业、国家级创新型试点企业。公司所处淮南矿区煤炭赋存条件十分复杂，是全国高瓦斯、高地压、高地温条件下开采的典型矿区。集团公司始终贯彻“先抽后采、监测监控、以风定产”瓦斯治理十二字方针，积极主动、全面系统地治理瓦斯，建立综合治理体系，探索出了一条具有淮南煤矿特色的高瓦斯矿区瓦斯防治的新路子，2006 年以来杜绝了煤与瓦斯突出事故，成为全国煤矿瓦斯治理的典范。

集团公司自主创新了卸压开采抽采瓦斯、无煤柱煤与瓦斯共采、煤层群开采条件下井上下立体抽采、深井低透气性煤层揭煤防突等关键技术；强化瓦斯综合治理现场管理，各矿增加瓦斯传感器设置密度，并实现矿区联网，24 小时动态全程监控。抽采自动计量装置、设备开停、主要风门开关等全部实现与监控系统联网运行。

随着公司煤矿数量的增加、生产规模的扩大，原有的安全监控系统联网数据量不断增大，系统的实时性和稳定性成为瓦斯监测监控需要解决的关键问题。

2011 年，在集团公司安全开采总院、信息分公司和太原精英科技股份有限公司共同努力下，本着系统运行“零”中断、数据“零”丢失的高标准的建设目标，采用了先进的网络传输架构、实时数据库技术研发了安全监控联网系统，并完成包括下属 17 座矿井的联网系统升级改造。到目前为止，系统运行稳定，未出现数据中断。

该项目的成功实施为集团公司加强矿井瓦斯治理现场管理、监测监控技术创新方面做出了积极的探索。

二、项目实施

（一）项目总体架构

系统采用矿→集团的两级联网传输模式，矿端安全监控系统按照《淮南矿业集团瓦斯联网数据采集标准》对监测数据进行初始化并发送到上传服务器，上传服务器通过数据传输软件将联网数据发送到集团公司监控主机。

矿端上传服务器采用双机部署方式，主机和备机同时向中心端数据库平台上传数据；集团公司配置 2 台服务器，通过虚拟化系统分别实现关系数据库服务器、实时数据库服务器、WEB 服务器、手机短信平台服务器系统，实现 HA 主备方式。

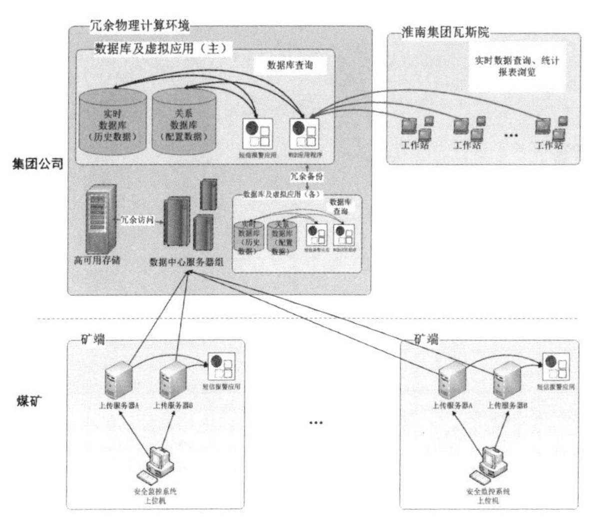

淮南矿业集团安全监控联网系统架构图

（二）系统建设

为了使本项目达到既定的时间、质量目标，瓦斯开采总院、信息分公司、太原市精英科技股份有限公司组成项目实施组，完成了集团公司机房布线，服务器、存储等硬件设备的安装，虚拟软件平台搭建，双机热备的实施和测试；完成了 17 座下属煤矿的数据转换生成程序的测试，数据上传服务器的安装，数据传输软件安装与调试。

项目实施过程中，公司制定了《淮南矿业集团瓦斯联网数据采集标准》，使各矿端安全监控系统上传数据定义、格式统一，严格质量检验标准，并对相关人员进行培训，保证项目顺利实施。

（三）功能实现

系统功能完全覆盖《MT/T 1116-2011 煤矿安全生产监控系统联网技术要求》、《AQ1029-2007 煤矿安全监控系统及检测仪器使用管理规范》、《AQ6201-2006 煤矿安全监控系统通用技术要求》，并且有许多创新，属国内首创。

1、异常瓦斯涌出量的统计

在同类软件中首次提出对瓦斯异常涌出量进行自动计算，代替了繁琐且复杂的人工计算，避免了人工计算错误，为事故追查与分析提供了准确可信的基础数据。

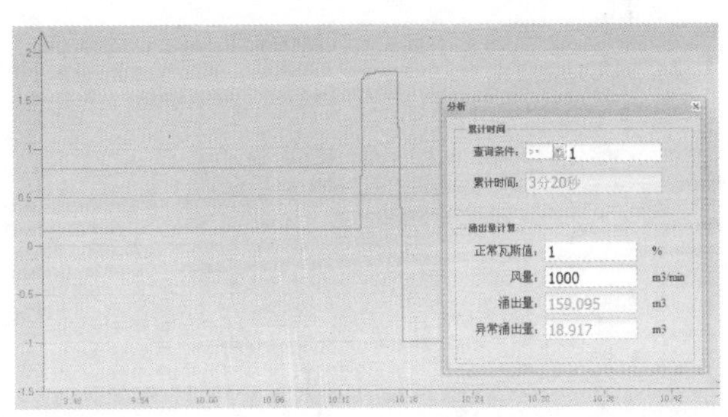

如上图，当查询某一段时间内的超限地点时，系统可以将这段时间超限的瓦斯异常涌出量自动计算。

2、超限累计时间的统计

自动计算大于某值的累计时间。

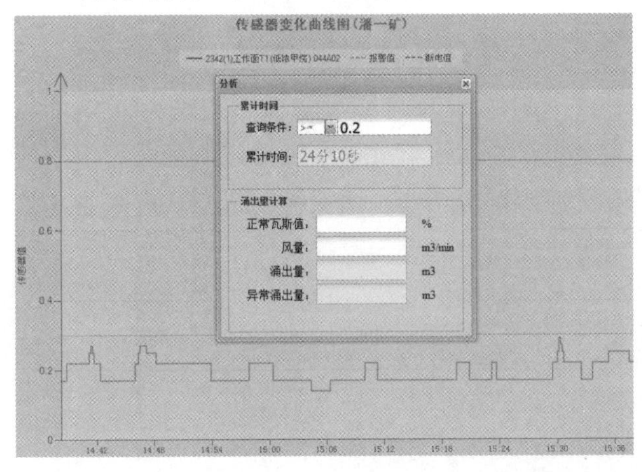

3、定义查询

可查询任意时段的传感器定义。

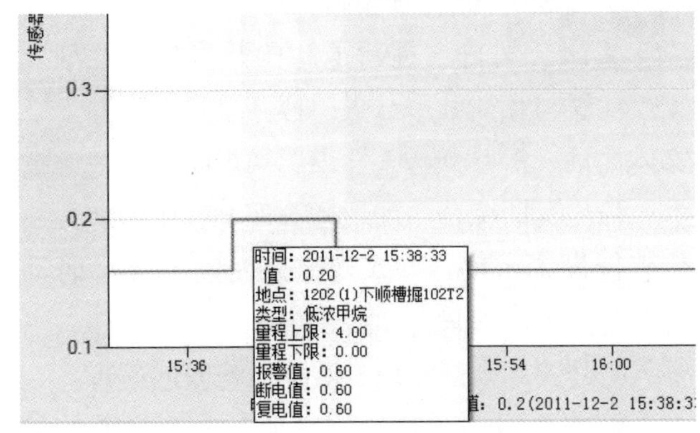

4、多点实时监测

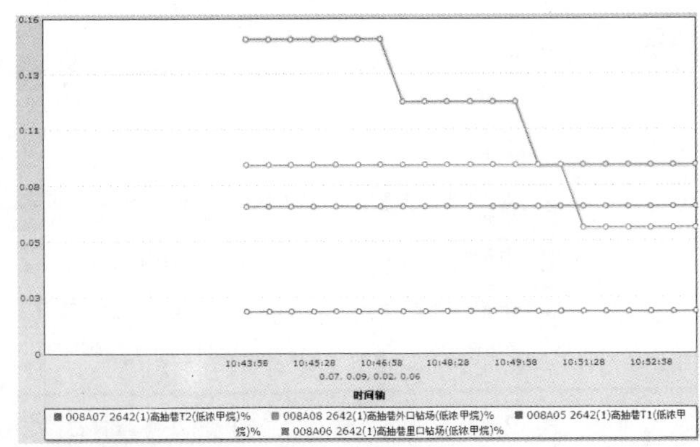

可以对井下某一区域内相关联的探头进行实时曲线监测，观察相关联的探头瓦斯变化状况，从而为瓦斯治理提供管理上的便利。（见上图）可以选择相关联的几个测点，系统可以动态显示所选测点的瓦斯变化状况。

5、重点关注

在系统中可以将重要的测点设置为重点关注，并在重点关注页面中实时查看所有重要测点的变化状况，避免了同类软件中因数据量太大，导致重点测点无法及时得到关注的问题。

在重点关注中，不仅可以看到测点的基本信息，还可以在测点瓦斯超限时，实时显示瓦斯异常涌出量。

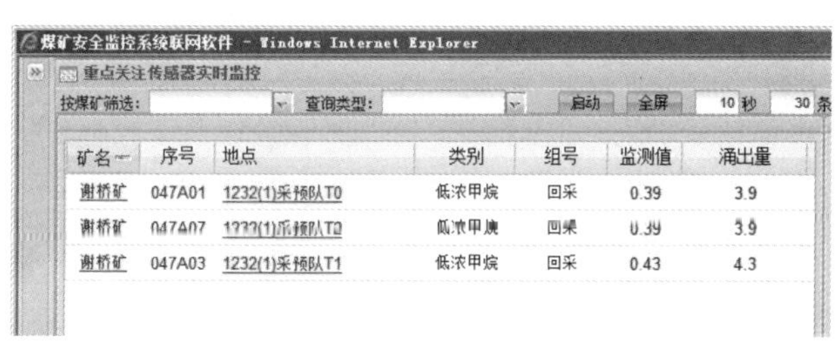

矿名	序号	地点	类别	组号	监测值	涌出量
谢桥矿	047A01	1232(1)采掘队T0	低浓甲烷	回采	0.39	3.9
谢桥矿	047A07	1232(1)采掘队T0	低浓甲烷	回采	0.39	3.9
谢桥矿	047A03	1232(1)采掘队T1	低浓甲烷	回采	0.43	4.3

6、实时监测高值瓦斯

如下图，软件可以实时显示集团公司所有瓦斯大于等于0.3%的采掘工作面，并显示预警信息。

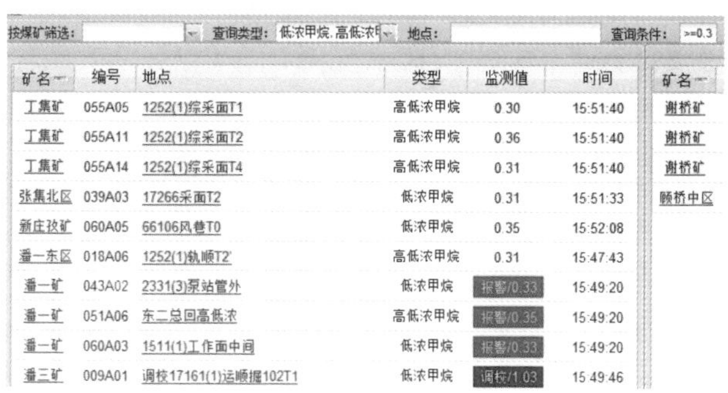

矿名	编号	地点	类型	监测值	时间
丁集矿	055A05	1252(1)综采面T1	高低浓甲烷	0.30	15:51:40
丁集矿	055A11	1252(1)综采面T2	高低浓甲烷	0.36	15:51:40
丁集矿	055A14	1252(1)综采面T4	高低浓甲烷	0.31	15:51:40
张集北区	039A03	17266采面T2	低浓甲烷	0.31	15:51:33
新庄孜矿	060A05	66106风巷T0	低浓甲烷	0.35	15:52:08
潘一东区	018A06	1252(1)轨顺T2	高低浓甲烷	0.31	15:47:43
潘一矿	043A02	2331(3)泵站管外	低浓甲烷	报警/0.33	15:49:20
潘一矿	051A06	东二总回高低浓	高低浓甲烷	报警/0.35	15:49:20
潘一矿	060A03	1511(1)工作面中间	低浓甲烷	报警/0.33	15:49:20
潘三矿	009A01	调校17161(1)运顺掘102T1	低浓甲烷	调校/1.03	15:49:46

7、调校管理

为防止不按规定对探头进行调校，在系统中可以查询各矿探头调校的时间，大于两小时的调校会自动生成在报表中。

通过对调校明细的查询还可以发现是否规范的对探头进行调校。为加强对井下探头调校的管理发挥了重要作用。

安徽省传感器调校报表（集团版）

填报单位：安徽省·淮南矿业

序号	煤矿名称	调校传感器个数	持续时间大于两小时个数	数据时间
1	谢桥矿	0	0	2011-12-2
2	张集北区	0	0	2011-12-2
3	李嘴孜矿	15	0	2011-12-2
4	潘三矿	67	0	2011-12-2
5	潘二矿	0	0	2011-12-2
6	顾桥南区	0	0	2011-12-2
7	潘一东区	0	0	2011-12-2
8	顾桥中区	12	3	2011-12-2

8、报警综合日报表

系统中提供的综合日报表，可以反映出各矿瓦斯、CO超限的总次数及累计时间，并且还可以反映出当瓦斯超限时相关设备有无成功断电，馈电是否异常等信息，传感器断线次数等进行综合显示。

煤矿安全监控系统报警综合日报表(集团)

开始时间:2011-11-28 0:00:00 结束时间：2011-12-1 23:59:59

序号	煤矿名称	瓦斯超限报警		CO报警		瓦斯超限断电		馈电异常		传感器断线		监测系统中断
		次数	累计时间	次数	累计时间	次数	累计时间	次数	累计时间	次数	累计时间	次数
1	[illegible]	59	[illegible]13分2秒	53	1小时39分10秒	59	2小时15分2秒	0	0秒	718	6天17小时12分5秒	
2	谢一谢井	0	0秒	31	30分40秒	0	0秒	0	0秒	73	1天2小时40分41秒	

在报表中可以点击瓦斯、CO超限的次数来进一步观察每次超限的开始及结束时间。（见下图）

煤矿安全监控系统模拟量报警日报表

开始时间：2011-11-28 0:00:00结束时间：2011-12-1 23:59:59

序号	矿名	传感器编号	地点	传感器类型	报警类型	开始时间	结束时间	持续时间	馈电状态	最小值	最大值	平均值	断电区域	备注
1	新庄孜矿	045A04	矿开拓二区-784m胶带机巷北T2	低浓甲烷	断电	2011-11-28 9:52:13	2011-11-28 9:55:13	3分0秒		0.80	0.90	0.868	2	
2	新庄孜矿	051A03	项303队66206立眼揭煤T1	高低浓甲烷	断电	2011-11-28 14:35:03	2011-11-28 14:36:53	1分50秒		1.16	1.43	1.378	0	
3	新庄孜矿	083A06	调校矿202组毕五号回风井联巷T2	低浓甲烷	调校	2011-11-29 23:57:05	2011-11-29 23:59:45	2分40秒		1.08	1.80	1.689		

还可以通过点击上图中断电区域中的数据，显示出该探头的断电区域，从而对各探头的断电范围是否正确做出判断。（见下图）

煤矿安全监控系统断电区域报表(0000045A04 矿开拓二?784m胶带机巷北T2)

序号	煤矿名称	传感器编号	传感器类型	监测地点	传感器值	传感器状态	开始时间	结束时间
1	新庄孜矿	0000042R03	断电器	控北一南边界石门钻	供电	正常	2011-12-2 0:00:07	2100-1-1 0:00:00
2	新庄孜矿	0000543R03	断电器	控矿开拓二区-784m胶带机巷	供电	正常	2011-12-2 9:23:08	2100-1-1 0:00:00

9、超长数据存储

淮南矿业集团各矿井下现在有9千多个探头，如果使用其他同类软件，因探头数过多，最长只能存储二个月的数据，否则将会导致数据查询时间超长、查询死锁的现象。而本系统可以存储 1 年的数据，完全符合国家对安全监控系统的管理规定，因使用了效率更好的实时数据库，查询时不会导致查询时间超长，查询死锁的现象。

10、短信发送

系统在瓦斯超限短信发送方面也具备独到之处，不仅可以发送超限瓦斯信息，还可以发送集团公司每日产量及销售量的信息，还可以对不按规范调校探头的信息进行发送，大大加强了集团公司对井下现场的管理。

（四）运行情况

安全监控联网系统升级改造于 2011 年 10 月完成， 2011 年 11 月 1 日至 2011 年 12 月 31 日期间进行试运行，试运行期间，数据生成及时可靠、传输稳定，同时对发现的问题进行了整改，系统的稳定性进一步得到了加强。

2012 年 1 月 1 日，系统正式上线，至今系统运行正常，系统 Agent 代理程序实时监视数据传输情况及系统设备运行情况，有任何系统异常信息会以短信形式发送至相关负责人，实现了无人值守，极大地提高了集团对于瓦斯治理的管理效率和质量。

三、项目效果和效益

（一）系统优势与创新

1、制定统一的数据采集传输标准

按照国际安全监控系统使用规范和通用技术要求及联网技术规范，根据集团公司安全生产情况和实际管理需要，制定了《淮南矿业集团瓦斯联网数据采集标准》。其中包括了各类型模拟量、开关量监测数据定义，分站和传感器运行状态的定义，数据文件命名、结构，数据表结构，以及数据传输规范等。

该标准的制定为系统建设奠定了坚实的基础，提高了矿端安全监控系统数据的利用和共享程度，提供了系统间数据传输、共享的便捷方法。

2、先进的系统应用架构

该系统在建设时就充分考虑了系统的运行稳定性和运行效率，在矿端使用双机同时上传数据的方式，集团公司采用双机热备方式，任何一台机器出现故障都不会影响整个系统的运行，确保数据上传“零中断”。

采用先进的实时数据库，节约数据存储空间，实现了实时、历史数据的快速查询、检索。

3、率先实现了瓦斯超限预警、瓦斯涌出量分析功能

系统具备强大数据分析功能，能够根据矿井实际情况及管理需求实现瓦斯超限的提前预警，有效降低事故发生概率;应用数据曲线分析工具，对比分析不同区域、监测点瓦斯浓度变化情况，完成瓦斯涌出量的计算和趋势分析，为预防安全事故、及时消除隐患提供数据支撑。

（二）应用效果

系统自上线运行以来，运行稳定，未出现由于系统自身原因引起的数据终端、宕机情况，真正实现了监测数据的“零中断”。

系统有效发挥了对煤矿安全环境的统一监管功能，到目前为止提供瓦斯预警信息 3942 条，瓦斯超限报警信息 3073 条，向相关负责人发送报警信息 8596 人次，使瓦斯安全隐患得到快速处理，没有发现漏报、错报现象。

（三）项目可持续性

通过本次联网系统建设，可以进一步扩展煤矿“一通三防”、瓦斯抽采的联网应用，实现瓦斯监测利用的综合分析平台；同时系统也可以通过 Web Service 服务方式为集团公司生产执行、调度管理系统提供共享数据。

四、项目主要经验、相关建议

本次项目能够在较短时间内完成架构先进、功能领先的联网系统建设，主要在于基于公司瓦斯监控、治理方面实践，以及强有力的领导指挥。通过与太原精英科技股份有限公司的合作，包括项目前期的数据标准制定、系统实施和培训工作，都积累了有益的经验，为我们类似项目的开展提供借鉴。

目前，系统中的监测监控、预警报警功能已经完善，按照我公司实际管理的需要，应当在瓦斯的分区域、分类型统计报表方面加以改进，使不同部门、层级的管理人员可以获得多种类型的报表。

应当考虑建设瓦斯监控联网系统数据灾备中心。安全监控联网系统是集团安全生产的重要支持系统，监测监控历史数据是集团公司预防事故、瓦斯治理的重要数据基础，所以应考虑选择公司下属信息化条件较好的煤矿、集团其它部门建立数据备份系统、备份数据处理系统、备份通信网络系统，制定完善的灾难恢复计划，逐步建立集团公司数据灾备中心。

以提高企业“三个水平”为目标进行企业信息化建设

霍州煤电集团

霍州煤电集团是山西焦煤集团的子公司，目前生产能力为2500万吨，十二五末企业将达到5000万吨的生产能力。

霍州煤电集团坚持“两化深刻融合”的工作方针，以提高企业“三个水平”（管理水平、安全水平和自动化水平）、提高企业核心竞争力为目标进行企业信息化建设，坚持“统一规划、分步实施”原则，坚持先进性、安全性的要求，使企业信息化处在行业先进水平，为保证企业的安全生产、高效生产提供了坚强的保证。

霍州煤电集团信息化建设采取了“两步走”的方针，即打基础，上应用。采用MSTP技术建设了覆盖所有下属单位的7个10G光环网，为每个节点提供了2G的带宽；采用三层架构为每个下属单位建设了局域网。这些信息化基础设施能够满足企业信息化发展的长期需要，为企业信息化应用的深入奠定了坚实的基础。

集团公司信息化应用系统主要包括：办公自动化系统、人财物管理系统、医疗保险信息系统、公积金管理系统、视频会议系统、安全监控系统、调度管理系统、人员定位系统、井下供电 / 排水 / 胶带机远程控制系统、地面供电调度自动化系统、洗煤厂集控系统等。

十二五期间，霍州煤电还将继续加大信息化建设的投入，为建设本质安全型企业打下良好基础。

图 1：霍州煤电骨干网拓扑图

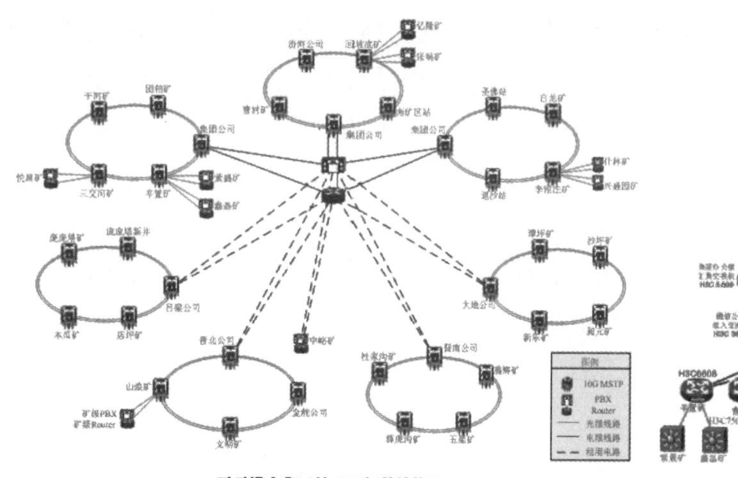

霍州煤电集团骨干网拓扑结构图

图 2 霍州煤电数据网拓扑图

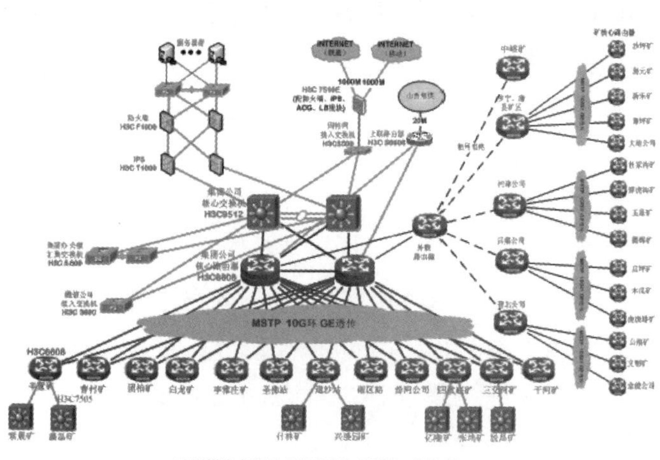

霍州煤电集团公司数据网（规划）结构图

信息化系统建设与应用

山西晋城无烟煤矿业集团有限责任公司

晋城煤业集团是由山西省国资委控股的有限责任公司，是我国优质无烟煤重要的生产企业、全国最大的煤层气抽采利用企业、全国最大的煤化工企业集团、全国最大的瓦斯发电企业集团。现有 55 个子公司、10 个分公司。截至 2011 年底，企业总资产 1444.87 亿元，省内外员工 15 余万人。2011 年实现营业收入 1123.45 亿元。

晋城煤业集团坚持“以煤为基、多元发展”，构建起了“煤炭、煤化工、煤层气、电力、煤机制造、新兴产业”六大产业相互支撑、竞相发展的产业格局，推动企业经济规模和效益实现跨越式增长。“十二五”期间，晋城煤业集团将以安全发展为根本，以转型跨越为主线，构建循环经济体系，积极转变发展方式，投资 1500 亿元，建设 127 个规划项目，突出强化“煤—气—化、煤—焦—化、煤—气—电”三条产业链建设，做强做优“六大产业”，力争到“十二五”末，形成原煤产量 1 亿吨、煤层气抽采量 100 亿立方米、总氨产量 2000 万吨以上、发电装机容量 300 万千瓦，实现营业收入 2000 亿元以上，利润 200 亿元以上，再造两个新晋煤，跨入世界 500 强，努力建设成为极具核心竞争力的现代化新型能源集团。

“十二五”期间晋煤集团的企业愿景是：亿吨基地，千亿规模，百年企业，能源旗舰。

晋煤集团中期战略目标是：到 2015 年，实现“51.52”，再造两个新晋煤。

晋煤集团在“十一五”期间取得的成绩有：企业规模取得了跨越式发展；产业结构大大完善，抗风险能力大增；循环经济、节能减排成效显著；技术创新实现突破，核心竞争力大大提升；资本运作方式灵活，企业兼并重组取得了重大进展；公司体制机制进一步完善，管理水平大幅提升。

晋煤集团的企业管理模式目前正在由传统的要素驱动式向效率驱动、管理驱动式转变；采用集成化的经营管理，提升企业效率和效益。

晋煤集团信息化系统建设的基本情况

晋煤集团的信息化建设主要基于国家八批国债专项投资项目。其中，网络建设从2003年开始，历时3年，到2007年基本结束，完成了覆盖机关、各主要生产矿井及周边单位的较可靠完善的光纤骨干网络，为各种应用系统和自动化系统的上线提供了完善和稳定的平台。

信息化应用系统的建设始于2007年，到2010年底基本完成了国债项目范围内各系统实施。截止目前，投入运行的系统包括了：人力资源、办公自动化、财务、运销、供应等30余个系统。

详细情况介绍如下：

一、管控层面的信息化系统情况介绍

1、生产动态数据监控平台

晋煤集团即将建成的生产动态数据监控平台，在未来将作为晋煤集团生产调度指挥上的核心系统使用。该平台能够及时、全面收集晋煤集团下属各业务板块及各企业的生产经营和生产运行关键数据，通过对关键数据的综合分析和加工处理，为晋煤集团生产经营活动的正常运行和各级领导的指挥决策提供真实依据。

该平台采用了四层应用、两个保障的功能架构：

1）生产运行层主要由生产现场的工业自动化系统、安全监测监控系统、井下人员定位系统、产量监控系统和工业电视监控系统组成，是服务于生产一线的现场作业控制系统，也是生产动态数据监控平台中生产运行的数据来源。

2）信息采集与系统集成层主要包括数据采集平台、数据报送平台和应用系统集成平台组成。

3）专业监管层：根据煤炭、煤化工、煤层气、电力、煤机制造、新产业各业务板块的行业特点和管理特点，对信息采集与系统集成层采集的信息以及集成的应用系统进行归类组织并专业处理，形成符合各业务板块管理特点的专业调度信息处理平台，以满足各业务板块的调度管理要求。

4）综合监管层：依据各业务板块的生产经营和生产运行信息，加工并形成生产综合监控和生产执行分析功能，为各级领导全面、及时掌握集团公司整体生产经营情况以及各板块、各企业生产经营情况提供帮助。主要功能有：企业分布、关键生产指标监控、生产运行状态监控、产量分析、销量分析、运量分析、库存分析、消耗分析、视频监控等。

2、人力资源管理系统

该系统将企业的组织机构、职员招聘管理、职员的基本信息管理、员工素质能力测试、教育与培训管理、绩效考核、薪资福利管理和人力资源分配，劳动成本管理等，形成一个闭环的管理系统，从而使集团公司形成了集中管控的人力资源管理模式。

该系统对于提升企业人力资源管理水平及集团公司核心竞争力，具有极深远的意义，它是针对我集团的现状和特点而设计的。

通过该系统的实施，建立了人员综合信息库，全面记录人员的信息、合同、工资、考勤、培训记录、保险信息、劳资统计等；实现了人事信息管理、员工考勤、薪资计算、职工培训、劳资统计等，使人力资源业务全面实现信息化管理。

3、财务管理系统

财务管理系统通过资金和费用管理、销售管理、物资采购供应管理等系统无缝链接，实现会计职能的根本转变，使财务工作由定性管理走向定量管理，成本核算由静态转向动态管理，为公司建造一个“事事有人审，处处可监控”的财务环境，实现跨地区、跨帐套的财务数据分析、财务状况的监督和审计，对关键的财务数据进行实时监控，从而为领导层提供最优的财务分析预测方案，追求企业的最佳经济效益。

目前，晋煤集团建立了覆盖91家下属单位

的财务管理系统。

4、物资供应管理系统

晋煤集团通过在装备物资公司实施物资供应管理系统，将保证整个物资供应活动按质、按量、按期、按计划地进行，确保企业的生产经营活动高效有序地进行，合理安排配套物资的搭配比例，科学降低库存资金占压，使企业获得更大的经济效益。

该系统的建设以生产为龙头，通过对物资计划的三级计划两级平衡管理，实现物资从计划到招标、合同、出入库、盘点报损、付款结算的信息化管理，以加强对物资采购和消耗的控制。

5、设备管理系统

设备管理系统通过对设备从计划、采购、出入库、现场管理、报废、转让等全过程的精细化管理，从而实现设备的全生命周期管理。

该系统上线运行后，建立了统一的设备编码规范，实现了对机电设备从采购、到货、安装、使用和报废的综合管理，加强了对设备使用的跟踪、调剂和维修，达到提高设备使用率和完好率、降低设备事故率的目的。

6、运销管理系统

晋煤集团的运销管理系统主体业务于2010年3月开始正式试运行。该系统以运销分公司为业务主体，成为了覆盖煤炭销售合同、计划、调运、财务结算、煤质化验等业务环节的信息管理系统。

目前完全实现了新旧系统的合同、计划、发运和结算的完全同步，系统主体业务和外围部分业务（商务、外贸、公路）正常运行；系统的调运数据和财务结算数据基本全部完善，财务结算每天进行新、老系统的核对，如有问题当日就能解决。

二、信息化系统建设评价

目前，晋煤集团已经在生产经营、日常办公等方面建设并投入使用了大量的信息化应用系统，但是，晋煤集团信息化管控体系建设还在起步阶段，还有很多系统仍需建设。为了加快两化融合及三网融合在晋煤集团日常工作生产中发挥作用，2012年晋煤集团将加大已完成的信息化系统使用推广力度，计划每个主要系统使用人数在现有基础上增加10%，而且还要加强信息化系统建设力度,预计还需增加公路运输管理系统、合同管理系统、煤层气系统、煤化工信息统计系统、等四个管理系统，来增加集团公司对非煤板块的信息化管控力度。

晋煤集团信息化管控体系不单单是针对于煤炭板块建设，为了更好的达到十二五目标，还需要加强对煤层气板块、煤化工板块、煤机板块、电力板块、多经板块进行深入的信息化建设，为未来晋煤多元化发展提供有效的信息化管控体系。

晋煤集团信息化管控体系建设

2011年底，通过与IBM公司的合作，经过考察调研和深入的分析讨论，晋煤集团确立了信息化建设的愿景和目标：打造“统一、整合、共享、智能”的智慧晋煤；通过标准、专业、高效、稳定的IT服务，提升业务运作与管理决策能力，全面支撑并推动晋煤集团跨入世界500强的奋斗目标。

晋煤集团目前的信息化建设总体目标是：

在信息管理方面，将信息作为集团的重要资源，为其管理和业务运作建立良好的文化和机制。

在应用系统方面，全面支持晋煤集团战略管控体系，尤其是支持领导层的战略决策及对下属公司的管控；支持晋煤集团关键的业务领域：战略与计划管理、财务管理、人力资源管理等，建立基于统一、整合的一体化应用平台；支持各下属公司调度、生产、供应、销售、市场的协同运作，推动集成供应链转型。

在IT基础设施方面，制定适用于全集团的技术架构指导原则；统一集团关键基础设施的选型、建设、维护标准，降低公司IT投入成本；建立基础设施规范化管理体系，提高设备稳定性，支持应用系统稳定持续运行。

在IT组织机构方面，完善集团IT组织及管控模式，明确IT组织的定位、架构及职能，有效协调集团的IT组织资源与未来IT建设需求的一致性。

晋煤集团将分四个方面构建具有晋煤特色的信息化管控体系。

一、晋煤集团的企业信息架构

晋煤集团将信息作为企业的核心资源，将业务实体抽象成为信息对象，将企业的业务运作模式抽象成为信息对象的属性和方法，建立面向对象的企业信息模型。

二、晋煤集团的应用架构

基于信息化的愿景与使命，晋煤集团采用“五统一”的应用架构建设总体指导思想，即：统一规划、统一投资、统一架构、统一标准、统一管理。在设计总体应用架构的过程中关注集团的发展战略、集团的管控模式、板块业务共性及差异性、信息技术现状及发展趋势等主要因素。

晋煤集团的信息化应用架构可分为自上而下的四个层次。

第一，门户感知层，内容包括门户办公平台和管理驾驶舱。

目前，晋煤集团在内网构建了统一的协同办公平台，提供面向个性化的协同工作内容，采用了简单化、标准化和可以灵活定制的企业内网门户展示。通过该平台，可以延伸和访问到晋煤集团的各个信息化系统。

例如，通过内网和外网的官方网站，可以发布新闻和各项公告；通过内网的邮件系统可以在集团公司内部和外部进行邮件的传递；从e-Link即时通讯软件可以给集团公司各个处室和单位的领导和员工发送即时信息；通过昨日要情管理系统，可以及时发布和查看人员的最新工作内容，并为领导者提供详细的所属人员的工作活动信息；通过办公自动化系统对公文、会议、办公车辆等日常办公内容进行管理，实现对集团公司各单位日常办公工作的全面管理，并能规范办公流程，提高管理水平和管理质量。

晋煤集团目前已经开展了管理驾驶舱的建设。主要功能包括：数据建模、数据采集、在线分析、数据挖掘、定制报表、数据仓库、元数据管理、工控及视频信息查询、调度平台入口。

晋煤集团以后将主要进行知识管理、云空间以及商业智能系统的建设，进一步完善门户感知层的信息化系统的建设。

第二，管控层，建设形成以主数据管理平台为核心的，能够分块管理各方面业务数据的体系。

该层的主要建设内容包括：配合集团管控模式的选择，为集团的管控管理提供工具和平台；借助信息系统的实施，促进流程管理变革的推进；将要为集团打造统一的数据编码规范体系，促进集团管理标准化工作；为信息集成与感知平台提供相应数据来源。

目前，用友的NC财务系统实现了覆盖晋煤集团各个组成单位的资金管理体系，通过其中合并报表的使用，为集团公司提供了高效有序的资金流信息化服务，使决策者能够通过对资金管理的把握，从侧面推断出各项生产活动的运行情况。

晋煤集团将通过主数据平台（MDM）的实施，向各业务系统提供规范、准确、高质量的数据服务能力，从而节省新系统建设的成本和时间，提升系统建设的总体质量。通过逐步扩展和实施全面预算、企业绩效管理、资金管理、内控与审计、数据仓库与商业智能方面的模块。

第三，业务执行层，可以分为业务管理层和现场作业层，为集团管控提供高效且可控的业务执行流程管理信息化体系。

在业务管理层，晋煤集团已经建成并投入运行的信息化管理系统包括:人力资源管理系统、财务管理系统、生产管理系统、通风管理系统、安全管理系统、机电设备系统、物资供应管理系统、运销管理系统、计划管理系统、生产技术与图文管理系统等。

现场作业层中，晋煤集团在各个主要生产矿井建立起了以安全生产监测监控系统、井下人员管理系统和产量监控系统为中心的安全生产信息化管理体系，并在此基础上建成了地面调度监控中心、井上下自动化监控网络系统、矿井工业电视系统、井下盘区胶带机自动化监控系统、矿井供配电自动化监控系统、井下无线通信系统等，实现了数字化矿山的建设方案；在电力相关单位建成了电力中控系统；在物流相关企业实施并投入运行了运输管理车辆跟踪系统和地理信息系统等物流产业方面的信息化系统。

结合晋煤集团发展及管控需要，将在现有的财务系统、人力资源管理系统、物资供应管理系统、生产管理系统、设备管理系统和计划管理系统等的基础上，统一整合各个系统的数据库资源，建立一套符合晋煤集团业务需求的 ERP 系统，实现人财物、产供销一体化的现代企业信息化管理模式，并逐步将其建设成为集团公司信息化体系的主体，大幅加强对公司各业务的有效监管，适应公司业务多元化和地域分散化的趋势，实现集团公司的组织架构、管控流程以及集团管控模式的有效落地。

第四，IT 技术基础层，提供更高效易用的技术平台。

晋煤集团将通过桌面虚拟化和服务器虚拟化的实施，为用户打造方便易用的使用界面。主要的建设内容包括：统一用户管理和系统安全；企业服务总线（ESB）；虚拟服务器应用；虚拟桌面应用（VDI）；网络与通信系统优化。

三、晋煤集团的信息技术基础结构

根据晋煤集团信息化愿景和信息化建设指导原则，晋煤集团的 IT 基础设施架构遵循四个原则：注重总拥有成本（TCO）的投资决策；注重 IT 基础设备标准化的建设；注重 IT 基础设施和服务的整合；注重以集成的方式管理 IT 基础设施。主要的建设内容包括网络建设、数据中心和信息安全。

数据中心建设的指导思想是：完善制度、标准与规范，提高对数据中心的管理能力；考虑将应用系统服务器、存储等设备尽量统一部署在集团数据中心并对数据中心进行分区规划；对服务器硬件与操作系统配置及维护制定相应规范。

数据中心作为晋煤集团各应用系统数据处理与数据存储的集中平台，采用了高性能的 IBM P5 系列小型机和大容量、高冗余的磁盘阵列存储系统，可实现对各系统的持续运行和数据的安全管理。同时，为保证应用系统安全稳定运行，还建设了异地容灾中心，实现异地备份。

晋煤集团目前只存在一个机关数据中心，存在单点故障风险。通过建立第二数据中心，与原有数据中心分担负载并互为备份，保证了晋煤集团各项业务数据的高效使用和安全。

四、晋煤集团的 IT 组织管理结构

目前，晋煤集团信息化工作实行统一领导、分级管理、相互协调的管理方式。成立了以集团公司董事长、总经理任组长，分管信息化的副总经理任副组长，其他副总经理任组员的集团公司信息化工作领导组。领导组下设信息化办公室，信息化办公室作为领导组的常设机构。通信分公司是集团公司的企业信息化网络运营单位，负责集团公司网络硬件平台和软件平台的运行与维护。

李雅庄信息化矿山建设与应用

信息化是指人们凭借现代电子信息技术等手段，通过提高自身开发和利用信息资源的智能，推动经济发展、社会进步乃至人们自身生活方式变革的过程。面对人类进入信息社会的机遇和挑战，发挥后发优势，加快经济和社会信息化步伐，以信息化带动工业化，实现跨越式发展，以信息化为先导，使我矿信息化建设逐步完善，走入全国煤炭行业的先进行列。我矿的信息系统建设以满足改革、发展、管理、效益的需求为目标，紧密结合提高整体管理水平、提高安全生产能力和信息自动化程度、提升总体技术水平和经济效益，以实现企业生产管理层监控、调度、优化的职能和经营管理层决策、协调、监管的职能为目的，以现有自动化系统和应用软件系统的建设为基础，通过有计划的、系统的、分步的建设和整合，形成一体化的集成信息系统，并且进一步实现与集团信息系统的集成与整合。

现代化矿井建设，要坚持“以信息化带动工业化”、“走新型工业化道路”的发展方针，在信息化建设方面，高点定位，我矿要以“创建国内一流信息化矿井”为目标，进行了信息化建设总体规划，并进行了有条不紊的建设工作。总体建设情况包括千兆光纤到矿、百兆到楼、到桌面的国内一流的计算机网络包括，有无线互通、井上下一体的包括数据、语音、视频等全数字通信网络的网络平台，为全矿信息技术的发展和应用奠定基础。我矿与2009年建设了综合调度指挥中心，包括井下人员定位系统、井下通讯系统、大巷新集闭系统、副井提升监控系统、井上下皮带集中控制系统、顶板综合在线监测系统、综采工作面运输系统集中控制、变电所无人值守、井下自动排水系统、主扇在线监测系统、无人值守压风站、瓦斯监控瓦斯抽放系统、工业电视系统、安全信息管理系统、办公自动化系统、内部市场化管理系统等。

我矿通过集成与整合，完成建设一流的数字化矿山，建立高速的数据、视频、语音“三网合一”的工业以太网网络，解决所有子系统传输物理通道和接入问题；对所有子系统进行数据采集、处理、存储、发布，完成一个信息集中管控网络发布平台，将先进的管理技术、自动化控制技术、计算机技术、通讯技术、视频监控技术等通过集成网络技术，实现生产、管理等环节的信息交流和资源共享，实现文字、数据、语言、视频、图像、图形等多媒体的传输和处理，达到自动监控、监测和检测生产过程，实现了高层决策、管理和生产过程无缝连接，完成李雅庄矿数字化矿山建设，达到国内同行业先进水平。

信息化建设具体成果

1、建设全矿井的综合自动化平台，实现井下皮带运输、排水、供电、通风、机车运输的远程集中控制等。

2、开发完成包括办公自动化系统、安全生产管理信息系统、目标经营管理信息系统、煤炭销售管理信息系统、地测管理信息系统、多媒体会议室在内的信息流通平台，全面实现矿井的综合信息化管理，实现了网上办公，在应用方面要达到了行业领先水平。

3、建成包括安全生产监测监控系统、束管

监测系统、井下人员定位系统、瓦检监测系统在内的监测监控平台，采用手机短信报警，最终实现对煤矿环境、设备、人员的全方位实时监测。

4、实现矿井的信息网络化、监控数字化、操作自动化、办公无纸化、管理信息化的目标，成为现代化煤业的首要标志，创出建设信息化及新型现代化矿井的模式，企业信息化程度总体上达到了国内先进水平。

信息化建设的几点做法

一、创建一流信息化矿井

以信息化带动煤炭工业化，建设现代化矿井新模式，是二十一世纪煤炭企业走新型工业化道路、实现煤矿高产高效的必然途径，是提高煤炭企业核心竞争力最为有效的手段。随着信息技术的不断成熟和发展,煤炭企业推广应用信息化、数字化、自动化技术已势在必行。

二、推动信息化建设的极速发展

创建一流的信息化矿井建设思路，在管理体制上进行理顺，通过调入、招聘等多种形式充实专业技术人员，统一管理全矿信息化系统，形成了全新的矿井信息专业管理体系。

三、统筹规划，高点定位，努力采用国际国内先进技术，制定信息化建设总体建设方案

信息化规划是信息化建设的头等大事，它是信息化建设的基本纲领和总体指向，是信息化实施的前提与依据，其核心内容是根据企业的发展战略和总体目标，形成总体的信息化框架，为进一步系统设计和实施奠定基础。同时，为搞好信息化建设，消灭信息孤岛，必须统筹规划，统一指挥。

根据总体规划，组织制定本矿的信息化建设规划。制定了信息化建设总体设计方案，该方案主要实现以下目标：一是首先建成全矿井上下一体的信息网络平台的基础上，改造调度指挥指挥中心。二是实现对井上、下皮带运输、电机车运输、四大运转（通风、压风、提升、排水）、井下供电等系统的集中控制，做到以上各系统岗位无人值守。三是改造完善安全、生产监测监控系统、工业电视系统等，实现对井下所有重要地点的风速、温度、风门、局扇开停的自动监测，实现对井上下重要设备运行情况的自动监测及重要地点的工业电视监视，并与矿区联网在全矿实现各类自动化信息及监测信息的资源共享。四是逐步开发建设包括办公、安全、生产、计划、财务、人力资源等业务在内的管理信息系统，建立各类专业数据库、信息港，使全矿的管理工作真正步入信息化的轨道。五是通过建立健全专门的信息管理机构，创新信息管理模式，加强专业人员培养及员工信息知识培训,造就一支技术精良、业务娴熟的信息人才队伍。

建设矿井综合自动化系统，能够大大改善煤矿生产的安全状况，提高劳动生产率，符合国家的产业政策，是煤矿科技进步最有效的手段之一，可以取得较好的经济效益和社会效益。

四、采取措施，加大力度，按照总体规划及总体方案，组织抓好信息化、数字化、自动化项目的建设工作

煤矿信息化建设项目繁多，时间紧，任务重。因此，必须统一布署，做好建设计划和安排，加大工作力度和责任，才能完成既定的奋斗目标。要搞好项目实施，必须采取鞭策和鼓励的措施，加大各方面工作力度，快速推进信息化的建设工作。

五、博采众长，创造条件，积极组织学习及培训活动，提高员工信息化意识和素质。

信息化属于高新技术，信息化建设是一项开拓性的事业，知识性、技术性、操作性很强，对于我们煤矿职工来说是一个全新的工作手段；因此，外出学习，强化知识培训，提高广大员工的信息化意识和素质就势在必行，也是建好、用好、维护好各种信息系统的人才基础保障。

矿山信息化建设任重而道远，随着技术的进步，我矿的信息化建设还将继续完善。通过学习同行业先进矿井的经验，我矿的信息化水平会越来越高，为我矿的安全生产做好有力保证。

两化融合助推企业转型发展

开滦（集团）有限责任公司

一、企业的基本情况

（一）历史沿革和经济情况。开滦始建于1878年，已有134年开采历史。是一个集煤炭生产、洗选加工、煤化工、现代物流、电力、装备制造、建筑施工、建材化工、文化旅游等多产业并举的四跨型企业集团。下辖104个分、子公司，1个上市公司。拥有员工7万多人。2011年，原煤产量完成7058万吨，营业收入完成1456亿元，在中国企业“500强”排名列第91位。预计“十二五”末，营业收入将达到2500亿元。

（二）企业信息化建设情况。多年来，开滦信息化按照“企业管理信息化、信息管理集约化、安全检测数字化、生产过程自动化”的目标进行规划建设，在企业安全生产、经营管理、减员提效等方面做了大量行之有效的工作，特别是在助推信息化与工业化融合的进程中进行了积极的探索与实践。对企业生产安全、经营管理工作的全面提升起到了有力的促进作用。

1、计算机网：开滦集团已经建成了以光纤环网为主，覆盖全开滦矿区的内部广域网络。同时建成了包括蔚州、新疆、内蒙、兴隆等外埠单位在内的所有69个园区网，网络覆盖率达到了100%，网上计算机节点10000多个。网上运行着50多个集团公司级的应用系统，涵盖企业财务、物流、人力资源、党建工作、安全生产等各个领域。

2、通信专网：开滦本部的通信专网与蔚州、新疆、内蒙、兴隆等外埠单位的电话实现内部5位等位拨号，交换机总容量达到了35289门。15个煤矿的井下人员定位系统全部建成，并投入使用，共发放人员标示卡4.7万张。

3、自动化系统：生产系统自动化改造与建设已经初具规模，综合自动化矿井覆盖率达到50%；建立了完善的矿井安全监测系统，覆盖率达到100%。

4、获得的主要荣誉：2011年，开滦集团获得国家工信部颁发的“两化融合”促进安全生产重点推进项目承担单位，获得中国煤炭工业协会颁发的“全国煤炭工业信息化示范企业”、“全国煤炭工业信息化先进单位”，获得省国资委颁发的“依靠信息技术促进发展创先争优先进单位”、“信息化工作先进单位”，获得省工信厅颁发的“两化融合示范企业”等荣誉称号，在中国企业信息化500强测评中名列第85名。

二、两化融合工作主要做法

开滦集团高度重视并积极推进企业两化融合工作，把企业信息化自动化建设摆上重要位置，并采取了一系列行之有效的措施，取得了很好的成效。

（一）强化信息化自动化领导机制，实现统一领导、统一部署。为了更好的推进信息化与自动化的融合，集团公司成立了信息化自动化领导小组，总经理亲自担任组长，集团总工程师、总会计师、总经理助理为副组长，集团各位副总工程师、业务总监以及技术、经营、财务、人事等部门负责人为成员，大家各司其职，围绕集团的信息化自动化工作进行研究谋划。信息办定期组织召开领导小组专题会议，就如何推进“两化融合”工作进行讨论，对重点项目做出决策，对确定的项目在人、财、物各方面给予支持与保障，确保项目的顺利完成。

（二）用规划引领企业两化融合工作，做到规划先行，标准统一。为了保证集团公司自动化建设有序进行。“十一五”期间，开滦编制了第一个《开滦集团公司自动化建设总体规划》，该规划统一了集团自动化接口、通信、控制、软件等建设标准，使企业自动化建设的统一性、一致性、兼容性和扩展性得到了保障。

在总结“十一五”信息化、自动化工作经验、特别是在总结“两化融合”工作经验的基础上，我们按照信息化与自动化深度融合发展思路，制定了《开滦集团十二五信息化自动化发展规划》。该规划充分体现了信息化与自动化的高度融合，从融合的角度对今后五年如何做好信息化、自动化工作提出建设性、前瞻性的设想和要求，为做好开滦“两化融合”工作提供了理论依据，使“两化融合”工作更加科学合理。

（三）明确具体目标，落实建设资金，取得较好效果。按照规划要求，对集团公司各煤炭生产矿井的综合自动化系统、生产环节中的自动化子系统的建设提出了具体目标，制定了一系列具体的建设标准和规范，保证了各系统间信息的共享、融合。近几年，先后投资6.5亿元，对生产矿井及井下装备进行了自动化建设和改造。

建成后各自动化子系统，不仅实现了地面集中监测和控制，同时集团公司局域网上任何一台计算机都可以进行远程监测、监视，实现系统间信息的高度共享，为集团公司生产指挥提供了强有力的技术手段。

（四）建设与科研相结合，互相促进、互相提高。我们紧密结合生产实际，以项目研发为载体，按照“研用结合、重在应用”的思路组织科研项目的实施。几年来，先后开发应用了20多个项目。这些项目大部分都通过了省部级鉴定。

其中《矿山大功率高性能电力传动关键技术与应用》项目，2010年获国家科技进步二等奖。

《煤矿井下重大事故危险源识别、检测及灾变预测、预警技术的研究与应用》项目将信息化、自动化技术综合应用于煤矿井下水、火、瓦斯、顶板等重大危险源的综合预测预警，大大提高了矿井生产的安全性。

2011年，该项目被国家工信部确定为全国首批两化融合促进安全生产重点推进项目，同时获得国家专利授权。现已完成在开滦钱家营矿的试点应用（总投资3890.51万元），运行效果良好，具备推广条件。

（五）通过“两化融合”，促进安全生产。安全生产是煤炭企业的重中之重，也是“两化融合”出发点和落脚点。近几年，我们在信息化自动化技术应用于企业安全管理方面做了有益的探索和实践。先后开发应用了《胶带运输机双向滚筒人员保护装置》、《斜井人本安全运输系统》、供电系统事故和高压开关柜“系统四防”和“语音电磁锁闭锁装置”、建立起了完善的“矿井安全监测系统”，实现了网络化的实时监测。这些系统的应用极大地提高了矿山生产的安全性。

（六）强化信息化支撑作用、助力开滦转型发展。我们按照总体规划要求，结合企业实际，先后投资了近8000万元，进行了集团财务集中管控、综合物流、设备管理、办公自动化、开滦精煤ERP等40多个集团级的管理信息系统软件的开发和应用，投入了视频会议、安全生产监控等多个网上应用系统，这些系统在集团公司的安全生产、经营管理等工作中发挥着十分重要的作用。

三、两化融合工作主要成效

“两化融合”给企业带来显著经济效益和社会效益：

（一）经济效益

1、在增产提效方面。据统计，截止到目前全集团已经实现的主要综合自动化项目，年创效益10.8亿元。其中“综合自动化系统”投入运行后，通过系统的智能综合分析功能，能够及时发现故障、确定故障部位，矿井故障处理的时间平均减少了30%，每年可多出煤炭，多创效益2.34亿元。“提升系统”自动化改造后，提升效率平均提高20%，全集团共完成改造了15套主井提升系统，每年通过多提煤直接创经济效益4.57亿元。“9个选煤厂”实现集中控制后，每年增加入洗原煤800万吨，创经济效益1.738亿元。6个综合自动化矿井建成后，各生产系统工作人员普遍减少，每年节省人员工资2.16亿元。

2、在节能降耗方面。据统计，截止到目前全集团已经完成的主要综合自动化系统改造年节约能源近4000万元。其中：提升机变频调速改造，平均每台提升机年节约电费24.5万元，全集团72台改造的提升机，年节约电费1764万元；主扇风机变频调速改造，已完成变频改造的5个主扇风机，年节约电费279.3万元；矿井排水系统自动化改造，9个排水系统优化排水运行模式，每年节约电费1734.75万元。

（二）社会效益

通过“两化融合”提高了生产自动化程度，改善了工作条件、降低了劳动强度，更重要的是提高了矿山生产的安全性，降低了人员伤亡事故率和财产损失，使企业生产进入良性循环，促进企业和谐健康发展。2011年，百万吨死亡率为0.042，同比下降0.051，创出历史同期最好水平。

安全信息管理系统建设与应用

铁法煤业（集团）有限责任公司

一、系统背景

煤炭企业规模庞大，跨地区跨行业，作业分散、条件复杂、环境多变、人员多，事故时有发生。煤炭企业安全问题根源何在？如何解决？我们认为关键在于预防，有效的预防来自完整的体系。我们利用计算机网络系统建立一整套煤炭企业安全管理体系支持系统——安全信息管理系统，包括实时信息采集、动态跟踪、闭环控制、分析评估等管理链，实现动态优化的安全管理，将结果管理向过程控制、超前预防转变。

二、建立原则

以构建基于信息化的安全事故预防体系为指导，遵照国家《安全生产事故隐患排查治理规定》，促进党和国家政策法规以及各项工作部署的落实，强化责任追究，提高安全生产管理水平。

以隐患排查治理机制为重点，将隐患排查治理贯穿整个生产流程，而且不受随意性外部干扰，通过计算机自动生成。

以信息化为手段，为安全管理、安全决策提供全面、精确、及时的信息资源。

三、系统结构

（一）支持体系

1、制度体系：建立安全管理政策法律法规数据库，对国家、省和集团公司内部相关法规、政策、制度、标准、文件等实行方便的数据查询共享。

2、应急预案系统：包括事故报告程序、应急方案及相应措施、人员定位、地理信息系统。

3、责任体系：包括集团公司及各基层单位管理责任体系图，明确组织责任和个人责任，体现机构设置及人员安排。

（二）运行 体系

1、隐患排查

（1）隐患提报：管理人员提报、普通员工提报、匿名用户提报、短信方式提报等四种方式。

（2）隐患信息内容描述：包括提报人、提报人单位、提报时间、发现人姓名、发现人所在单位、发现人职务、隐患编号；单位类别、隐患地点、整改单位、隐患发现地点、隐患发现时间、隐患具体内容、隐患分类、隐患级别、隐患排查方式、违反规定条文、整改完成时间、罚款金额、挂牌督办、是否三违等。

（3）隐患责任落实：由隐患提报人(或隐患管理员)直接指定整改负责人，或将流程转给矿（厂）长、分管领导、业务科室安排整改负责人，重大隐患必须经矿（厂）长确认方可处理。

（4）隐患回退：

当隐患管理员发现提报人提报的安全隐患不属于该单位的职权范围，或是提报人提报填写的单位有误，管理员可以点“回退”将流程退回到提报人或集团公司隐患管理员，重新落实隐患单位。

当隐患管理员发现提报人提报的信息不具有整改价值，填写原因将流程流转到提报人，等待提报人结束流程。

2、三违管理

对隐患提报中涉及人的不安全行为的，按三违的划分标准，进行区分，处罚和进行相应的安全教育，同时对应个人行为和组织行为进行三违积分，三违积分超过警戒线的动态提示报警。

3、罚款管理

填写罚款金额后系统自动启动罚款确认流程,由罚款确认管理员对隐患罚款总额进行拆分，确认单位罚款金额、区队班组罚款金额、个人罚款金额，同时可以打印罚款通知单。

罚款确认管理员确认后，流程将转向交款确认管理员，交款确认管理员必须指定专人，如由集团提报的安全隐患，交款确认管理员可以指定为财务处相关人员，如由基层单位提报的安全隐患,交款确认管理员可指定为工资科相关人员，交款必须在指定期限内完成，如超过指定期限交纳滞纳金。

4、安全培训

实现对安全教育和培训工作的流程化管理与监督，可实时查询人员培训情况，同时实现培训中心培训资料共享。

5、其他功能

（1）上报安全信息管理：包括安全周报、每日安全信息等。

（2）施工许可证管理：利用该模块，实现规程措施的“五个一”管理，输入规程措施的相关信息后，自动生成施工许可证，并具有打印功能。

相关信息包括：规程措施名称、施工单位、例会日期、编制日期、案例数量、审批日期、初次贯彻情况(应贯彻和实际贯彻人数、贯彻日期)、开工日期、竣工日期、办证人、施工单位负责人、技术负责人、施工地点等。具有灵活的查询功能，可按要求生成《规程措施“五个一”管理台帐》。将相关规程措施作为附件上传，供查看。

（3）工伤事故管理

对工伤事故进行分类、编码，落实责任，供查询。

（4）重大危险源管理

建立重大危险源登记档案，明确负责人和相关预案。

（5）建立包括干部带班、值岗管理、不安全人排查管理、优秀安全员评比管等功能模块 .

（6）各单位其它安全管理模块，如罚款返退、标准化考核等。

6、系统管理

权限管理：权限设置模块实际上是独立于各个子系统的独立模块，是维持程序按正常方式运行的重要核心部件，包括角色管理、菜单权限的管理、功能权限的管理与数据权限的管理。

角色设置：分为系统管理员、普通用户、隐患管理员、罚款确认管理员、交款确认管理员、隐患查询人员等。

数据库维护：对数据库信息进行修改和调整。

考核指标设定：对管理人员设定考核指标，确定管理人员每月的各种考核指标，用于月底与实际完成情况进行对比，兑现奖罚。相关人员每次登录系统后，系统会根据指标完成情况给予提示，如告之目前提报隐患条数等信息。普通员工提报隐患数，只统计汇总，不处罚。

（三）监督考核体系

1、综合查询

可进行灵活快速的安全信息查询，多角度的安全信息统计分析。各级管理人员可实时查询到全面、准确的安全信息，并能统计分析对比，并可实现打印及柱状图、饼状图等显示功能，生成各种统计报表。便于查找薄弱环节、掌握安全生产规律，及时采取有针对性的措施。其中隐患可按状态查询和统计（未整改、整改中、整改完毕、暂不能整改等）。

2、安全诚信档案管理

对个人和组织按培训、三违、隐患或事故责任等情况进行考核，建立安全诚信档案管理，可对个人和组织安全诚信情况进行查询，为评优、晋级、奖罚等提供依据。

物联网技术在煤矿的应用研究

新汶矿业集团

摘要： 物联网利用通信技术，将各种传感设备的信息进行交互，实现人与人、人与物、物与物的相互间的通信和协同作业，将物联网技术引入到煤矿行业，对井下的人、机、环境等各个环节进行实时监控，对于提高煤矿安全生产水平，加快煤矿企业信息化建设，改善工作环境，加强事故灾害的预测预报，有着重要意义。物联网技术在煤矿企业已经有初步的研究和应用。随着物联网技术的进一步发展，物联网技术必将进一步渗透到煤炭企业工业化和信息化的发展和建设中，加快两化融合的进程。

关键词： 物联网、煤矿、RFID、无线

Abstract: The internet of things which uses communication technology to interact the information of sensor devices can realize the communication and collaboration between people and people, people and things, things and things. By using the technology of the internet of things in coal mine industry to real-time monitor the people, machines and environment underground, it is important to improve the level of safety production in coal mine, accelerate the informatization construction of coal mine, improve the working environment and strengthen the prediction of accident disasters. The technology of the internet of things has preliminary research and application in coal mine industry. With the further development of the technology of the internet of things, it will permeate into the development and construction of industrialization and informationization in coal mine industry and speed up the process of the fusion of two.

Keywords: the internet of things，coal mine，RFID，wireless.

一、物联网技术的背景

1999 年，MIT Auto–ID Center 提出物联网概念，即把所有物品通过射频识别等信息传感设备与互联网连接起来，实现智能化识别和管理。

2003 年，美国《技术评论》提出传感网络技术将是未来改变人们生活的十大技术之首。

2005 年，在突尼斯举行的信息社会世界峰会 (WSIS) 上，国际电信联盟 (ITU) 发布了《ITU 互联网报告 2005：物联网》，报告指出，无所不在的“物联网”通信时代即将来临，世界上所有的物体从轮胎到牙刷、从房屋到纸巾都可以通过因特网主动进行交换。射频识别技术 (RFID)、传感器技术、纳米技术、智能嵌入技术将到更加广泛的应用。

2008 年 11 月 IBM 提出“智慧的地球”概念，即“互联网 + 物联网 = 智慧地球”，以此做为经济振兴战略。如果在基础建设的执行中，植入“智慧”的理念，不仅仅能够在短期内有力的刺激经济、促进就业，而且能够在短时间内为中国打造一个成熟的智慧基础设施平台。

2009 年 6 月 欧盟委员会提出针对物联网行动方案，方案明确表示在技术层面将给予大量资金支持，在政府管理层面将提出与现有法规相适应的网络监管方案。

2009 年 8 月温家宝总理在视察中科院无锡物联网产业研究所时，对于物联网应用也提出了一些看法和要求。自温总理提出“感知中国”以来，物联网被正式列为国家五大新兴战略性产业之一，写入“政府工作报告”，物联网在中国受到了全社会极大的关注，其受关注程度是在美国、欧盟、以及其他各国不可比拟的。

二、技术架构和应用模式

物联网 (Internet of Things) 是通过射频识别 (RFID)、红外感应器、全球定位系统、激光扫描器等信息传感设备，按约定的协议，把任何物品与互联网连接起来，进行信息交换和通讯，以实现智能化识别、定位、跟踪、监控和管理的一种网络。

从技术架构上来看，物联网可分为三层：感知层、网络层和应用层。感知层由各种传感器以及传感器网关构成，包括二氧化碳浓度传感器、温度传感器、湿度传感器、二维码标签、RFID 标签和读写器、摄像头、GPS 等感知终端。感知层的作用相当于人的眼耳鼻喉和皮肤等神经末梢，它是物联网获识别物体，采集信息的来源，其主要功能是识别物体，采集信息。网络层由各种私有网络、互联网、有线和无线通信网、网络管理系统和云计算平台等组成，相当于人的神经中枢和大脑，负责传递和处理感知层获取的信息。应用层是物联网和用户（包括人、组织和其他系统）的接口，它与行业需求结合，实现物联网的智能应用。

物联网的行业特性主要体现在其应用领域内，目前绿色农业、工业监控、公共安全、城市管理、远程医疗、智能家居、智能交通和环境监测等各个行业均有物联网的应用，其中在煤炭行业也有一些应用，比如人员定位、安全监测等都取得了一定的成效，将物联网技术引入到煤矿行业，对井下的人、机、环各个环节进行实时监控，对于提高煤矿安全生产水平，加快煤矿企业信息化建设，改善工作环境，加强事故灾害的预测预报，有着重要意义。

三、物联网在煤矿企业的应用现状

物联网利用通信技术，将各种传感设备的信息进行交互，实现人与人、人与物、物与物的相互间的通信和协同作业，煤矿企业引进物联网技术，提高了煤矿安全生产水平，加快信息化建设步伐。

1、人员定位系统

根据国家 AQ 6210–2007 煤矿井下作业人员管理系统通用技术条件的要求，在矿井出入口、重点区域、限制区域等地点设置分站，分站的无线收发数据板将低频的加密数据载波信号经发射天线向外发送，当员工携带人员定位卡进入覆盖低频的发射天线工作区域时被激活，定位卡将加密的载有目标识别码的信息经卡内高频发射模块发射出去；分站的接收天线接收到定位卡发来的载波信号，经分站主板接收处理后，提取出目标识别码送到地面监控服务器。

2、设备点检管理

应用物联网技术在矿井每台设备上安装射频卡配备存储自身信息的射频卡，射频卡将自身编码等信息通过卡内置发送天线发送出去，系统接收天线接收到从射频卡发送来的载波信号，经天线调节器传送到阅读器，阅读器对接收的信号进行解调和解码然后送到后台主系统进行相关处理，取得设备正常、异常状态信息，制定有效的维修对策，对设备有计划地进行调整、维修，保障设备始终处于最佳状态。

3、矿井无线通讯应用

在煤矿企业建设矿井无线小灵通通信系统，在井下布置矿用无线基站，接收由基站控制器传来的信号，信号通过基站的射频调制波发射，与定位手机和定位器之间构成无线链路，实现井下的无线通讯；通过公网交换机将无线系统与固定电话网的相连，实现了与调度电话的互联互通，解决矿井移动人员的通信需求，同时实现了矿井指挥调度的有线通讯和无线通讯的相互结合。

4、安全监测系统

在矿井共安设监控分站和各类传感器，通过电缆将传感器信息传送到地面监控主机，对所有有人工作地点、机电设备硐室的瓦斯涌出情况、自燃煤层工作面的一氧化碳变化情况、局部通风机运转情况、局部通风地点迎头风筒状态、主要风门的开关状态、主要地点的防尘水压及监控地点的温度变化情况进行 24 小时不间断监测。

5、瓦斯智能巡检

系统由管理系统主站、记录仪和射频卡现场标识三大部分组成，按照事先规定好的巡检路线和巡检点，在井下通过射频卡位置采集瓦检数据，上井后自动扫描的计算机中。

6、电子现金消费

通过物联网技术，对 SIM 卡进行开发，使职工只需要携带手机便可实现食堂消费、洗澡刷卡、无线充值等功能。

四、主要经验做法

煤矿企业应将物联网技术作为实现信息化的一项重要手段，根据煤矿自身的特点，在物联网的感知层、传输层和应用层三个层面分别进行业务开展。

（1）感知层

在设备上安装各类传感器或增加 RFID 射频标签，用来获取井下的甲烷、风速、温度、转速、电压、电流、锚杆压力、钻孔应力、人员定位、设备点检等信息。

（2）网络层

通过铺设在地面、井下的工业以太环网，以及用来实现无线覆盖的 3G 网络、WiFi 网络，共同构建覆盖整个矿区物联网的传输层，实现物联网数据的交互。

（3）应用层

应用层实现远程监测和控制，数据上报和信息共享功能，将物联网取得的数据，同信息化系统相结合，实现工业化与信息化的两化融合。

煤矿企业应时刻关注物联网的前沿技术，并积极联系厂家及科研单位对新技术进行探索和推广，其中全国煤炭系统首例3G无线网络井下应用技术便是由新矿集团提出，并在翟镇矿取得了成功。该系统采用TD-SCDMA技术，主要包括核心交换网和基站两大部分。

（1）核心交换网：一般分为CS域（电路域）和PS域（分组域）。CS域负责电话交换，可视电话交换等，PS域负责数据分组业务。核心网与基站相连的网元主要是RNC单元。RNC可以连接多个BBU，一般一个包含多个煤矿的集团（公司）可以共用一个核心网和一个RNC，也可以部署多个RNC。

（2）基站：从基站的建设方式来看，可以分为室内宏基站、室外一体化基站和分布式基站（BBU+RRU）。经过研究和实践，煤矿应用采用分布式基站比较好，能够适应井下的复杂环境。分布式基站由BBU、RRU和天线构成，每个BBU可以连接多个RRU，每个RRU再根据需要连接多个天线，覆盖不同的方向。

移动TD-SCDMA的CS域和PS域的关系图：

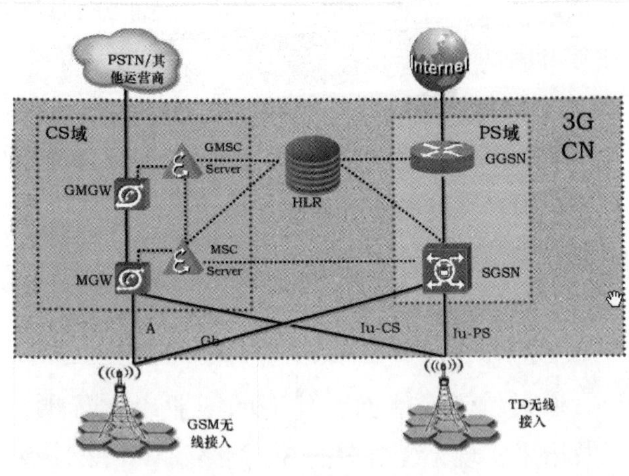

通过覆盖整个矿区地面、井下范围，建设矿井无线高速公路，为井下无线监测监控、无线视频、人员定位、机车定位等应用提供了传输通道，在井下使用MA手机，在地面使用任何一款手机终端即可实现对各种应用的访问。

煤矿企业结合自身的行业特点，关注物联网技术，提出前沿想法，积极促成厂家进行研发，并为厂家提供技术建议及测试环境，加快物联网技术在煤矿企业的应用。

五、存在的主要问题

物联网在煤矿应用有一定基础，但主要涉及的仅有RFID射频卡和监测传感网络，应用单一，核心关键技术薄弱，整体技术集成创新能力弱，整体创新实力有待提升，主要存在问题是：

1、技术标准的统一

物联网发展过程中，传感、传输、应用各个层面会有大量的技术出现，没有统一的技术标准，将会使各种小的物联网应用独立存在，难以实现信息交互。

2、安全隐私问题

在射频识别系统中，任意一个标签的标识（ID）或识别码都能在远程被任意的扫描，且标签自动地，不加区别地回应阅读器的指令并将其所存储的信息传输给阅读器。这一特性可用来追踪和定位某个特定用户或物品，从而获得相关的隐私信息。这就带来了如何确保嵌入有标签的物品的持有者个人隐私不受侵犯的问题。

3、协议问题

物联网是互联网的延伸，在物联网核心层面是基于TCP/IP协议，但在接入层面上协议种类繁多，GPRS/CDMA短信传感器有线等多种通道，物联网需要统一的协议。

4、成本问题

由于没有大规模的应用，电子标签和读写器的成本问题制约着物联网的推广。成本高，就没有大规模的应用，而没有大规模的应用，成本高的问题就更难以解决。

5、传输带宽问题

WiFi和3G无线技术受带宽的影响，使得物联网传输的数据带宽受到制约，无线视频等应用存在传输瓶颈问题。

6、传感器技术问题

目前国内传感器比较薄弱，RFID低频和高频比较成熟，超高频与国外还存在一定差距，嵌入式系统基础软件有明显的差距，芯片方面差距比较大，基于煤矿的应用的传感器技术更为薄弱。

7、科研活动活跃，但企业参与热情不高。

由于物联网尚处在孕育发展阶段，有诸多关键技术和标准需要研究和突破。，由于物联网发展初期往往投入大、风险高、周期长，缺乏用户需求的持久动力，产业化应用成熟度较低，因而企业跟进参与的热情不高，大多数企业都只是在做局部的产品研发和小规模的应用实验，还难以形成规模化的产业发展格局。

六、下一步的发展规划和重点

1、无线视频监控

掘进头、工作面等特殊地点，由于自身的特点，监控场所会随着采掘进度发生变化，使用有线摄像头会带来诸多的不便，可以通过无线视频来解决工作场所移动带来的问题。在采掘区覆盖无线信号（3G、WiFi），通过无线摄像头，将视频、图像等信息通过无线传送到井下无线基站，再通过井下工业以太网传输到地面视频监控平台。

2、无线智能电表

智能电表采用物联网技术，由传感器和控制执行机构集成终端设备，其中传感器用于采集用电情况，控制执行机构控制供电开关；智能电网根据采集用电情况分析控制供电开关；当分析出现用电异常时（比如超过申请用电量），就可限制供电或控制切断电源，并利用无处不在的移动网络，实现双向无线传输控制，实现电表的智能控制。

3、机车定位与管理系统

目前，我国煤矿井下机车定位主要以有线通信方式为主，采用物联网技术，安装矿用机车上移动定位分站，将其与固定安装在巷道中的矿用无线通信分站，采用无线以太网协议通信，实现视频、语音、数据等多业务，可以实时接收调度中心下传的各种指令，支持在机车上安装摄像机，实现移动机车上摄像机视频信号的实时无线上传；通过机车定位通讯分站的串行通信或I/O端口，可将机车本身的运行监测数据实时无线上传。通过交通信号灯控制系统，地面调度中心可以根据机车位置情况实时控制道口的红绿灯。

4、炸药流向与运输监控管理系统

采用物联网技术，在雷管上设置标签，管理炸药的出入库、领用；运输员和库管员分配基于射频技术的识别卡，用于身份识别，并与所管辖的炸药信息一一对应；采用具备GPS定位、Wi-Fi传输功能的车载DVR系统实现矿区内炸药运输车辆管理，实时监控与记录炸药运输车辆的位置、工况、运输物品及运输员等的信息。

5、无线监测监控应用

将无线网络覆盖的井下的每个巷道及掘进头和工作面，对井下甲烷、氧气、二氧化碳、温度、湿度等环境参数进行监测，通过无线将采集的数据传输到井下无线基站，并通过工业以太（环）网，上传至监控平台。

6、物流信息化系统平台

感知层采用基于RFID、传感器等等识别与采集信息技术，利用移动通讯技术，包括3G网，甚至4G网等移动无线通讯技术进行传输和交互，在应用层通过机载终端和手持终端等智能终端，实现物流信息化的管理，另外可结合无线视频监控系统，实现对物流视频调度。

七、建议意见

煤矿企业物联网应用处于刚刚起步状态，需要借鉴国内外物联网的技术标准，结合煤矿企业的实际情况，尽早着手制订煤矿企业物联网的行业标准。要以应用需求为导向，对引进技术与应用实行煤矿安全准入测试，针对煤矿行业的特殊性，建议如下：

1、由于煤矿井下有甲烷等可燃性气体和煤尘，因此，物联网系统和设备必须是防爆型电气设备，并宜采用安全性能好的本质安全型防爆措施，输入输出信号必须是本质安全信号。

2、网络结构宜采用树形结构。煤矿井下巷道为分支结构、呈树形布置、分支长度数千米；煤矿井下电缆和光缆必须沿巷道敷设，挂在巷道壁上。因此，为便于系统安装维护、节约传输电缆和光缆、降低系统成本，宜采用树形结构。

3、建立统一的煤矿物联网信息编码、传输、处理等标准，来规范井下设备的基础信息管理，为以后的物联网应用做好基础工作。

4、通过物联网技术，结合综合自动化系统，实现设备的无人值守功能，减少井下人员，遵循少人为安的原则。

5、充分利用通讯行业成熟的 3G 技术，将其应用于煤矿井下，并结合工业以太网和 WiFi 技术等技术加快物联网的传输层建设。

6、加快物联网技术在煤矿的应用，将矿井的人、机、环的各种数据进行集成并加以综合利用，在矿区地面、井下构建一个庞大的物联网。

八、结束语

物联网技术在煤矿企业已经有初步的研究和应用。随着物联网技术的进一步发展，物联网技术必将进一步渗透到煤炭企业工业化和信息化的发展和建设中，具有重要的经济价值和研究意义。煤矿企业应根据自身特点，加快研究和推广具有自主核心技术和应用特色的物联网技术，实现工业化和信息化的两化融合。

参考文献：

1 凌志浩；物联网技术综述 [J]；自动化博览；2010 年 S1 期

2 孙继平；煤矿物联网特点与关键技术研究 [J]；煤炭学报；2011,36（1）:167–171

深入推进两化融合
实现兖矿集团高效跨越发展

兖矿集团

近年来，兖矿集团认真贯彻落实科学发展观，深化信息化与工业化融合，依靠自主创新，优化调整产业结构，转变经济发展方式，提升安全生产技术水平，增强企业管控能力，信息化管控体系基本建成，先后获得我国工业领域最高奖项——第二届中国工业大奖，被评为中国煤炭工业信息化示范企业、山东省管企业信息化先进单位。

一、信息化建设成效斐然。

兖矿集团大力实施信息化带动战略，加快信息化项目建设，创新信息化管控模式，加强信息化技术研发应用，强化系统维护和运营管理。

1. 基础网络建设扎实推进。近年来，投资 2.7 亿元用于信息化基础建设工程，建成了传输网、交换网、数据网。2011 年，兖矿集团投资 4928 万元升级、改造兖矿专网，对矿区骨干传输网进行改造，骨干网络带宽达到 100 千兆，完成互联网出口设备改造及新千兆链路的开通运行，建成软交换核心平台，重点推进接入层承载网建设，从根本上改善了集团公司财务、资金、保险、企业资源计划、安全生产调度指挥等核心应用系统的安全运行环境。

2. 安全生产综合自动化程度显著提升。加快推进生产安全信息化建设，运用信息技术改造和提升传统产业。完成鲍店煤矿综合信息化系统建设和济三煤矿信息化系统升级改造。5对矿井综合信息化系统通过验收。煤矿井下安全避险“六大系统”建设扎实推进，煤矿安全防控水平全面提升。完成本部9对矿井井下广播系统建设及4对矿井调度交换机与井下广播系统互联互通。建成兖矿三维地理信息与生产管理系统，实现了地理信息系统在采矿行业的深层应用。完成煤化公司管控一体化生产综合调度系统建设。

3. 企业管理信息化迈上新台阶。办公自动化系统和数字视频会议系统，涵盖集团总部、专业公司、能化公司、各矿处（厂）及澳大利亚等驻外机构。在煤炭行业率先推广应用ERP系统，应用覆盖了公司煤炭、煤化工及电铝三大主业的所有生产单位。资金集中管理电子结算系统变柜面结算为网上电子结算，积极预控财务风险。目前纳入网上资金集中管理信息系统的成员单位120家，开立结算账户439个，2011年底兖矿集团获得协议性综合授信达到2120亿元。开发应用风险管理信息系统，建立了贴合企业实际的动态风险库，提高了企业对经营环境变化的敏锐性和发展趋势的预判能力。开发全面预算管理、人力资源管理、医疗养老保险等50余种专业管理系统，优化了管理流程，降低了运营成本，提高了经济运行质量。

4. 信息化助推企业节能减排成效显著。实施“数字节能”工程，建成36套在线监测监控系统，实时监控污染物排放情况。开发环境管理信息系统，建立节能信息化平台，实现公司内部单位全面联网，以二维可视化的方式对废水、废固及废气进行管理。开发矿井主要生产系统用电在线分析系统，更新改造矿井主提升系统、主要胶带运输系统、选煤厂储装运系统等矿井主要生产系统及其主要设备的用电计量装置，通过工业千兆以太环网和数据采集，建立完整的矿井用电在线分析系统，实现矿井主要生产系统及其主要设备的用电联网监控，合理配置电力负荷，发挥电力“避峰填谷”优势，优化系统运行，提高生产系统整体用电效率和管理水平。集团公司先后获得中国节能减排十大功勋企业、首届低碳中国突出贡献企业、山东省节能突出贡献企业等荣誉称号。

5. 信息化工作管理运行机制不断完善。高度重视信息化管理制度建设，制定实施《兖矿集团有限公司规范和加强信息化管理工作的若干规定》、《兖矿集团有限公司信息数据库系统管理办法》、《兖矿集团有限公司信息化应用系统管理办法》等一个规定、五个办法，促进了信息化建设的科学化、规范化、制度化。

6. 人才队伍建设扎实有力。2011年，集团公司企业各级信息化、自动化专职人员数已达5780人。其中信息化职能部门信息技术中心，共有职工350余人。信息中心注重专业技术人才培养，成立了近50人的研发队伍。

二、着眼“两化”深度融合，推动集团公司信息化工作大发展

2012年，集团公司跨越发展对信息化工作提出新的更高要求。要坚持信息化与工业化深度融合，突出重点，力求有大发展，全面提升集团公司信息化水平，促进企业管理精细化、资源利用高效化、经济效益最大化。

1. 加快推进信息基础设施建设。继续建设和完善NGN网络系统。推进电路交换网络向NGN软交换平台的迁移；进一步解决山西能化、贵州能化、新疆能化以及鲁南化肥厂、国泰化工等异地单位与总部语音通信网的互联互通，语音通信全部实现软交换；综合结合兖矿实际需求，扩展增值业务服务；继续优化NGN骨干传输网，由环形网向网状网发展，进一步提高骨干网络传输能力；进一步提高业务带宽，提供更丰富、更全面的质量安全保障；继续进行接入网络改造，实现兖矿最后一公里的“光进铜退”，为实现“三网融合”、实现小区物业电视监控、三表抄录、

集中缴费等诸多的增值业务提供基础环境。尽快形成统一的语音、数据、视频、监控的综合网络基础平台，让兖矿专网成为智能化的全网全业务的融合信息网络。

2. 加快推进云计算中心研究。我们密切关注信息技术发展新趋势、新挑战，结合自身实际，针对设备繁多老化、系统结构复杂、故障节点高，机房能耗高的实际，根据目前信息技术的发展趋势，筹备采用云计算模式建设兖矿企业云计算环境，利用云计算的虚拟化平台，对兖矿现有的数据中心进行升级改造，改变现有以企业应用系统为中心格局，搭建统一的虚拟化平台，实现计算资源虚拟化、存储资源虚拟化、数据备份虚拟化。

3. 加快推进安全生产事故应急指挥平台建设。采用数据库技术、网络通信技术和工业自动控制技术等先进技术，加快推进总调度室大屏幕改造及工业电视联网、生产经营调度管理信息系统优化升级、“六大系统”及生产数据联网和安全生产事故应急指挥系统建设。通过语音、视频、广播、监控数据、短信、3G手机推送以及大屏幕显示等多种信息化手段，提高总调度室对集团公司所属煤化、电铝、东华、物业等专业公司，以及异地能化公司的调度管理能力，提高兖矿集团对于安全生产事故的应急指挥能力，实现日常和应急指挥业务处理和信息交换的系统化、规范化、自动化及管理决策的信息化、科学化。

4. 加快推进信息化管控体系建设。通过信息化建设固化管控模式和核心流程，实现信息资源共享，提高集团管控效率和效果。在数据信息化方面，运用编码技术建立集团公司统一的代码体系和数据字典，实现数据、信息的标准化；在流程信息化方面，按照新的管控模式要求，进一步完善ERP系统，集成全公司的信息资源，建立覆盖采购、营销、财务、人力资源、运营监控等流程的信息系统；在决策信息化方面，以ERP系统数据为依托，建立集团公司数据仓库，建立包括战略信息、市场信息、各专业（能化）公司日常运营信息、风险控制信息、管理制度信息等在内的知识共享平台，支撑集团公司总部各部门和高层领导的战略研究与决策。同时，进一步推广内部协同办公系统，提高管理效率，保障集团管控的有效实施。

5. 加快推进党建工作信息化建设。加快推进党建网站、电子党务、网上党校项目建设，实现兖矿集团的党务办公自动化、业务管理信息化和决策分析科学化，促进党建工作各种信息资源的开发利用和共建共享，创新党务工作新模式，激发党组织创新活力，增强党组织工作效能，提升集团公司党建工作的品牌形象和科学化水平。

兖矿集团将以信息化管控体系为支撑，扎实推进“两化”深度融合，按照集团总体战略部署，全面落实“十二五”规划，努力建设核心竞争力强、国际化企业集团。

技术推广篇

35kV-110kV 智能变电站系统

北京天能继保电力科技有限公司

1.DSI 5300 智能变电站简述

DSI 5300 智能变电站系统是我公司结合国家、行业、国家电网公司、南方电网公司的相关标准规范而设计的面向 110/66/35kV 电压等级变电所、10kV 开闭所实现全面智能化的一体化解决方案。在保护实现"直采直跳"的基础上充分利用 DL/T860-92（IEC61850-9-2）、GOOSE 服务及全站同步等技术实现间隔保护就地化、一次设备智能化、站域保护集成化、网络信息冗余化、二次专业领域一体化及高级应用灵活化等核心特点，同时具有综合造价低、建设施工快、测试维护简单、功能配置灵活等优点。

2.DSI 5300 智能变电站系统基本特征

2.1 一次设备智能化

采用智能的一次设备或在常规一次设备附近配置智能装置，就地完成本间隔的保护、测控、采样值输出与合并、状态量信号输出与控制命令的接收执行、一次设备的状态监测、二次设备的状态监测等。

2.2 高度智能的保护与自动化系统

> 基于全站信息的系统保护能准确识别故障类型和故障地点，并能在主保护异常时及时快速的切除故障；

> 变压器过负荷时自动启动通风，特定时间后按照设定减负荷。

2.3 跨系统的协同互动与智能控制

> 设备遥控时视频自动切换与捕捉；

> 安防系统触发时自动激活照明系统并启动声音告警；

> 监控重要操作时自动捕获操作员的图像信息；

> 高压室温度越限时自动启动风机通风。

2.4 所有设备自检测或互检测

> 开关操作时记录控制回路电流波形，识别出线圈异常时自动断开控制回路；

> 二次设备开关电源纹波增大、输出异常波动时及时告警；

> 开关触头、电缆接头、刀闸触头温度异常上升或持续上升时自动告警。

2.5 与站外信息接口完全标准化

> 由于完全采用 DL/T860 标准，所以整个变电站对外开放，为未来建设高度协调互动的智能电网提供信息接口。

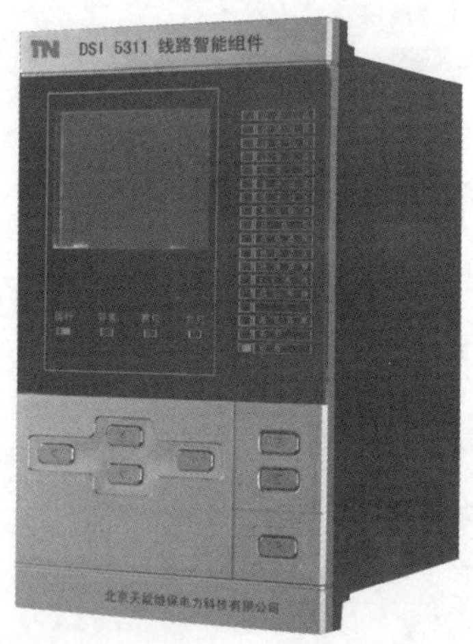

3.DSI 5300 智能变电站系统

3.1 系统架构

DSI 5300 智能变电站采用就地智能化方案，智能设备配置保护功能完整实现智能组件的合并单元、智能终端、保护测控及状态检测功能，保持了运维人员的操作习惯，实现了分散分布式控制模式。全站一面保护控制屏，光纤通讯，全面取消控制电缆。采用IEC61850-9-2规约传输采样值，实现了零丢帧，支持电子式互感器（ECT/EVT）、小功率互感器和常规互感器的接入，具有完备的常规保护功能、站域保护控制功能。过程层的SMV和GOOSE网使站域保护控制主机实现全站站域保护控制功能、故障录波、电能质量分析以及其它高级应用功能。系统具备数据采集和检测控制（SCADA）、五防联锁、电量采集、状态检测、保护信息管理等功能，同时和一体化电源、消防系统、安防系统、视频设备等辅助系统实现了协同互动。

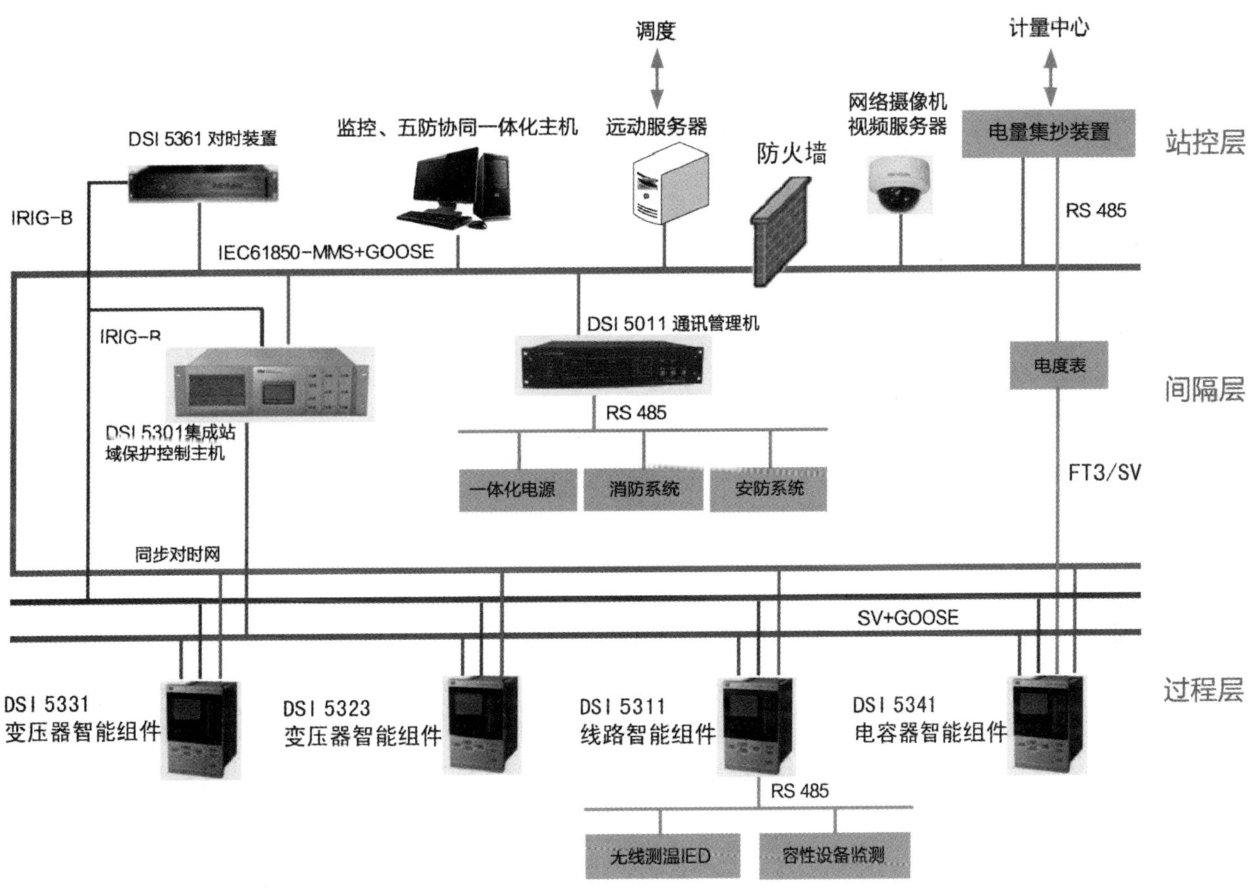

3.2 系统特点

3.2.1 综合造价低

> 就地智能化设备高度集成，能完成保护、测控、合并单元、智能终端、状态监测及同步对时的“六合一”功能，减少了设备数量，降低设备成本；

> 标准化的规约接口（DL/T860）实现了“即插即用”，减少了开通调试的协调费用、培训成本，并为未来功能扩展或扩容提供了开放接口；

> 较少的光缆代替大量电缆，每个间隔仅需1根光缆和1根电源电缆即可，大量节省电缆成本和接线施工成本；

> 低成本、高集成的户外组合电器（开关、隔离、地刀、互感器、智能设备）大幅降低户外设备的安装周期，无需配线、无需土建支架，随装随用；

> 设备软硬件高度统一，备品配件种类少、数量少。

3.2.2 占地面积小

> 普通变电站主控室保护自动化系统屏 1 面即可，节省主控室面积；

> 户外面向 35kV、10kV 的低成本组合电器，节省开关场占地面积。

3.2.3 保护、自动化功能可靠性高

> 保护、自动化功能采用“直采直跳”，不依赖于交换机的可靠性和同步系统；

> 可以采用就地保护和集成保护冗余配置，既可采用就地保护为主保护，也可采用集成保护为主保护。

3.2.4 施工、维护简单快捷

> 组合式的户外一次设备以及户内高压柜使现场接线极少，能实现“快装变电站”；

> 自动化测试工具使现场保护、测控等功能实现快速功能检查，仅需要很少的人为干预，既减少了工作量又降低了对运维人员的要求；

> 智能化的配置工具使工程扩容、运行方式调整简单便捷。

3.2.5 功能选择灵活，既适用于新建站也适用于老站改造。

> 就地智能化装置可以与常规互感器、模拟输出的电子式互感器、数字量输出的电子式互感器以及小功率互感器接口，老站改造可以不调整所有一次设备；

> 可以在站域保护控制主机中灵活定制和选择保护功能、备自投功能、全站故障录波、低周低压减载、小电流选线、电能质量分析等功能，而仅需要增加极少的投资；

> 合理选择一次设备状态监测的种类和数量，提高系统功能的有效率。

3.2.6 数字式电度表根本消除计量二次损耗

无论是否采用电子式互感器，均可采用数字式电度表，电度表直接从智能装置或过程层通过光纤获得交流信息，取消了二次电缆，从根本上消除了由于计量回路二次衰减带来的计量误差。

4.DSI 5300 智能变电站部分业绩

项目单位	数量	单位	工程电压等级
甘肃电力公司	8	套	35kV
宁夏电力公司	1	套	35kV
重庆电力公司	1	套	35kV
安徽电力公司	2	套	35kV
河北电力公司	5	套	35kV
吉林电力公司	1	套	66kV
成都铁路局	1	套	110kV
西山煤电马兰矿	1	套	35kV
中煤能源朔州	1	套	35kV
哈尔滨电机厂	1	套	66kV

5.DSI 5300 智能变电站资质

KETOP开普

№:JW110756G

检验报告

样品型号 DSI 5341

样品名称 电容器智能组件

委托单位 北京天能继保电力科技有限公司

制造商 北京天能继保电力科技有限公司

代理商/经销商 /

签发日期 2012年1月20日

中国·开普实验室

国家继电保护及自动化设备质量监督检验中心

KETOP开普

№:JW110949G

检验报告

样品型号 DSI 5331

样品名称 变压器智能组件

委托单位 北京天能继保电力科技有限公司

制造商 北京天能继保电力科技有限公司

代理商/经销商 /

签发日期 2012年1月20日

中国·开普实验室

国家继电保护及自动化设备质量监督检验中心

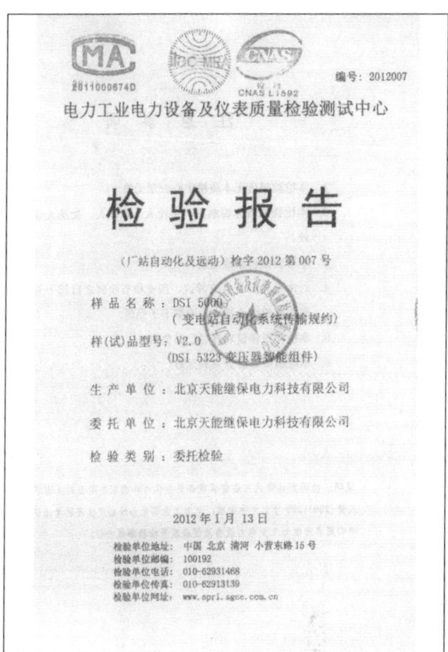
编号：2012007

电力工业电力设备及仪表质量检验测试中心

检验报告

(厂站自动化及远动)检字2012第007号

样品名称：DSI 5000（变电站自动化系统传输规约）

样(试)品型号：V2.0（DSI 5323变压器智能组件）

生产单位：北京天能继保电力科技有限公司

委托单位：北京天能继保电力科技有限公司

检验类别：委托检验

2012年1月13日

检验单位地址：中国 北京 清河 小营东路15号

检验单位邮编：100192

检验单位电话：010-62931468

检验单位传真：010-62931139

检验单位网址：www.epri.sgcc.com.cn

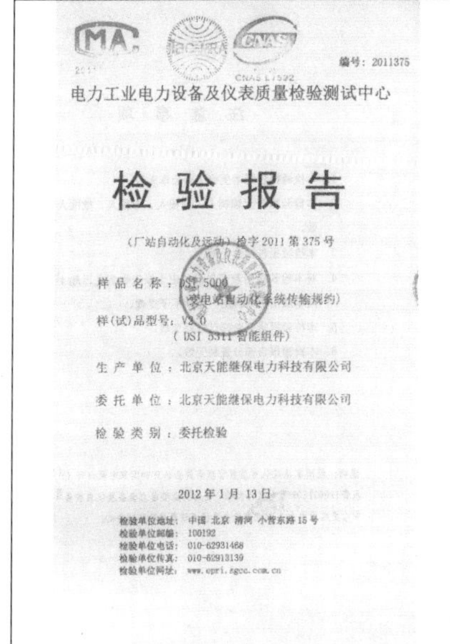
编号：2011375

电力工业电力设备及仪表质量检验测试中心

检验报告

(厂站自动化及远动)检字2011第375号

样品名称：DSI 5000（变电站自动化系统传输规约）

样(试)品型号：V2.0（DSI 5311智能组件）

生产单位：北京天能继保电力科技有限公司

委托单位：北京天能继保电力科技有限公司

检验类别：委托检验

2012年1月13日

检验单位地址：中国 北京 清河 小营东路15号

检验单位邮编：100192

检验单位电话：010-62931468

检验单位传真：010-62931139

检验单位网址：www.epri.sgcc.com.cn

证书号第849699号

发明专利证书

发明名称：变电站一次设备就地数字化方法及装置

发明人：王海吉，刘海波，李春久

专利号：ZL 2009 1 0076570.8

专利申请日：2009年01月09日

专利权人：北京天能继保电力科技有限公司

授权公告日：2011年10月05日

本发明经过本局依照中华人民共和国专利法进行审查，决定授予专利权，颁发本证书并在专利登记簿上予以登记。专利权自授权公告之日起生效。

本专利的专利权期限为二十年，自申请日起算。专利权人应当依照专利法及其实施细则规定缴纳年费。本专利的年费应当在每年01月09日前缴纳。未按照规定缴纳年费的，专利权自应当缴纳年费期满之日起终止。

专利证书记载专利权登记时的法律状况。专利权的转移、质押、无效、终止、恢复和专利权人的姓名或名称、国籍、地址变更等事项记载在专利登记簿上。

局长 田力普

2011年10月05日

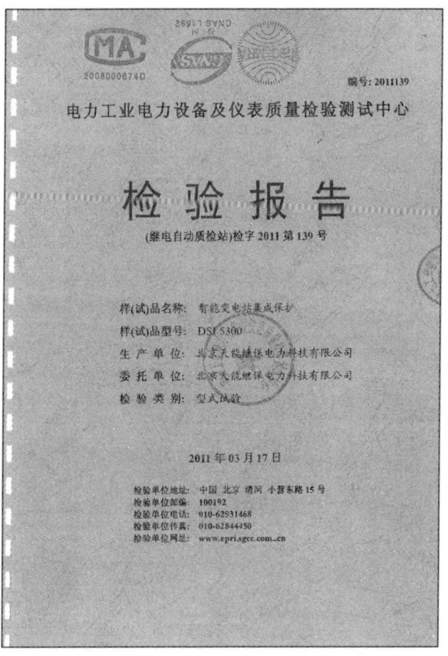
编号：2011139

电力工业电力设备及仪表质量检验测试中心

检验报告

(继电自动质检站)检字2011第139号

样(试)品名称：智能变电站集成保护

样(试)品型号：DSI 5300

生产单位：北京天能继保电力科技有限公司

委托单位：北京天能继保电力科技有限公司

检验类别：型式试验

2011年03月17日

检验单位地址：中国 北京 清河 小营东路15号

检验单位邮编：100192

检验单位电话：010-62931468

检验单位传真：010-62844450

检验单位网址：www.epri.sgcc.com.cn

甘肃省电力公司关家川 35kV 智能变电站

产品运行报告

我公司于2010年8月在成都铁路局成都供电段隆昌110kV牵引变电所投运一套北京天能继保电力科技有限公司研发的基于IEC61850标准建设的DSI-5300智能变电系统，此系统具有以下特点：

1.综合造价低

就地智能化设备高度集成，能完成保护、测控、合并单元、智能终端、状态监测及同步对时的"六合一"功能，减少了设备数量，降低设备成本。

标准化的规约接口（DL/T860）实现了"即插即用"，减少了开通调试的协调费用、培训成本，并为未来功能扩展或扩容提供了开放接口。

较少的光缆代替大量电缆，每个间隔仅需1根光缆和1根电源电缆即可，大量节省电缆成本和接线施工成本。

低成本、高集成的户外组合电器（开关、隔离、地刀、互感器、智能设备）大幅降低户外设备的安装周期，无需配线、无需土建支架，简装简用。

设备软硬件高度统一，备品配件种类少、数量少。

2.占地面积小

普通变电站主控室保护自动化系统屏1面即可，节省主控室面积。

户外面向35kV、10kV的低成本组合电器，节省开关场占地面积。

3.保护、自动化功能可靠性高

保护、自动化功能采用"直采直跳"，不依赖于交换机的可靠性和同步系统。

集成分散相结合方案中，可以采用就地保护和集成保护冗余配置，既可采用就地保护为主保护，也可采用集成保护为主保护。

全集成方案中，采用双主机冗余配置，完全独立，互不依赖。

4.施工、维护简单快捷

组合式的户外一次设备以及户内高压柜使现场接线很少，能实现"快装变电站"。

自动化测试工具使现场保护、测控等功能实现快速功能检查，仅需要很少的人为干预，既减少了工作量又降低了对运维人员的要求。

智能化的配置工具使工程扩容、运行方式调整简单便捷。

5.功能选择灵活，既适用于新建站也适用于老站改造。

就地智能化装置可以与常规互感器、模拟输出的电子式互感器、数字量输出的电子式互感器以及小功率互感器接口，老站改造可以不调整所有一次设备；

可以在站域保护控制主机中灵活定制和选择保护功能、备自投功能、全站故障录波、低周低压减载、小电流选线、电能质量分析等功能，而仅需要增加极少的投资；

合理选择一次设备状态监测的种类和数量，提高系统功能的有效率。

该产品经过近1年的运行证明，其设备运行良好、动作可靠、运行可靠，调试简单，抗干扰能力强，很符合技术性能特点及保护功能，受到用户一致好评。

成都铁路局成都供电段
2011年8月15日

产品运行报告

我局于2008年11月在安平南王宋变电站投运1套由北京天能继保电力科技有限公司生产的DSI-5300数字化集成保护综合自动化系统，运行至今已有269天，其设备运行良好，动作可靠，我局觉得这个系统有以下特点，达到了在IEC61850标准体系推出情况下完成数字化变电站的目的：

1、可靠性提高，设计、施工、维护、扩容简易

数字化变电站的信号采用光纤传输，从根本上解决抗干扰问题，从而提高可靠性；由于信息共享，所以减少了大量的电缆连线和省去复杂的逻辑接线使设计简单直接；在变电站的建设中大大减少了电缆的敷设和由此引起的检试；扩容时只需在一次设备处增加相应的就地数字化装置，而在间隔层仅需软件配置而不需增加硬件，一次和控制室间连接电只是数根光缆和几对电源线；由于全站原始信息共享可以在线检测一次或二次的状态，实时給以提醒使维护维修简单。

2、为系统的稳定控制提供了平台

变电站自动化提供了良好的硬件和软件平台，便于站端新功能应用的扩展；同时调度可以无缝的读取变电站最原始的模拟量采样信息、数字量信息，这样利于快速决策和控制，为调度实现高级应用打下了坚实的平台。

3、与变电站在线绝缘监测配合提高自动化和管理水平

采集的信息更完整，可靠性和实时性都大幅度提高，与在线绝缘监测系统一同可实现更多、更复杂的自动化功能，提高自动化水平，可依据这些原始的实时信息诊断一次和二次设备是否健康进而实现状态检修。

IEC61850及DSI-5300智能数字化系统实现了整个变电站的互操作和互换作性，同时也实现了变电站数据库共享，将电能测量、故障录波、故障测距、保护及控制等功能融合到单一设备中，提高了变电站的[illegible]

具有较高的推广价值，建议系统推广应用。

安平电力局
2009年8月18日

神华集团陕西荣家沟煤矿数字化变、配电系统运行报告

福建联通煤矿安全监控系统装备联网项目

一、项目背景

随着福建省国民经济和社会的快速发展，近年来一些生产领域和地区安全生产事故隐患增多，特别是重特大事故未能得到有效遏制。而云计算、物联网技术的迅速发展，为运用信息化手段，加强安全生产管理提供了有利的技术条件。福建省政府领导多次要求科技创新、以人为本，运用信息化手段改变安全生产管理模式，提升安全生产管理水平，提高事故应急救援处置能力。

根据国务院安委办《关于进一步加强煤矿安全监控系统建设和监督管理的通知》（安委办[2007]11号）等相关要求，福建煤矿安全监察局于2007年启动煤矿安全监控系统建设，2008年开始在全省煤矿推广矿井安全监控系统装备联网工程，通过加大科技装备投入，运用信息化手段提高煤矿安全生产监管监察水平，并建立非正常情况处置程序和应急预案，进一步强化煤矿安全监管监察，依法查处各煤矿现场监控系统建设和使用过程中的违法行为，促进各煤矿现场安全监控系统发挥应有的作用。中国联合网络通信有限公司福建省分公司依托中国联通集团公司与福建省政府签订的《关于推进海峡西岸经济区建设的战略合作框架协议》，充分发挥新网络、新技术优势，在福建省政府的大力支持下，积极探索运用信息化手段强化安全生产管理的运营模式，总承建设福建煤矿安全监控系统装备联网工程。

二、项目成效

目前，全省已有245家煤矿安装了井下数据监控与井上视频监控系统并建立煤矿企业监控中心站，同时建成省级监控中心和龙岩市、三明市、泉州市、省能源集团等四个市级分控中心，即将开始建立10个主要产煤县（市、区）级分控中心，逐步实现全省煤矿安全监控系统三级结构、四级联网的实时监测与应急指挥。

福建联通总承建设的煤矿安全监控系统作为福建省加强煤矿企业安全生产，实施“数字煤矿”的重要组成部分，2011年初通过“数字福建”专家组验收，先后被评为福建省“十一五”企业信息化示范工程，海西“6.18”优秀信息化项目。该项目的建成为煤矿安全监管监察部门提供了先进的煤矿安全监管手段，提高了工作效率、监管能力和服务水平，实现了煤矿企业安全生产远程视频监控、视频会议、报警监控联网、应急预案管理等多项功能。

福建省煤矿安全监控系统得到了国家安全监管总局、国家煤监局和福建省委、省政府的大力关心和支持。项目建设期间，时任省政府副省长李川多次过问项目进展情况，并亲临指导。国家安全监管总局对项目建设十分关注，骆琳局长在闽考察期间对项目给予了较高评价。项目建成后，先后接受过江泽民同志、胡锦涛主席等国家领导人的检阅，并得到了张德江副总理的高度认可，并要求工信部部长苗圩会同国家安全监管总局研究项目全国推广的可行性，现福建煤矿安全监控系统的建设模式已在安徽、四川等省开展试点推广。

三、项目创新点

（一）技术创新

整个平台按照“信息统一展现、分级分类处理”原则，在一期已建设的联网监控系统、动态监管系统和二期即将建设的视频会议系统、应急指挥系统等，使用嵌入式软件开发技术进行集成设计与开发，推动安全生产、应急指挥的网络化监测管理和响应调度，实现了对现场实时监测结果的视频联动、智能报警硬件设备集成和多级联网监管监察与应急指挥。从功能上看，主要为以下两点：一是可作为平时能监测、能分析、能管理的综合性监管平台；二是可作为战时看得到、听得见、说得出的可视化实战平台。

如果说以前的监控系统建设模式是自下而上、一层层垒砖头的模式，那么福建煤矿安全监控系统的建设模式就是框架结构、浇筑建设的现代建筑模式，通过“六个统一”（统一标准、统一设计、统一采购、统一施工、统一联调、统一维保）的方式进行建设。系统采用分布式结构，省、市、县三级平台和煤矿企业均为一个节点接入网络，煤矿企业始终作为安全生产责任主体，采集和本地保存监控图像和监测数据；县、市两级监管单位按照监管工作职责，根据监察对象、范围和不同时期的监察重点，按需调阅和存储监控图像和监测数据；省级监控中心平台按照国家煤矿安全监察职责实施远程监察。各级煤矿安全监管监察部门可依托业务系统支持，采取“一数一源、源头采集”方式，实时了解煤矿工作状态，随时掌握煤矿的有关安全技术工作参数情况（安全技术参数、安全监督管理所要求的数据），实现对煤矿企业安全生产工作的实时有效监督管理，依法查处煤矿生产过程中的违法违规行为，达到对安全事故进行有效防范的目的。同时，可提高煤矿安全生产应急管理和重大突发事件应急反应与指挥能力，更好地强化煤矿安全监管监察，促进煤矿监控系统发挥应有的作用。

（二）投资创新

系统建设由福建煤监局牵头，福建联通总承建设、福建省经贸委信息中心提供技术支持、多个设备厂家提供专业设备，在多方的共同努力下建设完成。

福建煤监局作为行政责任主体，在技术支持单位——福建省经贸委信息中心的帮助下，牵头组织开展项目规划、设计、招标、验收、系统管理等工作。在具备优秀设计理念的基础上，省政府确定引入福建联通作为项目总承合作伙伴，借助通信运营商的力量，完成煤矿安全监控系统四级联网工程；招标择优选择国内技术领先、服务领先的软硬件提供商，为系统提供了先进的监控采集、通信传输设备，开发了一整套适合煤矿安全监管信息化需求的系统软件。目前已建成的一期工程，省、市财政仅投入少量投资建设了政府端平台，但拉动了大量的矿井监控系统、网络等投资，在煤矿安全生产领域初步实现了省政府提出的关于拉动内需、调整产业结构、推进经济转型升级的战略目标。

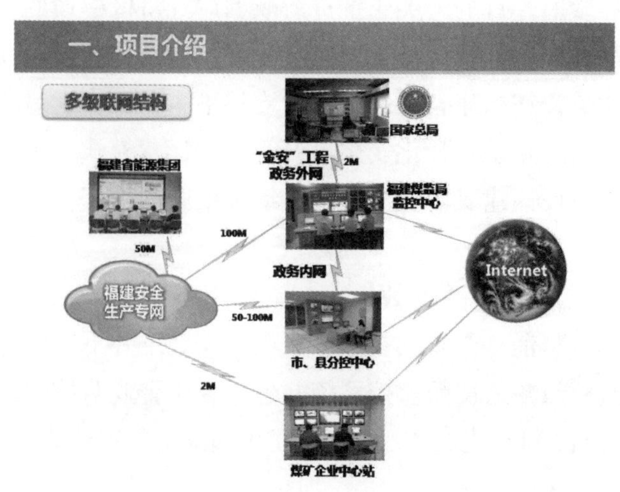

一、项目介绍

福建情况

2009年6月，骆林局长亲临指导并操作福建煤矿安全监控系统

一、项目介绍

福建情况

2009年，李川副省长现场指导福建煤矿安全监控系统建设

二、平台功能

信息统一展现、分级分类处理

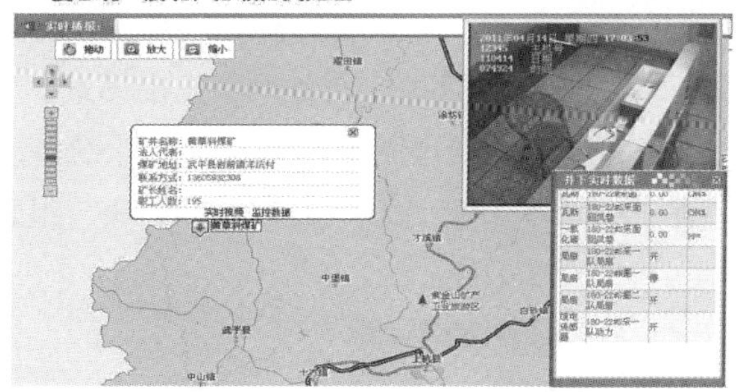

系统融合、信息共享、集中展现、高效决策

集中管控和展现监测监控、人员定位、通信联络、下井人员、矿井基础资料、应急预案

二、井下人员定位

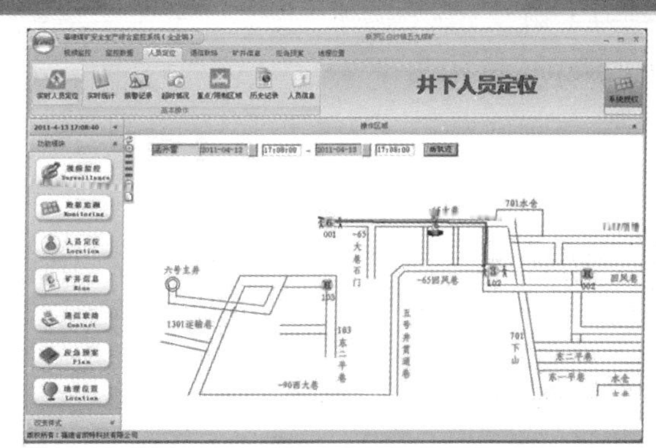

系统融合、信息共享、集中展现、高效决策

二、视频监控

系统融合、信息共享、集中展现、高效决策

三、福建煤矿安全监控系统平台整体结构

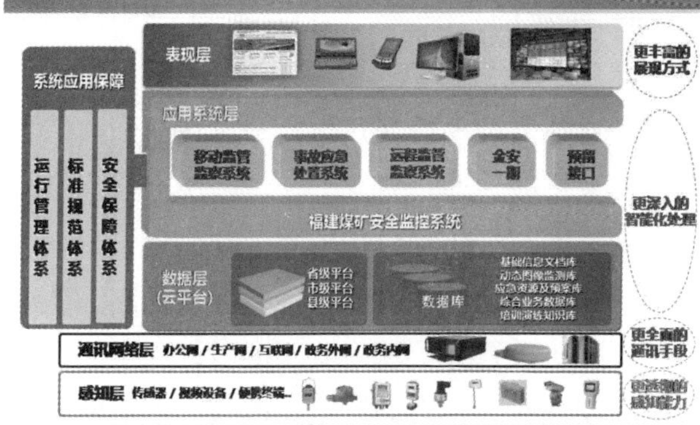

系统拥有标准的物联网、云平台结构，感知层由各类传感器、识别卡、摄像头、便携终端等组成，网络层由预警信息采集终端、网络设备组成，应用层和数据层由软件系统及数据库组成，表现层由大屏、移动终端、桌面终端、网站等组成。

北京华康达
“虚拟现实安全应急演练系统（VESSA）”建设

一，前言

当前，由于灾害的不断发生。对于灾害的应对成为了研究重点。应急预案被证明是应对灾害发生的有效手段。但是由于灾害的种类不同，应对的执行者各异，那么相关的应急预案从制定到学习再到演练,都是一个巨大的负担和工作量。

为了解决这个难题，我们开发了“虚拟现实安全应急演练系统（VESSA）”。该系统主要为应急预案涉及到的各级指挥部门和抢险部门以及基层操作者。使用范围宽泛，基本可以涉及到预案描述的各个层面的使用者。该系统为各种安全应急预案的学习，考核和演练提供了一个非常强大的平台。在演练方面提供了文字推演、三维演练、二维地图推演等多形式，多粒度的演练手段。

二，计算机辅助应急演练简介

1，演练系统构成

1）演练的目的是：“检验预案、磨合机制、锻炼队伍、教育公众”。 在演练的环节中，让使用者身临其境的扮演角色，亲自参与到演练的各个环节中去。通过“练”，进一步加强安全救援意识，同时强化角色中的救援动作（包括救援协调机制、企地联动机制、逐级汇报机制、现场操作、随机处置等等能力）。最后，通过演练还可以反馈到应急预案的制定和检验，帮助使用者更好的制定和修改应急预案。

2）系统功用：提供一个综合性的演练平台，用户包括演练涉及到的个层面用户，比如：企业各级领导、底层操作工、地方各级政府、安监局各级单位、各级救援队伍等。用户在使用该软件系统的过程中，能够达到真正演练的目的。

3）演练的内容描述：在演练的过程中，参与者可以是个人也可以是某个团队或部门。系统应该给演练中提供的是：a，信息展示平台。b，信息交流平台。c，信息查询平台。d，交互式的演练场景（文字，二维地图，三维场景）。e，演练实施引导推理系统。f，演练结果统计。g，演练前准备工作的工具集（后台管理与组态工具）。

4）演练总图如下：

5）系统特点：场景真实性、多方参与，协同演练、灵活的场景设置，完整的训练和考核手段。

2，演练系统建设所需技术基础

·虚拟现实相关技术 —— 实时计算机图形学、3D 优化相关算法、OpenGL 图形库、Direct Sound 和 Direct Music 音效开发包、

· 应急预案演练推演技术（应急预案脚本推理机）—— 自主开发的专门针对预案演练的预案推理机。

· 人工智能技术——用基于多 Agent 的 CAS 理论构建演练人物的智能。

· 基于虚拟机技术的二次开发脚本编译系统（结构化脚本语音）—— 自主开发的嵌入式结构化脚本编译系统，为高级客户提供强大的二次开发功能。

· 基于 Socket 技术的 C/S 网络技术 —— 使用 Windows 网络编程技术开发实时网络通信系统。实现各种网络通信，包括数据转发、视频会议、文件传送等众多的高级网络功能。

· 基于地理信息系统 GIS 的应急演练数据查询和演练二维态势图展示系统 —— 利用 GIS 核心引擎二次开发与演练相关的数据查询和二维态势展示功能。

三，北京华康达公司“VESSA 系统”功能及特点介绍

1，三维环境展示

自主研发多年的三维引擎，OpenGL 与 C++ 结合，运用光照特效，粒子系统，纹理技术，LOD 等技术，渲染出逼真高效的三维环境，建立简单友好的操作界面，用户可迅速熟练的与场景进行交互，系统可与后台仿真数据对接，场景中的设备（如压力表，电流表等）可实时反映仿真后台数据。

· Microsoft windows ActiveX 封装形式，方便二次开发，合理、高效的接口，使得二次开发简单，快速，高效

· 按三维软件行业常规，设置键盘，鼠标，方便三维场景漫游，实时碰撞检测，完全模拟现实场景，可第一人称视角漫游，第三人称视角漫游，甚至可以跟随任意人物或者物体漫游。

· 主动交互设计，可模拟生活中几乎所有的常见设备，可开关，转动场景中的设备，如门，开关，阀门，按钮等。可与后台数据源实时通讯，比如，展现后台压力值到三维场景中的压力表，在场景中转动阀门，可直接将阀门开度值发送到后台数据

· 粒子系统，可展现如烟、雾，瀑布，烟花等诸多三维特效

· 可播放二维，三维声音，增加感官沉浸三维的感受

· 可在场景任意物体表面显示文字，显示图片，甚至播放视频

· 显示 mdl 格式的人物，定制人物动作，可以随意添加人物，控制人物移动，隐藏，执行制定的动作

· 控制场景中的三维物体，旋转，平移，缩放等

· 鸟瞰图功能，可提示漫游者所处的位置，还可以通过鸟瞰图快速跳转到任意位置。

· 可在界面添加 Button，用户点击 Button 后会触发相应事件，供二次开发处理

· 可在界面上显示文字，用以显示提示信息等，文字大小，颜色等可以随意设置

2，二维电子地图

二维态势应为训练系统提供基于电子地图的数据查找，电子地图道路的计算、分析和规划，训练数据和信息的动态提示以及训练态势图的展示功能，具体来说如下：

· 数据查找能力：除了基础的 GIS 数据外，需要添加与应急预案训练相关的数据。比如：队伍所在点的位置、队伍的人员和装备信息、特情出现点的信息、各个救援机构所在位置、通讯状况、应急设备的位置和配置、处理路线的布置等；

· 训练信息和数据的动态提示：数字化指挥站点位置图、城市街区图、道路网络图、重点目标位置图等；

· 计算、分析及规划能力：包括最短路径计算（考虑通行能力、制绕道信息）、根据需要动态的选择应急处理力量、最佳路径计算（考虑

到了通行能力、时间因素、应急点位置、事件位置等条件下，寻找从应急点到事件现场的最佳路线）等；

·模拟训练态势图表现能力：在网络环境下，动态的把各个终端训练相关的态势图进行刷新，方便使用者在第一时间了解训练的整体态势。

3，推理机推演演练脚本

HKD的应急预案演练是基于脚本推演的演练，而脚本的生成则是根据已编制好的应急预案改编。脚本推演的核心是推理机技术。HKD的推理机主要是针对应急预案演练的需求而专门开发的，非常适合用于设计演练的推理方案。由于在设计的时候考虑了演练的特殊情况，比如：演练的多信息注入、灵活的事件组合推理机制、多分枝多结果的推演方式等，使得该推理机能够满足在演练体系架构中的灵活搭建。由于推理机能够和整个演练系统的其他模块的有机集成，演练系统可以实现从二维gis演练，到三维操作演练，最后到领导决策层面的混合演练。

功能：自主开发的专门针对预案演练的知识推理机

·预案脚本组态

·预案推理功能

·多分支推理

·预案模块化功能

·可扩充为通用型推理机

4，灾害模拟

首先，在设计该仿真系统的时候，我们考虑使用基础学科的现有灾难仿真模型。其次，我们把该事故仿真限定在一定的范围之内，因此我们提出了事故配置与触发的概念。最后，我们提出了一个“普遍场”的概念，这个场包括了各个事故模型外的所有环境变量，以及模型输出的各种场的叠加。在设计过程中，我们涉及到了以下几个关键点：

·机理仿真、实景渲染仿真

·“普遍场”概念

·“事故及其触发的配置”概念

·仿真目标功能：灾难事故的触发和渲染引擎

5，演练评价

评分组件，综合对应急演练和仿真的评分的各项因素，比如操作时间，操作准确度，操作逻辑顺序等，研发出功能强大的评分控件，客观真实的体现了参与演练人员的综合素质

·对演练流程的准确性进行评价

·允许用户自定义评价元素的权重

6，计算机生成人工智能人物配合多客户端参与混合演练

系统提供人工智能的人物配合多客户端的参演人员在虚拟环境下进行演练。系统采用骨骼蒙皮方法进行人物的三维外观建模和动作建模。智能人物主要的适用对象是参与演练的重要角色，并配合演练的顺利进行。比如：消防人员、安保人员、地方战斗人员、群众等等。智能人物的行为模型分为三层，包括智能体所接收到的消息，智能体根据接收的消息进行的思考、以及智能体由此转化的行动。

7，辅助功能

1）客户端通讯

通讯控件，依托当今发达的网络通讯技术，以及先进的图像采集设备和传输技术、先进的声音采集设备和传输技术，开发出可以进行二次应用开发的Active控件，参与演练小组可以通过视频语音通讯控件进行视频/语音会议，也可以一对一进行视频/语音聊天，文字交流，文件传输，为演练提供网络交换手段。

·网络文字通讯、

·网络语音与视频通讯、

·文件传输系统

2）三维组态工具

三维场景组态工具，建立常用设备的三维模型库，可无限复用；可视化组态，可迅速建立复杂庞大的虚拟三维场景；通过组态，可方便的

建立三维场景中的设备与后台数据的连接（例如 OTS 数据连接、设备运维数据连接等）。

3）脚本系统

功能强大的脚本系统，附着于三维平台的脚本系统，可通过二次开发对三维场景中的人物，设备进行各种操作，譬如，物体的移动，物体的隐藏，人物的跑位，人物的动作；还可以展现各种特效，如爆炸，烟雾，消防炮喷水等，因其可以进行二次开发，使得平台开发与项目实施分离，有利与分工，为每一个演练场景提供二次开发支持

· 提供一个嵌入式类似 c 语言的编程环境，运行用户动态对脚本进行编译

· 为脚本系统提供丰富的 api 函数接口方便其调用和驱动主系统功能

· 实现核心引擎功能与工程项目开发工作的分离

4）应急预案组态

预案组态工具将文本形式的预案按照一定的规则进行组态，保存进入数据库。组态后的预案是预案演练系统中推理的知识基础。预案组态工具作为一个单独的软件，经过安装后单独使用。组态功能包括：新建预案、修改预案、编辑步骤信息、编辑操作信息、操作前件组态、保存预案等功能。

四，平台应用案例

成功案例 1：2008 年安监总局国家应急救援指挥中心，尾矿库溃坝预案演练。

时间：2008 年 12 月

地点：深圳

参加单位：国务院应急办、国家安监总局、国家应急救援指挥中心、相关个省安监局、相关央企总部等。

演练题目：因自然灾害引发安全生产事故灾难应急救援桌面演练方案

使用系统：北京华康达计算机应用技术有些公司，VESSA 灾害应急演练系统

演练方式：采用计算机辅助引导的桌面推演方式。

事件信息注入：根据演练总指挥的安排，分阶段注入强降雨红色预警通知、尾矿库险情、尾矿库垮坝、居民被埋与氯气泄漏四种信息，参加演练的各小组按照给出的信息，做出应对。

演练过程：演练由计算机系统引导，每一节点给出程序决策选择项，由参演人员商议后进行决策，在计算机上选择，不提供具体发言内容。选择错误出现错误警示，返回重选。

演练结果：达到良好的演练效果，获得国务院应急办和国家安监总局领导认可。

成功案例 2：HKD 运用虚拟现实平台 VESSA 成功完成燕山石化应急预案演练仿真

HKD 应用自已的虚拟现实技术仿真系统软件 VESSA，为中石化燕山分公司航煤加氢装置开发了具有在三维模拟的实际生产装置场景中交互操作功能的 OTS。同时结合 VESSA 的演练功能，在 OTS 中，HKD 还提供了该装置的加热炉内循环氢泄漏事故预案和反应器顶法兰泄漏事故预案的演练。演练是基于网络的多人在线参演方式。将 VESSA 结合到 OTS 中，为客户提供了虚拟现实的界面，不仅彻底改变了传统 OTS 中对现场操作的培训方式，同时，还为客户提供了一个应急预案学习、演练和考核的基础平台。

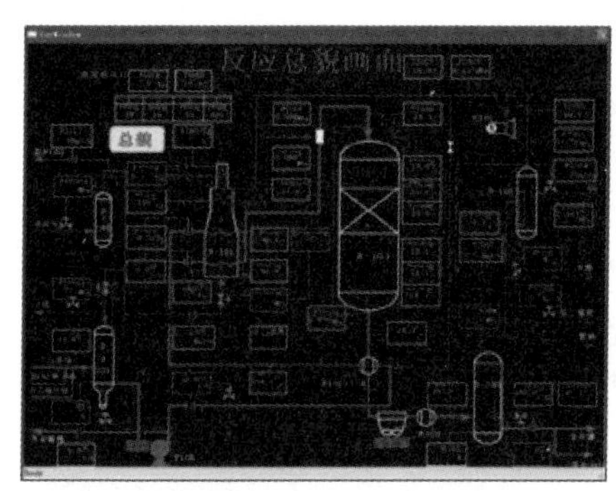

DCS 仿真

三维虚拟现实的现场仿真操作界面

项目情况：应用 VESSA 的 OTS 模拟了完整的航煤加氢工艺和 2 个应急预案演练。

· 航煤加氢全流程的工艺模型
· 教员站功能
· 操作评分功能
· 平面图形现场站功能
· 虚拟现实的三维现场站功能
· 多人参演的应急演练功能

现场装置

模拟现场的装置

本项目的新技术创新包括：

· 燕山石化首次使用三维虚拟现实技术的 OTS 的现场操作站

· 三维虚拟现实技术与过程模拟的结合

现场设备

对现场的仿真模拟

· 对装置做了加热炉内循环氢泄漏事故预案和反应器顶法兰泄漏事故预案的演练仿真。

内操演练

喷淋救援

现场人员救助

爆炸模拟

基于HIMax的TMC一体化解决方案

上海黑马安全自动化系统有限公司

HIMA Paul Hildebrandt GmbH + Co KG是全球著名的安全控制系统的供应商，自1970年开发出世界上第一套TUV认证的安全系统Planar以后，HIMA又开发出一系列安全控制史上里程碑式的产品，为各种不同的需求提供安全和经济的解决方案。HIMax系统是HIMA公司最新推出的划时代的产品。空前强大的性能和无以伦比的灵活性使得HIMax可以降低企业投资和运营成本，提高企业的生产效率。HIMax系统见图1。

图1 HIMax系统外貌图

产品特点

XMR结构：可升级的冗余配置，两重化，四重化，六重化，八重化。

系统在运行过程中可对软件和硬件进行更改和扩展。

高度集成的电源分配，所有的5V及24V配电都通过背板完成。

三种不同的安装尺寸，两种不同的接线法方法，支持面板式安装和机架式安装。

多重任务处理系统：对于每个任务进行单独处理；每个任务都可独立更改而不影响其他任务；用户可对每个任务单独定义循环时间。

TMC一体化解决方案

HIMax安全系统实现了在同一软硬件平台中集成透平机械控制的所有功能，与过去的自动化解决方案相比，HIMax的解决方案主要具备以下优势：节省安装空间，备件种类减少，维护更简易，而且HIMax系统是面向未来的产品，具有强大的在线可扩展性及兼容性；而且HIMax的安全系统的多任务功能，对于某个任务的在线程序下装，不会对其它任务产生影响，确保了安全功能独立于其他控制功能之外。

在透平控制应用领域，符合功能安全的国际标准IEC 61508和IEC 61511越来越重要，要求透平机械控制系统必须具备高级别的安全性及可靠性。

透平机械控制的功能安全要求

功能安全的要求并不仅仅是针对单个的设备和部件，对整个系统的要求。

近两年中，工业领域的相关工作团队一直在寻求符合IEC标准的应用，以期能够避免透平机械事故带来的财产损失和对环境的破坏。其重点就在于减少那些随机性的，系统性的和较普遍的系统失效发生。在整个透平机械的控制和保护系统中，这些因素都会被考虑到，并且会对应有不同的安全等级（SIL）。

如果不采用透平机械一体化解决方案存在的问题

目前，在透平机械的控制系统中常常包含不同制造商生产的自动化设备，由于系统的兼容性等问题，例如，需要更大的使用空间以及较为复杂的通讯结构。多厂家的设备兼容性及匹配不好，会增加系统故障率，故障诊断也会困难，通常会具有比较严重的安全隐患。

其他的缺点包括，需要更多的备件，占用了资金，增加了仓储成本；最后，品种繁多、层次不齐的组件和系统，要求操作和维护的人员具有更高的专业水平。

基于 HIMax 安全系统的 TMC 一体化解决方案

基于 HIMax 安全系统的 TMC 一体化解决方案，集成了透平机械控制的所有功能，包括机械的控制，调节，监测和透平机防护。例如：

控制：压缩机的启动及停车控制、运行过程中的操作及手自动操控等功能；

调节：转速调节、蒸汽分配、及防喘振控制等功能；

监测和防护：汽轮机超速保护、轴振动，轴位移保护、汽轮机及压缩机的液位、温度、压力保护等功能。

HIMax TMC 一体化解决方案的主要功能如图 2 所示。

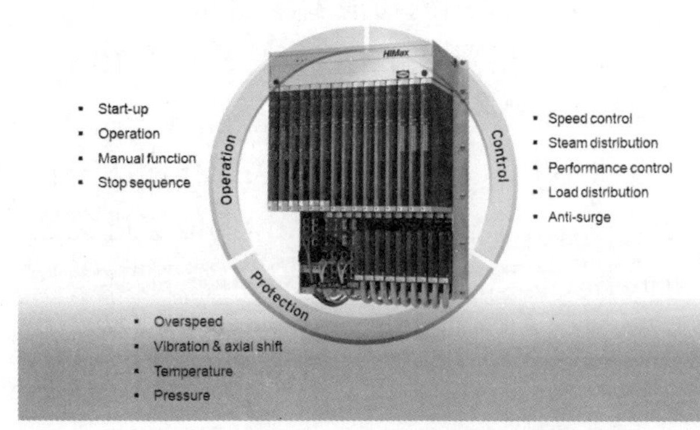

图 2 HIMax TMC 一体化解决方案的主要功能

基于 HIMax 安全系统的一体化解决方案的优势

HIMax 系统的多任务功能，能够为特定应用程序单独设置扫描周期，从而保证 TM 一体化控制系统中比较重要的压缩机防喘振及汽轮机调速等重要功能的快速响应。同时在系统运行时，可以在线更改系统的硬件配置及软件程序。

采用多任务功能，可以实现安全功能独立于其它的控制功能，去耦技术保证了安全任务与非安全任务不会相互影响，也保证了安全任务的正确执行。

HIMax 系统的多任务运行系统，可以实现 32 个独立的用户程序在一个处理器模件中同时执行，每个进程拥有各自安全相关的校验码，每个应用都可以在不影响其他应用的前提下做调试，从而保证了安全和非安全任务的单独执行。尤其是，工厂的部分检修及扩建不会影响到其它程序的执行。

系统的多任务处理能力允许单个任务按照单独设定的循环周期执行。这意味着可以将对系统扫描周期苛刻的系统应用（如透平机械的控制系统）和对系统扫描周期不苛刻的系统应用（如锅炉管理系统）整合在同一套 HIMax 系统中。

超速保护的解决方案

基于HIMax安全系统的一体化解决方案中，可以集成超速保护模块。该模块通过 SILWorX 软件平台进行配置，并且具有诊断功能。它独立于 HIMax 系统的 CPU 模块单独运行，响应时间在 20 毫秒以下。这种设计理念遵循 API 670，VGB R103M 标准，达到了 SIL3 的安全等级，符合 IEC61508 的要求。

除了汽轮机的超速保护外，汽轮机的升速速率也可以被监控。另外，根据项目的可用性的要求，超速保护模块可以按照冗余的方式进行配置。

高效的诊断功能

除了安全停车，自动化系统必须具备一个高效的诊断功能，这样才能让维护人员快速的、准确的知晓潜在的问题。

在常规的TMC系统中，通讯功能的优先级别较低，通常，处理器会在执行保护的功能后处理通讯，因此，信息的传输会出现延迟。当多个第三方系统互连后，延时就更严重，故障检测也就更加困难了。

应用HIMax系统，诊断功能和保护功能可以同时运行。系统会在非常短的时间内分辨，储存，显示这些信息。系统会定期的做全方位的自我诊断，并直接从模块中获得诊断结果。故障回路也会有直观的显示,这样节约大量的检修时间。

在TMC系统中，使用SILWorX软件平台或通过HMI接口，操作者也可以获得详细的诊断信息。这些在线功能可以帮助操作者对所有运行状态了如指掌。系统运行状态能够按照事件发生的先后顺序精确的记录在诊断信息中，从而，准确的读到那些潜在的故障信息。

总结

蒸汽透平驱动压缩机组的控制和保护要求有高度的可靠性和安全性。压缩机组除了需要实现防喘振控制以外，还需进行速度控制、抽气控制、性能控制和开、停车顺序控制。除了要求高度的安全性以外，对系统的可用性要求也相当高。

HIMA基于HIMax安全系统平台的压缩机控制系统可以帮您实现全自动控制，最小化操作员干预，优化机械和工艺过程的效率并提高机械和过程的可靠性。HIMA的解决方案让您可以在尽可能低的能耗水平上操作，使防喘振回流或将放空量降至最低，优化多压缩机组的负荷分配，实现工艺及机械限制下最优化操作。同时可以防止喘振、超速及相关危害，尽量减少过程扰动，防止不必要的过程跳闸和停车时间。

HIMA为石油化工、化工、油气管线、海上钻井平台、冶金、电力、空分等不同行业的客户提供完善的压缩机控制系统，降低客户的能耗，并为客户提供安全保障。

WCDMA制式煤矿安全信息专网建设

一、项目背景

矿山安全生产事关人民群众的生命和财产安全，各级政府和矿山企业一贯高度重视矿山安全生产问题，并采取了一系列措施不断加强安全生产工作。2010年7月份发布的《国务院关于进一步加强企业安全生产工作的通知》（国发〔2010〕23号），以及10月份国家安全生产监督管理总局印发的《金属非金属地下矿山安全避险“六大系统”安装使用和监督检查暂行规定》，对矿山企业的安全生产提出了更高和更具体的要求。然而，矿山井下生产具有环节多、过程复杂、环境恶劣、安全隐患多、通信联络困难等特点，井下作业人员的实时跟踪定位、井下人员的语音通讯、井下的图像监控、井下环境监测数据的实时采集处理和应急指挥调度等功能都非常薄弱。事故发生时对井下人员的抢救缺乏精确可靠的位置信息，也缺乏语音通信手段，抢险救灾、安全救护的效率仍然不高，效果不理想。如何提高矿山井下信息化水平，改善目前矿山企业对井下环境和作业人员相对落后的监测联络模式，提高井下作业的安全水平，成为所有矿山企业关心的焦点。

针对以上问题，山东联通和新汶矿业集团共同建设了WCDMA制式煤矿安全信息专网，实现了煤矿井下无线通信信号的全面覆盖，人员、设备的实时精确定位和安全生产信号的实时传输、管控，有效预防和减少了安全生产事故的发生。

二、项目成效

利用WCDMA制式建设煤矿安全信息专网，实现了井下无线通信信号的全面覆盖，通信质量稳定可靠，传输速度快，解决了井下人员精确定位的难题。同时，煤矿自建无线通信核心网，可按需开发设置，能够顺利完成煤矿生产现场安全监控信息传输，WCDMA制式煤矿安全信息专网使新矿集团信息化管理水平又上了一个新的台阶。目前在山东不仅煤炭行业利用WCDMA制式建设安全信息专网，黄金及有色金属采掘业也开始建设井下WCDMA制式安全信息专网。

展望未来，山东联通将继续高举信息化大旗，充分发挥全业务运营优势，积极推进信息通信技术和业务创新，全面满足煤炭行业用户的综合信息服务需求，为推进山东矿业的信息化建设做出新的更大的贡献。

三、项目创新点

（一）WCDMA 3G技术规模化应用于井下

WCDMA是在全球技术最成熟、应用最广泛的蜂窝技术。Femto是一种新兴的WCDMA 3G热点技术，被业界认为是解决室内及特殊区域覆盖的手段之一，也是固定与移动网络融合的一种方式。在全球有246国家和地区应用WCDMA技术建设地面无线通信网。在本项目中首次使用WCDMA技术规模化建设井下无线通信网。

本项目使用的华为公司Femto设备单载波最大发射功率250mW，功耗仅为20–30W，体积小于1.5L，并发用户数为32户，下行速率可达7.2Mbps，上行速率可达1.44Mbps，语音业务依托于电路域，低时延、可实现高质量的语音业务通信，工作于授权频段，巷道覆盖距离半径可达600米。

采用Femto技术不仅功耗低、体积小，而且不需要安装GPS传输系统时钟，能够直接利用井下IP网传输资源，方便在井下部署，并且可以实现数据旁路，数据可以从Femto直接进入煤矿局域网，大大减轻3G网络的业务流量压力。Femto的上述特点和优势使其成为煤矿井下无线通信覆盖的首选方案，也是目前唯一可实现井下全覆盖、大规模应用的解决方案。

WCDMA制式新汶煤矿安全信息专网依据矿井环境在井下部署FEMTO基站，通过煤矿现有局域网、联通城域网连接到山东联通煤矿专用FEMTO平台，平台将井下FEMTO基站汇接到各个煤矿专属的无线通信核心网。井下员工的语音、短信、定位数据及气体监测、水位预警等安全生产信息和调度广播、指挥指令由煤矿专属无线通信核心网按照当地煤矿要求管理、处置。网络结构图如下：

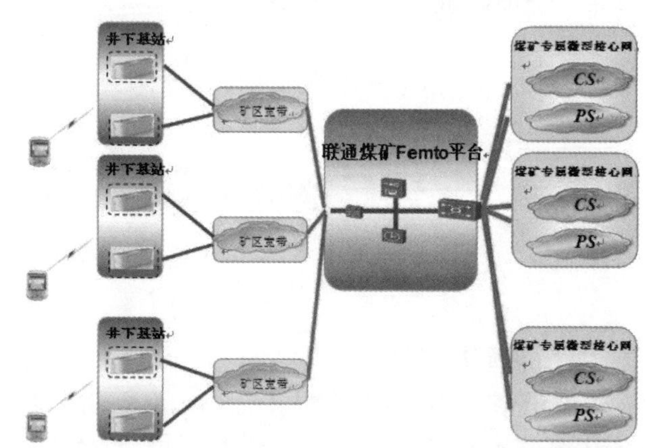

（二）WCDMA 3G技术成功解决人员精确定位难题

WCDMA制式煤矿安全信息专网标识卡放置于巷道、采掘面。标识卡自备电源，体积小重量轻，无需接线，价格低廉，识别范围可调，可按所需定位精度放置，实现矿区全覆盖。读卡器内置在员工手机中，员工手机读取标识卡信息并通过WCDMA无线网络实时传输到服务器。实现了井下全矿区员工的实时精确定位。将读卡器设置于特种车辆、采掘机械，使用与人员定位相同的系统实现特种车辆、采掘机械的精确定位。应用 WCDMA 3G 技术成功解决井下人员不清的难题，是全国第一套实现井下全矿区人员实时精确定位的系统。

（三）WCDMA 3G 技术实现矿山调度、数据传输、通信、办公移动化

1、调度通信：每个矿根据生产、管理需要可实现单呼、群呼语音通信和单发、群发语音通信。

2、瓦斯、水位等安全生产数据采集传输：每个矿区的瓦斯、一氧化碳含量等安全数据监控由传感器采集通过 WCDMA 制式煤矿安全信息专网传输到后台，后台处理后可呈现到管理人员手机上，能在任何地方实时浏览矿井瓦斯等各项重要监测数据。一旦瓦斯超限，手机短信还将自动报警，有效提高安全监测监控的数字化管理水平，为矿区安全生产增添了新手段。

3、井下语音、短信通信：井下员工人手一部手机，每个矿根据代班矿长、区队长、班组长、安全员、普通员工级别不同，给与不同的通话权限，员工可在井下任意地点呼出、接听电话。

4、移动办公：管理人员在井下、井上可通过手机随时接入煤矿办公、业务系统办公、处理业务、接收信息。

（四）合作共建 WCDMA 制式安全信息专网

通信运营商与煤炭企业合作共建煤矿安全信息专网，既满足了煤炭企业信息化需求，又节省了建设投资，使得 WCDMA 技术在建设煤矿安全信息专网中的广泛应用成为可能。

1、每个煤矿建设独立小型核心网，可以按照矿区自身信息化建设需求进行开发、设置，灵活方便，不受公网约束；

2、煤矿共用 FEMTO 平台，节省了煤炭企业大量的建设资金，也使得每个煤矿能够建设、使用 WCDMA 制式煤矿安全信息专网。

放炮监控系统在贵州容光矿的应用

容光矿业有限责任公司

贵州容光矿业有限责任公司是徐州矿务集团有限公司与贵州红星发展股份有限公司合资组建的一家子公司。容光煤矿属国家“西电东送”工程的配套煤矿，设计可采储量 6220.7 万吨，矿井服务年限为 49.4 年。矿井规划生产能力为 120 万吨 / 年，设计矿井机械化程度达到 100%。

一、容光矿井煤层与瓦斯

该煤田含煤地层厚 76.90 ~ 107.60m，平均厚 90.34m。含煤层及煤线共 10 层，其中含可采煤层 6 层 (编号为 C5、C6、C8、C9、C11、C12)，煤线 4 层 (编号为 C3、C4、C7、C10)。井田内各煤层瓦斯含量较高：C5 煤 11.44 ~ 25.70m3/t.r，平均 19.35m3/t.r；C6 煤 8.56 ~ 37.34m3/t.r，平均 23.01m3/t.r；C8 煤 8.69 ~ 29.19m3/t.r，平均 15.81m3/t.r；C11 煤 17.67 ~ 24.79m3/t.r，平均 21.12m3/t.r；C12 煤 12.61 ~ 31.20m3/t.r，平均 20.79m3/t.r。

井田内煤层瓦斯含量总体较高，平面分布上无明显变化，随煤层埋深增加，瓦斯含量有明显递增趋势。C11 煤随煤层埋深的增加，瓦斯梯度为 2.82m3/t/100m；C12 煤瓦斯梯度为 2.38m3/

t/100m。

根据《煤矿安全规程》第133条，本矿井为高瓦斯矿井。考虑本矿井煤层具有突出危险性，因此，该矿井定为煤与瓦斯突出矿井。

容光煤矿“防突”措施

1、采用迈步前进法和“五步揭煤”法防突。在矿建期间，严格执行《防治煤与瓦斯突出细则》中有关规定，制定区域综合防突措施和局部综合防突措施。区域综合防突措施包括：区域突出危险性预测、区域防突措施、区域措施效果检验、区域验证。局部综合防突措施包括：工作面突出危险性预测、工作面防突措施、工作面措施效果检验区域验证、安全防护措施验证。

工作面采取迈步前进法，即预测8m，前进5m，留3m再预测，为此成立了防突预测班，每时每刻准确无误监视各个工作面的每一个突出参数并及时汇报相关职能部门。在揭煤前，根据本矿的实际情况制定出“五步”揭煤法，在实际生产中得到了很好的应用。

2、装备智能放炮监控系统，保障安全措施的切实落实。2009年12月矿井装备了智能连锁放炮系统。智能连锁放炮监控系统是基于“本质安全，不安全就不能放炮”的理念开发的放炮监控系统，实现了放炮管理的飞跃。

该系统具有 “十个不能，一个监控”等功能如下：

（1）放炮监控终端机本身电量不足，可能出现瞎炮，就不能放炮！

（2）安全距离不够，就不能放炮！放炮监控终端只能在规定的地点使用，换了地点，就不能使用。

（3）不进行三人连锁，就不能放炮！根据每个人的音频不一样，识别人员，确保三人连锁的可靠。

（4）网络电阻不合格，可能有瞎炮，就不能放炮！系统可以自动检测母线电阻和网络电阻，发现超标、可能出现瞎炮，就自动闭锁不能放炮、

（5）瓦斯超限，就不能放炮！系统通过读取现场瓦斯传感器和无线移动瓦斯便携仪的瓦斯数据，控制放炮作业，当数值超过设定的标准时，自动闭锁，不能放炮。

（6）煤尘超限，就不能放炮。系统读取工作地点的煤尘传感器数据，超标时，实现自动闭锁，不能放炮。

（7）喷雾设施没有打开，就不能放炮。系统与工作面的喷雾传感器连接，实现放炮喷雾，不喷雾不放炮。

（8）有人在危险区域，就不能放炮！系统通过监控器检测放炮警戒区域内是否有人，发现区域有人就自动闭锁不能放炮。

（9）停风，就不能放炮。系统自动读取工作面附近的风速传感器数据，风速小于标准，自动闭锁，不能充电放炮。

（10）不切断工作面非本安电源，就不能放炮。在高瓦斯、高突地区，系统可以设置读取工作地点的动力电源供电情况的数据，供电时，实现自动闭锁，不能充电放炮。

（11）矿山各级领导能够通过网络对放炮全过程进行实时监控。

三、“5.6”煤与瓦斯突出事故的经过

2010年5月6日，贵州容光煤矿二车场底抽巷岩石掘进工作面，完成打眼装药后，放炮员协同安全员督促巷道内作业人员离开巷道，退到风门外距迎头300余m的放炮起爆地点，在连接好放炮母线后，打开放炮监控终端，系统首先自检，提示电量充足可以使用，然后自动检测放炮地点，找到一车场放炮点；然后提示检测母线电阻和网络电阻，检测电阻合格；然后进行三人连锁确认，值班班长、放炮员及瓦检员责任确认，确认通过；系统依次检测警戒区域是否有人，确认无人，再检测检查放炮点瓦斯浓度以及其他参数；都没有异常，放炮作业进入最后程序，系统提示可以充电放炮。于是放炮员充电、起爆，

放炮成功。放炮成功后大约3分钟，就听到迎头传来沉闷的响声，瓦斯监控系统总回风巷的瓦斯传感器报警，在总回风量5000m3/min的情况下，最高瓦斯含量达39.8%。据此判断，一车场掘进工作面发生了放炮引起的煤与瓦斯突出事故。

回风道的39.8%瓦斯含量保持了一段时间之后，缓慢下降，到第二天已经是2%以下，在救护队陪同下的现场探险发现，大巷的两帮和顶板都覆盖着一层细细的煤粉，用手捏一捏，有一种石蜡的感觉，往里100m，脚下的煤粉有200mm厚，一段直径250mm厚10mm的PVC瓦斯抽放管支离破碎，120防爆开关横卧在大巷中间，瓦斯突出释放的能量可见一斑。

四、智能放炮监控系统在"5.6"事故中预防人员伤亡的作用分析

"5.6"煤与瓦斯突出没有造成任何的人员伤亡，是一个综合管理综合装备的成果。有管理严格、装备了瓦斯监控系统、防突门等安全设施等原因。但是，装备智能放炮监控系统对于预防突出造成的人员伤亡起到了突出作用。

1、放炮有可能造成事故或人员伤亡。智能放炮监控系统，具有放炮时必须喷雾功能，可以有效地拟制煤尘，防止煤尘爆炸。放炮时系统可以接受并分析甲烷传感器和无线甲烷便携仪的检测数据，监控放炮区域的瓦斯，一旦超标系统就闭锁不能放炮。

2、"5.6"事故中，由于使用了智能放炮监控系统，从而确保了放炮安全距离，确保了警戒区域内有人就不能放炮。因此尽管出现大量的煤与瓦斯突出，却没有人员伤亡。但是，贵州省今年发生的其他四起放炮引起的类似事故，由于没有放炮监控系统，不能实现"十个不能，一个监控"，结果造成34人死亡、16人受伤的一幕一幕惨剧。

浅析安全生产事故隐患排查治理体系实施

北京安宏睿业科技有限公司 吕海涛

1. 前言

安全生产是事关人民群众的生命财产安全，经济建设发展，国家政局和社会稳定的一项极为重要的工作，是我国社会主义现代化建设中的组成部分。

安全生产隐患排查治理作为保障企业安全生产的一个抓手，一向是从国家安监总局到各级地方安监部门的主要任务，也是企业安全生产监管的重中之重。

近几年来，在国家安监总局的领导下，各级地方政府安监部门经过各类安全专项整治、"打非治违"专项行动、安全事故隐患排查治理等工作，安全生产工作取得了明显成效，整体安全生产状况平稳好转，各类安全生产事故逐年下降。同时，各地方安监部门也积极建立、健全了安全生产法规体系、政策措施体系、监管执法队伍体系、培训教育体系和技术支撑体系，确立了政府主导督查、部门落实监管、安全生产综合监管制度化、常态化的管理轨道，全国事故发生起数和死亡人数呈现出持续下降的良好趋势。

在取得的巨大成绩面前，同时也发现，各级地方政府安监部门在推进落实企业安全生产主体责任，形成"分工负责、齐抓共管"的安全监管工作格局上，还存在着诸多问题，监管责任不清晰、隐患排查未落实等现象屡有发生。多年监管不到位积累的弊端开始呈现，事故起数仍然较高，尤其是煤炭、交通等行业问题较为突出，安全生产形势依然十分严峻。

经过几年的摸索实验，北京市顺义区成功将生产经营单位的分类分级和隐患自查自报结合起来，探索出一条生产经营单位安全生产事故隐患排查治理动态监管的新途径。同时，以顺义经验为蓝本安全生产事故隐患排查治理体系的建设作为安全生产监管的一个重要落脚地，也随之提上案头。

2012 年 2 月，“国务院安委会办公室关于建立安全隐患排查治理体系的通知”安委办〔2012〕1 号文，要求各地市安监局坚持“安全第一、预防为主、综合治理”的方针，探索创新政府和部门安全监管机制，强化和落实企业安全生产主体责任，打好安全隐患排查治理攻坚战，并决定在全国推广北京市顺义区等地区深入开展安全隐患排查治理、有效防范事故的先进经验和做法，争取用 2–3 年时间，在全国基本建立先进适用的安全隐患排查治理体系。

可以说，国务院安委会的这个通知，实际上为各级安监政府部门落实企业安全生产主体责任，深入开展隐患排查治理指明了方向。

同时，“国家安全监管总局关于印发 2012 年工作要点的通知”安监总政法〔2012〕18 号文，要求各地市安监局建立健全隐患排查治理体系。认真学习推广北京市顺义区的先进经验，结合安全监管信息化建设，尽快建立能够接受企业安全隐患自查自报、实施政府动态监管的综合信息平台。着重抓好省会城市和有条件地区的示范建设，针对各行业领域特点，注重运用信息化手段，增强危险源监控和隐患排查治理实效。

国家安监总局的这个文件，为各级安监政府部门落实企业安全生产主体责任，深入开展隐患排查治理找到了方法。

2012 年 4 月，总局发布了《安全生产事故隐患排查治理体系建设实施指南（讨论稿）》征求意见，并于六月份，再次发布《安全生产事故隐患排查治理体系建设实施指南》，在经总局第 18 次局长办公会议审议原则通过的基础上，再次征求意见。

2012 年 8 月，总局组织起草了《全国安全生产监管监察机构代码编制规则》、《企业（生产经营单位）基础信息》、《隐患排查治理信息》、《工贸企业安全生产标准化信息》等 4 项标准，并公布广泛征求意见。

2012 年 11 月，为落实《国家安全监管总局办公厅关于开展安全生产业务信息系统试点应用工作的通知》（安监总厅规划〔2012〕126 号），总体提出了开展“安全隐患排查治理信息系统建设和示范样板地区联网共享工程”。

这一系列通知、指南、标准和实施方案的公布，自上而下打通了从国家安监总局到各级地方政府安监部门的安全生产事故隐患排查治理体系的脉络，也打开了全国开展轰轰烈烈的安全生产隐患排查治理的大门。

2. 安全生产事故隐患排查治理体系的定义

那么，究竟何为安全生产事故隐患排查治理体系？

根据总局《安全生产事故隐患排查治理体系建设实施指南》，安全生产事故隐患排查治理体系是一项系统工程，由政府及其有关部门推动，对企业（包括各类生产经营单位、机关事业单位和团体，下同）开展分级分类管理，并编制各行业的隐患排查治理标准；由企业承担主体责任，对生产经营过程中存在的人、物、管理等各方面的隐患依据隐患排查治理标准进行主动排查，并对发现的隐患实施治理，通过隐患排查治理信息系统上报、跟踪督导和统计分析，保证监管力度与效果，实现安全生产。

安全生产事故隐患排查治理体系由以下几个部分形成：

（一）摸清企业底数，实行分级分类监管

（二）制定科学严谨的隐患排查治理标准

（三）建立清晰明确的工作职责

（四）建立隐患排查治理考核制度

（五）开发功能完善的信息系统

（六）开展隐患自查自报

从《安全生产事故隐患排查治理体系建设实施指南》的定义，我们可以看出，实际上安全生产事故隐患排查治理体系可以归纳为一个简单的故事场景，谁，干什么，凭借的是什么依据，使用的是什么工具。

一、先说第一个因素：谁

笔者曾经走访过很多地方安监局，同各级安监人员探讨安全生产事故隐患排查治理体系，发现大多数人并不能说清楚“谁”的问题。

大多数人认为这里面的“谁”包含了两个层面：监管部门、企业，其实这是片面的看法。安全生产事故隐患排查治理体系中，对于监管部门和监管对象的阐述，实际上包含三个层面的解释：

（1）第一个层面，监管部门，包括各级综合监管部门，也就是安委会办公室、行业监管部门（如交通、建筑、文化、旅游、教育等行业管理部门）和专项监管部门（质监、消防）。同时监管部门还包括了各级属地安监站（所）。因此，在监管部门层面，是通过两个维度来定义的，第一维度是行业、专业，第二维度是属地。

（2）第二个层面，监管对象，也就是企业，包括各类生产经营单位、机关事业单位和团体。对企业的监管首先要做到的就是能够对企业进行清晰的分类，从行业上的分类、规模上的分类，分类清楚才能做到监管明确。

（3）第三个层面要阐述清楚的是，哪些监管部门监管哪些企业，这才是关于“谁”的问题的核心，是对企业做分类分级监管的前提。大多数监管部门并不能说清楚“谁”的问题，其主要表现在并不清楚政府部门和企业之间的监管关系，更有甚者，甚至连监管的企业底数都不清楚。在总局发布的4项标准中对于监管关系的问题做了说明，归纳了企业的监管分类标准，其主旨还是在解决这个问题。

二、第二个因素：干什么

这个问题比较好回答，安全生产事故隐患排查治理，或者进一步提炼，叫企业安全生产的综合监管。这么说都是无可厚非的。

《安全生产事故隐患排查治理体系建设实施指南》所要阐述的，是在安全生产事故隐患排查治理体系的建设过程中，都需要做哪些工作，以及这些工作是如何有机地结合成为一个监管体系。指南中规定了政府监管部门的如下几个动作：

(一)企业基础数据采集,包括划分企业类型、采集企业基础信息

(二)建章立制

(三)明确政府部门的职责包括明确综合监管部门职责、行业管理部门监管（管理）职责、专项监管部门职责。

(四)教育培训包括确立培训内容与对象、培训组织与形式等。

(五)组织企业做隐患查报。

(六)对企业实行分级分类监管

(七)建立考核与奖惩机制，包括建立政府部门职责考核机制、建立对生产经营单位奖惩机制。

(八)实现对安全生产形势分析与预测预警。

同时，指南中规定了企业落实安全生产事故隐患排查治理体系的如下几个动作：

(一)企业隐患自查自纠,包括组织机构建设、建立健全企业安全生产事故隐患排查治理规章制度、落实全面培训、实施排查、纳入考核和持续改进等。

(二)企业隐患治理，从一般隐患到重大隐患，均制定整改方案，落实隐患治理措施，积极建立企业安全生产事故隐患排查治理体系的闭环管理。

(三)企业隐患自查自报，确立了企业隐患自查上报的内容、上报的方式。

(四)实现企业安全生产形势预测预警，建立长效机制。

三、第三个因素：凭借的是什么依据

在各级地方政府安监部门建立自己的安全生产事故隐患排查治理体系的时候，必须首先要能够说清楚，我们做这项工作是凭借的是什么依据，其次要能够说清楚，在这个体系建设过程中，做的每一项工作是凭借的什么依据。往小了说，这关系到立项的合理性，往大了说，这关系到这个项目能不能立足。实施证明，没有依据的项目（或系统），是不能长久运行的。综合来讲，在安全生产事故隐患排查治理体系的建设过程中，最主要的几个依据要找到，包括：

(一)立项依据；

(二)各项管理办法的依据

(三)企业分类依据

(四)企业分级标准的依据

(五)每个行业隐患排查标准中，每一项检查标准的依据

(六)绩效考核指标体系的依据等。

四、第四个因素：使用的是什么工具

对于“使用的是什么工具”的问题，《安全生产事故隐患排查治理体系建设实施指南》中有明确说明。简单说来就一句话：开发功能完善的信息系统。但是实际上，工作并不是这么简单。

同时，这也是一个误区，笔者走访的各地市安监部门中，把安全生产事故隐患排查治理体系简单的看成就是一个“隐患自查自报信息系统”的不在少数。这一现象也解释了，目前为什么各地政府部门大力兴建各种信息化系统，但是能够完全应用的寥寥无几。实际上都是对信息化的理解不够透彻。所以，这一点应该引起各地市安监部门的高度重视。

回到安全生产事故隐患排查治理体系上来，我们解决了“谁”的问题，同时也解决了“凭借的是什么依据”和“干什么”的问题，那么我们做这项事究竟应该“使用什么样的工具”？很明显，一个“功能完善的信息系统”并不能解决这个问题。

笔者认为至少从五个方面着手开展工作，才能有力推进安全生产事故隐患排查治理体系的建设和实施。

(一)做到有法可依，有标准可依，所以这个“功能完善的信息系统”首先要依据法律法规和标准来建设，同时还要制定相应的管理办法来保障系统的贯彻执行。

(二)开发定制化的功能完善的信息系统。每个地方都有地方的理解和操作习惯，所以信息系统要在保证其核心部分完整不受破坏的基础上，贴近地方使用习惯。

(三)丰富的接口预留。系统并不是孤立的，不但要升级，而且还要扩展，因此必须预留足够的接口，或者具备灵活的扩展性能才能满足业务应用。

(四)持续的培训。系统是动态的，同时业务上也存在流动性，这就决定了培训也必须是动态的持续的，否则就不能保证常态化应用。

(五)贴身的服务和升级。随着业务的发展，数据的更新，要求系统必须适时做出变更，才能适用，因此定制化的系统必须具有专业团队的贴身的服务和升级。

3. 隐患排查治理体系几个关键问题的分析

笔者近几年从事安全生产信息化工作，先后参与了北京市顺义区、怀柔区、广东省珠海市、山东省东营市、江苏省江阴市、湖南省长沙市、山西省运城市等地市及区县级安全生产事故隐患排查治理体系的建设工作，参与了《安全生产事故隐患排查治理体系建设实施指南》和《安全生产监督管理信息数据交换标准 -- 隐患排查治理信息》等4项标准的编制工作，同时也参与了总局《安全隐患排查治理信息系统建设和重点示范样板地区联网共享工程》，一路走来，经历了安

全生产事故隐患排查治理体系的构思、构建和推广。在此过程中，发现各地方政府安全监管部门对体系中几个关键问题理解出现偏差，笔者在此做简单的分析阐述。

（一）国民经济分类和企业监管分类的区别

大多数人认为企业的国民经济分类就是企业的监管分类，实际上这是错误的。国民经济分类是从企业日常经营角度来讲的，主要用于经济指数的统计分析。监管分类是从安全监管业务角度划分的，国民经济分类和企业监管分类并不是一码事。监管分类确定的主要目的是确立企业的行业监管部门。

（二）分级标准和隐患排查标准的编制

企业分级标准和隐患排查标准是安全生产事故隐患排查治理体系中比较重要的两个组成部分，也是实行分类分级监管和隐患自查自报的基础，那么分级标准和隐患排查标准的建立时应注意哪些事项呢？

首先，还是要做到有法可依，必须做到每一条标准都有出处；

其次，要制定管理流程，企业的分级怎么做，经过几道审核，每个等级的审核都审哪些内容，产生什么样的结果。隐患排查怎么做，基础管理和现场管理分别怎么查，是否有必要的外部设备辅助，排查的机制是什么，上报的频率是多少等。

第三，分级标准和隐患排查标准的更新，因为分级标准和隐患排查标准每一条标准都有出处，都有法可依，所以，当所依据的法律法规、技术规范更新时，必须相应的标准也要更新，如此才能保证其有效性。

（三）如何做到管理的闭环

下图是《安全生产事故隐患排查治理体系建设实施指南》中对安全生产事故隐患排查治理体系的信息系统规划。

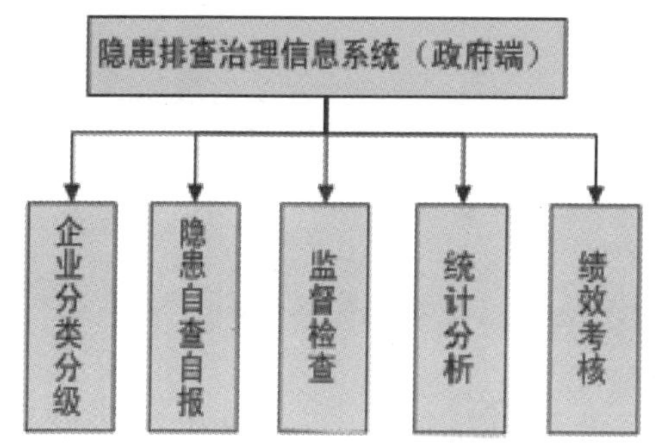

安全生产事故隐患排查治理体系的闭环管理，实际上市包括两部分，一个是企业安全生产事故隐患排的闭环管理，一个是政府安全监管的闭环管理。对企业的安全监管，落实企业安全生产主体责任，同时强化政府的安全监管责任，都是依据这两个闭环。简单描述为“企业分类分级——隐患自查自报——政府监督检查”和“企业分类分级——隐患自查自报——政府监督检查——政府监管部门绩效考核”两条管理线路实现闭环的管理。

4. 结束语

与其他行业相比，安监行业的信息化建设起步较晚，基础比较薄弱，各项工作比较落后。安全生产事故隐患排查治理体系的建设和实施任重而道远，值得高兴的是得到了国家安监总局到各级地方安监部门的重视和认可。安监行业事关人民财产和生命安全，做好了利国利民。参与这个行业的技术公司也一定要具备使命感，积极承担责任。相信在国家安监总局到各级地方安监部门的指导下，在各个技术公司同仁的努力下，安全生产事故隐患排查治理体系的建设一定能够取得重大成就。

智慧矿山一体化解决方案

三一重型装备有限公司

一、建设目标

三一重装智慧矿山一体化解决方案，以“成套化”、“自动化”、“数字化”采掘设备为核心，以物联网通信技术为基础，以一切为了客户的经营理念，运用信息化协同服务，让用户感知矿山运营，为客户带来效益最大化。

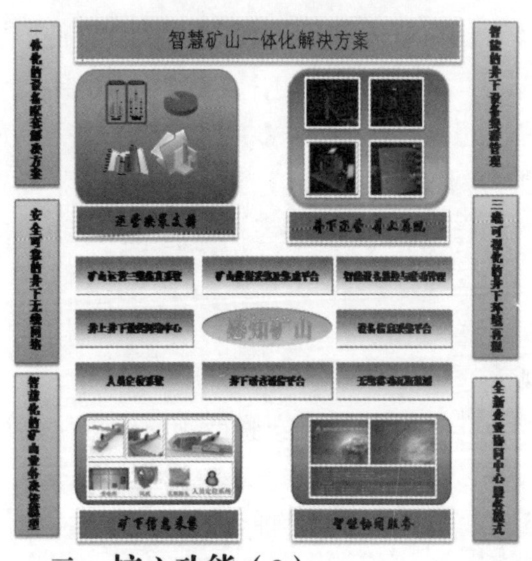

二、核心功能（8）

1、井上井下数传网络中心

建立支持多种信号转换、低成本、高可靠性矿山无线传感网络，实现井上井下实时通信，回传设备信息。

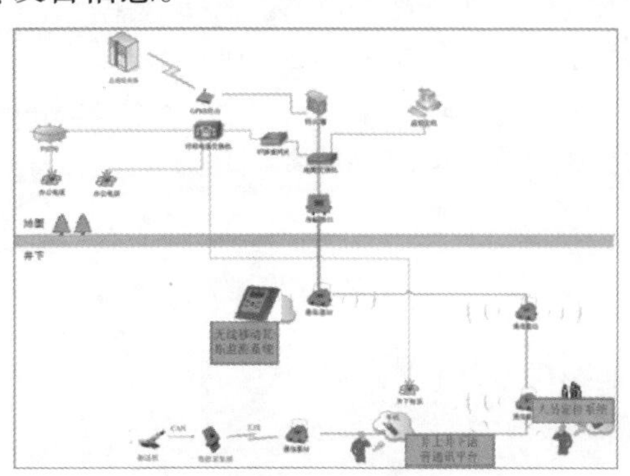

2、综掘、综采成套设备信息采集平台

基于三一重装综采、综掘设备数字化设计特点，对设备工况信息、报警类信息、故障参数类信息进行采集与监控。

3、井下语音通信平台

支持无线可靠通信，基站少，覆盖面积广，投入成本低。

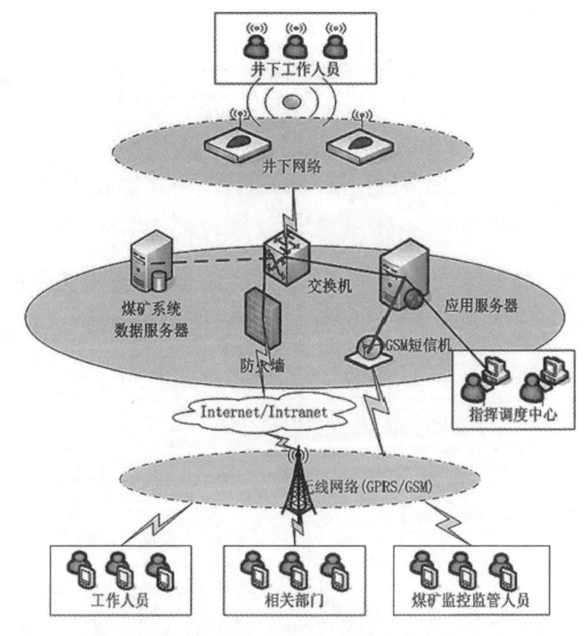

4、人员定位系统

定位精确，支持人员活动在GIS地图上路线回放。

5、无线移动瓦斯监测系统

便携式瓦斯检测仪随着人员移动实时监测瓦斯浓度，并通过基站将数据实时上传到地面监控中心，最大程度保障生产安全。

6、矿山运营三维仿真系统

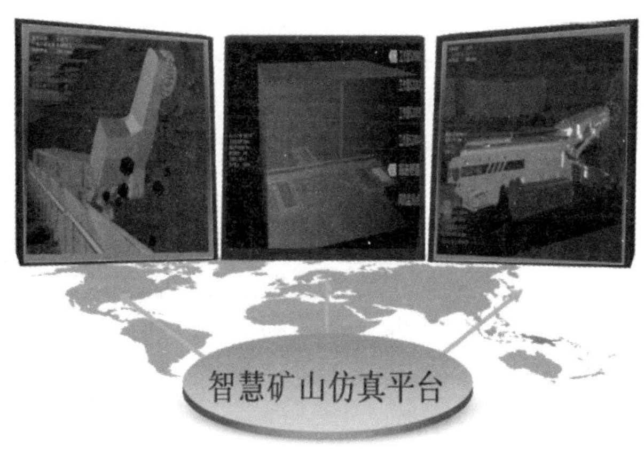

井下环境、工况，井上可视化虚拟再现，优化任务排成，支持采煤工艺流程回归模拟与事故仿真。

7、智能设备监控与联动管理平台

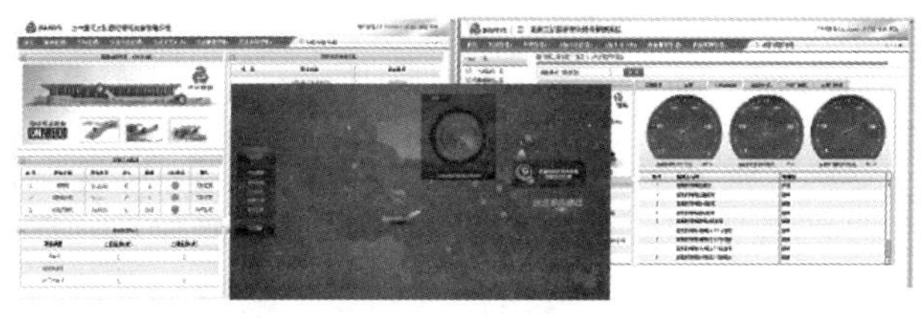

通过信息采集平台获取的数据信息，可对综采、综掘设备的工况进行仪表、报表化统计分析和运动轨迹回放；并纳入三一协同服务中心，提供智能化优质服务。

8、智慧矿山数据采集及集成平台

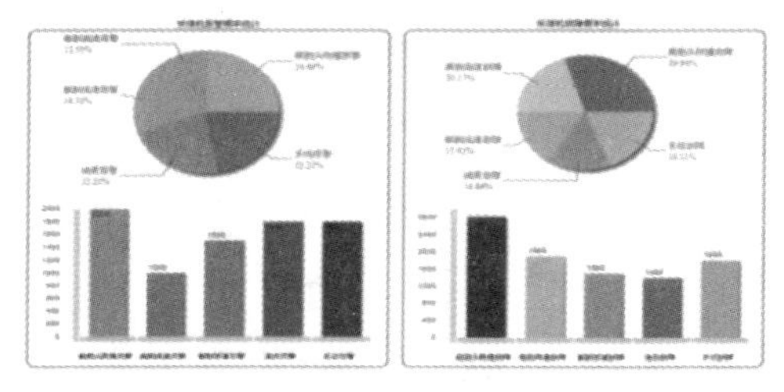

通过矿山监控子系统采集矿山设备、环境、人员信息实时数据，建立综合报警管理平台，使各个职能科室掌握生产运营实况。

三、产品优势（6点）

1、一体化的设备配套解决方案

国内唯一家提供井下成套采煤设备及配套监控信息平台的厂商。

2、安全可靠的井下无线网络

运用低衰减网络传输技术，产品拥有无可比拟的高稳定、高效率、高安全性及低成本投入；井下信号覆盖全，方便接入井下环网，精确人员定位等，并可对数据进行实时报表分析，使安全管理有章可循，有据可依。

3、智慧化的矿山业务决策模型

结合井下回传的进尺距离、采煤量及安全信息等数据，进行管理、监控与分析挖掘，支持领导决策，提升经营效益。

4、智能的井下设备集群管理。

通过物联网技术建立井下设备（掘进机、综采成套设备、救生舱等）的实时数据采集、监控和预警，生成安全控制、智能调度等知识库，并实现应急响应方案的智能下发等。

5、三维可视化的井下环境再现

对矿下生产作业、人员定位，风机水电等数据信息，可运用三维仿真平台直观的进行观测监控管理。

6、全新的企业协同中心服务模式

矿山平台与三一强大的服务体系ECC无缝

隙融合，根据平台远程采集、分析和诊断，进行智能派工和服务过程监控管理，为客户提供最优质的服务。

四、典型案例

客户	主要应用核心功能	采集设备型号	采集设备描述
辽宁铁法大明矿	1、井上井下数传网络中心 2、综掘、综采成套设备信息采集平台 3、智能设备监控与联动管理平台 4、与三一协同服务平台ECC关联应用	EBZ200	EBZ200悬臂式掘进机造型机标准型J2CX标准型
山西西山煤电杜儿萍矿		EBZ260H	EBZ260H悬臂式纵轴掘进机（计划用）J2H
山西焦煤正兴煤业		EBZ160 EBZ200H	EBZ160悬臂式掘进机(标准型)J18 EBZ200H悬臂式掘进机（计划用）J23

客户	主要应用核心模块	应用科室	井下运营基础数据
潞安集团余吾煤业	矿山运营三维仿真系统 智慧矿山数据采集及集成平台	自动化科、调度科、机电科等	人员定位信息、风机监控、瓦斯监控、皮带运输监控等15个应用。

五、配置方案

通讯标配	
井上井下数传网络中心	数据采集器
	矿用本安分站
	矿用本安传输接口
	监控服务器
	GPRS路由器
决策应用系统【选配】	
综掘、综采成套设备信息采集平台	
人员定位系统（含定位卡）	
井下语音通信平台（含语音网关、手机）	
无线移动瓦斯监测系统（含便携式瓦斯检测仪）	
矿山运营三维仿真系统	
智能设备监控与联动管理平台	
矿山运营集成平台	

煤矿安全光纤综合监测预警系统

山东微感光电子有限公司

一、应用背景

瓦斯、顶板、自然发火、水害、粉尘等是我国煤矿安全生产的主要灾害。我国煤矿科技工作者对煤矿重大灾害的检测和控制，进行了大量研究工作，在瓦斯综合治理、基于束管系统的自然发火预测、基于矿压、顶板和微震监测的深部开采灾害控制和水文综合监测等方面积累了大量宝贵的经验。

伴随着煤矿深部开采、整合重组及集约化、机械化程度逐步提升的发展趋势，冲击地压、机电/运输设备运行隐患及其次生灾害，老空区水害等对于煤矿安全生产的威胁日益加剧，传统煤矿安全监控及灾害检测预警技术已越来越不能满足现场环境中在线分析检测和工业过程控制，而如何真正实现煤矿安全的实时快速监测是目前煤炭行业面临的巨大困难。

传统煤矿安全监控及灾害检测预警技术的局限性：

1、传感器可靠性差、维护工作量大，检测、传输易受电磁场干扰；

2、煤矿所使用的各种灾害监测子系统基于不同的技术平台、缺乏相互关联，信息实时融合难度大，灾害隐患检测预警所需要的实时信息不足，导致对重大灾害的预警能力差；

3、当煤矿井下发生突水等灾情时，井下电源中断后，应急通信和灾情信息如水位、温度、有害气体等数据采集和传输系统往往瘫痪，难以保障应急救援的科学高效实施。

相比较于传统的传统煤矿安全监控及灾害检测预警技术，光纤传感技术以光作为信息载体，用光纤作为传输工具，具有传输距离远，不带电，本质安全，长期可靠等独特优势。对于煤矿安全检测技术的本质安全性，多功能等方面将产生重要突破，也将成为瓦斯突出、冲击地压、水灾等煤矿安全隐患远的远程在线检测的重要技术手段，对于本质安全型煤矿建设和从根本上扭转目前煤矿安全生产的被动局面具有重要意义。

二、技术基础

光纤传感器：基于在光纤里面传输的激光特性的变化来实现对温度、应变、位移、振动（微震）、声音、压力、甲烷等气体的精确检测。具有以下优点：

1、体积小、重量轻、灵活方便；

2、本质防爆、抗电磁干扰、抗腐蚀、耐高温，长期可靠；

3、而且因为它具有集成化、本征性、低成本的特点，能串接复用、可通过一根光纤提供各种物理参量的精确和绝对测量，满足对结构监测的高精度、远距离、分布式和长期性的技术要求；

4、物理载面和力学强度小，在粘贴或嵌入到主体中不会对其性能和结构造成影响；

5、能进一步集合成分布式传感网络系统，广泛应用于对工程结构的应力、应变、温度等参数，以及对结构蝓变、裂缝、整体性等结构参数的实时在线监测。

三、系统简介

本综合系统主要对采空区，机电设备，电力设备，皮带机，冲击地压，顶板、围岩应力等进行实时监测，并配合应急通信系统对煤矿安全生产总体进行监测。

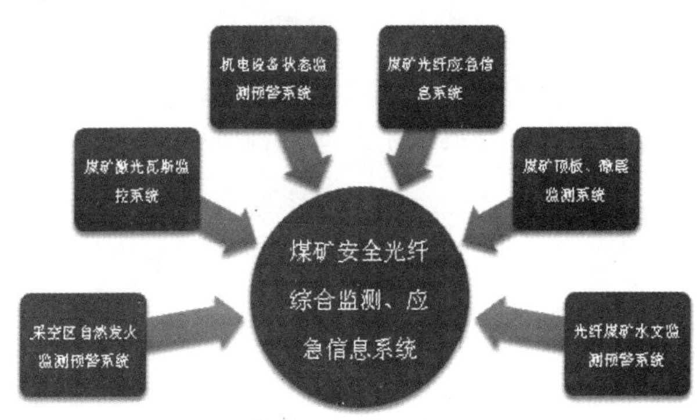

煤矿安全光纤综合监测预警系统

该监测系统主要包括灾害预防体系及应急信息系统：

灾害预防体系：对煤矿各种灾害危险源加大监测力度，为灾害监测预警提供充足的信息。

应急信息系统：建立井下断电情况下的通信、灾情信息系统，为高效科学施救提供决策依据。

光纤传感技术在兖矿集团东滩煤矿、兴隆庄、南屯、鲍店煤矿成功示范后，已相继在淄矿集团葛亭、代庄、新河煤矿，新矿集团赵官煤矿，中煤集团上海能源，中煤进出口公司，西山煤电，国电平庄煤业，枣庄田陈，蒋庄煤矿，皖北、淮北、开滦等矿业集团30多个煤矿相继推广应用，有效保障了矿井的安全高效生产，取得了巨大的社会和经济效益。

四、系统拓扑图

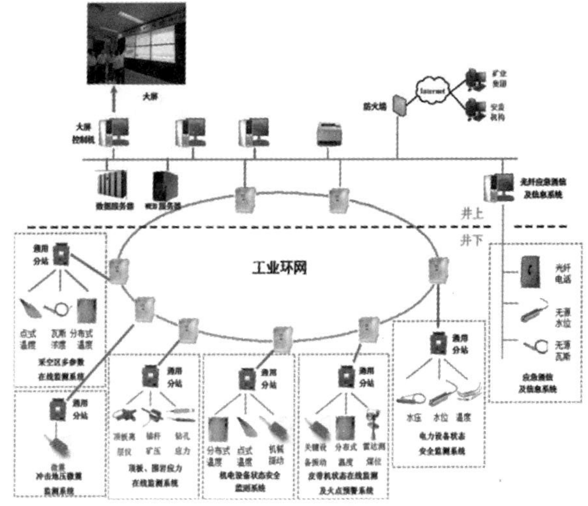

煤矿安全光纤综合监测预警系统拓扑图

公司简介：山东微感光电子有限公司是一家专业研究、开发、生产各种新型工业用光纤传感器、智能仪表和综合监控系统的中外合资高科技企业。公司依托山东省科学院和山东省科学院激光研究所,聚集了一批在西方国家光纤传感器、光纤器件、光纤通信、智能结构等专业高科技公司工作多年的资深专家和仪器仪表高级工程师，技术团队知识结构合理，研发实力雄厚。公司于2009年被认定为山东省高新技术企业，在国内同行业中处于领先地位。

复杂环境可视化监控调度保安全

威创为唐家会矿井提供大屏幕监控系统

煤矿作为一个高危行业，由于生产环境的特殊性，条件多变性和不可知性，发生事故的机率较高，安全工作历来成为全社会关注的话题。据相关统计显示，中国是世界最大的产煤国，也是世界最大的矿难国。中国煤炭产量占世界35%，但中国的矿难死亡人数却占世界的80%。

不仅如此，矿难还给国家带来巨大的经济损失。一份由国家经贸委等单位组织的《安全生产与经济发展关系》研究结果显示，近几年来，我国每年所发生的各类安全事故所造成的直接损失接近1000亿元，加上间接损失则接近2000多亿元，其每年的经济损失相当于两个三峡工程。

为什么煤矿事故频发？

根据《中国煤矿伤亡事故统计分析资料汇编》的相关数据显示，我国的煤层赋存条件决定了我国煤矿的生产条件和存在的安全隐患。据了解，我国适合露天开采的煤矿仅占5%，95%的矿井均为地下作业，井深平均在400M以上，有的深达千米。所以煤矿自然条件差、灾害多、作业场所环境恶劣是我国煤矿生产条件的一大特点。仅对628个国有重点煤矿的调查结果表明，高瓦斯和煤与瓦斯突出危险的矿井占49.2%。煤层有自然发火危险的矿井占57.5%，煤尘有爆炸危险的矿井占89.5%，有些矿井还有冲击地压、岩爆、矿井突水淹井等自然灾害。

煤矿生产的另一个特点是作业场所每天都在变化，生产工作面逐年往深部推移，这种变化也给安全生产带来不利。一般说来，随着开采深度的加大，瓦斯涌出量将增加、作业场所温度升高、矿山压力也必将增大，生产条件逐步恶化。

归根结底，煤矿井下的工作场所环境恶劣，

危险要素多等因素是煤矿事故频发的客观原因之一，而它的不可视化，又给监管和及时处理突发事件增加了困难。因此，煤矿十分有必要建立一个“可视化”监控平台。大屏幕显示拼接系统不仅能够出色显示超高分辨率图像，还可以接入视频、计算机、网络等多种信号，充分满足煤矿客户集中显示、集中监控、集中指挥调度的需求，成为煤矿监控平台的首选之一。

唐家会矿井的“可视化”监控需求

为了进一步说明大屏幕显示拼接系统在煤矿监控中的应用，以下以唐家会矿井为例。唐家会矿井，位于内蒙古自治区准格尔旗境内，是一个正在兴建中的现代化矿井。它属于井下作业矿井，所以，瓦斯监控实时显示、工作人员定位显示等监控尤为重要。因此，唐家会矿井对集中监控平台系统提出了以下的需求：实现对全矿井的井下和地面网络摄像机进行集中管理和控制，对各路工业电视监控信号进行实时存储，授权的用户可通过客户端软件实时监看工业电视的实时监控信息、查看和调阅历史监控信息，并通过网络视频解码器，将工业电视监控信息发布到调度中心的大屏幕显示屏上。

威创凭借实力获唐家会矿井青睐

威创作为全球领先的可视化信息交流解决方案的专业供应商，拼接显示业务已跻身全球三强，业务遍及全球 50 多个国家和地区。自 2004 年起一直保持中国市场占有率第一，是中国拼接显示行业的第一家上市企业。

威创的产品已广泛应用于交通、能源、政府、公安、军队、通信、广电、水利、企业等各个领域，积累了丰富的运用解决经验。在煤炭行业中，威创更是完成了国家煤监局、平顶山煤业集团、神华集团、淮南矿业集团、山西潞安矿业、郑煤集团、冀中能源、甘肃煤矿安全监察局等多个项目。

除了雄厚的实力及丰富的经验，威创还直面客户需求，基于自主研发的技术领先优势、专业的服务能力等，专门针对唐家会矿井开发了差异化的产品与系统，解决了客户个性化应用的要求。最终，威创凭借出众的解决方案，成功获得该项目，为唐家会矿井提供了 ViSmart 煤矿可视化调度平台（以下简称“威创平台”）。

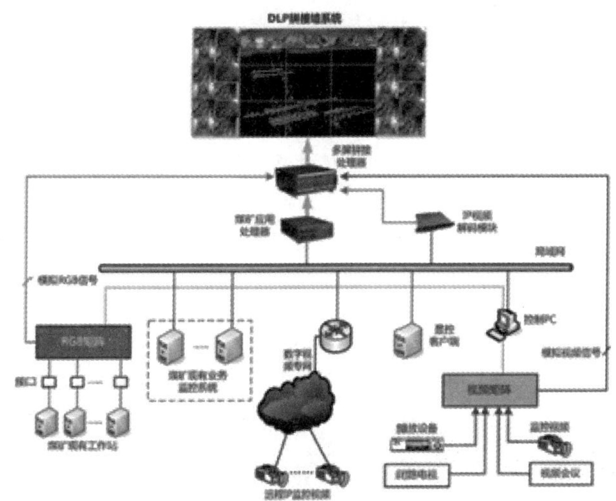

威创平台实现的不仅仅是显示

该平台采用威创超高分辨率数字显示拼接墙、高性能煤矿应用处理器、信号源切换系统、可视化平台等子系统组成。系统的操作控制完全由控制系统统一管理控制，控制系统以大屏幕控制器为基础，将大屏幕图像处理系统、操作控制系统、信号切换调用的操作集成为一体，通过大屏幕控制器实现对所有设备的操作控制显示，为唐家会矿井调度中心提供一个网络集中监控平台、信息资源共享平台、分析决策平台、指挥调度平台，实现了基于超高分辨率矿井可视化日常监测监控、应急调度指挥功能，具体体现如下：

1、超高分辨率矿井图显示

威创平台实现了超高分辨率矿井 CAD 矢量图显示，还可快速移动及缩放，不失真，并可作为井下监测监控点分布海量信息显示底图。使矿井整体情况一目了然，以便对整个矿井进行合理布局，在发生危险时还可以通过对全局的掌握从而制定合理的应急解决方案。

2、井下瓦斯监测报警显示

威创平台实现了井下瓦斯监测点位置分布高分辨率显示、监测数据可实时动态刷新、当监测数据发生异常或超限时，还会进行报警提示。这样就可以实时掌握井下瓦斯的情况，当井下瓦斯浓度达到危险系数的时候马上采取措施，防止矿井爆炸，保护矿工安全。

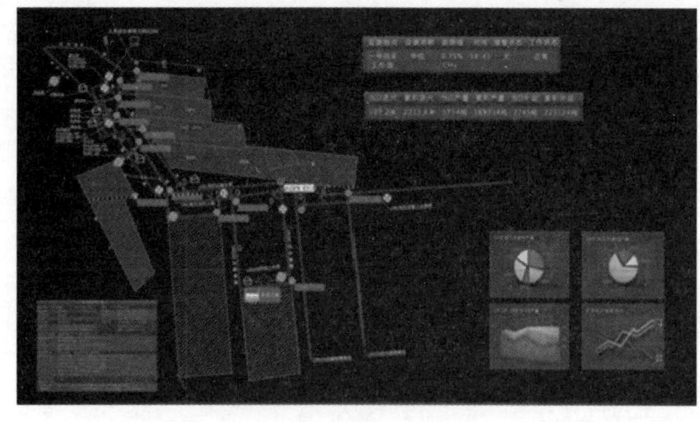

3、井上井下视频监控图像灵活调看

威创平台可让用户轻松查看井上、井下监控摄像头位置分布,叠加显示指定监控视频图像,对任何监控视频图像可方便单独或成组调看。方便用户实时掌握矿井各区的情况，对异常情况及时作出应变。

4、井下人员定位显示

威创平台可让用户轻松查看井下读卡器位置以及人员列表信息、人员数量动态刷新信息、指定人员行进轨迹回放等。让用户即时了解井下人员的情况，当意外发生时，可尽快安排人员撤离并进行全员营救。

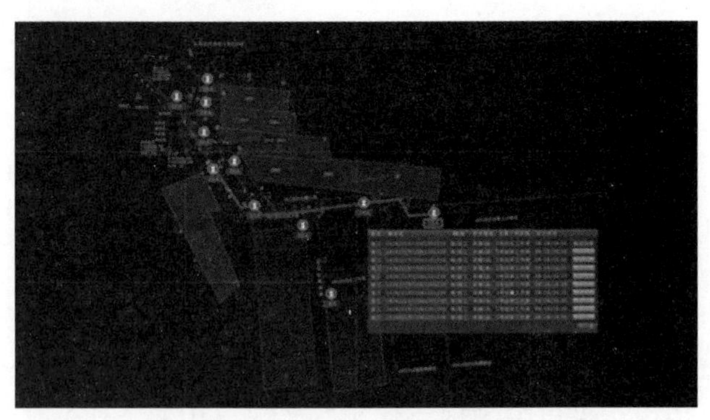

5、风机、风速、启停状态显示

威创平台可以实现风机、风速监测设备位置显示，风机启停状态显示，风速监测数据动态显示，风机设备属性信息显示，让用户随时了解相关信息。

6、井下水仓水位、水泵状态显示

威创平台可以实现井下水仓、水泵位置分布，水仓水位动态数据、水泵启停显示，水位超限报警；水泵设备属性信息显示，以防止发生透水事故。

7、报警智能联动

威创平台可实现报警智能联动，当发生监测数据超限报警时，可支持自动调看相关子系统信息、图像及数据，及时提供丰富、有效的可视化信息支持，为及时调度指挥提供有效的依据。

与传统煤矿监测监控系统（以下简称“传统系统”）相比，威创平台还具有以下优点：

1、监控画面清晰、直观

传统系统是通过各监控子系统 RGB 直通上拼接墙，仅对图像进行物理放大，分辨率低，不直观。而威创平台是采用高分辨率煤矿矿井图上大屏幕显示，作为监控子系统显示底图，各监控点与底图进行位置关联，十分清晰、直观，便于用户查看和决策。

2、支持统一平台显示

传统系统的各监控子系统相互独立，分别单独开窗显示，不利于对煤矿进行整体布局。而威创平台采用的是同一平台，可集中显示井下多个监控子系统信息数据，方便用户对全局进行把握，综合决策。

3、子系统之间支持联动

传统系统的各子系统之间不支持联动，而威创平台各监控子系统信息数据可根据业务需要可智能联动显示，体现关联系统内在联系，随时灵活掌握各子系统的信息，当意外发生时，对各资源进行调配。

4、CCTV 监控图像方便调看

传统系统的操作十分繁琐，如监控图像无位置关联，用键盘调看很不方便。而威创系统监控摄像头基于矿井图上位置分布关联，一键调看，灵活、方便、快捷。

威创平台为唐家会矿井带来的价值

威创平台通过超高分辨率数字显示拼接墙及高性能煤矿应用处理器，结合领先的生产过程监控智显技术，实现了基于超高分辨率矿井可视化日常监测监控、应急调度指挥功能，为唐家会矿井提供了一个可视化日常管理、应急辅助决策和快速调度指挥的可视化平台。优化了唐家会矿井的管理，大大提高地方煤矿的抗灾能力，做到事故发生前的预防和监测，事故发生后的紧急救助和指挥，保障煤矿安全生产，减少矿工生命和财产损失，提高煤矿的抗灾能力。此外，威创平台对推动煤炭行业管理方式的根本变革和煤炭企业的技术进步，具有重大意义。

“智慧矿山”信息化解决方案

中国电信

一、“智慧矿山”综述

“智慧矿山”信息化解决方案，是基于 3G 移动互联网、光纤网络（FTTH）、物联网、云计算等技术，以保障安全生产为核心，以助力矿山企业管理为目标，通过整合矿山企业现有信息化系统，实现信息资源共享、工作流程优化，适用于煤矿企业和非矿山企业的移动信息化解决方案。方案整合了安全生产监测系统、企业信息管理系统、应急指挥调度系统，构建了一体化的矿山应用管理平台，并在此基础上依托 CDMA2000 3G 网络，使调度管理向手机端延伸，打造了固、移结合的综合调度管理体系。

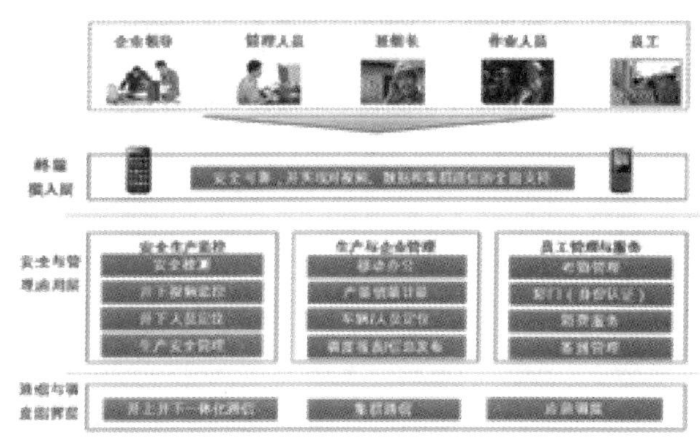

图 1 “智慧矿山”解决方案整体框架

二、井下矿业本安 3G 通信系统

“本安”即“本质安全”，源于按

GB3836.1-2000 标准生产、专供煤矿井下使用的防爆电器设备的分类。本质安全型电器设备的特征是其全部电路均为本质安全电路，即在正常工作或规定的故障状态下所产生的电火花和热效应均不能点燃规定的爆炸性混合物的电路；也就是说，该类电器不是靠外壳防爆和充填物防爆，而是其电路在正常使用或出现故障时产生的电火花或热效应的能量小于 0.28mJ, 即低于瓦斯浓度为 8.5%（最易爆炸的浓度）的最小点燃能量。中国电信 CDMA 3G 是目前国内唯一取得国家本质安全认证的井下移动通信技术。

1、系统概述

该系统是针对矿区井下作业环境和安全生产要求而研制的多功能无线通信系统。通信效果好，抗干扰能力强，语音清晰；系统容量大，可根据矿上手机用户数，随时升级系统容量；既可在专网范围内使用，又可在公网内使用；安全稳定，井下设备为矿用本安型，可实现井下采掘工作面等高瓦斯区域的无线通信；技术先进，具有很长的使用周期和明确的升级路线；功能丰富，可实现语音、调度、集群对讲、短信、数据和图像传输等功能。

2、功能描述

（1）调度功能：提供单键直呼、强接、强拆、强插用户，中继保留、电脑话务员、会议、热线、夜服及掉电保护等生产调度应用,实现呼叫转移、三方通话、呼叫等待、语音邮箱、自动语音应答、业务用户优先级设置等功能。

（2）在线实时录音功能：具有 30 路以上的在线实时录音功能，可对录音进行查询、删除、回放等操作，录音资料可保存半年以上。

（3）无线视频传输：利用摄像机采集现场实时视频信号,视频信号连接到无线网络编码器,将视频信号通过 CDMA 无线网络传输到接有计算机网络的远端管理中心，管理中心控制服务器接收并控制前端传回的视频图像且录像，通过电缆将视频图像输出到监视大屏幕上。图像终端为本质安全型，集信号压缩、射频调制功能于一体，可实时传输图像。

（4）无线数据传输：数据采集器具有标准 RS232 或 RS485 通信接口，便于和其他系统联网，为井下各种数据上传提供可靠无线通道。数据终端为本质安全型，通过 RS232 或 RS485 接口与数据采集模块相连，采集的数据通过网络传到地面。

（5）备用电源功能：系统配备可靠的备用免维护电源（UPS）。市电停电时，供电电源自动切换为后备电源供电，保障系统满载运行6小时以上。

（6）井下基站远程监控和维护功能：调节近端光模块参数和远端光模块参数，调节、监控远端射频模块参数，可通过井上网管平台随时调节。

3、井下本安 3G 对讲系统

该系统是基于 CDMA2000 EV-DO 无线网络的高级无线对讲业务。用户通过一键式（PTT 键）操作，可以与任何地方的个人或群组直接进行通话。具有接续速度快、功能丰富、组网方式灵活、无距离限制等特点。功能包括：组呼、单呼、聊天室、提示性呼叫、成员优先级、业务优先级、呼叫限制、漫游等。

4、井下安监巡检系统

该系统可以实现隐患记录、查询、整改和复查等功能。巡检人员在井下巡检时发现安全隐患，使用系统及时记录隐患信息，发送给地面安全监督管理部门；安监部门第一时间调度井下当班人员排查、处置和整改，完成后提交隐患整改措施和完成情况，安监巡检人员据此进行复查，实现井下安全隐患的闭环处理，大大缩短了隐患处理时间。

三、安全监测监控系统

1、手机远程安全监测系统

该系统可以实时监测煤矿的瓦斯、风速、温度、负压、一氧化碳等参数和各种机电设备的开停、馈电、断电状态等运行参数，并对井下监测分站进行自检。

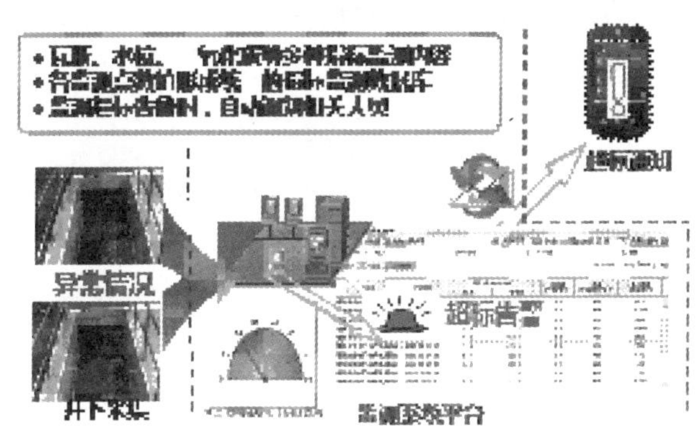

图 2 矿山井下安全监测系统

2、手机视频监控系统

通过 CDMA 智能手机，依托“全球眼”平台，实现对井下 / 井上重要生产场所、重要生产环节的实时图像监控，提高动态管理效率。

“全球眼”平台是基于 IP 技术和宽带网络的视频监控平台。通过本平台，可将各矿区分散、独立的采集点图像信息进行联网处理，实现跨区域的统一监控、统一管理和分级存储，满足客户进行远程监控、管理和信息传递的需求。

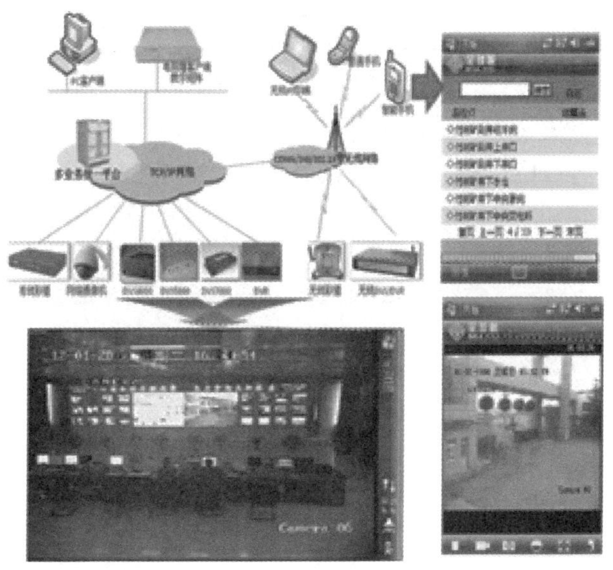

图 3 井下视频监控系统

四、生产及安全调度报表系统

安全生产日报是煤矿企业安全生产管理工作的重要内容，决策者和管理者通过该系统可以在第一时间了解安全生产情况，为决策和部署提供重要参考。在手机上安装该系统，可以方便地查看各种调度报表信息。

五、企业综合管理信息系统

1、综合办公系统

该系统是基于固定和移动网络，针对客户使用的 PC 终端和移动终端所搭建的支持客户综合办公需求的应用系统，提供单位通讯录、信息应用、公文处理、工作安排、信息发布、移动邮件、协同通信等功能。

2、掌上矿山

该系统可以实现办公信息网“移动化”，随时随地了解企业动态、通知公告，进行沟通交流，宣传企业文化。

六、矿山应急指挥系统

1、矿山应急综合管理系统

该系统通过整合现有系统实现信息资源共享，在安全生产管理、应急突发事件处理中实现监测防控、指挥调度和应急保障等功能。功能包括：

（1）监测防控：融合煤矿现有安全监测监控、视频监控、井下人员定位等系统，对重要生产环节、生产场所和人员动态进行实时监控，发现异常情况提前预警，并将现场情况通知相关领导和工作人员。

（2）指挥调度：依托井下移动通讯、广播和调度通信系统，在日常进行生产调度，在紧急情况下进行应急调度，无线通信与有线通信结合，语音与数据同步，既可集群调度也可点对点调度，实现任务快速部署，保障通讯畅通。

（3）应急保障：实现对安全生产事件、交接班情况等的信息统计；掌握应急救援队伍、应急储备物资等的动态情况；完成应急预案的数字化管理；对紧急情况下应急处置措施的有效性、及时性进行评估；在虚拟场景中，模拟事态分析，实施应急措施。

矿山应急综合管理系统采用一机三屏设计，其中左屏为地理信息系统，包括地图操作、视频集成、GPS定位信息等；中屏为应急职守、事件管理、事件处置，包括综合业务管理、智能辅助、指挥调度等功能；右屏主要用于信息查询，可提供资源、预案、案例查询管理及系统配置等功能。

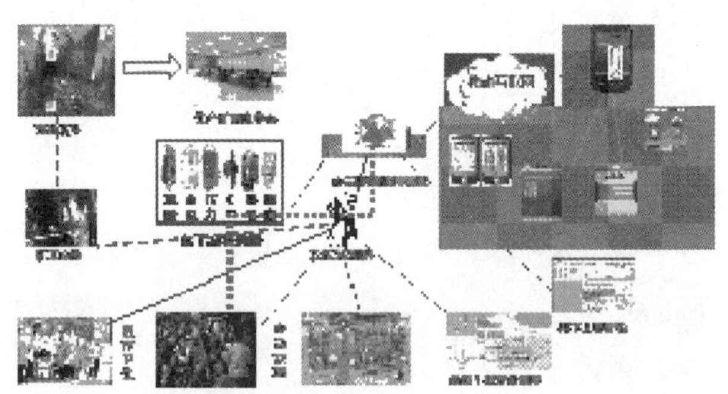

图4 矿山应急调度系统

2、便携应急通信平台

具有语音通信、传真收发、数据传输、图像采集与传输等功能，可通过无线通信网（2G、3G）、海事卫星等实现多手段通信，同时兼容卫星通信便携站、地面宽带等多种方式。系统采用便携箱式设计，结构紧凑，防震防水，可单人携行也可车载运输。可在第一时间部署在突发事件现场，用于现场与指挥中心的通信联络，也可随领导出行巡视，为指挥调度提供保障。

功能包括：语音通话，实现现场与任意地方的话音通话；综合应用，完成现场与上级指挥中心的全方位数据交互；信息报送，现场报告编写与上报、现场图片上报；信息检索，值班信息、通讯录、要闻要情、通知公告的检索浏览；资料查询，预案、历史案例、相关知识的查询；在线交互，可视语音会商、在线文字交流和文件传输；现场图像采集与传输，通过3G或卫星直接传输到上级指挥中心；保密通信，加密数据传输、保密语音通话和保密传真收发；现场办公，具备文字处理、传真收发、打印扫描等功能；应急充电，对全部设备进行快速充电，并提供应急充电接口；可选设备，手摇或脚踏式发电机、车载逆变器、便携后备电源箱。

3、矿山应急视频会商系统

该系统保障矿山企业在日常企业管理和紧急情况、应急指挥救援过程中，实现跨地域、多方、随时随地的沟通交流。特点包括：

（1）安全性：采用电信级平台架构，通过防火墙、双机热备、负载均衡、流量控制、128位动态数据加密等手段和安全构架策略，保证系统24小时稳定运行。

（2）高效性：具有海量处理能力，单个平台可以提供81920个终端注册、16384个终端接入、128个多点会议，每个会议128个终端；提供多达128组8方画面合成与混音的媒体处理能力。

（3）经济性：可节省一次投入的平台建设费用、中心宽带使用费用和专人维护费用。

此外，系统提供丰富的业务功能，譬如多画面、双流、数据协同、字幕、短消息、电话接入、录像等，实现随时随地的会议会商；人机交互界面采用手机设计风格，易懂易用；会议室型会议和桌面型会议相结合。

七、翼机通系统

翼机通是面向政企客户提供的融入移动支付能力的信息化应用综合服务业务。将各类员工卡功能集成到天翼手机卡中，用户既可以享受优质的通话、信息服务，也可以直接刷手机实现内部食堂/超市消费、门禁、考勤、会议签到、彩门、车库管理等后勤服务，并可在外部联盟商户消费支付。

八、光网矿山FTTH

在办公区内，实现光纤进大楼，结合“WLAN+3G”技术，实现办公区的无线高速网络覆盖，随时通过WLAN或3G利用电脑或智能手机实现无线智能办公。

在生活小区内，采用FTTH光纤入户技术，利用居民家中光猫自带的WLAN功能，实现家中和小区内的高速宽带无缝覆盖，体验随时随地高速上网所带来的智能家居、娱乐，并了解企业的安全生产情况。

FTTH光纤到户是高品质宽带接入方式，实现了百兆到用户桌面。智慧“光网”，方便快捷；家庭光猫，打造智慧信息家庭，实现多台电脑同时上网和3G手机WIFI上网，享受有线宽带速度。

GE智能平台Proficy Process System 信息化矿山控制系统解决方案

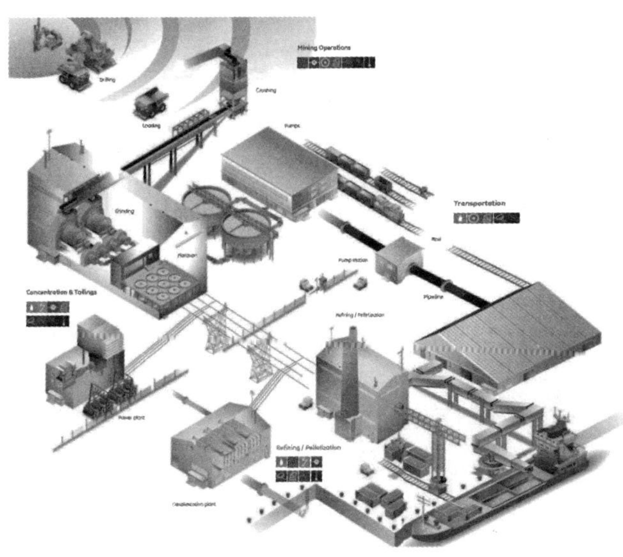

中国有色金属矿的85%以上是综合矿，共、伴生铁矿约占其总储量的31%。矿产资源综合利用率很低，现代化进程落后，信息化是现代化矿山的实质。现代化矿山实质上是依赖对矿山地理、生产、安全、设备、管理和市场等方面的信息进行采集、传输、处理、应用和提升，达到信息增值的目的。其主要内容包括信息的采集(传感器与检测)、信息的传输(通信)、信息的处理(计算机)、信息的应用与集成(自动化)等等。信息是未来矿业企业的重要战略资源，拥有全面、完整、准确的信息是企业提高生产能力，保证安全，提高管理水平、市场应变能力和竞争能力的重要保障。信息化矿山作为传统矿山企业的科技攻关重点和提升矿山企业竞争力的有力手段，正在逐步提上矿山行业议事日程。作为信息化矿山的核心，综合了通讯，信息处理，信息应用与集成的混合过程控制系统越来越受到各矿山企业的重视，但目前绝大多数矿山企业自动化程度低，大多局限在单元自动化产品的应用上，自动化系统种类繁多，维护复杂，成本高昂，高级自控人员缺乏。

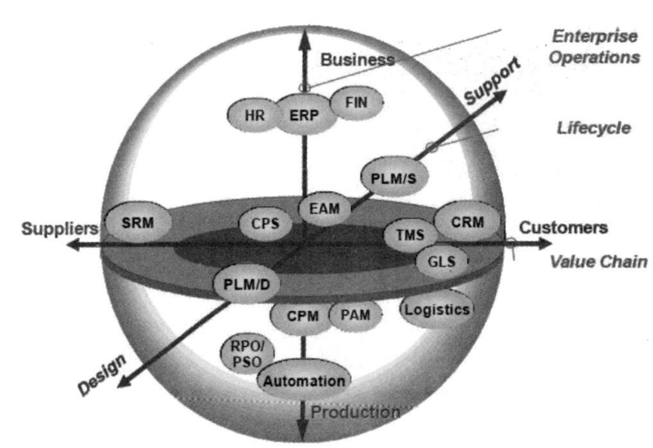

ARC's CMM Model Illustrates Relationships Between Primary Domains of Functionality in the Entire Manufacturing Enterprise

矿山生产面临的巨大挑战：

– 生产控制过程复杂，控制既包括顺序控制，逻辑控制，驱动控制等又包含过程控制

– 生产设备种类繁多，实施通讯种类协议复杂

– 投资大，设备运行维护成本高昂，生产过程实时信息不能监控、生产报表不能及时迅速

上传至管理层

－ 单元设备控制系统繁多，备品备件复杂，人员素质和培训要求高

－ 信息处理复杂，缺乏 MES 系统，ERP 系统应用接口

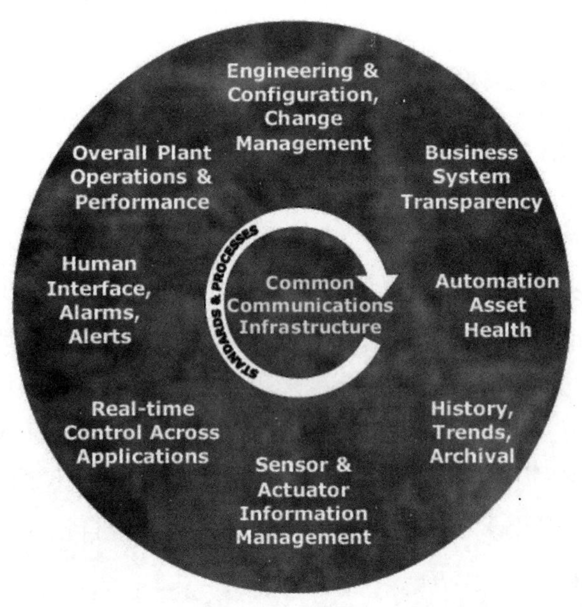

GE 智能平台 Proficy Process System（混合过程控制系统）为您的矿山信息系统提供专业解决方案，成为您事业成功的合作伙伴：

> PPS 混合过程系统可伸展系统架构，简化您的生产系统结构，降低生产运行成本，保护您的投资

> 实时监控中心操作员站 / 工程师站可通讯不同厂家 PLC/DCS 自控系统，节约投资成本，优化生产监控

> MES 历史数据库接口，海量生产过程历史数据实时存储，提高生产效率，优化生产过程，提升单位成本利润率。

> 综合传统 PLC、DCS 功能满足您工艺要求所需的顺序控制，驱动控制，设备控制及过程控制等

> 专有的设备控制模块（2 态 /3 态设备）让您设备控制 / 维护更加轻松

> 支持多种现场设备通讯方式：Profibus-DP，Profibus-PA，DeviceNet，Modbus（RTU/Ethernet），HART，自定义 RS232 串口通讯，FF（基金会现场总线）等

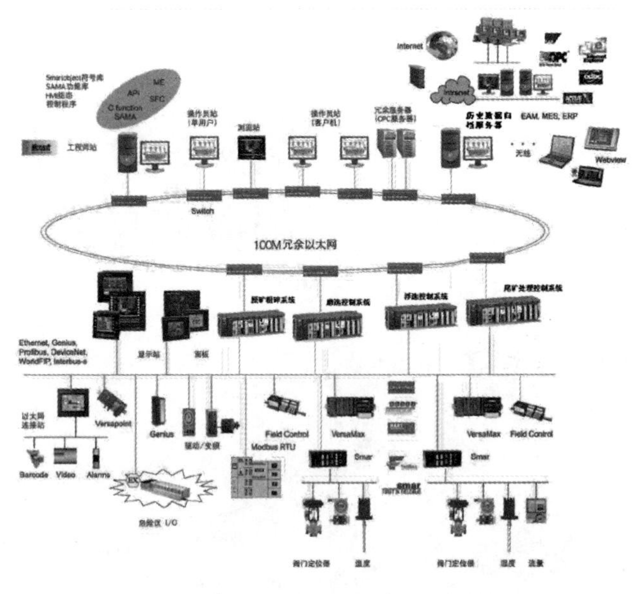

GE 智能平台信息化矿山过程解决方案

优化您的业绩

优化业绩意义丰富。它意味着您的资产的最大化以及减少包括能源使

用到原材料在内的一切成本；意味着加速成品上市；意味着通过发掘潜能，使您不增加设备，也可以提高产量或丰富产品品种。通过使用 Proficy Process Systems，您可以获得更大的成果。通过它所提供的信息和内容，您可以作出更佳、更为明智的决策。

洞察您的运转过程

Proficy Process Systems 通过提供所需的控制和透明度，为您创造价值并加强您的客户关系。可以通过 Web 在生产设施内部的任何地方进行基于角色的查看。维护人员可以查看从大型设备到最小的传感器的一切运转情况。管理人员可以实现宏观数据的实时和历史查看，从而监控关键性能指标。

优化您的正常运行时间和生产效力

优化正常运行时间和有效使用资产的能力对于实现您的最终成效至关重要，这意味着赋予您的运转以灵活性并对客户不断变化的需求做出快速反应，也就是说减少修改时间，增加生产时间。另外，第一时间产出优质的产品也同样重要。使用 Proficy Process Systems 可以减少总体自动化成本，因为只有一个系统需要学习和维护。

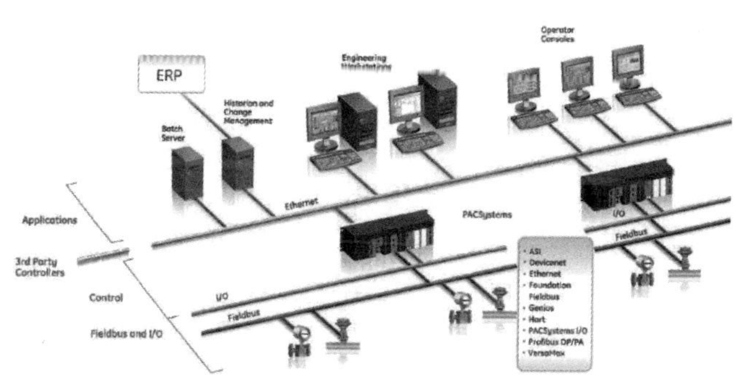

PPS 混合过程控制系统组件

历史数据归档服务器：

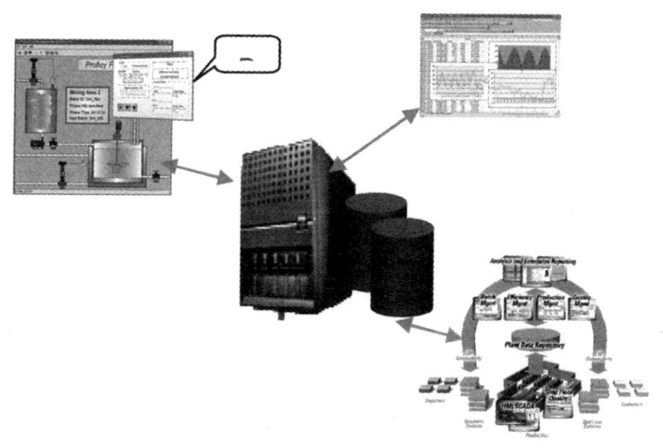

– 基于 GE 智能平台领先的实时历史数据服务器软件 –Historian

– 存储及归档所有组态的控制过程及工艺流程数据

– 存储及归档所有组态的报警和事件

– 第三方管理、分析软件数据源。如历史报表、MES(生产过程分析) 等

工程师站：

Proficy Process Systems 工程工作站用于开发和配置您的过程系统。基于 PPS 工程师站，您可以使用系统自带功能块或轻松开发您所需要的工艺自定义功能块实现生产流程要求所需的控制策略开发

– 2 态 /3 态设备控制（泵、阀门、电机）

– 驱动控制（VFD、软启动）

– 智能马达 / 仪表控制

– 回路控制（正 / 反馈控制、串级控制，参数自整定，自适应控制等）

– 非标设备串口通讯

– 各种现场总线通讯

操作员站：

– 过程可视化

– 过程状态图形

– 面板

– 多变量实时及历史趋势

– 可为不同权限的操作员分配不同的角色，如 1/2 区查看，1/2 区修改等

– 过程监视 控制

– 工艺参数设定

– 局域网 / 广域网网页浏览

– 报警显示及确认

过程控制站

依据矿山工艺特点及生产规模，可独立设置各工段过程控制器，基于GE智能平台领先的PACSystems系列控制器，轻松实现单机/冗余系统过程控制

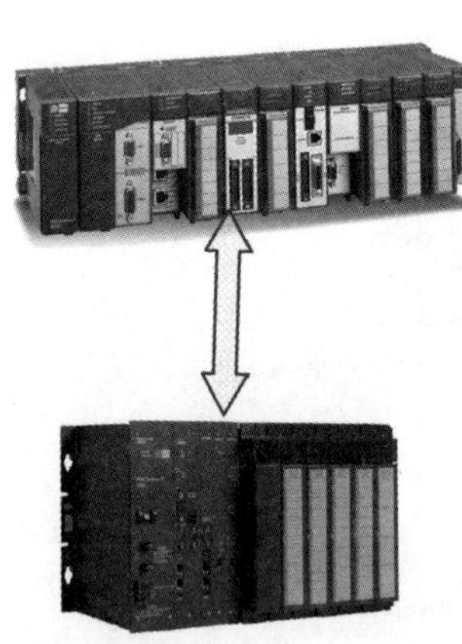

– 10MB/64MB用户内存，CPU300MHz/1GHz/1.8GHz运算速度

– PCI/VME背板总线，10/100MB以太网通讯接口

– 能够将编程用变量名称及程序注释存储入CPU中

– 能够对任何项目文档备份存入CPU中 – .pdf, .dwx, .doc, etc..

– 支持标签编程

– 丰富的编程语言选择 – LD, ST, FBD, UDFB, C

– 在线编辑、修改、测试程序

– 程序代码可相互无缝移植

GE智能平台信息化矿山过程解决方案

矿山自动化、信息化和数字化是矿山企业发展的必然要求和方向，GE智能平台信息化矿山解决方案为您提供所需的技术、行业技能和不间断的服务，帮助您攻克最艰巨的挑战并使您的业务获得更大的成功。GE智能平台信息化矿山解决方案能实时监测各工序，各环节以及全部生产设备工作状况，并通过实时历史数据库存储并以用于生产工艺分析改进，提升您生产效率，降低运营成本。

附 录

国务院新闻办公室2012年10月２４日发表《中国的能源政策（２０１２）》白皮书。全文如下：

中国的能源政策（２０１２）

前 言

能源是支撑人类文明进步的物质基础，是现代社会发展不可或缺的基本条件。在中国实现现代化和全体人民共同富裕的进程中，能源始终是一个重大战略问题。

20世纪70年代末实行改革开放以来，中国的能源事业取得了长足发展。目前，中国已成为世界上最大的能源生产国，形成了煤炭、电力、石油天然气以及新能源和可再生能源全面发展的能源供应体系，能源普遍服务水平大幅提升，居民生活用能条件极大改善。能源的发展，为消除贫困、改善民生、保持经济长期平稳较快发展提供了有力保障。

中国能源发展面临着诸多挑战。能源资源禀赋不高，煤炭、石油、天然气人均拥有量较低。能源消费总量近年来增长过快，保障能源供应压力增大。化石能源大规模开发利用，对生态环境造成一定程度的影响。

为减少对能源资源的过度消耗，实现经济、社会、生态全面协调可持续发展，中国不断加大节能减排力度，努力提高能源利用效率，单位国内生产总值能源消耗逐年下降。中国将以科学发展观为指导，切实转变发展方式，着力建设资源节约型、环境友好型社会，依靠能源科技创新和体制创新，全面提升能源效率，大力发展新能源和可再生能源，推动化石能源的清洁高效开发利用，努力构建安全、稳定、经济、清洁的现代能源产业体系，为中国全面建设小康社会提供更加坚实的能源保障，为世界经济发展作出更大贡献。

一、能源发展现状

改革开放以来，中国能源工业快速增长，实现了煤炭、电力、石油天然气、可再生能源和新能源的全面发展，为保障国民经济长期平稳较快发展和人民生活水平持续提高作出重要贡献。

——供应保障能力显著增强。2011年，中国一次能源生产总量达到31.8亿吨标准煤，居世界第一。其中，原煤产量35.2亿吨，原油产量稳定在2亿吨，成品油产量2.7亿吨。天然气产量快速增长，达到1031亿立方米。电力装机容量10.6亿千瓦，年发电量4.7万亿千瓦时。能源综合运输体系发展较快。石油管线长度超过7万公里，天然气主干管线长度达到4万公里。电网基本实现全国互联，330千伏及以上输电线路长度17.9万公里。国家石油储备一期项目建成，能源应急保障能力不断增强。

——能源节约效果明显。中国大力推进能源节约。1981—2011年，中国能源消费以年均5.82%的增长，支撑了国民经济年均10%的增长。2006—2011年，万元国内生产总值能耗累计下降20.7%，实现节能7.1亿吨标准煤。实施锅炉改造、电机节能、建筑节能、绿色照明等一系列节能改造工程，主要高耗能产品的综合能耗与国际先进水平差距不断缩小，新建的有色、建材、石化等重化工业项目能源利用效率基本达到世界先进水平。淘汰落后小火电机组8000万千瓦，每年可由此节约原煤6000多万吨。2011年，全国火电供电煤耗较2006年降低37克标准煤／千瓦时，降幅达10%。

——非化石能源快速发展。中国积极发展新能源和可再生能源。2011年，全国水电装机容量达到2.3亿千瓦，居世界第一。已投运核电机组15台、装机容量1254万千瓦，在建机组26台、装机容量2924万千瓦，在建规模居世界首位。风电并网装机容量达到4700万千瓦，居世界第一。光伏发电增长强劲，装机容量达到300万千瓦。太阳能热水器集热面积超过2亿平方米。积极开展沼气、地热能、潮汐能等其他可再生能源推广应用。非化石能源占一次能源消费的比重达到8%，每年减排二氧化碳6亿吨以上。

——科技水平迅速提高。建成了比较完善的石油天然气勘探开发技术体系，复杂区块勘探开发、提高油气田采收率等技术在国际上处于领先地位。3000米深水钻井平台建造成功。千万吨炼油和百万吨乙烯装置实现自主设计和制造。具有世界先进水平和自主知识产权的煤炭直接液化和煤制烯烃技术取得突破。全国采煤机械化程度达到60%以上，井下600万吨综采成套装备全面推广。百万千瓦超超临界、大型空冷等大容量高参数机组得到广泛应用，70万千瓦水轮机组设计制造技术达到世界先进水平。基本具备百万千瓦级压水堆核电站自主设计、建造和运营能力，高温气冷堆、快堆技术研发取得重大突破。3兆瓦风电机组批量应用，6兆瓦风电机组成功下线。形成了比较完备的太阳能光伏发电制造产业链，光伏电池年产量占全球产量的40%以上。特高压交直流输电技术和装备制造水平处于世界领先地位。

——用能条件大为改善。积极推进民生能源工程建设，提高能源普遍服务水平。与2006年相比，2011年中国人均一次能源消费量达到2.6吨标准煤，提高了31%；人均天然气消费量89.6立方米，提高了110%；人均用电量3493千瓦时，提高了60%。建成西气东输一线、二线工程，全国使用天然气人口超过1.8亿。实施农村电网改造升级工程，累计投入5500多亿元人民币，使农村用电状况发生了根本性变化。青藏联网工程建设成功，结束了西藏电网孤网运行的历史。推进无电地区电力建设，解决了3000多万无电人口的用电问题。在北方高寒地区建设了7000万千瓦热电联产项目，解决了4000多万城市人口的供暖问题。

——环境保护成效突出。中国加快采煤沉陷区治理，建立并完善煤炭开发和生态环境恢复补偿机制。2011年，原煤入选率达到52%，土地复垦率40%。加快建设燃煤电厂脱硫、脱硝设施，烟气脱硫机组占全国燃煤机组的比重达到90%左右。燃煤机组除尘设施安装率和废水排放达标率达到100%。加大煤层气(煤矿瓦斯)开发利用力度，抽采量达到114亿立方米，在全球率先实施了煤层气国家排放标准。五年来，单位国内生产总值能耗下降减排二氧化碳14.6亿吨。

——体制机制不断完善。市场机制在资源配置中发挥出越来越大的作用。能源领域投资主体实现多元化，民间投资不断发展壮大。煤炭生产和流通基本实现市场化。电力工业实现政企分开、厂网分离，监管体系初步建立。能源价格改革不断深化，价格形成机制逐步完善。开展了煤炭工业可持续发展政策措施试点。制定了风电与光伏发电标杆上网电价制度，建立了可再生能源发展基金等制度。加强能源法制建设，近年来新修订出台了《节约能源法》、《可再生能源法》、《循环经济促进法》、《石油天然气管道保护法》以及《民用建筑节能条例》、《公共机构节能条例》等法律法规。

作为世界第一大能源生产国，中国主要依靠自身力量发展能源，能源自给率始终保持在90%左右。中国能源的发展，不仅保障了国内经济社会发展，也对维护世界能源安全作出了重大贡献。今后一段时期，中国仍将处于工业化、城镇化加快发展阶段，能源需求会继续增长，能源供应保障任务更加艰巨。

——资源约束矛盾突出。中国人均能源资源拥有量在世界上处于较低水平，煤炭、石油和天然气的人均占有量仅为世界平均水平的67%、5.4%和7.5%。虽然近年来中国能源消费增长较快，但目前人均能源消费水平还比较低，仅为发达国家平均水平的三分之一。随着经济社会发展和人民生活水平的提高，未来能源消费还将大幅增长，资源约束不断加剧。

——能源效率有待提高。中国产业结构不合理，经济发展方式有待改进。中国单位国内生产总值能耗不仅远高于发达国家，也高于一些新兴工业化国家。能源密集型产业技术落后，第二产业特别是高耗能工业能源消耗比重过高，钢铁、有色、化工、建材四大高耗能行业用能占到全社会用能的40%左右。能源效率相对较低，单位增加值能耗较高。

——环境压力不断增大。化石能源特别是煤炭的大规模开发利用，对生态环境造成严重影响。大量耕地被占用和破坏，水资源污染严重，二氧化碳、二氧化硫、氮氧化物和有害重金属排放量大，臭氧及细颗粒物 (PM2.5) 等污染加剧。未来相当长时期内，化石能源在中国能源结构中仍占主体地位，保护生态环境、应对气候变化的压力日益增大，迫切需要能源绿色转型。

——能源安全形势严峻。近年来能源对外依存度上升较快，特别是石油对外依存度从本世纪初的32%上升至目前的57%。石油海上运输安全风险加大，跨境油气管道安全运行问题不容忽视。国际能源市场价格波动增加了保障国内能源供应难度。能源储备规模较小，应急能力相对较弱，能源安全形势严峻。

——体制机制亟待改革。能源体制机制深层次矛盾不断积累，价格机制尚不完善，行业管理仍较薄弱，能源普遍服务水平亟待提高，体制机制约束已成为促进能源科学发展的严重障碍。

中国能源发展面临的这些问题，是由国际能源竞争格局、中国生产力水平以及所处发展阶段决定的，也与产业结构和能源结构不合理、能源开发利用方式粗放、相关体制机制改革滞后密切相关。中国将大力推动能源生产和利用方式变革，不断完善政策体系，努力实现能源与经济、社会、生态全面协调可持续发展。

二、能源发展政策和目标

中国是世界上最大的发展中国家，面临着发展经济、改善民生、全面建设小康社会的艰巨任务。维护能源资源长期稳定可持续利用，是中国政府的一项重要战略任务。中国能源必须走科技含量高、资源消耗低、环境污染少、经济效益好、安全有保障的发展道路，全面实现节约发展、清洁发展和安全发展。

中国能源政策的基本内容是：坚持“节约优先、立足国内、多元发展、保护环境、科技创新、深化改革、国际合作、改善民生”的能源发展方针，推进能源生产和利用方式变革，构建安全、稳定、经济、清洁的现代能源产业体系，努力以能源的可持续发展支撑经济社会的可持续发展。

——节约优先。实施能源消费总量和强度双控制，努力构建节能型生产消费体系，促进经济发展方式和生活消费模式转变，加快构建节能型国家和节约型社会。

——立足国内。立足国内资源优势和发展基础，着力增强能源供给保障能力，完善能源储备应急体系，合理控制对外依存度，提高能源安全保障水平。

——多元发展。着力提高清洁低碳化石能源和非化石能源比重，大力推进煤炭高效清洁利用，积极实施能源科学替代，加快优化能源生产和消费结构。

—保护环境。树立绿色、低碳发展理念，统筹能源资源开发利用与生态环境保护，在保护中开发，在开发中保护，积极培育符合生态文明要求的能源发展模式。

——科技创新。加强基础科学研究和前沿技术研究，增强能源科技创新能力。依托重点能源工程，推动重大核心技术和关键装备自主创新，加快创新型人才队伍建设。

——深化改革。充分发挥市场机制作用，统筹兼顾，标本兼治，加快推进重点领域和关键环节改革，构建有利于促进能源可持续发展的体制机制。

——国际合作。统筹国内国际两个大局，大力拓展能源国际合作范围、渠道和方式，提升能源“走出去”和“引进来”水平，推动建立国际能源新秩序，努力实现合作共赢。

——改善民生。统筹城乡和区域能源发展，加强能源基础设施和基本公共服务能力建设，尽快消除能源贫困，努力提高人民群众用能水平。

《中华人民共和国国民经济和社会发展第十二个五年规划纲要》提出：到 2015 年，中国非化石能源占一次能源消费比重达到 11.4%，单位国内生产总值能源消耗比 2010 年降低 16%，单位国内生产总值二氧化碳排放比 2010 年降低 17%。

中国政府承诺，到 2020 年非化石能源占一次能源消费比重将达到 15%左右，单位国内生产总值二氧化碳排放比 2005 年下降 40%—45%。作为负责任的大国，中国将为实现此目标不懈努力。

三、全面推进能源节约

中国人口众多、资源相对不足，要实现能源资源永续利用和经济社会可持续发展，必须走节约能源的道路。

中国始终把节约能源放在优先位置。早在 20 世纪 80 年代初，国家就提出了“开发与节约并举，把节约放在首位”的发展方针。2006 年，中国政府发布《关于加强节能工作的决定》。2007 年，发布《节能减排综合性工作方案》，全面部署了工业、建筑、交通等重点领域节能工作。实施“十大节能工程”，推动燃煤工业锅炉(窑炉)改造、余热余压利用、电机系统节能、建筑节能、绿色照明、政府机构节能，形成 3.4 亿吨标准煤的节能能力。开展“千家企业节能行动”，重点企业生产综合能耗等指标大幅下降，节约能源 1.5 亿吨标准煤。“十一五”期间，单位国内生产总值能耗下降 19.1%。

2011 年，中国发布了《“十二五”节能减排综合性工作方案》，提出“十二五”期间节能减排的主要目标和重点工作，把降低能源强度、减少主要污染物排放总量、合理控制能源消费总量工作有机结合起来，形成“倒逼机制”，推动经济结构战略性调整，优化产业结构和布局，强化工业、建筑、交通运输、公共机构以及城乡建设和消费领域用能管理，全面建设资源节约型和环境友好型社会。

——优化产业结构。中国坚持把调整产业结构作为节约能源的战略重点。严格控制低水平重复建设，加速淘汰高耗能、高排放落后产能。加快运用先进适用技术改造提升传统产业。提高加工贸易准入门槛，促进加工贸易转型升级。改善外贸结构，推动外贸发展从能源和劳动力密集型向资金和技术密集型转变。推动服务业大发展。培育发展战略性新兴产业，加快形成先导性、支柱性产业。

——加强工业节能。工业用能占到中国能源消费的70%以上，工业是节约能源的重点领域。国家制定钢铁、石化、有色、建材等重点行业节能减排先进适用技术目录，淘汰落后的工艺、装备和产品，发展节能型、高附加值的产品和装备。建立完善重点行业单位产品能耗限额强制性标准体系，强化节能评估审查制度。组织实施热电联产、工业副产煤气回收利用、企业能源管控中心建设、节能产业培育等重点节能工程，提升企业能源利用效率。

——实施建筑节能。国家大力发展绿色建筑，全面推进建筑节能。建立健全绿色建筑标准，推行绿色建筑评级与标识。推进既有建筑节能改造，实行公共建筑能耗限额和能效公示制度，建立建筑使用全寿命周期管理制度，严格建筑拆除管理。制定和实施公共机构节能规划，加强公共建筑节能监管体系建设。推进北方采暖地区既有建筑供热计量和节能改造，实施“节能暖房”工程，改造供热老旧管网，实行供热计量收费和能耗定额管理。

——推进交通节能。全面推行公交优先发展战略，积极推进城际轨道交通建设，合理引导绿色出行。实施世界先进水平的汽车燃料油耗量标准，推广应用节能环保型交通工具。加速淘汰老旧汽车、机车、船舶。优化交通运输结构，大力发展绿色物流。提高铁路电气化比重，开展机场、码头、车站节能改造。积极推进新能源汽车研发与应用，科学规划和建设加气、充电等配套设施。

——倡导全民节能。加大节能教育与宣传，鼓励引导城乡居民形成绿色消费模式和生活方式，增强全民节约意识。严格执行公共机构节能标准和规范，发挥政府机关示范带头作用。动员社会各界广泛参与，积极开展小区、学校、政府机关、军营和企业的节能行动，努力建立全社会节能的长效机制。推广农业和农村节能减排，推进节能型住宅建设。

四、大力发展新能源和可再生能源

大力发展新能源和可再生能源，是推进能源多元清洁发展、培育战略性新兴产业的重要战略举措，也是保护生态环境、应对气候变化、实现可持续发展的迫切需要。中国坚定不移地大力发展新能源和可再生能源，到“十二五”末，非化石能源消费占一次能源消费比重将达到11.4%，非化石能源发电装机比重达到30%。

——积极发展水电。中国水能资源蕴藏丰富，技术可开发量5.42亿千瓦，居世界第一。按发电量计算，中国目前的水电开发程度不到30%，仍有较大的开发潜力。实现2020年非化石能源消费比重达到15%的目标，一半以上需要依靠水电来完成。在做好生态环境保护、移民安置的前提下，中国将积极发展水电，把水电开发与促进当地就业和经济发展结合起来，切实做到“开发一方资源，发展一方经济，改善一方环境，造福一方百姓”。完善水电移民安置政策，健全利益共享机制。加强生态环境保护和环境影响评价，严格落实已建水电站的生态保护措施，提高水资源综合利用水平和生态环境效益。做好水电开发流域规划，加快重点流域大型水电站建设，因地制宜开发中小河流水能资源，科学规划建设抽水蓄能电站。到2015年，中国水电装机容量将达到2.9亿千瓦。

——安全高效发展核电。核电是一种清洁、高效、优质的现代能源。发展核电对优化能源结构、保障国家能源安全具有重要意义。目前中国核电发电量仅占总发电量的1.8%，远远低于14%的世界平均水平。核安全是核电发展的生命线。日本福岛核事故发生后，中国对境内核电厂开展了全面、严格的综合安全检查。检查结果表明，中国核电安全是有保障的，在运核电机组20年来从未发生过2级及以上核安全事件（事故），主要运行参数好于世界平均值，部分指标进入国际先进行列或达到国际领先水平。继续坚持科学理性的核安全理念，把“安全第一”的原则严格落实到核电规划、选址、研发、设计、建造、运营、退役等全过程。制定和完善核电法规体系。健全和优化核电安全管理机制，从严设置准入门槛，落实安全主体责任。完善核电监管体系，加强在建及运行核电厂的安全监督检查和辐射环境监督管理。建立健全国家核事故应急机制，提高应急能力。加大核电科技创新投入，推广应用先进核电技术，提高核电装备水平，重视核电人才培养。到2015年，中国运行核电装机容量将达到4000万千瓦。

——有效发展风电。风电是现阶段最具规模化开发和市场化利用条件的非水可再生能源。中国是世界上风电发展最快的国家，“十二五”时期，坚持集中开发与分散发展并举，优化风电开发布局。有序推进西北、华北、东北风能资源丰富地区风电建设，加快分散风能资源的开发利用。稳步发展海上风电。完善风电设备标准和产业监测体系。鼓励风电设备企业加强关键技术研发，加快风电产业技术升级。通过加强电网建设、改进电网调度水平、提高风电设备性能、加强风电预测预报等途径，提高电力系统消纳风电的能力。到2015年，中国风电装机将突破1亿千瓦，其中海上风电装机达到500万千瓦。

——积极利用太阳能。中国太阳能资源丰富，开发潜力巨大，具有广阔的应用前景。“十二五”时期，中国坚持集中开发与分布式利用相结合，推进太阳能多元化利用。在青海、新疆、甘肃、内蒙古等太阳能资源丰富、具有荒漠和闲散土地资源的地区，以增加当地电力供应为目的，建设大型并网光伏电站和太阳能热发电项目。鼓励在中东部地区建设与建筑结合的分布式光伏发电系统。加大太阳能热水器普及力度，鼓励太阳能集中供热水、太阳能采暖和制冷、太阳能中高温工业应用。在农村、边疆和小城镇推广使用太阳能热水器、太阳灶和太阳房。到2015年，中国将建成太阳能发电装机容量2100万千瓦以上，太阳能集热面积达到4亿平方米。

——开发利用生物质能等其他可再生能源。中国坚持“统筹兼顾、因地制宜、综合利用、有序发展”的原则，发展生物质能等其他可再生能源。在粮棉主产区，有序发展以农作物秸秆、粮食加工剩余物和蔗渣等为燃料的生物质发电。在林木资源丰富地区，适度发展林木生物质发电。发展城市垃圾焚烧和填埋气发电。在具备条件的地区推进沼气等生物质供气工程。因地制宜建设生物质成型燃料生产基地。发展生物柴油，开展纤维素乙醇产业示范。在保护地下水资源的前提下，推广地热能高效利用技术。加强对潮汐能、波浪能、干热岩发电等开发利用技术的跟踪和研发。

——促进清洁能源分布式利用。中国坚持“自用为主、富余上网、因地制宜、有序推进”的原则，积极发展分布式能源。在能源负荷中心，加快建设天然气分布式能源系统。以城市、工业园区等能源消费中心为重点，大力推进分布式可再生能源技术应用。因地制宜在农村、林区、海岛推进分布式可再生能源建设。制定分布式能源标准，完善分布式能源上网电价形成机制和政策，努力实现分布式发电直供及无歧视、无障碍接入电网。“十二五”期间建设1000个左右天然气分布式能源项目，以及10个左右各类典型特征的分布式能源示范区域。

五、推动化石能源清洁发展

从世界范围看，今后相当长时期内，煤炭、石油等化石能源仍将是能源供应的主体，中国也不例外。中国统筹化石能源开发利用与环境保护，加快建设先进生产能力，淘汰落后产能，大力推动化石能源清洁发展，保护生态环境，应对气候变化，实现节能减排。

——安全高效开发煤炭。中国煤炭工业坚持科学布局、集约开发、安全生产、高效利用、保护环境的发展方针。按照控制东部、稳定中部、发展西部的原则，推进陕北、黄陇、神东等14个大型煤炭基地建设。实施煤炭资源整合和煤矿企业兼并重组，发展大型煤炭企业集团。优先建设大型现代化露天煤矿和特大型矿井。实施煤矿升级改造和淘汰落后产能，提高采煤机械化程度和安全生产水平。大力发展矿区循环经济，加大煤炭洗选比重，合理开发煤炭共伴生资源。按照能源密集、技术密集、资金密集、长产业链、高附加值的发展导向，有序建设煤炭深加工升级示范工程。鼓励建设低热值煤炭清洁利用和加工转化项目。加强煤炭矿区环境保护和生态建设，做好采煤沉陷区和影响区的生态综合治理、土地复垦等工作。

——清洁高效发展火电。中国坚持低碳、清洁、高效的原则，大力发展绿色火电。鼓励煤电一体化开发，稳步推进大型煤电基地建设。积极应用超临界、超超临界等先进发电技术，建设清洁高效燃煤机组和节能环保电厂。继续淘汰能耗高、污染重的小火电机组。严格控制燃煤电厂污染物排放，新建煤电机组同步安装除尘、脱硫、脱硝设施，加快既有电厂烟气除尘、脱硫、脱硝改造。鼓励在大中型城市和工业园区等热负荷集中的地区建设热电联产机组。在条件适宜的地区，合理建设燃气蒸汽联合循环调峰机组，积极推广天然气热电冷联供。严格控制在环渤海、长三角、珠三角地区新增除“上大压小”和热电联产之外的燃煤机组。加强火电厂节水技术的推广应用。开展整体煤气化联合循环发电，以及碳捕捉与利用封存等技术应用示范项目。

——加大常规油气资源勘探开发力度。中国将继续实行油气并举的方针，稳定东部、加快西部、发展南方、开拓海域。推进原油增储稳产，稳步推进塔里木盆地、鄂尔多斯盆地等重点石油规模生产区勘探开发。加强老油田稳产改造，提高采收率。加快天然气发展，加大中西部地区主力气田产能建设，抓好主力气田增产，推进海上油气田勘探开发，逐步提高天然气在一次能源结构中的比重。优化炼油工业布局，建设若干大型炼化基地，形成环渤海、长三角、珠三角三大炼油集聚区，实现上下游一体化、炼油化工一体化、炼油储备一体化集约发展。

——积极推进非常规油气资源开发利用。加快非常规油气资源勘探开发是增强中国能源供应保障能力的重要手段。中国将加快煤层气勘探开发，增加探明地质储量，推进沁水盆地、鄂尔多斯盆地东缘等煤层气产业化基地建设。加快页岩气勘探开发，优选一批页岩气远景区和有利目标区。加快攻克页岩气勘探开发核心技术，建立页岩气勘探开发新机制，落实产业鼓励政策，完善配套基础设施，实现到2015年全国产量达到65亿立方米的总体目标，为页岩气未来的快速发展奠定坚实的基础。加大页岩油、油砂等非常规油气资源勘探开发力度。

——加强能源储运设施建设。综合考虑目标市场，产业布局调整，煤电、风电、核电、天然气发电、抽水蓄能等电源点建设和进口能源，以及资源地的水和生态环境承载力等因素，统筹谋划能源输送通道建设。加快既有铁路干线扩能改造和新建铁路煤运通道建设，提高煤炭跨区运输能力，建设配套港口码头。进一步扩大西电东送、北电南送规模，完善区域主干电网，发展特高压等先进输电技术，提高电网资源优化配置能力。加强原油、成品油和天然气主干管网建设，提高油气管输比例，完善区域运输网络，建设沿海大型油气接卸站。严格落实石油天然气管道保护法律法规，确保油气管道安全运行。统筹资源储备和国家储备、商业储备，加强应急保障能力建设，完善原油、成品油、天然气和煤炭储备体系。提高天然气调峰能力。建立健全煤炭调峰储备。

六、提高能源普遍服务水平

保障和改善民生是中国能源发展的根本出发点和落脚点。中国统筹城乡能源协调发展，加强能源基础设施建设，改善广大农村和边疆少数民族地区用能条件，提高能源基本服务均等化水平，让能源发展成果更多地惠及全体人民。

——解决无电人口用电问题。增加财政投入，通过扩大电网覆盖面和发展分散式可再生能源，着力解决西藏、新疆、青海、云南、四川、内蒙古等省区无电人口用电问题。在无电人口集中地区，建立并完善承担社会公共服务功能的电力普遍服务体系。2015年前基本解决无电人口的用电问题。

——大力推进农村能源建设。加强农村能源建设，对改善农村民生，发展现代农业意义重大。坚持“因地制宜、多能互补、综合利用、注重实效”的原则，加强农村能源基础设施建设，完善农村能源管理和服务体系。推进农村电网建设和改造，改善农村生产生活用电条件，建设安全可靠、节能环保、技术先进、管理规范的新型农村电网。大力发展农村可再生能源，因地制宜开展绿色能源示范工程，到2015年建成200个绿色能源示范县、1000个太阳能示范村。实施农村水电增效扩容改造，加强水电新农村电气化县和小水电代燃料工程建设。推广应用太阳能热水器。

——加强边疆地区能源建设。改革开放以来，边疆地区经济社会发展取得历史性进步，用能状况得到较大改善，但与中东部地区相比还有较大差距。国家对边疆地区将加大资金支持力度，加强这些地区能源基础设施和民生能源工程建设，积极支持西藏、新疆跨越式发展。加快推进西藏、新疆和青海、四川、云南、甘肃四省藏区电网建设，扩大电网覆盖面，提高供电可靠性。制定和实施西藏能源发展规划，加大电力援藏资金支持，“十二五”期间直接援助资金将超过9亿元人民币。加快“气化南疆”、“气化北疆”等民生能源工程，继续加强新疆与西北电网联网工程建设，推进“疆电外送”能源大通道建设，尽快将新疆资源优势转化为经济优势。在偏远农牧区建设一批太阳能发电、风光互补电站等新能源设施，提高农牧民生活质量。

——改善城镇居民生活用能条件。加强城镇电网改造和升级，提高供电质量和可靠性。做好电力供应保障，优先确保居民生活用电。加快发展天然气，建设和完善城市供气管网，让更多的居民用上天然气。在北方采暖城市，因地制宜发展热电联产机组，进一步改善居民供暖条件。

七、加快推进能源科技进步

改革开放以来，中国能源科技水平有了显著提高，能源科技进步在促进节能减排、优化能源结构、保证能源安全方面发挥了重要作用。但与发达国家相比，中国能源科技水平仍存在较大差距，自主创新的基础比较薄弱，核心和关键技术落后于世界先进水平，一些关键技术和装备依赖于国外引进。中国将更加重视科技创新，加快建设和完善适合中国特点的、产学研一体化的能源科技创新体系。2011 年，中国发布《国家能源科技“十二五”规划》。这一首部能源科技专项规划，确定了勘探与开采、加工与转化、发电与输配电、新能源等四大重点技术领域，全面部署建设“重大技术研究、重大技术装备、重大示范工程及技术创新平台”四位一体的国家能源科技创新体系。

——加强能源科学技术研发。在地质、材料、环境、能源动力和信息与控制等基础科学领域，超前部署一批对能源发展具有战略先导性作用的前沿技术攻关项目，争取在能源基础科学研究领域取得突破。依托行业骨干企业和科研院所，以应用为导向，鼓励开展煤矿高效集约开采、非常规油气资源勘探开发、高效清洁发电、海上风电、太阳能热发电、先进油气储运、大容量高效率远距离输电等先进适用技术研发应用。继续实施“大型油气田及煤层气开发”、“大型先进压水堆及高温气冷堆核电站”两个国家科技重大专项，推进关键技术创新，增强能源领域原始创新、集成创新和引进消化吸收再创新能力。

——推进能源装备技术进步。依托重大技术装备工程，加强技术攻关，完善综合配套，建立健全能源装备标准、检测和认证体系，提高重大能源装备设计、制造和系统集成能力。进一步完善政策支持体系，重点推进大功率高参数超超临界机组、燃气轮机、三代核电、可再生能源发电机组、非常规油气资源勘探开发等关键设备技术进步，积极推广应用先进技术装备。加强对能源装备产业的规划引导，防止低水平重复建设。

——实施重大科技示范工程。围绕能源发展方式转变和产业转型升级，在大型先进压水堆、高温气冷堆、煤层气开发利用、页岩气勘探开发、煤炭深加工、储能、智能电网等领域，加大资金、技术、政策支持力度，建设重大示范工程，推动科技成果向现实生产力转化。

——完善能源技术创新体系。依托大型企业、科研机构和高校，在煤炭资源勘探、煤层气开发利用、页岩气勘探开发、海洋工程装备、大型清洁高效发电设备、智能电网技术、先进核反应堆技术等领域，继续建设一批国家能源技术创新平台，加强自主研发和核心技术攻关。完善国家对技术创新平台的支持政策体系。充分发挥企业的创新主体作用，做好创新成果的推广应用。引导科研机构、高等院校的科研力量为企业技术创新服务，更好地实现产学研有机结合。完善科技评价和奖励制度，建立和完善能源创新人才的培养体系和激励机制。

八、深化能源体制改革

改革是加快转变发展方式的强大动力。中国将坚定地推进能源领域改革，加强顶层设计和总体规划，加快构建有利于能源科学发展的体制机制，改善能源发展环境，推进能源生产和利用方式变革，保障国家能源安全。

——加快能源法制建设。完善能源法律制度，为规范能源市场、保护生态环境、维护能源安全提供法律保障。中国高度重视并继续积极推进能源法律制度建设，目前正在研究论证制定能源法以及石油储备、海洋石油天然气管道保护、核电管理等方面的行政法规，修改完善《煤炭法》、《电力法》等现行法律法规，推进石油天然气、原子能等领域的立法工作。

——完善市场体制机制。中国积极推进能源市场化改革，充分发挥市场配置资源的基础性作用。凡是列入国家能源规划的项目，除法律法规明确禁止的以外，均向民间资本开放。鼓励民间资本参与能源资源勘探开发、石油和天然气管网建设、电力建设，鼓励民间资本发展煤炭加工转化和炼油产业，继续支持民间资本全面进入新能源和可再生能源产业。加强和规范煤炭勘探开发权管理，逐步取消重点合同煤和市场煤价格双轨制，完善煤炭与煤层气协调发展机制。深化电力体制改革，稳步开展输配分开试点。积极推进电价改革，逐步形成发电和售电价格由市场决定、输配电价由政府制定的价格机制。理顺煤电价格关系。探索建立可再生能源配额交易等制度。成功实施成品油价税费联动改革，运用税收手段合理引导能源消费。不断完善理顺成品油价格形成机制，开展天然气价格形成机制改革试点。完善能源市场体系，发展现货、长期合约、期货等交易形式。

——加强能源行业管理。提高能源资源开发利用效率，促进能源行业科学发展，维护国家能源安全，必须加强能源行业管理。重视能源发展的战略谋划和宏观调控，综合运用规划、政策、标准等手段实施行业管理。减少政府对微观事务的干预，简化行政审批事项。加强对垄断行为和不正当竞争行为的监管，建立公开、公平、科学、有效的监管体系。加强能源统计预测管理，健全能源统计、监测和预测预警体系。

九、加强能源国际合作

中国的发展离不开世界，世界的繁荣需要中国。随着全球化的不断深入，中国在能源发展方面与世界联系日益紧密。中国的能源发展，不仅保障了本国经济社会发展，也为维护世界能源安全和保持全球市场稳定作出了贡献。

中国是国际能源合作中负责任的积极参与者。在双边合作方面，中国与美国、欧盟、日本、俄罗斯、哈萨克斯坦、土库曼斯坦、乌兹别克斯坦、巴西、阿根廷、委内瑞拉等国家和地区建立了能源对话与合作机制，在油气、煤炭、电力、可再生能源、科技装备和能源政策等领域加强对话、交流与合作。在多边合作方面，中国是亚太经济合作组织能源工作组、二十国集团、上海合作组织、世界能源理事会、国际能源论坛等组织和机制的正式成员或重要参与方，是能源宪章的观察员国，与国际能源署、石油输出国组织等机构保持着密切联系。在国际能源合作中，中国既承担着广泛的国际义务，也发挥着积极的建设性作用。

中国在能源领域坚持对外开放，不断优化外商投资环境，保障投资者合法权益。中国先后出台了《中外合资经营企业法》、《中外合作经营企业法》、《外资企业法》等法律法规，以及《外商投资产业指导目录》、《中西部地区外商投资优势产业目录》等政策文件。中国鼓励外商以合作的方式，进行石油天然气勘探开发，开展页岩气、煤层气等非常规油气资源勘探开发。鼓励投资建设新能源电站、以发电为主的水电站和采用洁净燃烧技术的电站，以及中方控股的核电站。鼓励跨国能源公司在华设立研发中心。

中国能源企业遵循平等互惠、互利双赢的原则，积极参与国际能源合作，参与境外能源基础设施建设，发展能源工程技术服务合作。中国企业对外投资合作开发的能源资源，90%以上都在当地销售，增加了全球能源市场供应，促进了供应渠道的多元化。中国能源企业在对外投资合作时，遵守当地法律法规，尊重当地宗教信仰和风俗习惯，在实现自我发展的同时，积极为当地经济社会发展作出贡献。

在今后相当长一段时间内，国际能源贸易仍将是中国利用国外能源的主要方式。中国将按照世界贸易组织规则，完善公平贸易政策，开展能源进出口贸易，优化贸易结构。综合运用期货贸易、长协贸易、转口贸易、易货贸易等方式，推进贸易方式多元化。积极参与全球能源治理，加强与世界各国的沟通与合作，共同应对国际货币体系、过度投机、垄断经营等因素对能源市场的影响，维护国际能源市场及价格的稳定。

能源问题关系国计民生，关系人类福祉。为了减少能源资源问题带来的纷争和不平等，实现世界经济平稳有序发展，推动经济全球化向着均衡、普惠、共赢的方向发展，需要国际社会树立互利合作、多元发展、协同保障的新能源安全观。为了共同维护全球能源安全，中国主张，国际社会应着重在以下三个方面作出努力：

——加强对话与交流。加强能源出口国、消费国和中转国之间的对话和交流，是开展能源国际合作的基础。国际社会应进一步密切双多边关系，加强在提高能效、节能环保、能源管理、能源政策等方面的对话交流，完善国际能源市场监测和应急机制，深化在信息交流、人员培训、协调行动等方面的合作。

——开展能源务实合作。各国应秉持互利共赢、共同发展的原则，开展国际能源资源勘探开发互利合作，丰富和完善合作机制与手段，增加全球能源供应，促进供应渠道的多元化。共同稳定大宗能源产品价格，保障各国用能需求，维护能源市场正常秩序。发达国家应从人类可持续发展的高度，在保护知识产权的前提下，积极向发展中国家和不发达国家提供、转移清洁高效能源技术，共同推动全球绿色发展。国际社会应携手努力，帮助最不发达国家消除能源贫困，扩大能源服务，促进可持续发展。

——共同维护世界能源安全。公平合理的国际能源治理机制是维护世界能源市场稳定的重要条件。各国应加强合作，共同维护能源生产国和输送国,特别是中东等产油国地区的局势稳定，确保国际能源通道安全和畅通，减少地缘政治纷争对全球能源供应的干扰。通过对话与协商的方式，解决重大国际能源问题，不应把能源问题政治化，避免动辄诉诸武力，甚至引发对抗。

结束语

能源是中国全面建设小康社会、实现现代化和富民强国的重要物质基础。中国将努力解决好能源问题，坚定不移地走能源可持续发展道路。

今后一段时期，中国仍将处于工业化、城镇化加快发展的阶段，发展经济、改善民生的任务十分艰巨，能源需求还会增加。作为一个拥有13亿多人口的发展中大国，中国必须立足国内增加能源供给，稳步提高供给能力，满足经济平稳较快发展和人民生活改善对能源的需求。

能源安全是全球性问题，绝大多数国家都不可能离开国际合作而获得能源安全保障。中国能源发展取得的成就，与世界各国友好合作密不可分。中国未来的能源发展更需要国际社会的理解和支持。有十几亿人口的中国走能源可持续发展道路,这是人类能源发展史上新的探索和实践。中国过去不曾、现在没有、将来也不会对世界能源安全构成威胁。中国将在平等互惠、互利共赢的原则下，进一步加强与各能源生产国、消费国和国际能源组织的合作，共同推动世界能源的可持续发展，维护国际能源市场及价格的稳定，确保国际能源通道的安全和畅通，为保障全球能源安全和应对气候变化作出应有贡献。

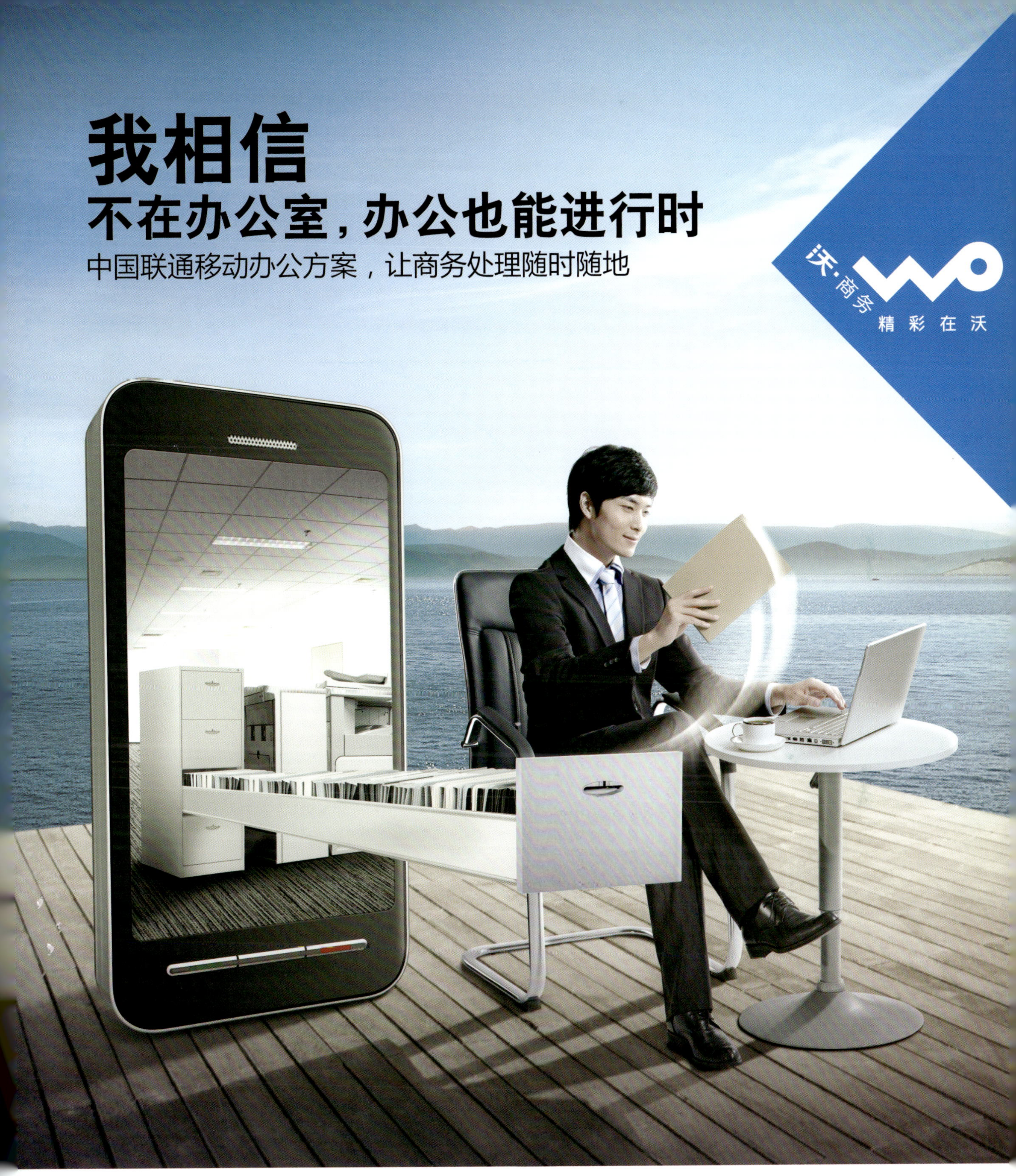
我相信
不在办公室，办公也能进行时
中国联通移动办公方案，让商务处理随时随地
沃·商务
精彩在沃

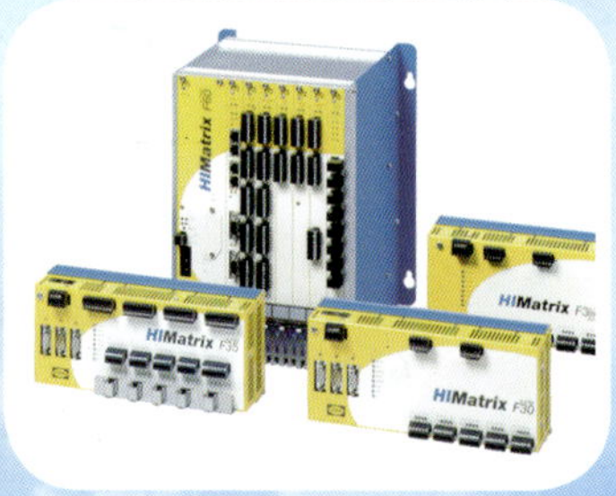

C2

蒋庄煤矿信息化应用情况

近年来，蒋庄煤矿积极致力于“科技兴煤、科技兴安”，充分利用信息化技术改造传统生产及管理模式，不断完善提升系统融合，构建了应急救援指挥智能系统、矿井生产综合自动化控制与管理系统、安全隐患闭合信息系统等综合性的物网一体化安全信息管理平台，提高了安全实时信息处理能力，提升了矿井安全管理和应急保障水平，建立了高效调度数字化指挥系统，集成了安全监测监控系统、调度通讯指挥系统、矿井应急救援信息系统、矿井生产综合自动化控制与管理系统、煤矿顶板动态监测系统、矿井水文自动监测报警系统、工业视频管理及监视系统和“矿安天翼”3G移动应用平台，供电、提升、排水、通风、压风、运输六大系统实现了自动化控制与管理，为打造本质安全型矿井提供了有力保障。

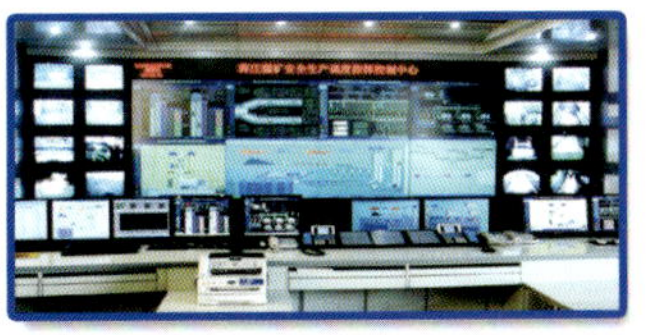
开场

井上下千兆光纤网拓扑图

3G移动应用平台网络构架

蒋庄矿三基文化广场

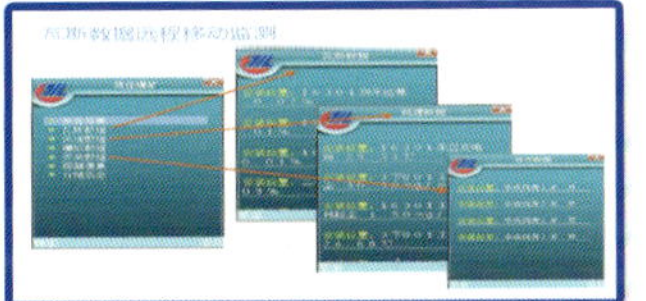
瓦斯数据远程移动监测

视频移动监控系统

枣矿一卡通

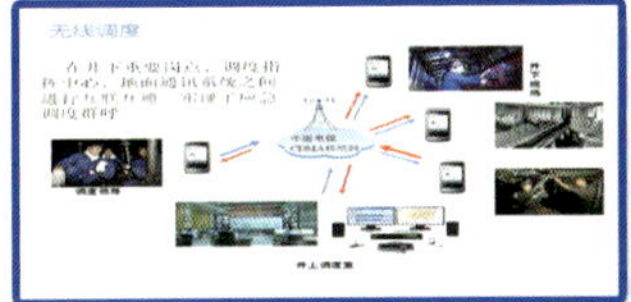
无线调度

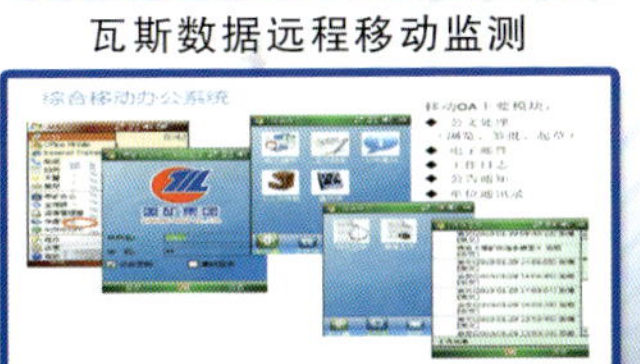
综合移动办公系统

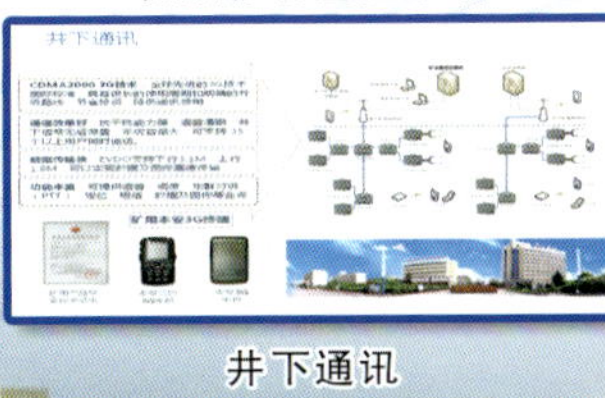
井下通讯

应急预案演练系统

——北京华康达计算机应用技术有限公司（HKD）

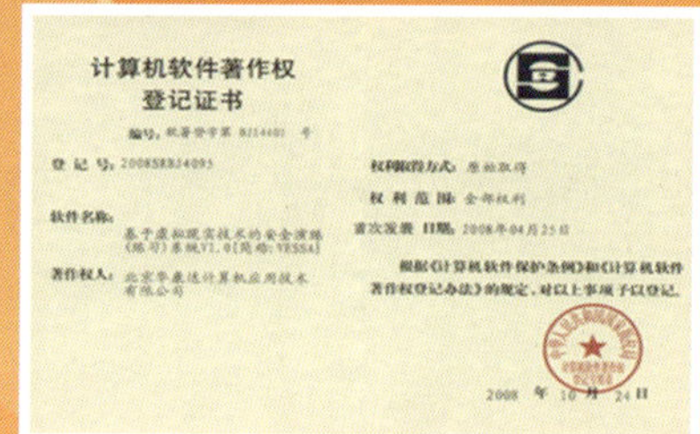

VESSA：集应急预案演练、学习、考评为一体的网络化平台

三维虚拟场景，事故灾害模型，人机互动演练，提高应急技能，多方协同训练，团队实战考评。

三维场景模拟

事故现象渲染

应急处置演练

北京华康达计算机应用技术有限公司

地址：北京市朝阳区樱花园东街5号
电话：010-64418357
手机：13701266514
Email: lisuya@bjhkd.com，market@bjhkd.com
网址：www.bjhkd.com
邮编：100029
传真：010-64435884

Connection future
连接世界，连接未来

北京东方飞龙网络技术有限公司

北京东方飞龙网络技术有限公司是一家致力于煤炭行业安全生产领域信息化软件开发和解决方案的提供商，以及煤炭行业的系统集成为主的高新技术企业。公司成立于2000年4月。2012年与山西太原精英科技股份公司强强联合，成立山西精英科技股份有限公司，具有《计算机信息系统集成资质（二级）》，《安全防范工程设计施工资格（二级）》，《ISO9001国际质量管理体系认证》，《ISO20000 IT服务认证》，《CMMI L3认证》等。

主要产品有安全生产综合调度指挥系统平台、煤矿综合自动化系统集成平台、企业集成门户平台、煤矿安全监控系统联网软件、矿山救护管理系统、RFID便携仪器智能管理系统等 20余个软件产品。

公司主要客户有神华神东煤炭集团、冀中能源集团、大同煤矿集团、山西晋城无烟煤矿业集团、潞安集团、山东龙矿集团等。

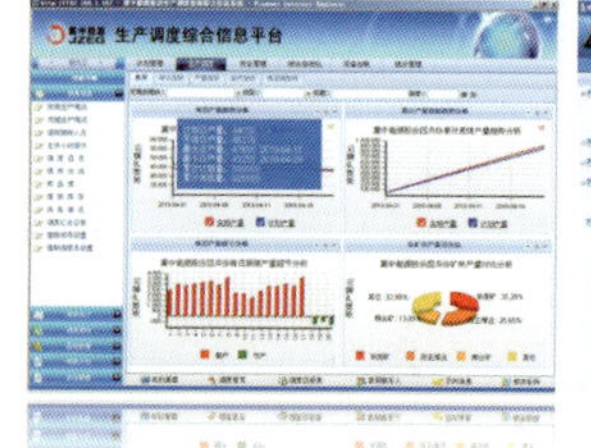

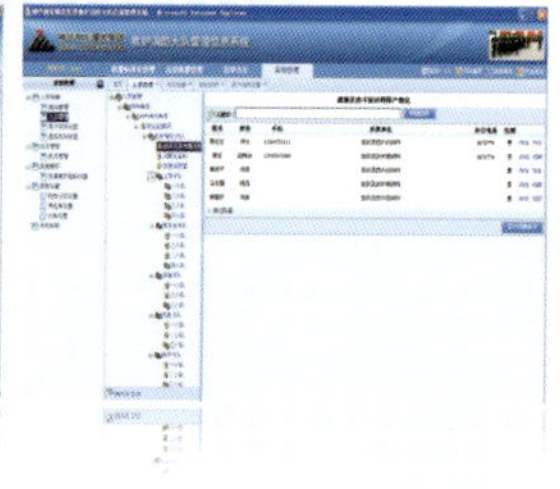

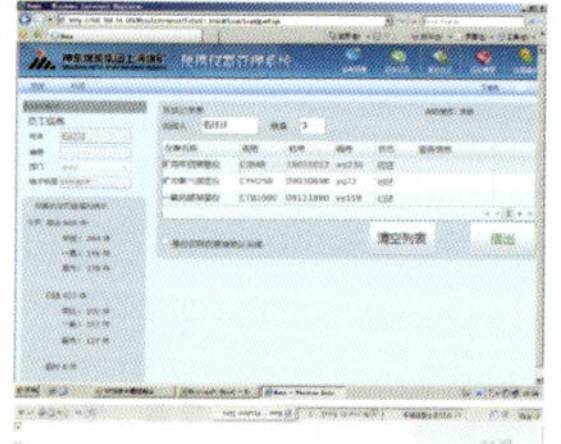

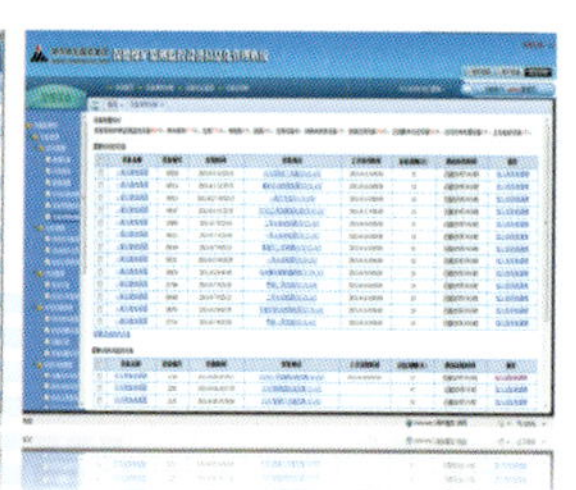

联系电话：010-82826526　010-82896779
热　　线：13910264109

www.eflong.net SEARCH

哈尔滨申宜科技有限公司

煤矿矿井水监测预警系统

公司介绍

哈尔滨申宜科技有限公司主要面向工业领域，从事过程自动化/智能化控制系统、系统集成以及应用软件开发等业务的高新技术企业。

2010年通过国家高新技术企业、ISO9001：2008质量管理体系认证，荣获黑龙江省专利优势试点企业，黑龙江省创新型企业等荣誉。

公司技术依托“黑龙江省计算中心及其工业过程计算机控制仿真重点实验室”，聚集了一批较高水平的研发人员，自主技术创新和市场开拓能力突出，尤其在煤矿矿井水监测与排水控制、城市集中供热热网监控、中药提取自动控制等行业应用上的行业解决方案。

近年来，公司承担了多项国家中小企业创新基金、国家863计划、黑龙江省科技计划立项的研发和产业化工作，荣获2项黑龙江省科技进步二等奖。

近年来，公司承担了多项国家中小企业创新基金、国家863计划、黑龙江省科技计划立项的研发和产业化工作，荣获2项黑龙江省科技进步二等奖。

矿井水监测预警系统介绍

本系统主要是针对矿井水的水温、水压和水量进行井下无源在线监测，并以地理信息系统（GIS）为基础的用户层显示给操作用户。

通过新型无源检测技术—光纤光栅传感技术井下的应用，研发了创新型明渠流量检测装置，实现煤矿井下流量观测站和挡风墙内矿井水的水量、水温、水压等实时监测，对发生异常的监测点进行动态趋势预报与预警；结合水患防治技术和专家经验，以实时监测数据和历年人工记录涌水量数据为基础，采用过程在线分析、时序法、神经网络与专家系统模型等对涌水量进行预测预报分析；实现跨系统数据共享，能够根据矿井水监测基础数据，并结合矿井排水系统的条件制定中央泵房排水控制系统排水指导方案或及时调整排水方案，指导排水系统对泵效、用电峰谷等信息的调节，通过对矿井水的监测预报、分析和指导泵房排水控制系统合理优化运行。

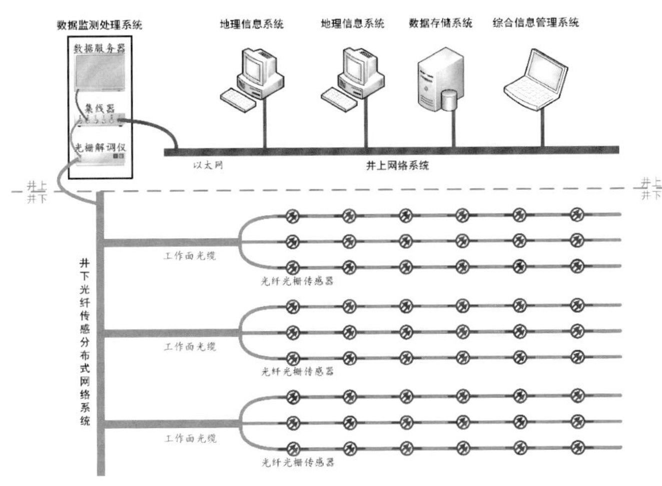

系统架构采用基础传感层、网络层、用户层三层结构实现数据在线实时采集。传感层通过光纤传感器实现分布式的传感器网络，其传输距离远，能对被测对象进行多点动态监测。网络层选用多芯光纤网络主干线布网，光纤光栅传感器在分布式网络里可以串联、并联和串并联的方式接入光纤分布式网络。用户层GIS平台进行信息整合统一显示，综合信息管理系统进行利用GIS平台在实际井下分布点进行实时数据显示和报警处理、Web数据发布以使用户通过IE浏览器进行网页式浏览监测系统数据、结合模型预测预报系统进行预警提示、预留其它信息系统接口。

本系统结合数字化矿山建设提供跨系统数据共享，针对煤矿矿井水研究开发矿井水实时监测预警功能，通过数据共享提供数据与指导方案给排水控制，其应用意义重大，技术引领和示范作用明显，社会经济效益突出。此系统已在龙煤集团下属煤矿的应用，使煤矿的安全得到了更好的保障，并且于2012年9月份通过黑龙江省科技厅的科学技术成果鉴定。

矿井水监测预警系统能够集成矿井水文监测信息，全方位跟踪监视水文动态变化，为水害防治提供科学、可靠的决策支持平台。我们根据企业的具体需求，选择、设计、实施不同应用层次的分系统。

——基于无源光纤传感器或煤安防爆传感器的井下涌水量实时监测及变化趋势预报分系统；

——煤矿排水自动化分系统（统筹排产、安全排水、经济运行）；

——大气降水、地表水、勘探水监视分系统；

——基于物探仪的掘进区涌水监视分系统；

——基于专家知识与经验的矿井突水分析与决策支持系统。

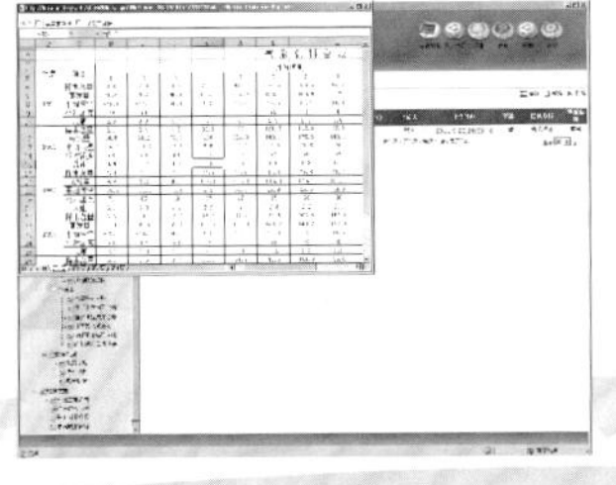

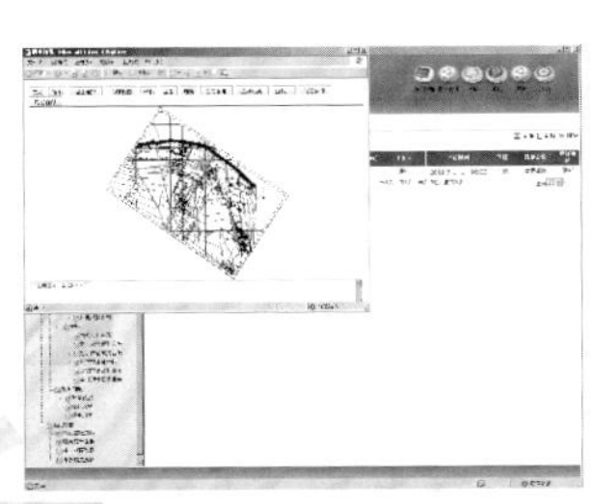

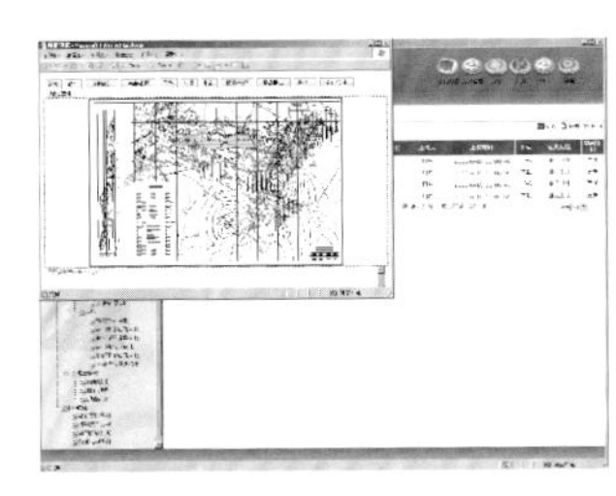

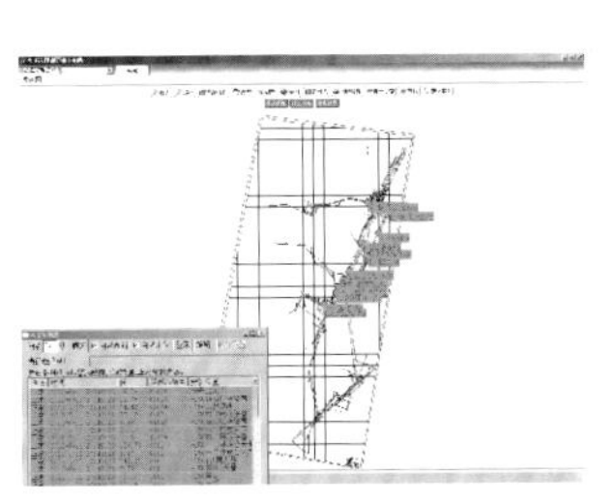

哈尔滨申宜科技有限公司　地址：中国·黑龙江省·哈尔滨市香坊区珠江路62号　邮编：150036
网址：www.shenyist.com　邮件：shenyikeji@126.com　电话：86-451-82317972　传真：86-451-82269389

安全生产物联网综合监管平台

陕西山利科技发展有限责任公司作为一家根植陕西本土的高科技民营企业，从1994年创立至今已经走过了十八个年头。十八年来，公司一直致力于面向行业网络系统集成、大型应用软件开发、建筑智能工程及技术服务。经过十多年历练，凭借自身雄厚的技术实力、安全的资金运作以及良好的信誉，已经发展成为西北集成市场的排头兵，成功承担西北地区能源、科研院所、企事业、金融、政府等领域的多项信息化建设工程，在西北五省市场占有率居同行业前列。

主要能源客户：

1、延长集团炼化公司　　2、延长集团榆林炼油厂　　3、延长集团榆横醋酸厂
4、长庆油田采气一厂　　5、榆林市能源化工基地　　6、彬长矿业
7、铜川市煤炭局　　8、咸阳市煤炭局　　9、渭南市煤炭局

一、 平台概述

人的不安全行为，物的不安全状态、环境的不安全条件、管理缺陷等是导致事故发生的主要原因，结合我国安全生产现状和国家安全生产的实际需求，利用物联网技术，建立安全生产物联网综合监管平台，实现监管部门对企业生产过程、作业场所、安全要素进行“全方位、全天候、全因素、全过程”监控和智能处置。实现“间断性检查”向“连续性实时监控”、“人为判断”向“智能分析”、“事后应急反应”向“事前预警、自动响应”三大转变，有利于企业安全管理方式和政府安全监管方式实现“变检查为监控”的根本性改变。

二、 平台整体架构

（见例图 1）

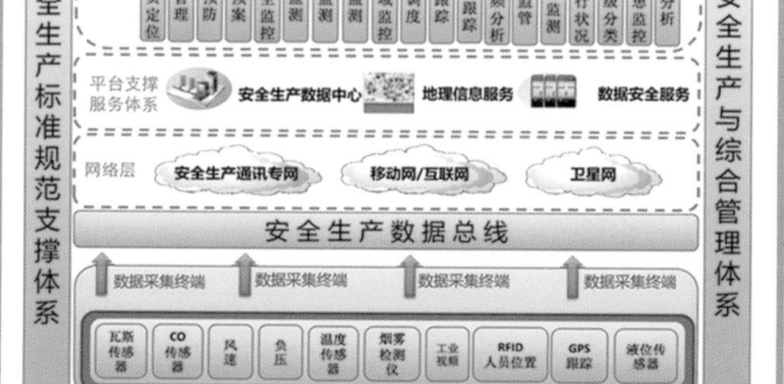

（例图 1）

三、 建设目标

1、建设安全生产数据中心　　2、实现远程实时监控生产现场　　3、高效管理人员和生产设备
4、集中准确展示区域安全生产信息　　5、高可靠性的报警机制　　6、事故处理应急联动

四、 平台监管对象

1、矿山：对矿山企业的井下作业环境、设备运转状态、人员分布情况、生产调度情况等信息进行全面、清楚、即时、准确的监测；

2、危化品：对有毒，可燃、易爆危险化学品进行现场实时状况、周边环境感、设备运转状态、人员分布情况、生产调度情况等信息进行全面、清楚、即时、准确的监测；

3、烟花爆竹：对烟花爆竹流向信息的登记、采集和查询，有效解决安监部门对烟花爆竹的生产和流通过程实行严密监管，减少安全事故发生的隐患；

4、交通运输：监管危化品的安全交通运输和公共交通的安全运营；

5、建筑施工：集建筑企业高危材料、从业人员管理进行统一监管、生产调度、灾害预防和应急管理等综合性监管。

五、 平台效益

1、整合现有资源，降低行政成本　　2、 创新工作方式，提高工作效率　　3、 降低事故发生，提升企业产值
4、发挥表率作用，引领行业发展　　5、 促进合作开展，带动周边产业

地址：西安市高新三路9号信息港大厦一/二层
电话：029-88330557 88330605　传真：88330551
网址：http://www.sunnyit.com
联系人：吴波 15809241431

研华智能油井远程监控系统

石油天然气生产一直是重要工业生产组成部分，作为中国石油行业的龙头企业，中国石油在其十二五规划中，明确提出了把油气生产物联网作为油田生产中的数据采集管理系统，随着中石油十二五计划的全面启动，越来越多的油田都在对油井的监控系统进行全面的升级并网到油气生产物联网中。

系统描述

油井现场 RTU 采集油井各项数据和井口功图数据并打包上发到汇聚站，汇聚站监控管理软件对油井现场进行远程监控，分析油井的功图数据，并把分析结果存入指定的数据库。系统还可以向远程管理中心系统和工作人员发送报警信息，相关人员发现油井故障或其他状况则会立即安排技术人员解决。

- ADAM-2000 系列 Zigbee 无线数据采集模块，采集油井现场的温度，流量和压力等模拟量数据，无线 Zigbee 方式大大节省了现场布线，方便实施，并且提升了系统的可维护性。
- 支持 Modubs RTU/TCP 通讯的 ADAM-4501 作为现场 RTU，负责对采集的各种数据处理和上传，并负责对示功仪的采集数据进行打包上发。
- 适用于恶劣生产现场的工业以太网交换机 EKI-2525 连接现场 RTU、网络摄像头和无线 AP EKI-6351。
- 汇聚站上的无线 AP EKI-6340 负责接收井群中各单井上传的数据，工业等级的 EKI-6340 无线 AP 具有 IP 67 防护等级，可以直接安装在户外环境中。
- 运行于汇聚站监控工业计算机上的 B/S 结构的 WebAccess 软件对接收的井口数据进行处理分析，并显示油井实际的工作情况。同时，WebAccess 软件会根据接收到的井口功图数据生成示工图，并把所有数据存入指定数据库。
- WebAccess 还连接客户的专家系统数据库，针对不同的工况给出问题分析和解决方案。

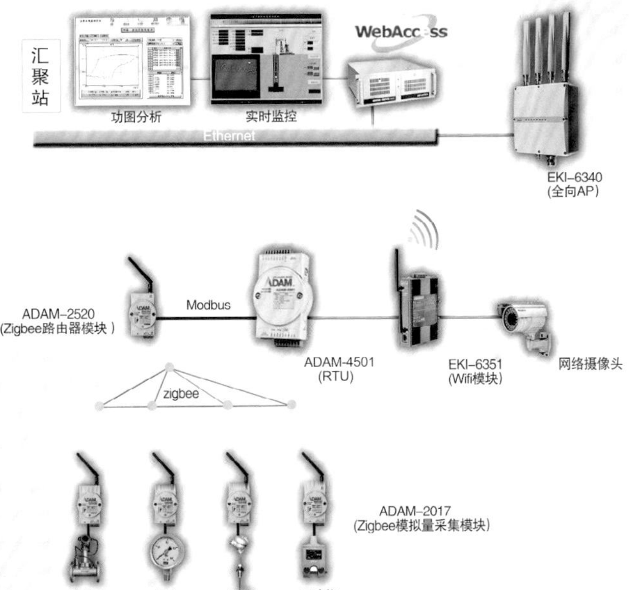

应用特点

研华油气生产物联网系统在油田领域取得了很好的实际效果，支持 Modbus RTU/TCP 的现场 RTU 模块（ADAM-4501）完成对现场数据的采集、打包和上传，远程的 WebAccess 软件通过 EKI-6351 和 EKI-6340 搭建的工业无线网络对各个井口数据进行汇总分析，能够很好的满足客户的实际需要，尤其是在远程管理和维护方面更体现的 WebAccess 软件 B/S 结构的优越性能。

应用产品技术亮点

WebAccess
研华 WebAccess 软件
- 业内最优秀的 B/S 结构网际组态软件
- 可轻松实现系统的远程组态、协同开发和远程监控与维护

ADAM-4501
工业级 RTU 控制模块
- 自带 8 位数字量 I/O
- 支持 FTP，Web Server
- 支持 Modbus 协议

ADAM-2520Z
工业级路由模块
- 通讯半径：1km
- 频段：2.4 GHz

ADAM-2017Z
6 路模拟量采集模块
- Zigbee 通讯方式
- 通讯半径：1km
- 频段：2.4 GHz

EKI-2525
非网管型工业以太网交换机
- 5 个千兆自适应以太网端口（RJ45）
- IP30 金属外壳
- 冗余双 12~48V_{DC} 电源输入和继电器报警

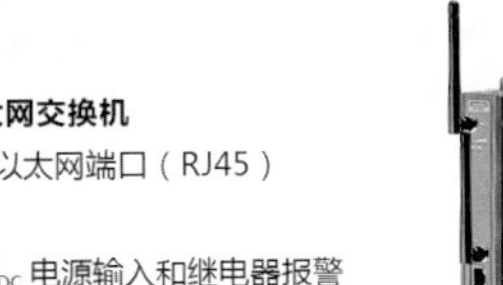

EKI-6351
工业级无线 Wi-Fi Mesh AP
- 安全快速自组网及自恢复 Mesh 技术
- 快速漫游切换时间≤ 20ms
- 10 级跳台仍可保证 100Mbps 高带宽传输

EKI-6340
工业级户外 Wi-Fi Mesh AP
- MIMO 2 ×2, 带宽高达 300 Mbps
- 最高支持 3 射频，IP67 防护等级
- -35~75℃工作温度

研华尾矿库监测系统

我国尾矿库数量多、分布广，许多尾矿库已运行了多年，库容量在逐渐减小，抵制自然灾害的能力不断下降，安全隐患日益增多。目前，许多尾矿库管理由于检测监控系统不完备、检测监控技术落后，有些处在无检测监控状态，有些虽有人工定期用传统仪器到现场进行测量，但受天气、人工、现场条件等诸多因素的影响，存在一定的系统误差和人工误差，这些都影响着尾矿库的安全生产和安全管理水平。因此，需要采用现代通信、电子设备及计算机技术实现对尾矿库监测指标数据实时、自动监测。

系统描述

根据《尾矿库安全技术规程》的要求。尾矿库在线监测系统需达到以下功能：

- 为矿山提供尾矿库生产运行状况的实时数据，对尾矿库安全隐患提出预警，以便矿山有针对性地加强尾矿库安全隐患治理。
- 预测预报尾矿库溃坝灾害事故，减少事故伤亡和财产损失。
- 系统具有远程控制功能，可通过串口利用无线网络或局域网络监控计算机进行远程监测。
- 系统可监视运行期间坝体的状况变化和运行情况。在发现不正常现象时及时分析原因，采取措施，防止发生事故，以保证生产的安全运行。

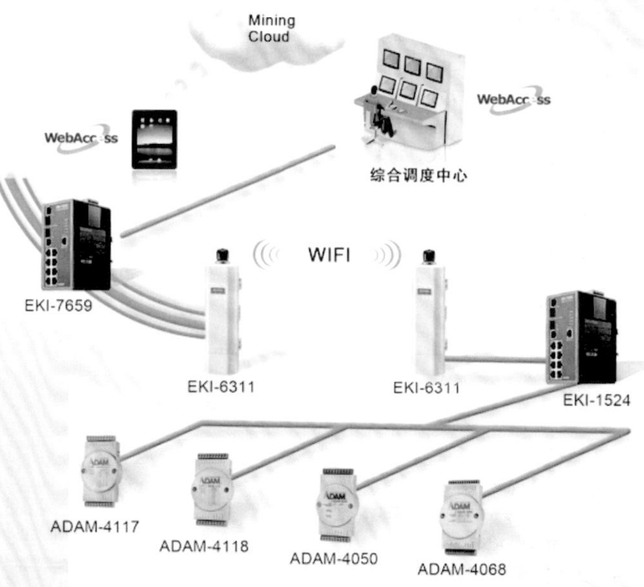

解决方案

- 采集系统：应用 ADAM-4117、ADAM-4118 采集表面位移、内部位移；渗流压力、绕坝渗流、渗流量；干滩顶高程、干滩长度、干滩坡度；库水位、降水量监测和排水构筑物检查。
- 视频监控：将库区构筑物变形、位移、损毁、淤堵，排水进行在线视频监控系统使得普通巡视、检查变得更简单，也使得观测员、各级领导能够实时直观的观察到库区各部分实际状态。
- 无线通讯系统：库区地势复杂，有的库区偏远无手机通讯信号，需要传输视频所以采用 WIFI 方式（EKI-6311 系列产品）可将库区信号桥接传入附近尾矿库监测中心。
- 自动监测系统软件：web access 是 B/S 架构软件，一方面将收集数据通过报表存储、数据模型进行分析、上限报警等方式完成本地监控功能，更可以通过网络将数据通过网络发布到远程的制定部门以供决策。

应用特点

研华以 ADAM-4000 将传感器数据采集，通过串口服务器上传至 EKI-6311，通过该无线设备桥接发射至远端中控室，通过 WebAccess 进行数据分析，通过远程网络发给各监管部门以供决策分析，解决了检测不全面、传输不畅通、分析不透彻的问题，大大提高库安全。

应用产品技术亮点

WebAccess
研华 WebAccess 软件
- 业内最优秀的 B/S 结构网际组态软件
- 可轻松实现系统的远程组态、协同开发和远程监控与维护

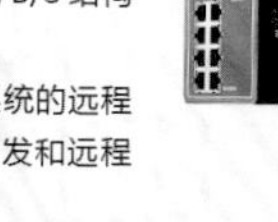

EKI-7659
8+2G Combo 端口网管型工业以太网交换机
- 2 个千兆光电组合端口，8 个快速以太网接口
- 冗余：千兆 X-Ring(超高速自愈时间 <10ms)
- -40~75℃宽工作温度

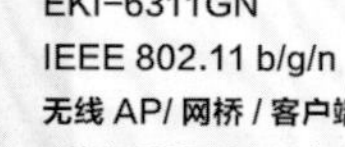

EKI-6311GN
IEEE 802.11 b/g/n 无线 AP/ 网桥 / 客户端
- 兼容 IEEE 802.11 b/g/n
- IP55 防护等级
- 支持 12V PoE

EKI-1524
4 端口 RS-232/422/485 串口设备联网服务器
- 2 个 10/100 Mbps 自适应网口
- 支持最大 921.6kbps 波特率
- 每串口最多支持 5 台主机同时访问

ADAM-4117
带 Modbus 的坚固型 8 路模拟量输入模块
- 坚固型设计，-40~85℃宽工作温度
- 内置 TVS/ESD 保护
- 浪涌，EFT 和 ESD 保护

ADAM-4118
带 Modbus 的坚固型 8 路模拟量输入模块
- 坚固型设计，-40~85℃宽工作温度
- 内置 TVS/ESD 保护
- 浪涌，EFT 和 ESD 保护

ADAM-4050
数字量 I/O 模块
- 7 路数字量输入
- 8 路数字量输出
- 支持湿接点数字量输入

ADAM-4068
带 Modbus 的 8 路继电器输出模块
- 8 路继电器输出
- AC 接触功率 -0.5A@125V,-0.25A@240V
- DC 接触功率 -1A@30V,-0.3A@110V

研华煤矿井下主通风机监控系统

通风机是煤矿的四大固定设备之一，它担负着向井下输送新鲜空气、排出粉尘和污浊气流的重任，具有“矿井肺腑”之称。由于井下工作环境恶劣，主通风机工作电压较高，电流较大，出现故障的概率也较大。一旦发生故障，将会对整个矿区的生产和安全造成重大影响。因此，有必要建立一套功能完善的自动监控系统，实现矿井主通风机性能及状态的在线实时监测，以便在生产过程中及时掌握主通风机的运行参数和状态。

系统描述

煤矿井下主通风机在线监控系统通过对风井主扇风机各运行参数及风量的实时监控，确保通风系统稳定供风，减少瓦斯事故发生，保证安全生产。

系统方案设计面临以下四方面难度：

- 煤矿井下环境特殊比如强震动、强干扰、高机械强度为设备稳定可靠运行带俩很大难度。
- 煤矿主通风机一般都在远离煤矿管理部门的井田边缘，这就要求主通风机监控系统必须是集保护、检测、控制及远程数据传输和监控于一体的自动监测系统。
- 井下操作者的文化水平不是很高，对新科技的接受能力上不是很好，要求人机交互界面简单直观。
- 设备的容错能力要强：电气设备的设计上应该屏蔽一切有可能的人为误操作，并在井下发生供电故障的情况下应该能正常。

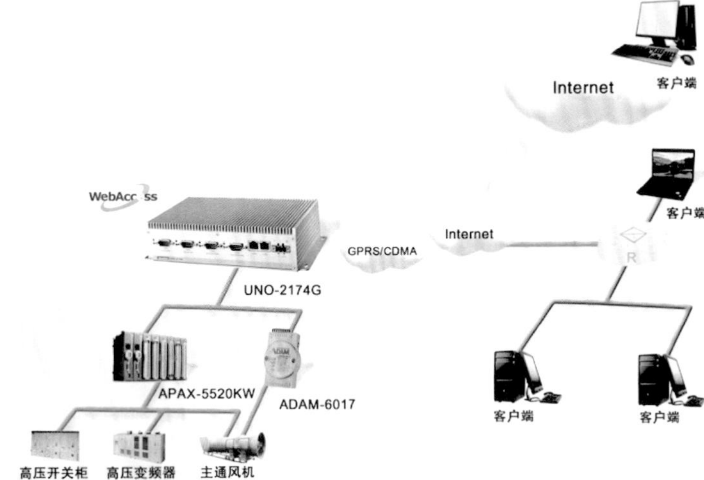

主通风机自动监控系统以控制器为核心，主要由信号监测装置、传感器、PAC、通信装置、上位机及其它设备组成，可分为风机变电站监控系统和风机风速、负压、振动、风机电机温度监控系统。

- 风机数据采集和控制系统：采用研华 PAC 产品 APAX-5520KW 实现对各设备状态的数据采集和控制。APAX-5520KW 通过工业以太网接口连接到上位机或矿统调系统。同时，通过以太网数据采集模块 ADAM-6000 系列模块实现了其它分散点数据的采集，并与上位机系统连接。
- 本地服务器：本地服务器是由工业级嵌入式工业电脑 UNO-2174G 和基于以太网组态软件 WebAccess 组成的上位机系统。本地服务器实现数据分析、处理和故障诊断，并提供维护信息。人机界面实现监测参数的实时显示，并将监测参数存储到数据库中；同时以数据、趋势图及报表等多种方式实现风机运行参数监测结果的再现。
- 数据远传系统：数据远传系统由 WebAccess 组态软件和 GPRS 无限工业模块 EKI-1321 组成，实现了风机数据的远传，并与矿山管理系统无缝连接。
- 高开柜监控系统高压部分采用微机保护单元，该单元可就地显示相电压、线电压、电流、有功功率、无功功率、功率因数等参数，通过 RS485、网络通讯，把本地数据发送到上位机，在上位机实现综合智能监测与控制。

应用特点

研华提供的自动化产品和整体解决方案在煤矿井下主通风机自动化在线监控系统中得到了应用，该系统集保护、检测、控制于一体，不但能实现风量的自动调节，还能进行故障诊断，预测使用寿命，预报维修极限，成功地对风机进行了检测，有效的保证了矿井通风系统的安全运行，完全满足井下对主通风机自动化监控系统的要求。

应用产品技术亮点

WebAccess

研华 WebAccess 软件

- 业内最优秀的 B/S 结构网际组态软件
- 可轻松实现系统的远程组态、协同开发和远程监控与维护

UNO-2174G

嵌入式无风扇工业电脑

- 板载英特尔赛扬 1.1GHz 处理器
- 带 4×LAN,2×Mini-PCIe
- DVI, HDMI Display Port

APAX-5520KW

XScale CPU Micro PAC

- 支持 KW 软逻辑编程即用平台
- 支持 IEC-61131-3 编程语言
- 2×LAN,1×RS-485 端口

ADAM-6017

8 路带 DO 模拟量输入模块

- 支持 10/100 Bace-T 以太网
- 支持多通道多范围
- 2500V_{DC} 光隔离

欧姆龙自动化（中国）有限公司

自 1933 年创业至今的七十多年中，通过不断创造新的社会需求，欧姆龙集团已经发展成为全球知名的自动化控制及电子设备制造厂商，掌握着世界领先的传感与控制的核心技术，领导着自动化领域的世界新潮流。截至 07 年度，欧姆龙集团已经拥有员工 35811 人。产品品种达几十万种，涉及工业自动化控制系统、电子元器件、汽车电子、社会系统以及健康医疗设备等广泛领域。

● 欧姆龙自动化（中国）有限公司是在国内引领工业自动化产品和应用先进技术的先行者，作为欧姆龙全球事业的重要组成部分，他已经成为国内自动化领域的佼佼者。

● 在中国，欧姆龙自动化（中国）统辖集团建有研发、生产、技术服务和物流基地，拥有多家销售公司，其下属近 40 个事务所、办事处遍布全国，为客户提供最直接的服务。

● 欧姆龙以其特有的“传感与控制”技术，利用我们多年的经验，以及对工程现场的深刻理解，不断满足客户对产品多样化和高品质的最求。其工业自动化产品，包括可编程控制器（PLC）、人机界面（HMI）、以及传感器、继电器等元器件，在中国能源工业的现代化和自动控制的进程中扮演了不可或缺的角色。从主机 DCS 系统的核心控制器到辅网控制的输煤、化水、吹灰、除渣等诸般流程，无不体现欧姆龙产品之卓越品质。电力是现代人类文明社会的必需品，而火力发电是电力生产的主要组成部分，火力发电是指使用化石燃料（即煤炭、石油、天然气），通过燃烧释放出热能加热工质，再通过热力原动机驱动发电机的发电方式。由于我国国情所限，煤是火力发电厂的主要能源，欧姆龙的产品不仅广泛应用于电厂设备的控制，在煤炭行业业也得到了广泛的应用。

● CS1D 系列 PLC 是欧姆龙公司主要大型冗余机型，目前广泛应用于高可靠性，高要求的大型发电、煤炭、脱硫、热网等监控系统，其双 CPU、双电源、双总线以及双网络冗余能够更大程度地提升监控系统的可靠性。CS1 系列 PLC 是广泛应用于各种领域的高性价比的 PLC，它完美的网络通信功能和极高的可靠性，可维护性给用户提供了一个非常好的选择。CS1D 及 CS1 系列在指令处理速度（最快 0.02us）、本地 I/O 容量（最大 5120 点）、远程 I/O 容量（最大 128k 点）等重要指标上，和其他主流 PLC 相比一直占据第一的位置！同时，CS1D 及 CS1 系列具有小型 DCS 功能的过程控制回路模块及高精度的过程 I/O 模块、自定义串口协议的协议宏、实时性极高的 Ethernet/IP、高速现场总线 Controller Link、完全开放的 DeviceNet、CompoNet、Profibus-DP 等功能，随着工业以太网的大规模应用，欧姆龙新推出了工业级别高性能的以太网交换机等产品，对欧姆龙 PLC 在能源行业的广泛应用提供了强有力的支持。

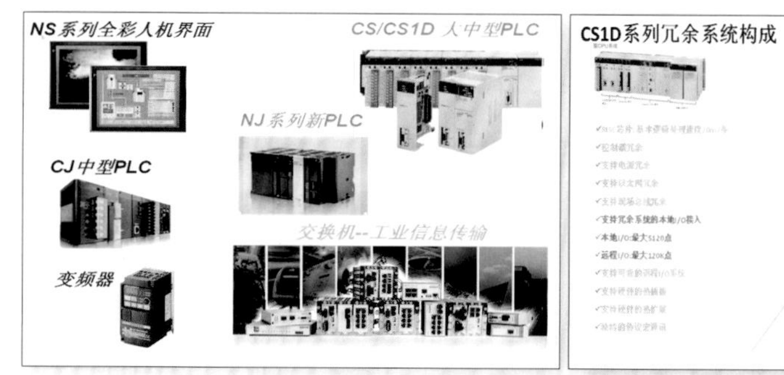

欧姆龙自动化产品

● 可编程序终端目前应用比较广泛为 NS 系列。NS 系列可编程序终端具有高分辨率，大容量的备像数据功能，实现了对现场 PLC 的灵活的数据访问并用来辅助设备的手动控制。NS 系列有 5”、8”、10”、12”等多种型号供用户选择。另外 NS 系列本身自带两个 RS232C 端口，还可随意配置 Ethernet 网口、Controller Link 网卡等，可以实现和 PLC 的高速数据链接及网络对接。NS 系列同时带有 USB 口，可以很方便的和计算机、打印机等外围设备连接。还可以配置视频输入卡，最多连接 4 路视频摄像，把现场工作状态通过视频的方式在 NS 系列可编程序终端上分屏或全屏显示。

● 随着现代工业自动化技术的发展，仅仅购买产品还远远不够。只有合作才能获得最佳的结果。通过与欧姆龙自动化合作，您能够充分利用这家大型技术和系统工程公司的丰富资源 提供全面的自动化产品、应用解决方案和支持服务。欧姆龙产品经过多年在电力、煤炭领域的应用，积累了大量自动化整体解决方案，在选择产品的同时也为您提供行业控制的成套解决方案。

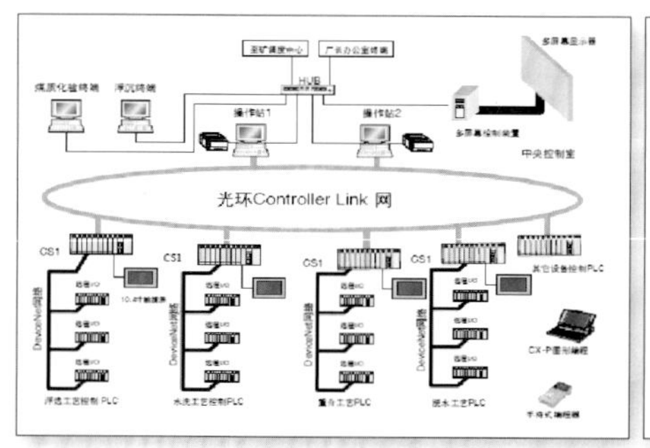

欧姆龙洗煤厂解决方案

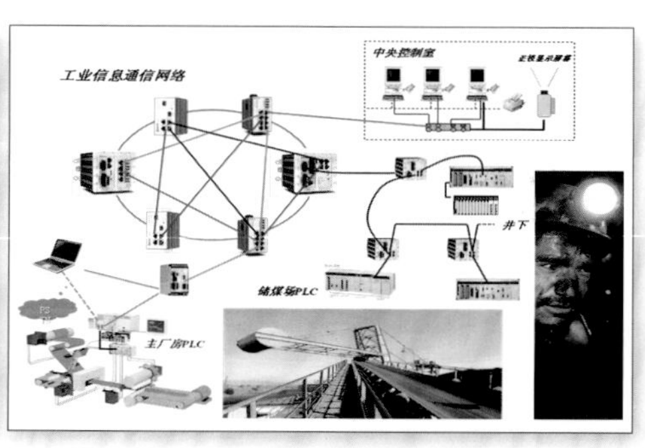

欧姆龙产品在煤炭行业应用方案

● 欧姆龙集团愿为加速中国能源行业的自动化，现代化的发展进程贡献我们的一份力量！

普联软件安全管理信息化平台在煤矿的应用

一、概述

普联软件（中国）有限公司是国家级软件产业基地“齐鲁软件园”园区内大型骨干软件企业，是纳斯达克主板上市的软件公司（股票代码：PSOF）。

该公司结合煤炭行业自身特点，利用多年积累的项目经验、解决方案、软件复用技术及支持复用的软件产品和工具，现已形成涵盖煤炭企业安全、人、财、物、产、供、销等多个环节的信息化总体解决方案；基础技术平台是采用J2EE标准基于SOA技术架构的企业级应用服务平台（PanBSP）。

二、安全管理信息化在煤矿的应用

1、应用背景及目标需求

作为兖矿集团主力矿井，东滩煤矿已经建立一整套安全闭环预控管理体系，积累了很多安全管理经验和好的做法，但是随着产能的不断提升，以及国家对煤矿企业安全生产的日益重视，该矿迫切需要进一步提升安全管理的手段。

1) 基于传统手工纸张登记或简单数据表格存储，数据易丢失、共享性差、数据采集和再加工利用效率不高；

2) 安全隐患登记、跟踪治理、监督检查、治理验收等全过程闭环无保障，整改易遗漏，安全责任认定不清，协同联动执行效率不高。

3) 安全隐患跟踪、预警机制单一，难以实现实时提醒与警示。

4) 统计分析口径不统一、不规范；统计数据的准确性、及时性、全面性不高，决策信息滞后。

5) 煤矿安全管理需要与蓬勃发展的计算机信息技术发展相结合，为数字化矿山建立基础。

如何利用信息技术帮助煤矿形成安全隐患的多级监控和闭环管理，从而使得煤矿领导、区队科室、安全检查人员等相关人员切实承担起监督管理职能，成为东滩煤矿安全管理进程中的重中之重。为此，矿领导高度重视，经过充分调研、选型，确定与普联软件合作组织开发实施《东滩煤矿安全管理信息系统》，以满足东滩煤矿安全管理的要求。

2、系统定位

该系统基于普联PanBSP开发平台，以东滩煤矿安全风险预控管理体系为基础，以安全生产为目标，以隐患排查、隐患治理、动态安全监控、预警、安全考核、智能分析为主线，实现对煤矿安全的闭环管理和多级监控。

3、系统功能架构和主界面

（见例图1）

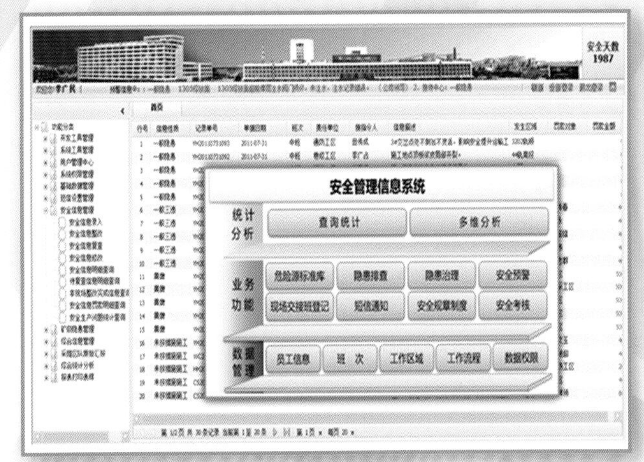

（例图1）

4、应用效果

目前，该系统已在全矿范围内使用，运行效果良好。主要应用效果如下：

1) 构建了东滩煤矿安全管理信息支撑平台，建设了“信息化、程序化、动态化、系统化”的安全管理新模式。

2) 通过闭环跟踪控制管理，提高了对现场的安全监管能力和安全隐患整改效率，促使基层区队积极整改隐患。

3) 提高了员工安全意识，减少安全隐患发生，降低了安全管理的成本，确保安全信息数据的长期有效存档。

4) 使各级领导更加准确、及时、全面的掌握矿井的安全情况，有利于提高决策层的安全生产预控能力。

5) 为煤矿安全生产长效机制提供数据支持，达到了超前预测、超前预防的目的。

用友NC

发力经济新周期带来管理新动力

——管理信息化助力煤炭企业由产量效益型向成本效益型转变

用友煤炭行业解决方案通过行业管理实践逐步形成以多元化战略管控、精细化业务运营、一体化集成平台和全程化电子商务为应用目标的管理信息体系，形成以财务管理为中心、现金流为纽带、业务流为支撑、成本控制为重点的计划与预算、财务与业务、执行与决策的一体化管理体系，实现涉及集团各职能单位与职能部门、各厂矿的计划预算、物资采供、煤炭运销、生产调度、工程项目、人力资源管理与集团财务管理的一体化应用，实现集团经营管理信息实时反映到集团财务管理的数据中，从而实现对整个集团经营管理过程进行有效管控，帮助企业由产量效益型向成本效益型转变，实现价值长期稳定提升。

用友煤炭行业整体解决方案整体架构

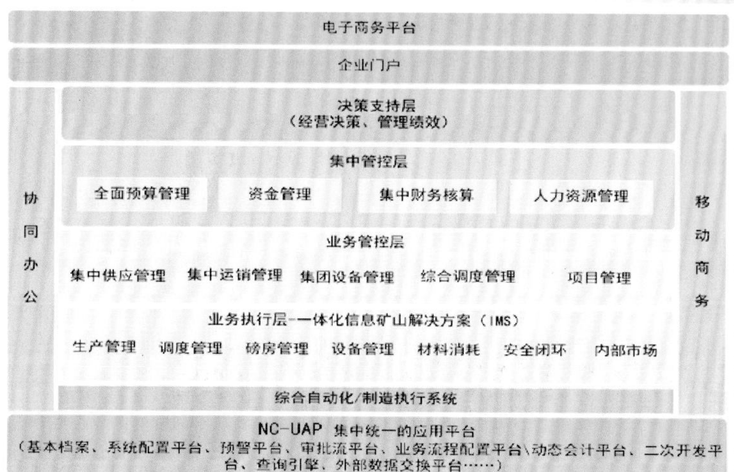

用友NC

用友煤炭行业最佳实践

河南煤业化工集团	河南煤业化工集团着力推进内部市场化管理，建立内部市场化考核体系，构建了全员全业务全过程成本考核机制，实现了管理创新，构建了以生产经营计划为龙头，安全生产、材料消耗、设备管理、项目管控、综合调度全过程精细管理体系，有效降低了煤炭生产企业的作业成本，做到了人人参与经营、天天知道效果、处处讲究效益、时时了解产出。
陕西煤业化工集团	陕西煤业化工集团信息化规划建设与大集团规划建设同步，全面系统规划了整个集团的信息化体系，并先期在股份公司推行集团管控信息化配合集团公司管理纲要推行。
大同煤业	运销系统实施的目的是建设以同煤集团、运销公司、厂矿、煤站为中心，通过集团公司及所属各矿/煤站的运销、生产数据共享，实现集团在煤炭销售上实时监控、统一管理。
龙煤集团鸡西矿业	打造了以环节控制为核心的煤炭企业集团物资供应精细化管理模式。集团企业内部物资供应管理在NC管理平台上实现了业务流程再造，全面创新了企业物资供应的管理理念、管理模式、管理手段和管理方法，并为企业直接创造效益近5亿元。
徐州矿业集团	资金结算中心五年应用，实现集团资金沉淀10%-15%的增长，资金效益从3000多万升值到1.9亿元。物资公司业务效率提升，业务人员减少， 库存资金周转率明显提高，占压资金下降两亿元。

迪迈数字矿山产品体系

长沙迪迈数码科技股份有限公司(Changsha Digital Mine Inc.，Ltd.)成立于2004年，是数字矿山领域创新产品与解决方案的卓越供应商，国家高新技术企业和双软认证企业。公司依托中南大学数字矿山研究中心和中南大学资源与安全工程学院强大的科研、教学资源，致力于为地勘部门、矿山设计研究单位、矿山企业、矿业类大专院校等提供最新的技术平台和实用系统，协助矿业企业实现安全高效生产和生产过程远程控制与生产管理自动化。

迪迈知识管理体系

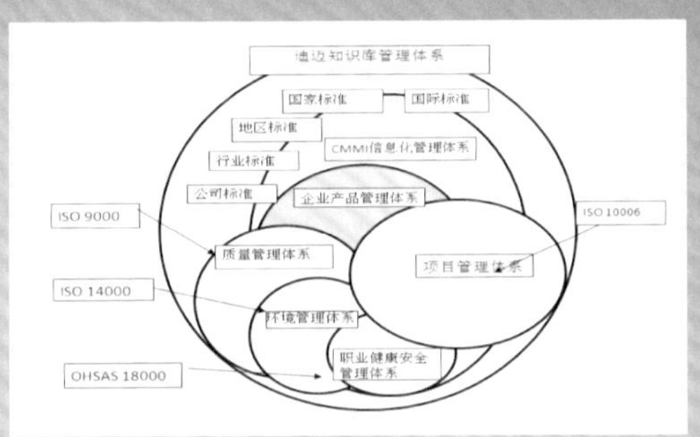

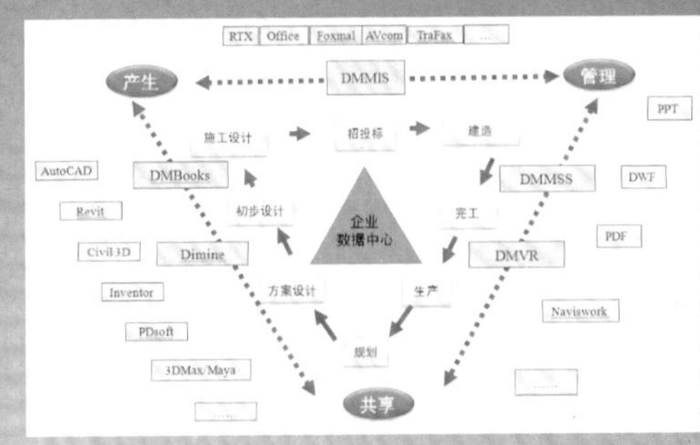

生产与安全可视化监管系统

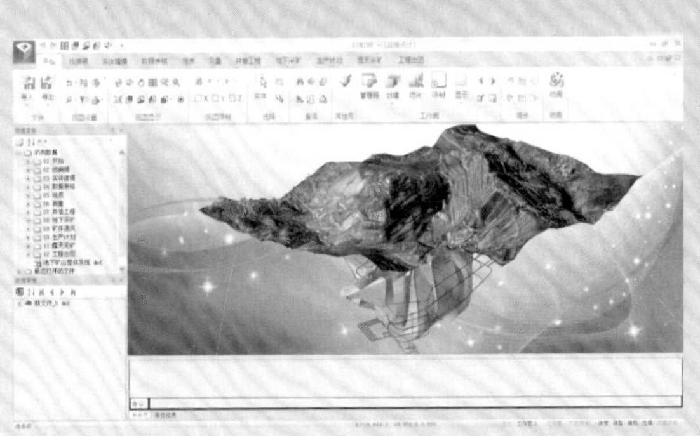

数字采矿软件系统平台

企业管理信息系统

生产与安全可视化管控系统

长沙迪迈数码科技股份有限公司
咨询热线：400-000-2621
网　　址：www.dimine.net
地址（长沙）：长沙市岳麓区中南大学校本部资安院东附楼7楼　　邮编：410083
地址（北京）：北京市海淀区长春桥路5号新起点嘉园12号楼502室　　邮编：100089

智慧矿山
物联让矿山更智慧

矿山安全生产关系到人民群众的生命和财产安全，各级政府一贯重视矿山安全生产问题，并采取一系列措施不断加强安全生产工作。

而由此衍生出如何加强矿山安全生产管理模式，实现管理的现代化信息化等一系列问题也成为各大矿企管理者所面临的难题。

智慧矿山发展机遇

阶段	自动化阶段	数字化阶段	智慧化阶段	
具体特征	以皮带机控制副井提升控制，巷道通风等自动化控制等具体特征为代表。	以矿体空间化、数字化、网络化、可视化，以及MES一体化集成技术等特征为代表。	以应用3G移动互联网、光纤网络、物联网、云计算等新一代信息技术等特征为代表。	
	1980年代	1990—2010年代	2010年代	……
	矿山自动化 Automatic control	数字矿山 Digital Mine	智慧矿山 Intelligent Mine	

芯传汇的解决方案

基于自主知识产权的物联网通信技术，通过全面感知，对矿区的人（人员定位、无线通信）、设备（综合标识）、环境（安全监控、矿压监控等）全面感知，并通过高速网络实现全面覆盖。

矿山井下环境监测

解决矿山生产环境相对恶劣的难题

矿山智能调度管理

解决矿山专业技术人员相对缺乏的难题

矿山井下人员定位

解决矿山人员安全意识较为薄弱的难题

矿山井下设备标识

解决矿山安全设施投入相对不足的难题

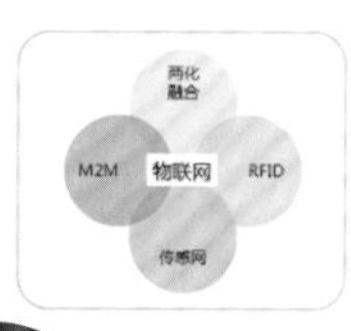

物联网无线传输技术

解决矿山信息技术水平相对不高的难题

应急指挥安全管理

解决矿山应急指挥响应相对缓慢的难题

安全发展 矿区和谐

滨湖煤矿安全生产信息化建设情况

滨湖煤矿是山东能源集团有限公司枣庄矿业（集团）有限责任公司自主设计、自主施工、自主安装，采取新井新机制和投资主体多元化建设的一座现代化矿井。2003年11月26日动工兴建，2005年5月26日实现联合试运转，仅用短短18个月就全部完成了矿、土、安三类工程施工，创出了全国同类型矿井基建投资最省、建设周期最短、施工效率最高、文化气息最浓、数字化程度最高的建设新纪录。井田面积44平方公里，主采煤层为12、16层煤,矿井核定生产能力110万吨/年。矿井先后荣获中国煤炭工程建设最高质量奖“太阳杯”中国建筑工程最高质量奖“鲁班奖”，全煤系统文明煤矿、全煤系统企业文化示范矿、全煤系统“五精”管理样板矿、山东省富民兴鲁“五一”劳动奖状、山东省文明单位、省安全生产先进煤矿、山东省总工会工人先锋号、全省煤矿创建劳动关系和谐企业、省“安康杯”竞赛优胜企业等30多项荣誉称号。

矿井安装了KJ222井下人员定位系统、KT158井下无线通讯系统 、KJ70N安全监测监控系统、CFDVR2003工业电视监控系统、安全信息系统、ERP物流管理信息系统，促进了企业内部人员共享信息，高效协同；实现迅速、全方位的信息采集、信息处理，为企业的管理和决策提供科学的依据。

基于3G技术的KT151矿用无线通讯系统

西安大唐电信有限公司

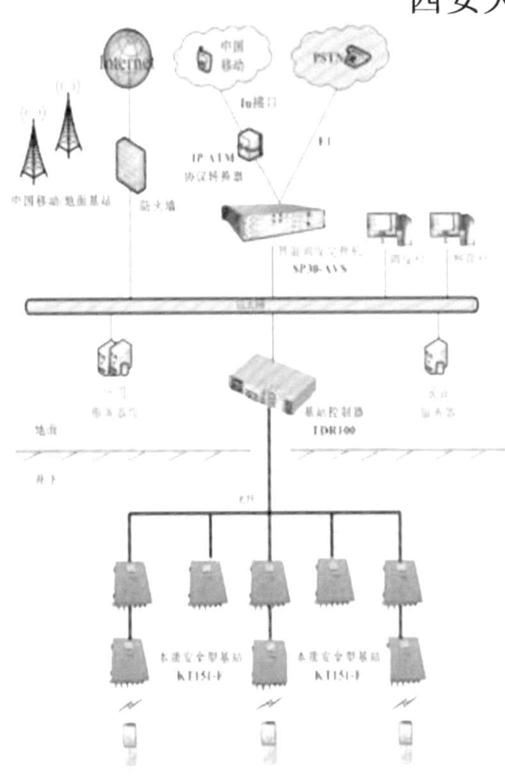

大唐电信是我国拥有自主知识产权的第三代移动通信标准TD-SCDMA的提出者、核心技术的拥有者及产业化的推动者。KT151矿用无线通讯系统是西安大唐电信有限公司推出的基于TD-SCDMA技术标准的3G矿用无线通讯系统，该系统是针对煤炭行业用户的应用需求、业务需求、环境特点量身定制的专业矿用3G无线通讯系统，除了提供传统的语音、短消息等业务外，还可提供可视电话、视频监控、宽带数据接入等3G业务，提供手机终端查询矿井综合自动化信息、安全监控信息等基于3G网络的增值业务，同时通过智能调度交换机实现统一号码管理、统一调度及统一网管功能，不仅能够满足单矿井无线通讯应用需求，也能满足大型矿业集团多矿井组网漫游的需要，为矿山行业用户提供整体解决方案，提高企业的管理水平和生产效率。

徐州通宇电子科技发展有限公司

矿山远程无线数据采集监控系统

该系统主要应用于煤矿、冶金等矿山主要机电设备的监测监控，特别适用于不便于敷设线、缆的临时工地及远离本部的抽风机房、水源井、装载点、卸载点高位水池等机电设备的监测监控。

系统由设备数据采集传感器、视频采集单元、集中分站、无线数据发送模块、无线数据接收模块、现场监控计算机、系统应用软件、Ethernet（以太网）网络传输设备、公司监控计算机、多媒体大屏幕显示系统等组成。

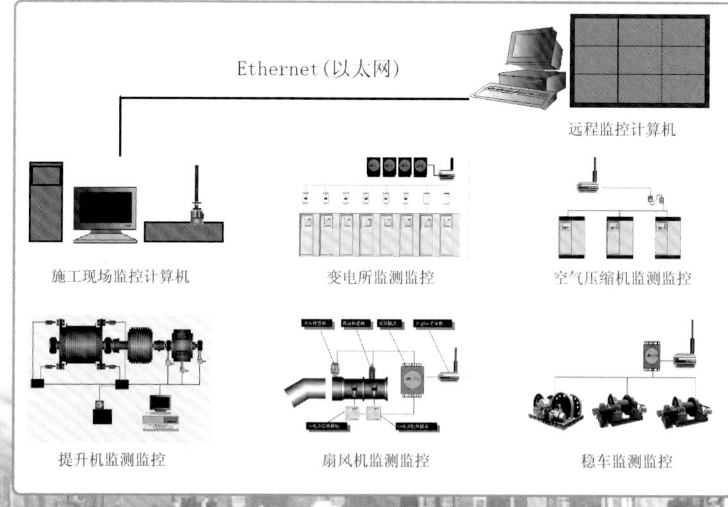

监测监控内容：

（1）、提升机部分：闸瓦间隙检测、电动机定子温度、轴瓦温度、减速箱轴承温度、制动液压站温度、润滑油站温度、提升速度图。

（2）、矿井主扇风机部分：通风机开/停状态、通风机负压、电动机三相电流、机械振动幅值，视频监控。

（3）、空气压缩机部分：空气压缩机开/停、排气温度、润滑油温、排气压力、运行时间。

（4）、矿井变电所及配电点：总进线三相电流/电压、实时有功功率/无功功率、累计：kW.h/日、功率曲线表、各馈电开关柜分/合闸状态、各馈电开关柜电流值。

（5）、装载点、卸载点部分：设备开/停、计数、视频监控。

（6）、水源井、水源井：水泵开停、电动机电流、水池水位、压力、运行时间、视频监控。

（7）、稳车群：稳车开/停、电动机电流、制动闸检测、视频监控。

北京安信广通新技术有限公司

北京安信广通新技术有限公司是专业的数字化矿山整体解决方案提供商和设备制造商,公司云集了众多专业技术人才，科研实力雄厚，多种产品和系统获得了国家主管部门颁发的安标证和生产许可证，是致力于研究和推动数字化矿山建设、提升矿山企业的安全生产水平和生产效率的高新技术企业。

公司根据国家和矿山行业的安全标准和技术要求，自主研发的AX-NET多网融合综合通信平台是一套基于工业以太网技术的、多功能矿用综合通信平台，该平台由矿用人员管理系统、矿用无线通信系统、井下广播系统、井下视频监控、井下有线电话系统和地面综合指挥调度系统组成，集井下人员/设备跟踪定位考勤、无线手机通话、实时数据传输、视频监控、井下广播等多种功能为一体。整个系统通过综合分站相连，大大减少了井下线路的布设，安装和维护方便。全面提高煤矿井上井下的安全生产信息化水平，以信息化带动传统产业的改造，为煤矿安全生产和数字化矿山建设提供了强有力的保障。

AX-NET多网融合综合通信平台

- 综合指挥调度系统
- 矿山应急预案系统
- 井下无线通信系统
- 井下人员与机车定位管理系统
- 井下IP网络广播对讲系统
- 井下视频监控系统
- 矿井工业以太环网系统
- 矿井紧急避险系统
- 矿山安全生产联网监控与隐患排查治理信息系统

安信多网融合综合通信平台具有无线通信、应急指挥、应急广播、音视频联动、应急预案等业务应用特点，平台既可为煤矿及非煤矿山提供综合解决方案，也可作为紧急避险系统的应急指挥装备。

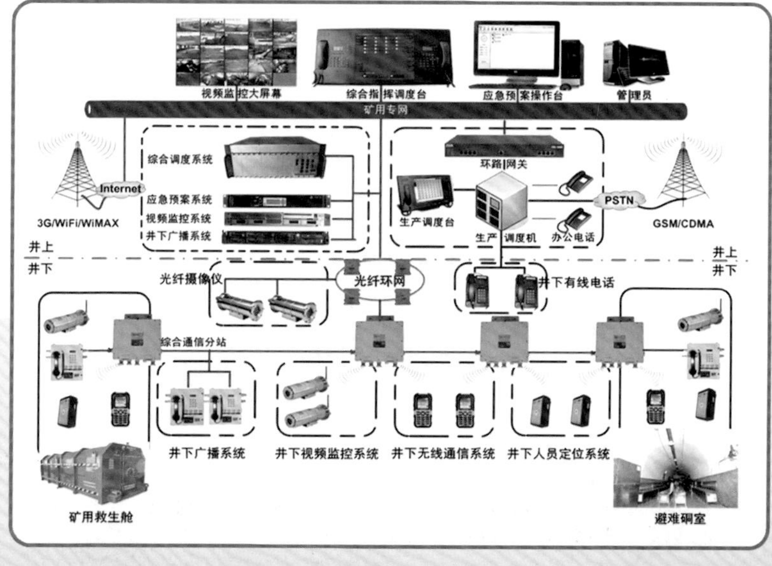

北京安信广通新技术有限公司
地址：北京市海淀区上地七街国际创业园1号院2号楼1301
电话：010-82896552 010-82895822
传真：010-82895822
网址：www.axgt.cn

辽宁安泰机电设备有限公司

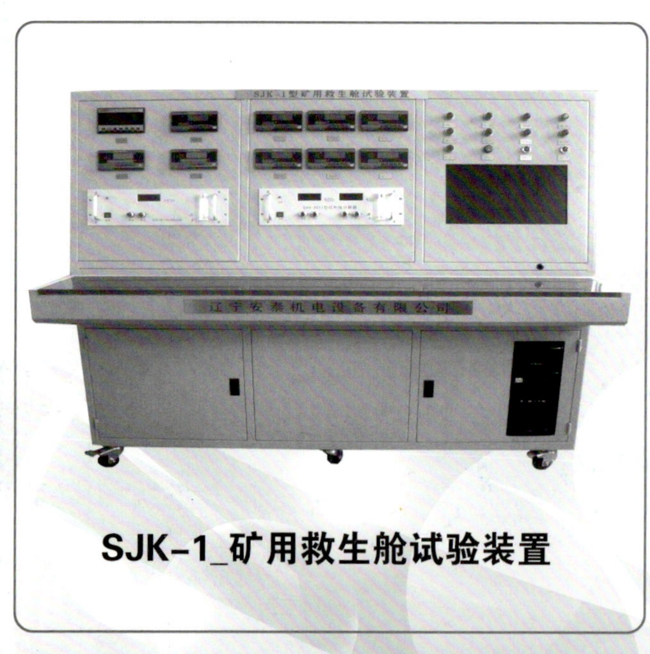

SJK-1_矿用救生舱试验装置

SJK-1 型矿用救生舱仿人工呼吸试验装置（简称：试验装置）。是我公司专门研制的新一代检验装置，该检验装置采用了国际一流的数字处理技术，其测量的各种信息经过一条通讯线缆直接被电脑接收并形成文字信息输出。

本试验装置适用于国家指定的省市地区检验机构、生产企业单位，依据AQ****-2011《煤矿用移动式救生舱通用技术要求》（草案）、国家安全监管总局“关于印发煤矿井下紧急避险系统建设管理规定的通知”安监总煤装（2011）15号等进行验收试验检验工作。对国外、国内生产的煤矿井下救生舱和避难硐室的相关系列等产品进行全项目的出厂检验和型式试验。适用煤矿、海上石油、化工防爆、隧道、核电站等安全防护性能参数测试。

在20人内设计变频调速的仿人工呼吸机，实现连续动态：温度、阻力、流量、O_2和CO及CO_2指标测试；实现计算机自动化控制，按动态运行画面判断数据变化曲线，信息采集输出；整体设计呼吸频率20、25、30次/min、温度（0～60）℃、阻力±700Pa、O_2（0～100）%、流量1000L/min、CO（0～1000）Pmm、CO_2（0～5）%测试数据曲线。

单位：辽宁安泰机电设备有限公司
地址：抚顺经济开发区顺飞路88号
电话/传真：024-56601066
邮件：liaoningantai@163.com　联系人：张庆凯

安全生产可视化监管技术（安全传感器管理系统）
内蒙古红峡化工厂

定员管理系统原理图

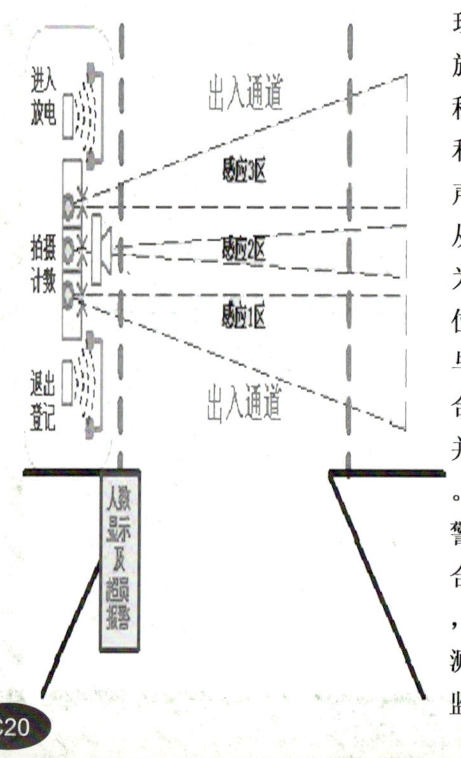

安全生产可视化监管技术（安全传感器管理系统）是通过视频监控系统、传感设备（施）以及其他测试设备（施），借助信息工程技术对生产作业现场的安全状况进行测试和实时监控管理，并以图像、数据、灯光、声响等多种形式逐级传输到各级监管中心，从而对“三违”、“三超”等人的不安全行为、物的不安全状态以及应急预案实现全方位监控管理的技术。此项技术能够运用管理与控制相结合的模式，通过对采集的各类综合信息的分析与处理，可尽早发现事故隐患并采取相应措施，减少安全生产事故的发生。同时能够实现安全生产管理、安全生产预警、安全生产态势显示及查询统计分析、综合管理信息处理和应急处理指挥调度等功能，可以形成集安全管理、系统控制、过程监测、技术防范为一体的全新管理模式和安全监管体系。

可视化管理网络

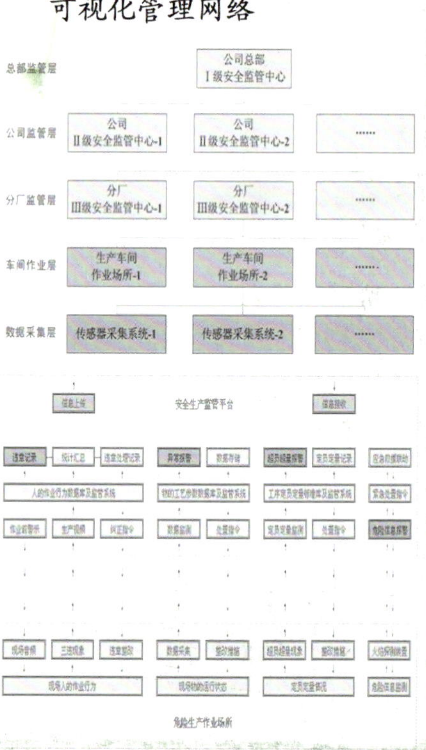